Neuf mois de réflexion

*

Une surprise pour Kelly

*

Un cadeau inespéré

SARA WOOD

Neuf mois de réflexion

BIENTÔT MAMAN

Traduction française de
FRANÇOISE PINTO-MAÏA

HARLEQUIN

Titre original :
FOR THE BABIES' SAKES

Ce roman a déjà été publié en 2020

HARPERCOLLINS FRANCE
83-85, boulevard Vincent-Auriol, 75646 PARIS CEDEX 13
Service Clients — https://www.harlequin.fr/contenu/contactez-nous
ISBN 978-2-2805-1852-9

Édité par HarperCollins France.
Composition et mise en pages Nord Compo.
Imprimé en avril 2025 par CPI Black Print (Barcelone)
en utilisant 100% d'électricité renouvelable.
Dépôt légal : mai 2025.

FSC
www.fsc.org
MIXTE
Papier issu de sources responsables
FSC® C159065

Pour limiter l'empreinte environnementale de ses livres, HarperCollins France s'engage à n'utiliser que du papier fabriqué à partir de bois provenant de forêts gérées durablement et de manière responsable.

1

Helen s'immobilisa dans le hall. Accablée par la pensée que son mari pût lui être infidèle, elle ne remarqua pas l'eau qui ruisselait de son ensemble trempé et imbibait l'épais tapis.

Lentement, elle referma la porte d'entrée, fixant d'un œil épouvanté le slip rose qui se trouvait sur la première marche de l'escalier. Elle se sentait trop effrayée pour bouger. D'autres articles de ce genre décoraient-ils les degrés de chêne ciré qui disparaissaient en colimaçon ?

Son cœur cognait dans sa poitrine. Et pour cause. Ce slip très sexy ne lui appartenait pas. Seuls les mannequins qui faisaient la couverture de magazines de charme s'affublaient de ces dessous. Comment avait-il atterri chez elle ?

Les yeux agrandis d'effroi, Helen contempla le triangle de soie orné d'une dentelle ridicule. Qui pouvait bien porter une lingerie aussi inconfortable ?

Les soupçons l'assaillirent en masse, et elle se mit à respirer d'autant plus difficilement qu'elle sentait depuis le matin les symptômes de la grippe s'installer petit à petit.

En même temps, elle tendit l'oreille, s'attendant à surprendre des bruits éloquents ou un rire aigu de femme. Les ouvriers étaient absents pour deux semaines, si bien qu'elle ne percevait rien d'autre que le crépitement violent de la pluie qui battait l'avancée du porche. Ce détail mis à part, le silence régnait. Mais était-il de bon augure ?

Helen frissonna et, d'une main tremblante, secoua ses

vêtements saturés d'eau qui lui collaient au corps. Elle se sentait pitoyable. Plus que la grippe, c'était un sentiment de crainte qui la déprimait et la glaçait jusqu'au cœur.

Les faits prenaient décidément une tournure effrayante. *Primo*, une femme affriolante s'était débarrassée de son slip dans l'escalier...

Helen se mordit la lèvre. Evidemment, elle n'avait rien d'une bombe sexuelle avec ses sous-vêtements sobres en coton ! Dan et elle travaillaient dur. Ils avaient à peine le temps de se ménager quelques moments d'intimité conjugale. Comment aurait-elle porté des accessoires vantés dans les magazines masculins ?

Secundo, en enfilant des bottes en caoutchouc avant de descendre de voiture, elle avait remarqué que les rideaux de la chambre étaient tirés. Au milieu de la journée !

Elle avait été si stupéfaite par ce détail qu'elle s'était précipitée dehors, en oubliant son parapluie sur le siège passager. Des trombes d'eau l'avaient assaillie tandis qu'elle était restée là sous la fenêtre, cherchant à comprendre ce qui se passait.

Des voleurs ! avait-elle pensé avant de se moquer de son imagination débordante. Depuis quand en effet les cambrioleurs tiraient-ils les rideaux avant de piller une maison ?

Ce qui la menait à *tertio*. Il n'y avait qu'une personne en dehors d'elle-même à posséder une clé de la maison : son mari. Lentement, elle avait regardé en direction de la grange où Dan garait habituellement sa voiture. Sa BMW s'y trouvait.

Alors, l'idée lui était venue qu'il était rentré, parce qu'il avait contracté la grippe lui aussi. Forte de cette supposition, Helen s'était ruée vers la maison, enjambant maladroitement les ornières laissées par les camions de chantier.

Dans sa hâte de réconforter son mari, elle s'était affalée de tout son long dans la boue. Tout en maudissant le jour où ils avaient emménagé à la campagne, elle s'était relevée, désireuse d'être le plus vite possible auprès de lui pour le dorloter, rêvant déjà de câlins devant la cheminée, une pile de mouchoirs à portée de main.

Sauf que, de toute évidence, il n'était pas du tout malade ! Il se trouvait plutôt en galante compagnie !

Elle se crispa, et une bouffée d'émotion lui fit monter les larmes aux yeux.

Alors, elle se reprocha son manque de confiance. Elle aimait Dan et avait tort de tirer des conclusions hâtives et désastreuses, alors qu'il devait y avoir une explication toute simple à cette étrange situation.

En dépit de cette pensée rassurante, une peur aiguë lui tordit le ventre, et elle sentit ses jambes trembler de façon incontrôlable.

Eh bien, qu'à cela ne tienne, elle en aurait le cœur net ! D'un geste impatient, elle rejeta ses cheveux dégoulinants qui lui brouillaient la vue, et, sans même prendre le temps de se déchausser, gagna le bas de l'escalier en spirale.

Mais aussitôt, saisie d'un vertige, elle dut s'agripper au pilier et tenta de rassembler ses idées.

Non, Dan ne pouvait la trahir. Pas lui ! Peut-être était-il malade, après tout. Au lieu de rentrer directement à la maison, il avait acheté de la lingerie sexy pour pimenter leur vie sexuelle pratiquement inexistante. Sans doute avait-il laissé tomber un de ces articles par mégarde, tant il titubait de fièvre...

Sa vue se troubla. Déjà, à son travail, elle avait failli s'évanouir. C'était la raison pour laquelle elle était rentrée plus tôt. Le retour avait été épuisant : deux métros, un voyage en train d'une heure, puis un trajet de vingt minutes en voiture.

Elle pensa à Dan qui la croyait toujours à son poste de cadre financier à la direction des magasins Top People à Londres, dans le quartier élégant de Knightsbridge. Et à présent, elle regrettait ce retour imprévu, car des doutes terrifiants l'assaillaient. Dan était-il dans leur chambre avec une femme ?

Levant les yeux comme pour tenter de comprendre ce qui se passait au-dessus de sa tête, elle remarqua soudain avec horreur un autre objet, à quelques marches de là. C'était un bas très fin. L'autre était négligemment pendu à la rampe.

— Oh, Dan ! murmura-t-elle en luttant contre une nausée. Surtout ne sois pas là. Je ne pourrais pas le supporter.

Il était l'homme de sa vie. Pour lui, elle avait même accepté de vivre dans cette affreuse maison entourée de boue, avec des écureuils qui grouillaient dans le grenier et des araignées dans tous les recoins. Mais elle aurait supporté n'importe quoi du moment que Dan était heureux là.

Deux ans plus tôt, le soir de leur mariage, il l'avait portée dans ses bras pour franchir le seuil de cette ancienne ferme située dans les collines du Sussex. Il lui avait fièrement vanté le merveilleux potentiel que représentait Deep Dene avec ses vieilles poutres, ses immenses cheminées, ses hectares vallonnés, alors qu'elle-même n'en voyait que le délabrement et l'isolement.

Laissant la maison aux ouvriers qui étaient chargés de la rénover, ils avaient donc commencé leurs harassants trajets journaliers jusqu'à Londres. Un quotidien qui tenait du cauchemar.

Là était peut-être le problème. Elle rentrait tard et enfournait un plat surgelé dans le micro-ondes. Dan arrivait à des heures impossibles, trop fatigué parfois pour parler.

Depuis combien de temps n'avaient-ils pas fait l'amour ? se demanda-t-elle avant de s'aviser que son mari ne pouvait rester chaste indéfiniment, qu'il était trop viril pour cela.

— Oh, mon Dieu ! Dan, ne me fais pas ça ! supplia-t-elle à voix basse.

Une nouvelle nausée la submergea, sans qu'elle sût à quoi l'attribuer. A la maladie ? Ou à la peur de ce qu'elle craignait de découvrir ?

Résolument, Helen posa une botte boueuse sur la première marche de l'escalier. Ramenant ses longs cheveux noirs derrière l'oreille, elle s'aperçut que des gouttes de sueur perlaient sur sa peau. Puis elle entendit des voix faibles et lointaines venant de la chambre.

Non, comprit-elle, Dan n'avait pas acheté cette lingerie érotique. Car c'était lui qui parlait, et c'était une voix de femme qui lui répondait.

Ses yeux s'emplirent d'épouvante et de chagrin. Elle n'avait pas besoin qu'on lui fasse un dessin. Il y avait une femme dans *sa* chambre — peut-être à moitié nue — avec son mari !

Tout au fond d'elle-même, quelque chose se brisa, et une souffrance aiguë lui déchira le cœur, lui coupa le souffle. Oh, mon Dieu ! Ces horribles chuchotements par trop suggestifs la rendaient folle !

Il existait peut-être une autre possibilité, pensa-t-elle avidement. Le recours à la lâcheté. Elle allait revenir sur ses pas et faire le plus de bruit possible pour qu'on remarque son arrivée. Elle se créerait ainsi l'illusion que rien ne s'était produit.

Indécise, elle se vit entourée de Dan et de cette femme mystérieuse, tous deux la gorgeant de prétextes rassurants : une réunion d'affaires impromptue, une fête d'anniversaire à préparer à l'insu de tous...

Mais elle ne faisait que se voiler la face, et les questions ne manqueraient de l'assaillir ensuite. Non, elle ne pourrait vivre en paix avec elle-même — ni avec Dan — à moins de découvrir s'il lui était infidèle. Et bien entendu, elle n'avait pas d'autre choix que de monter l'escalier pour le savoir.

Oppressée, elle leva les yeux. Ses lèvres se mirent à trembler, et, horrifiée, elle porta une main à sa bouche pour réprimer un cri de désespoir. Il y avait d'autres... *choses* éparpillées dans la courbe de l'escalier ! Vivement, elle détourna les yeux, de peur que ces objets ne lui confirment la trahison de Dan.

Il n'aurait pas fait une chose pareille ! pensa-t-elle désespérément. Il l'aimait. Ou plutôt, il l'avait aimée.

A cette rectification, le remords la submergea. Cela faisait trop longtemps qu'ils ne s'étaient pas prodigué de tendresse. A cause de leurs carrières respectives, ils menaient pratiquement des vies séparées. Elle avait été débordée, trop fatiguée. Lui aussi se plaignait d'être mort de fatigue.

« Et pour cause ! » lui souffla une petite voix mesquine.

Helen se mordit durement la lèvre. Elle avait l'impression d'être mariée à un homme invisible. Parfois, ce qui la rapprochait le plus de lui, c'était... de repasser ses chemises ! Quelle dérision ! C'était la maîtresse de son mari qui en profitait !

A cet instant, une autre nausée survint. Elle resta immobile, attendant que la bouffée de chaleur se dissipe. Alors, elle se décida à affronter Dan.

A demi courbée, elle se traîna dans l'escalier, en lançant malgré elle un coup d'œil révulsé à une paire de chaussures rouge cerise.

Des chaussures de garce ! pensa-t-elle avec une méchanceté qui ne lui ressemblait pas.

Plus haut, elle découvrit un soutien-gorge rose criard et un porte-jarretelles assorti. Puis un tailleur bleu marine, étalé sur les dernières marches.

Helen eut la gorge sèche. Tout espoir d'une explication innocente tombait à l'eau maintenant, et elle porta une main à sa bouche pour s'empêcher de crier. Sans trop savoir comment, elle continua sa progression, de plus en plus lentement tandis qu'elle se rapprochait d'une vérité qu'elle sentait terrifiante. Cependant, elle était plus que jamais déterminée à la connaître.

Elle avait vaguement conscience que Dan et la femme en question parlaient toujours, mais elle ne pouvait les entendre nettement, car son sang rugissait à ses oreilles. Il pouvait aussi bien s'agir de mots tendres que d'une conversation d'affaires...

« Je t'aime, Dan ! Je t'aime... Ne me fais pas cela ! » cria-t-elle dans le silence de son être.

Elle pria pour que ce ne fût qu'un mauvais rêve, une hallucination due à sa fièvre. Elle allait se réveiller et plus tard en parlerait à Dan. Ils riraient ensemble, et il la prendrait dans ses bras. Il lui dirait qu'il ne regardait jamais d'autres femmes, parce que c'était elle qu'il aimait ; il lui dirait qu'il ne lui en voulait pas de le négliger, de ne pas lui préparer de dîner décent.

Alors qu'elle venait d'arriver en haut de l'escalier, elle s'aperçut qu'elle sanglotait de façon incontrôlable, et ce fut à travers ses larmes que lui apparurent soudain les jambes nues d'une femme.

2

Des jambes parfaites, nota Helen malgré la confusion qui habitait son esprit. Et des ongles d'orteils peints d'un rouge violent.

Mais elle n'osait regarder plus haut, refusant catégoriquement d'affronter l'atroce vision de la maîtresse nue de son mari.

— Oh ! Helen ! s'exclama cette dernière. Mais regardez vos bottes !

Le rire insolent de Céline la transperça comme une brûlure.

Ainsi c'était Céline ! songea-t-elle, interdite, en fixant les pieds aux ongles incarnats. L'assistante de direction de Dan... Son bras droit dans sa société. Et d'après ce qu'elle pouvait en juger, beaucoup plus que cela. Le corps entier de Céline appartenait à Dan, oui ! Et celle-ci n'avait même pas le tact de paraître embarrassée.

Prise d'une rage soudaine, Helen se redressa et capta le regard triomphant et lubrique de la secrétaire dont le corps époustouflant était drapé dans une serviette bleue.

Sa serviette, pensa-t-elle.

Lentement, elle s'avança sur le palier, consciente de ressembler à un rat mouillé. Cependant, elle était trop en colère pour se soucier de son apparence ou de la boue gluante qu'elle répandait sur le tapis crème.

— Je sais. Elles sont lourdes et crottées. Exactement ce qu'il faut pour écraser vos pieds nus ! lança-t-elle d'une voix sourde, tandis que Céline reculait précautionneusement. Maintenant à votre tour de m'expliquer votre tenue, Céline !

— Helen !

A la voix horrifiée de Dan, elle se tourna brusquement et le vit à la porte de la chambre. Alors, elle vacilla.

La mâchoire virile et dure, les yeux noirs brûlants, Dan était nu, hormis la serviette étroite qui lui ceignait les reins. Son corps athlétique exhalait une vapeur tiède, et ses cheveux de jais étaient humides.

Un désordre qui accentuait encore sa séduction, pensa Helen avant de s'aviser qu'une autre l'avait aussi trouvé à son goût.

— Espèce de salaud ! hurla-t-elle, furieuse.

— Oh ! mon Dieu ! s'exclama Dan.

L'embarras teinté de désarroi douloureux se lisait dans ses yeux. Ses lèvres étaient pâles et sa peau hâlée tendue sur ses pommettes saillantes.

Le portrait de l'homme coupable, se dit Helen, nauséeuse.

— Comment as-tu pu ?

Un spasme fit tressaillir les traits de son mari.

— Ma chérie !

Il lui tendit une main conciliante, mais Helen se déroba avec dégoût.

— Surtout ne me touche pas !

Il accusa le coup, en baissant les yeux, visiblement blessé dans son orgueil.

— Tu ne comprends pas, déclara-t-il gravement. Ce n'est pas ce que tu penses...

— Ah non ? Ne me prends pas pour une idiote, tu veux ? lança-t-elle d'une voix où perçait l'hystérie.

— Je ne mens pas ! répondit-il d'un ton vibrant.

D'un air lugubre, il croisa les bras sur son torse large, et Helen se rendit compte qu'en dépit de cette attitude de défi il avait une respiration saccadée.

— Tu tires des conclusions..., reprit-il.

— Tu n'en ferais pas autant à ma place ? Regarde-toi ! Regarde-la ! cria-t-elle en pointant un index accusateur en direction de la nymphe drapée dans sa serviette.

Dan gratifia Céline d'une œillade meurtrière.

— Je t'ai dit de...

— Tu ne vas pas la tenir pour responsable quand même ? coupa Helen, écœurée par la façon dont il essayait de se tirer d'affaire.

— Pourquoi ? La coupable, c'est elle !

— Oh ! explosa-t-elle. Tu n'as donc aucune honte, aucun sens des responsabilités ?

— Céline...

— Non ! Arrête de faire comme si tu n'y étais pour rien. Il faut être deux pour en arriver là ! Comment as-tu pu faire une chose pareille, Dan ? Si tu tenais un peu à moi, tu ne...

Brusquement, elle porta une main à son front pour calmer le mal de tête qui l'accablait.

— Helen ? s'écria-t-il avec une expression inquiète. Tu as une mine épouvantable !

— Et pour cause !

Son regard se posa sur la pimpante Céline qui lui retourna un sourire éclatant, en laissant glisser subtilement la serviette éponge, révélant ainsi le haut de ses seins galbés.

Elle n'avait pas le visage rouge et barbouillé de larmes, elle ! pensa Helen avec chagrin. Ses cheveux n'étaient pas plaqués par la pluie et la boue. Le contraste entre elles deux était criant. Comment rivaliser avec cette bombe sexuelle ? Juste au moment où elle aurait dû être sophistiquée et irrésistible, elle était affreusement sale, semblait à l'agonie et portait des bottes en caoutchouc !

— On dirait que tu es fiévreuse, déclara Dan d'un air soucieux. C'est pour cela que tu es rentrée ?

— Non, c'était pour jouer au Petit Poucet avec la lingerie que vous avez semée dans l'escalier, rétorqua-t-elle, cynique.

— Bon sang ! De quoi parles-tu ? s'enquit-il, indigné.

— Là ! cria-t-elle en pointant un doigt tremblant vers les sous-vêtements qui jonchaient les marches.

Avec une expression déroutée — et convaincante ! — Dan descendit les marches pour constater la véracité de ces dires.

— Oh ! non !

Il l'aurait presque convaincue de son innocence, se dit Helen, révoltée de le voir aussi hypocrite. Pas étonnant qu'il eût réussi à lui cacher sa double vie.

— Ah ! Tu t'en souviens ? glapit-elle. Tu étais trop excité sexuellement pour t'en apercevoir avant, c'est ça ?

Elle crut alors qu'il allait exploser. Il était en proie à une rage terrifiante qu'il dirigeait à présent contre Céline. Celle-ci porta une main à sa bouche, l'air faussement effarouchée.

— Espèce de cinglée ! hurla-t-il.

Mais l'interpellée se contenta de hausser les épaules et de battre des cils.

En voyant son mari devenir blême de rage, Helen prit peur.

— Ne t'en prends pas à elle ! intervint-elle. C'est toi qui as causé cette situation !

— Non ! cria-t-il en se tournant vers elle. Combien de fois faudra-t-il que je le répète ? Je n'y suis pour rien !

Impressionnée par la carrure musclée qu'il lui opposait, Helen recula.

Ainsi il niait l'évidence ? Et avec un air offensé, en plus ! s'indigna-t-elle.

— Vraiment ? Tu étais drogué ou quoi ? Ne me dis pas qu'elle t'a violé !

— Je dis la vérité !

Un muscle tressaillait convulsivement le long de sa mâchoire, et son nez se pinçait, comme s'il luttait contre la panique.

— Epargne-moi tes protestations d'innocence. Je ne veux pas de mensonges, l'avertit-elle.

Mais, en dépit de cette fermeté, elle faillit fondre en larmes quand il la considéra d'un regard douloureux.

Mais elle n'avait que faire de sa pitié ! se dit-elle. Tout ce qu'elle attendait de lui, c'était une fidélité inconditionnelle.

— Je ne mens pas, répéta-t-il plus calmement. Et nous en parlerons dans un moment. Remets-toi, Helen. Tu es trempée jusqu'aux os...

— Comme si je ne le savais pas, lança-t-elle d'une voix pitoyable.

— Que s'est-il passé ? Tu es tombée ?

— Oui, je me suis affalée, admit-elle tandis que des larmes d'humiliation lui brouillaient la vue. J'ai remarqué que les rideaux de la chambre étaient tirés. Ta voiture était là. J'ai pensé que tu étais malade et... j'étais inquiète. Inquiète ! Si j'avais su... Mais comme une idiote, j'ai voulu m'occuper de toi, alors j'ai couru et j'ai glissé dans la boue.

— Oh ! ma chérie...

Il fit un pas vers elle, les bras ouverts, dans l'intention évidente de la serrer contre lui.

— Ne t'approche pas de moi ! sanglota-t-elle en reculant d'horreur. Et pas de mots tendres, s'il te plaît !

Dan déglutit avec peine. Les muscles puissants de son torse saillaient de colère et de frustration.

— Mais, mon amour, insista-t-il, je te jure que tu te fais des idées...

— Je le voudrais bien, hélas ! Vas-y ! Donne-moi ta version. Elle a intérêt à être solide, je te préviens. J'ai hâte de savoir pourquoi vous êtes tous deux pratiquement nus. Et pourquoi Céline a l'air si contente d'elle !

— Céline, ordonna Dan avec un calme glacial, ramasse tes vêtements et va te rhabiller...

Helen jeta un regard mauvais en direction de l'interpellée. La serviette qui la couvrait avait baissé de quelques centimètres, et lui dénudait à présent la pointe d'un sein, spectacle qui parut fasciner Dan.

— Bien sûr, minauda l'impudique.

Avec une lenteur étudiée, elle remonta la serviette en se trémoussant, imprimant des balancements suggestifs à sa poitrine.

Helen serra les dents, réprimant l'envie de la gifler.

— N'oublie pas, murmura Céline d'un air entendu. La réunion est dans une heure et...

— Non !

Nerveusement, Dan se passa une main dans les cheveux, faisant retomber de courtes mèches brunes sur son front.

Visiblement, il avait du mal à prendre un parti, pensa Helen avec colère.

— Annule la réunion. Appelle un taxi et sors d'ici ! Je veux te voir dans mon bureau ce soir...

— Dans ton bureau ? Oh ! je comprends, déclara-t-elle en souriant.

— Ça, j'en doute ! Car je te mets à la porte ! glapit-il.

Les yeux verts de Céline s'agrandirent sous le choc. Puis son visage prit une expression perfide.

— Après tout ce qui s'est passé entre nous ? Réfléchis, Dan. Tu veux rester enchaîné à cette créature ennuyeuse et laide ? Nous avons eu du bon temps, toi et moi. Tu es un type merveilleux. Nous sommes bien assortis, tu l'as dit toi-même.

Helen suffoqua. Cette femme ne pouvait faire allusion qu'aux performances sexuelles de son mari ! En même temps, celui-ci bégayait de façon incohérente, les poings serrés, comme s'il allait la frapper. Parce que Céline venait de détruire son alibi ?

La rage la saisit soudain.

— Espèce de garce ! hurla-t-elle. Sors de chez moi ! Ou je te traîne par les cheveux !

Un sanglot l'étrangla, et elle ferma les yeux.

L'aventure de Dan était inévitable, se dit-elle. Il avait besoin d'autre chose que d'une femme qui rentrait tard et lui servait des plats surgelés. C'était sans doute pour cette raison que Céline et lui étaient devenus amants. Quoi qu'il en dise, Dan n'allait pas renvoyer son assistante. C'était une employée trop précieuse. Il n'avait lancé cette menace que pour calmer une épouse en colère et éviter une scène. Quelle lâcheté !

Elle eut vaguement conscience qu'il s'adressait de nouveau à Céline. Au timbre, elle le devina tout près de cette femme. Peut-être la touchait-il...

Son mariage était fichu, pensa-t-elle avec chagrin. Leur amour était en miettes. A ce constat accablant, elle se sentit terriblement seule et vulnérable.

Une nouvelle nausée s'empara d'elle, et elle pressa vivement une main sur sa bouche. Dans un cri d'angoisse, elle se précipita dans la chambre et gagna la salle de bains attenante, laissant des traces de boue gluante sur la moquette.

Elle sut qu'il s'était débarrassé de l'importune quand elle l'entendit approcher dans son dos pour la prendre par les épaules.

— Ma chérie...

Helen se dégagea brutalement.

— Ne fais pas semblant de te soucier de moi !

— Si, je m'inquiète, figure-toi, protesta-t-il sévèrement. Tu es malade...

— Et tu ne fais qu'aggraver la situation ! Je suis rentrée parce que j'ai la grippe...

A cet instant, elle eut un nouveau haut-le-cœur.

— Tu dois te mettre au lit, suggéra Dan.

— Au lit ? Tu comptes changer les draps ?

Dans le miroir, elle le vit se crisper comme s'il venait de recevoir une gifle.

— Je n'ai pas besoin de changer les draps ! répondit-il d'une voix étranglée.

— Tu veux dire que tu ne lui as pas fait l'amour dans la chambre ? Où alors ? Dis-le-moi pour que j'évite cet endroit. Dans le hall ? Dans l'escalier ? Je brûlerai les tapis ! J'arracherai les lattes du parquet ! Je...

— Helen, arrête ! Tu racontes n'importe quoi.

— Et alors ? répondit-elle en sanglotant. J'ai quelques bonnes raisons pour ça, non ? Espèce de mufle ! Je te déteste !

Incapable de se contrôler, elle fit volte-face et le martela de ses poings. Il la laissa faire, acceptant les coups.

Parce qu'il savait qu'il les méritait amplement ! pensa-t-elle au bord de l'hystérie.

— Calme-toi, commanda-t-il.

— Dis-moi d'abord ce qui s'est passé ! J'ai le droit de savoir ! gémit-elle en s'affaissant soudain dans ses bras.

— Oui, je vais tout t'expliquer. Ne te mets pas dans des états pareils, je t'en prie. Fais-moi seulement confiance...

A ces mots, la jalousie la cingla, tandis qu'elle imaginait le regard concupiscent qu'il avait dû poser sur Céline, ses mains qui l'avaient touchée, excitée...

— Confiance ! Mais on n'en est plus là ! Je ne veux plus te voir, ni t'entendre, ni même penser à toi ! Va-t'en !

— Ne redis jamais ça ! répondit-il en resserrant son étreinte. Je n'irai nulle part...

— Il le faudra bien pourtant. Tu ne peux pas te justifier.

— Si, je le peux et je vais le faire. Mais d'abord, tu dois te mettre au lit avant d'attraper une pneumonie. Tu as l'air...

— Je sais ! hurla-t-elle. Je suis repoussante ! Mes cheveux sont pleins de boue et… Oh ! Va rejoindre ta voluptueuse Céline, et laisse-moi me coucher seule !

— Mon pauvre amour, murmura-t-il en lui caressant la tête.

Ce geste affectueux la prit de court. Elle désirait tant être aimée et dorlotée qu'elle resta là, les yeux clos, ardente, le cœur plein d'adoration et d'espoir, à respirer l'odeur virile et familière qu'il dégageait, à s'imprégner de sa chaleur, de sa force, de sa voix aux accents séduisants et rauques.

— Viens, ma chérie.

Brusquement, elle rouvrit les yeux, stupéfaite. Les doigts de Dan déboutonnaient sa veste ! Mon Dieu ! Il allait la dévêtir comme il avait déshabillé Céline, un moment plus tôt.

— Espèce de brute ! Tu ne penses donc qu'à ça ? s'exclama-t-elle en le repoussant. N'as-tu donc aucune conscience, aucune valeur morale ? Laisse-moi tranquille !

— Du calme ! Je voulais seulement t'aider. A moins que tu ne veuilles te coucher tout habillée ?

— En ce moment, c'est le dernier de mes soucis ! Je ne veux pas que tu me touches !

— Très bien. Si c'est ce que tu veux…

Et, la prenant au mot, il s'écarta.

Aussitôt, Helen vacilla et s'effondra sur le sol, en pleurant de frustration.

Comme un chiffon mouillé, minable et pathétique, pensa-t-elle. Et ridicule avec ses bottes en caoutchouc !

— Idiote ! Et entêtée avec ça ! l'entendit-elle murmurer.

Comme elle se recroquevillait davantage, le corps secoué de sanglots, il lui ôta ses bottes, puis ses vêtements. Quand elle n'eut plus sur elle que son soutien-gorge et son slip, elle abandonna la lutte, résignée à être humiliée.

Car il comparait son corps à celui de Céline ! se disait-elle, et il regrettait sans doute la lingerie aguichante qui excitait tant sa passion.

— Je me sens malade ! prévint-elle.

Avec un soupir exaspéré, il la souleva et lui glissa une cuvette sous le menton, juste avant que la nausée la submerge.

Puis Dan entreprit de lui sécher les cheveux et de lui laver le visage.

Tout en songeant que cette sollicitude était dangereusement réconfortante, elle se laissa faire.

Dan la porta ensuite jusqu'au lit. Dans les bras forts de son mari, elle lutta contre un désir violent de se blottir contre lui, et de lui passer les bras autour de la nuque. Il était son mari, et c'était la première fois depuis des mois qu'ils se trouvaient si proches physiquement.

Le visage impénétrable, Dan lui dégrafa son soutien-gorge et garda un instant les yeux rivés sur ses seins nus. Le moral d'Helen remonta en flèche à la pensée qu'il la trouvait, après tout, peut-être séduisante.

Malheureusement, cet espoir s'évanouit quand, sans commentaire, il lui enfila une épaisse chemise de nuit, la glissa sous les couvertures et la borda comme une enfant.

A cet instant, elle s'aperçut qu'il était sexuellement excité. Mais n'était-ce pas plutôt parce que Céline et lui avaient été dérangés avant... de passer à l'acte ?

Tourmentée par ces pensées, Helen tourna la tête de côté, les yeux clos, dans un effort dérisoire pour refouler les larmes qui menaçaient de jaillir de nouveau.

Non, elle ne pleurerait plus ! décida-t-elle. Elle devait garder la tête froide au contraire et prendre un parti. Et dès qu'elle se sentirait mieux, elle se battrait pour défendre ses droits.

Le matelas s'affaissa sous le poids de Dan qui s'asseyait auprès d'elle.

— Je suis désolé que tu sois si mal en point, ma chérie. Veux-tu quelque chose pour te soulager ? demanda-t-il doucement.

— Oui, le divorce ! s'écria-t-elle du fond de son désespoir. Tout de suite !

3

Un silence terrible s'installa. Helen retint son souffle, immobile, atterrée d'avoir envisagé le point de non-retour.

Pour Dan, le choc fut d'un tel impact qu'il en bégaya :

— Je vais… te chercher une bouillotte et un thermomètre. Et préparer un grog. Quand tu auras dormi et que tu te sentiras un peu mieux… nous parlerons.

— Non, maintenant ! Avant que tu n'aies le temps d'inventer une excuse grotesque ! se rebella-t-elle.

Il la contempla avec des yeux tristes et si distants qu'elle en fut déconcertée.

— Tu me fais donc si peu confiance ? demanda-t-il lentement.

Helen sentit une immense amertume au fond d'elle-même. Une heure auparavant, elle aurait encore misé sa vie sur lui. Il avait porté ses espoirs, son amour et son avenir. Mais il venait de la trahir.

Elle frémit.

— Si tu étais rentré à l'improviste pour me trouver à moitié nue, avec des caleçons d'hommes et des uniformes de soldats éparpillés autour de moi, répondit-elle froidement, tu en aurais conclu que je venais de coucher avec un régiment, non ?

Dan serra les dents, exaspéré de voir qu'elle persistait dans ses accusations.

— Je vais te chercher ce grog, annonça-t-il.

Ainsi, il préférait fuir — la fuir, plus exactement ! songea Helen, profondément déprimée. Non seulement il la trouvait laide, mais elle lui montrait une méchanceté et un sarcasme qu'elle ne pensait pas posséder. Il avait toujours aimé le regard amusant qu'elle portait sur la vie. A présent, ses paroles devaient le brûler comme du fiel.

Mais n'avait-elle pas des raisons de vouloir le fustiger ? se dit-elle, furieuse de culpabiliser. Elle lui avait donné son cœur, et il la récompensait par la pire des trahisons, après tout juste deux ans de mariage.

Et bien entendu, comme une idiote, elle n'avait rien remarqué, se dit-elle, amère. Car il devait jouer la comédie depuis un certain temps déjà : toutes ces nuits où il prétendait développer son entreprise déjà florissante, les week-ends où il disait travailler auprès de ses clients, eh bien, il avait été en réalité avec cette femme. Quant à sa fatigue, elle n'était pas due aux heures qu'il passait sur ses programmes informatiques, à préparer ses marchés de millions de livres, ni à ses déplacements dans tout Londres à des heures indues !

Dire qu'elle avait fait des heures supplémentaires parce qu'elle détestait rentrer dans cette horrible maison vide aux pièces inachevées ! Dire que, pendant ce temps, il avait fait des cabrioles avec la capiteuse Céline, l'avait emmenée dîner...

— Prends ça.

Sursautant à la voix de Dan, Helen se redressa brusquement et sa main battit l'air, renversant le verre qu'il tenait.

— Oublie les soins ! Finissons-en avec cette explication ! s'écria-t-elle, étonnée elle-même de son ton furieux.

— Mieux vaut attendre, je pense. Visiblement, tu es d'une humeur massacrante.

— A quoi t'attendais-tu ?

— A être écouté avec loyauté ! Mais c'est trop te demander, on dirait.

La bouche d'Helen esquissa un pli amer.

— Ça te va bien de parler de loyauté ! As-tu donné une seule chance à notre mariage ?

— Oui, je l'ai fait.

— Oh ! Une semaine ? Un mois ? Depuis combien de temps mènes-tu cette double vie, Dan ?

— Tu te trompes. Je n'ai pas été infidèle, s'entêta-t-il.

Helen crut percevoir de la tristesse dans l'intonation.

Peut-être était-il désolé, après tout, se dit-elle. Il pensait à la séparation et aux problèmes qui s'y rapportaient : le partage des cadeaux de mariage, des meubles... Un cauchemar !

— Pardonne-moi si je trouve ça dur à avaler ! fit-elle remarquer, acerbe.

Sans s'émouvoir, il lui tendit une bouillotte, et elle la prit pour réchauffer son corps glacé.

Alors que Dan se laissait tomber sur une chaise, la serviette éponge qui lui ceignait la taille s'entrouvrit pour laisser voir une cuisse hâlée, et Helen s'en voulut d'avoir envie de la caresser.

— Température, annonça-t-il, laconique.

Confuse de se laisser aller à contempler ses longues jambes musclées, elle lui arracha le thermomètre qu'elle fourra dans sa bouche, tout en l'étudiant par-dessous ses paupières baissées. Au bout d'un moment, Dan se détourna, incapable de soutenir cet examen hostile.

Il se sentait coupable ! pensa-t-elle avant de s'aviser que cela ne lui procurait aucune satisfaction.

Lentement, comme si son corps était de plomb, il se leva pour aller jusqu'à la fenêtre et lui opposa son dos comme un obstacle infranchissable.

Mais alors que ce rejet délibéré la mortifiait, un sursaut de compassion l'empêcha de le détester, et, avec un gémissement, elle se renversa contre les oreillers.

Peut-être Dan envisageait-il l'avenir, se dit-elle. La maison serait vendue, pour commencer. Or, Deep Dene comptait énormément pour lui. Etait-ce pour cette raison qu'il était si livide et si fermé ?

Quant à elle, elle redoutait les conséquences de cet adultère pour un motif bien différent : elle avait aimé Dan de tout son cœur. Elle tenta de chasser cette pensée et le vide horrible que représentait l'avenir sans lui.

Elle l'aimait toujours, constata-t-elle avec tristesse. Follement, éperdument — malgré la piètre opinion qu'elle avait de lui. On ne pouvait mettre fin d'un coup à une passion qui avait été magique et dévorante pendant des années. Ils se connaissaient depuis l'adolescence, et ni l'un ni l'autre n'avait eu d'autre aventure. Jusqu'à aujourd'hui...

D'un bras, elle se couvrit les yeux. Il lui faudrait des siècles pour se remettre de leur histoire — si tant est qu'elle s'en remît un jour. La douleur lui déchirait le cœur, et son esprit broyait des pensées sans suite...

A cet instant, Dan lui arracha le thermomètre de la bouche.

— Voyons si tu as de la fièvre...

Basse et rauque, sa voix s'infiltra en elle comme une lave brûlante, avec une sensualité inattendue. Il respirait fortement, en la fixant bizarrement. Mal à l'aise, Helen rajusta sa chemise de nuit.

— Alors ? s'enquit-elle pour qu'il reporte son attention sur le thermomètre.

— Trente-sept degrés et deux dixièmes. Tu n'as donc pas de fièvre.

— Ce n'est pas possible ! Je me sens affreusement malade.

— Tiens, vérifie, dit-il en lui tendant le thermomètre. Et maintenant, veux-tu dormir ou te sens-tu capable de m'écouter ?

— Dormir ? Tu crois que je pourrais dormir après ce que je viens de voir ?

— Très bien. Alors je vais m'expliquer, mais à une condition : que tu m'épargnes tes sarcasmes jusqu'à ce que j'aie fini.

Les lèvres d'Helen se mirent à trembler. Le choc semblait avoir fait d'elle une autre femme. Elle se sentait telle une tigresse blessée qui voulait griffer, hurler.

Dans quel état l'avait-il mise ! se désola-t-elle. Savait-il à quel point elle souffrait et regrettait l'homme qu'elle avait aimé ? Que la foi inconditionnelle qu'elle avait placée en lui était à présent réduite en miettes ?

— Ce n'est pas surprenant que tu sois à cran, déclara Dan avec une expression impassible. Tu n'es pas bien et tu as reçu un choc.

Helen crut avoir mal entendu, tant ce revirement de situation lui paraissait ironique : voilà qu'à présent ils échangeaient des politesses, qu'elle s'excusait, et qu'il se montrait indulgent.

N'osant parler, elle le considéra, contempla ce visage séduisant qui l'avait si souvent fait fondre. Elle l'avait si fréquemment embrassé sur les paupières qu'elle se souvenait encore de la douceur de ces longs cils sur ses lèvres. Elle avait si souvent caressé cette mâchoire ferme qu'elle aurait pu en dessiner le contour les yeux fermés. Elle s'était si souvent blottie contre ce corps athlétique, en extase, repue, que... Mais Céline aussi avait...

Terrassée par le chagrin, elle eut un brusque mouvement de tête.

— Qu'y a-t-il ? s'enquit Dan en l'agrippant par les épaules. Helen ! Tu as mal ? Où ?

Ainsi, pensa-t-elle, il s'imaginait qu'avec un peu de sollicitude il pourrait effacer sa faute, continuer à vivre avec elle normalement. Alors qu'elle avait perdu l'amour de sa vie, ses espoirs, le père de ses futurs enfants...

Tant de fois, elle avait rêvé de leur vie tous ensemble, et d'une autre maison, accueillante celle-là, qu'ils achèteraient quand ils auraient économisé suffisamment. Une demeure chic dans le quartier de Chelsea, par exemple, qui résonnerait de rires de leurs enfants adorés. Quatre, avait-elle décidé. Pour compenser la famille que Dan n'avait jamais eue, et lui faire oublier l'enfance malheureuse et vide qui avait été la sienne. Il y aurait eu de joyeuses balades, des vacances à l'étranger, une vie bâtie sur l'amour et le bonheur. Que d'illusions !

— Helen ! murmura-t-il, alarmé de la voir se crisper. Je t'en prie, dis-moi où tu as mal.

Mais comme il se mettait à la secouer par les épaules, elle se rebiffa telle une furie.

— Toi ! Tu ne comprends donc rien ? Je ne peux plus te voir ! hurla-t-elle.

Elle entendit vaguement Dan se ruer hors de la chambre. Puis, à son grand désarroi, elle se mit à sangloter, parce qu'elle l'aurait voulu près d'elle déjà, pour qu'il la caresse et l'apaise...

Mais pourquoi était-elle si capricieuse tout à coup ? se demanda-t-elle en se renversant contre les oreillers, l'air abattu. Et s'il la quittait pour de bon ?

Horrifiée par cette perspective, elle sanglota de plus belle.

Oh ! se désola-t-elle, comment n'avait-elle pas décelé plus tôt les signes du danger ? Pourquoi n'avait-elle pas remarqué qu'ils se négligeaient mutuellement, et insisté pour qu'ils passent plus de temps ensemble ? Si seulement elle avait pu retourner en arrière !

Elle songea alors à l'enfance de Dan, rude et sans amour.

Etait-ce si étonnant qu'il fût ainsi ? se demanda-t-elle avant de s'aviser qu'elle ne pouvait le lui reprocher. Car c'était elle qui s'était trompée. Il n'était pas l'homme qu'elle avait aimé. Elle avait épousé une illusion, et la réalité était tout autre.

— Helen.

Au son de sa voix étranglée toute proche, elle leva les mains pour le repousser. Passant outre, il lui tamponna les yeux avec un mouchoir.

— Ne pleure pas. Je t'en prie, supplia-t-il d'une voix irritée. Je t'ai apporté une tisane bien chaude. Bois, j'insiste. Tu es si malade…

Elle ne pouvait pas tomber malade ! se dit-elle. Elle devait être forte, organiser sa nouvelle vie, voir des avocats…

Ses sanglots s'espacèrent, et elle accepta le bol qu'il lui portait aux lèvres.

Le tilleul lui procura un peu de chaleur et la revigora. Elle fixa un instant les mains de Dan. Grandes et habiles, elles avaient souvent passionnément…

De nouveau, la vision du corps de Céline s'imposa, et elle manqua s'étrangler.

— Bois, insista Dan. Ne te torture pas l'esprit. Tout va bien, crois-moi.

— Facile à dire pour toi ! murmura-t-elle d'une voix brisée par le chagrin.

Dan déglutit avec peine, submergé par une émotion qu'Helen ne reconnut pas.

— Nous réglerons ça. Je ne peux pas supporter de te voir bouleversée à ce point.

— Tu aurais pu y penser avant de t'offrir des aventures !

Au lieu de répondre, Dan enfila un peignoir et serra la ceinture d'un geste brutal.

— Tu sais que je travaille dur ! lança-t-il. Je ne suis pas Superman. Il me faudrait beaucoup d'énergie pour batifoler.

Helen ne répondit pas. N'avait-il pas prouvé quelques minutes plus tôt que sa sexualité était toujours active ?

Elle frissonna, soudain effrayée à l'idée d'entendre une explication montée de toutes pièces.

— Maintenant, donne-moi ta version.

— Laisse-moi d'abord respirer !

— Pourquoi ? explosa-t-elle.

Dan serra les poings.

— Si tu le prends ainsi, je ne vois pas beaucoup d'espoir pour nous deux.

Un silence pénible succéda à cette parole amère. Une atmosphère étouffante de suspicion pesait dans l'air et les maintenait à des kilomètres l'un de l'autre.

Dan la quittait mentalement, songea-t-elle, envahie de désespoir.

— C'est parfaitement simple, commença-t-il enfin, d'une voix si basse qu'elle dut tendre l'oreille. En y réfléchissant, je pense que Céline prévoyait ce coup depuis un moment.

— Tu penses que l'hôtel ne lui suffisait plus ? Qu'elle voulait une partie de jambes en l'air dans notre maison ? intervint Helen malgré elle. Le triomphe suprême, quoi ! Comme une chienne marquant son territoire !

Oh ! mon Dieu ! pensa-t-elle. Elle débitait des horreurs !

— Tu es à bout, répondit Dan. Ne dis pas des choses que tu risquerais de regretter.

— Je ne vais pas te faciliter la tâche pour autant !

Dan marmonna quelque chose d'inintelligible, puis enfouit la tête dans ses mains.

Etait-il en train de craquer ? Lui toujours invincible... ? se demanda Helen, avant de s'aviser qu'elle ne supportait pas de le voir aussi torturé, que c'était pire que de supporter sa propre peine. Cela voulait-il dire qu'elle l'aimait assez pour lui pardonner ? Accepterait-elle qu'il revienne vers elle s'il la suppliait de lui pardonner ? Pourrait-elle jamais l'accueillir sans penser à cette femme ?

— Ton mépris me fait si mal..., gémit-il.

Helen se crispa, se rappelant soudain que Dan avait été rejeté toute sa vie, et qu'il devait vivre cette scène comme un nouveau rejet.

Mais à quoi s'attendait-il après s'être conduit de façon aussi odieuse ? se dit-elle avant de rétorquer :

— Ne joue pas sur la corde sensible, Dan. Je veux des faits.

Il se redressa, les cils brillants et les doigts humides.

Mais depuis quand le chagrin était-il une preuve d'innocence ? se dit-elle sans se laisser attendrir.

Alors, il reprit ses explications :

— J'avais un rendez-vous à Brighton. Céline devait m'accompagner. Contrairement à ses habitudes, elle avait apporté un Thermos de café.

Sa bouche ébaucha un pli amer quand il ajouta :

— Je pensais que c'était un accident. Maintenant je vois que ce n'était pas le cas.

— Quel accident ? De quoi parles-tu ? demanda-t-elle, confuse et agacée par ces propos sans suite.

— Quoi ? Oh ! Le café. Je conduisais et, brusquement, elle a voulu m'en verser un gobelet et l'a répandu sur ma chemise et mon pantalon. « Du café noir sucré, a-t-elle dit. Tu ne peux pas te rendre à la réunion dans cet état. Nous ne sommes pas loin de chez toi. Mieux vaut passer te changer. » Et moi, comme un idiot, j'ai gobé cette histoire !

Helen attendit la suite sans intervenir cette fois.

Il avait l'air amer, observa-t-elle, comme si cela s'était réellement passé de cette façon. Pire, elle n'était pas loin de le croire... A quelques détails près, cependant. Que faisait-il des vêtements abandonnés dans l'escalier, des propos de Céline impliquant qu'ils passaient du bon temps ensemble ?

— Ensuite ? le pressa-t-elle, comme il ne se résignait pas à poursuivre.

— C'était une réunion importante. Il me restait peu de temps, et j'étais contrarié, reprit Dan. J'ai laissé Céline au salon avec une pile de magazines et je me suis précipité dans la salle de bains pour enlever mes vêtements tachés...

— Où sont-ils ? s'enquit-elle d'un air soupçonneux. Ils ne sont pas dans la salle de bains, sinon je les aurais remarqués...

— Je les ai déposés sur le panier à linge, répondit-il avec assurance.

Tous deux regardèrent dans cette direction. Le panier se trouvait dans un coin de la chambre, mais aucun vêtement ne l'encombrait. Dan laissa échapper un juron et alla soulever le couvercle, avec des mouvements incertains.

— Eh bien ? demanda Helen, haletante.

Elle voulait de toutes ses forces que ces vêtements s'y trouvent, que cette partie de l'histoire fût vraie...

L'expression incrédule de Dan fit s'envoler cet ultime espoir. Elle baissa la tête. Une sensation de vide l'envahissait. Il lui avait menti.

— Ils n'y sont pas, annonça-t-il, les yeux fiévreux.

— Comme c'est étonnant ! répondit-elle d'une voix mordante, en le regardant ouvrir la penderie, puis les tiroirs de la commode.

— Ils y étaient ! insista-t-il en lui adressant un regard irrité.

C'était affligeant de le voir fouiller la chambre à la recherche de cet hypothétique costume taché, songea-t-elle. Il jouait bien la comédie ; il était hors de lui à présent, et dérouté.

— Arrête ! lança-t-elle d'un ton las. Tu ne m'impressionnes pas, tu sais.

Il fit volte-face et se campa, jambes écartées, son corps tout entier exprimant une fureur rentrée.

Mon Dieu ! Il commençait à croire à ses mensonges ! pensa Helen, affolée.

— Ecoute-moi bien, siffla-t-il entre ses dents. Mon costume était aspergé de café, je l'ai posé sur le panier avant d'aller prendre une douche...

— Pendant ce temps-là, Céline est montée en douce, a pris ta chemise et ton pantalon, les a fourrés dans son décolleté et est redescendue à toute vitesse pour les cacher quelque part ! Puis elle est remontée à l'étage en se déshabillant.

— Quelque chose de ce genre-là.

— Oh ! Dan ! s'écria-t-elle. Tu ne vois pas que je me moque de toi ?

— Ça a l'air fou, mais..., commença-t-il en se passant une main dans les cheveux.

— Fou ? Non, absurde !

— Tout ce que je sais, c'est que je suis sorti de la douche pour trouver Céline presque nue, enveloppée dans ta serviette.

— Et ? s'enquit-elle, craignant malgré tout d'entendre la suite.

Il ébaucha un geste impatient.

— Qu'est-ce que tu crois ? Je lui ai demandé ce qu'elle fichait là, bien entendu !

— Que s'est-il passé ensuite ?

— Rien ! répliqua Dan, les yeux étincelants.

— Quelle raison t'a-t-elle donnée alors pour s'être déshabillée sans aucun encouragement de ta part ? insista-t-elle.

Il fronça les sourcils comme s'il cherchait à gagner du temps.

— En fait, elle a eu l'air déroutée au début, comme si elle ne s'attendait pas à ce que je la trouve là...

— Tu te moques de moi ! Ça n'a aucun sens.

— Je sais ! Ne me demande pas de lire dans les pensées de cette fille, lança-t-il, irascible. Je l'emploie parce qu'elle est intelligente et perspicace en affaires. Moi, je suis plutôt du genre direct.

— Reprenons, déclara Helen plus calmement. Elle renverse du café sur toi délibérément, attend au salon jusqu'à ce que tu sois dans la salle de bains, et puis se déshabille. Ensuite, elle monte l'escalier en arrangeant ses vêtements dans l'ordre inverse pour que tu trouves cela plus excitant, et puis se glisse dans notre chambre afin de s'emparer de ton costume taché — peut-être pour l'envoyer au nettoyage, comme une bonne assistante se doit de le faire ! Toujours est-il que tu sors trop vite de la douche et tu la surprends à s'envelopper dans ma serviette. Alors que son plan était que tu suives la trace de ses vêtements jusqu'au bas de l'escalier, devenant de plus en plus exalté. Et là, tu la découvrais nue sur le tapis, une coupe de champagne à la main, une rose entre les lèvres !

Dan la fixa, atterré.

— Tu penses vraiment que... ?

— Pour l'amour du ciel, Dan ! Tu ne sais plus reconnaître le sarcasme ?

Les pommettes en feu, il déclara avec colère :

— Ce que les femmes peuvent être tordues ! Je l'apprends à mes dépens. Je ne peux te donner que ma version.

— Qui est ? demanda Helen avec un sourire trompeur.

— Quand elle a recouvré son sang-froid, elle s'est mise à

parler d'une voix bizarre et rauque, disant que c'était l'occasion ou jamais pour nous deux... Des bêtises de ce genre.

— Donne-moi des détails.

— Non, c'est embarrassant. Je lui ai dit de se rhabiller.

Une expression gênée le trahissait. Il mentait, se dit-elle. Elle aurait préféré qu'il admette l'adultère et implore son pardon. Au lieu de quoi, il avait recours à la lâcheté.

— Tu es en train de me dire que tu as eu en face de toi une femme pratiquement nue qui t'a fait des avances, et que tu lui as répondu : « Non, merci. Je suis marié. »

— Bien sûr !

— Quel saint homme !

Il lui lança un regard furieux comme si elle commettait une injustice à son égard.

Mais n'était-ce pas une réaction commune chez les gens coupables ? se demanda-t-elle.

— C'est bon, grinça-t-il. Je m'en vais. Tu n'es pas disposée à me croire...

Ah ! non ! se dit-elle, il n'allait pas la plaquer là ! Pas avant qu'elle ne l'ait forcé à avouer la vérité.

— Tu ne crois donc pas à ta propre histoire ? le défia-t-elle, outrée.

— C'est toi qui n'y crois pas. C'est là le problème.

Sur quoi il l'étudia avec une froideur qui lui glaça le cœur. Elle se rendit compte que l'amour qu'il avait eu pour elle était mort. Rien ne pourrait faire renaître leur mariage maintenant. A moins d'un miracle.

Oh ! qu'il s'en produise un ! supplia-t-elle intérieurement.

Au bord de la crise de nerfs, elle se tordit les mains, les yeux immenses et implorants.

— Si, je veux te croire, avoua-t-elle d'une voix sourde. Vraiment.

Cela eut pour effet d'apaiser sensiblement Dan. Ses épaules se relaxèrent.

— Très bien. Je lui ai fait savoir que j'étais furieux contre elle. Je suis rentré dans la salle de bains et j'ai verrouillé la porte pour lui montrer que je n'étais pas intéressé. Là, j'ai attendu, lui donnant le temps de s'habiller. Apparemment, elle s'en moquait éperdument. J'imagine qu'elle t'a entendue et qu'elle est sortie sur le palier. Quand j'ai ouvert la porte, j'ai reconnu ta voix.

— Ça a dû être un choc.

— Ma vie entière a basculé, répondit-il, lugubre. Quand j'ai vu que Céline était encore dans cette tenue, j'ai su que tu le prendrais mal.

— Le mot est faible ! Tu veux dire que je suis arrivée juste à temps pour empêcher quoi que ce soit ?

— Oui ! Enfin, non... Bon sang ! Rien ne se serait passé.

— En supposant que j'admette ta version, Céline t'a-t-elle jamais fait d'avances avant aujourd'hui ?

— Pas que je me souvienne.

Se renfrognant, Dan fourra les mains dans les poches de son peignoir.

Un instant hésitante, Helen ferma les yeux.

— Ça ne prend pas, Dan, conclut-elle finalement. Il n'y a pas de vêtements tachés de café. Et l'idée de Céline montant et descendant l'escalier comme une marionnette est ridicule.

— Cela n'en est pas moins vrai !

Elle prit une profonde inspiration, rassemblant le courage nécessaire pour affronter la vérité.

Car peut-être pouvaient-ils encore s'entendre, se disait-elle à la recherche d'un compromis.

— Pourquoi n'avoues-tu pas que tu as une liaison ? demanda-t-elle en tremblant. Nous pourrions repartir de zéro ?

— Parce que je n'en ai pas et n'en aurai jamais ! s'écria-t-il, en arpentant la chambre. C'est la dernière chose que je ferais. Tu me connais donc si peu ?

— Mais, au fond, je ne te connais pas du tout ! lui rétorqua-t-elle, frappée par son air blessé.

Les épaules de Dan s'affaissèrent.

— Voilà qui a le mérite d'être clair. Tu ne peux pas savoir combien tu me déçois.

Helen ouvrit la bouche et la referma, interloquée.

— C'est toi qui parles de déception ? Comment peux-tu être aussi injuste ? Dis plutôt que tu ne veux pas ravaler ton orgueil stupide pour tout avouer ! A la place, tu me sors une histoire à dormir debout, en espérant me faire avaler cette couleuvre !

— Et pourtant, c'est la réalité. Alors, tu dois y croire. Ou tout est fini entre nous.

Comment osait-il formuler un tel ultimatum ? s'indigna-t-elle, de nouveau au bord des larmes.

— Ecoute, transigea-t-elle. J'aimerais être seule. Tu ferais mieux de prendre la chambre d'amis, ce soir. A moins, bien sûr, ajouta-t-elle, le cœur déchiré, que tu ne préfères dormir chez Céline.

La bouche de Dan se tordit de colère.

— Eh bien ! merci pour le vote de confiance ! déclara-t-il, cinglant. Heureux d'apprendre que tu places aussi haut mes valeurs morales et mon engagement dans ce mariage.

Là-dessus, il entreprit de rassembler quelques affaires en hâte, avant de tourner les talons. La violence de sa démarche ne laissa à Helen aucun doute sur son humeur.

Quelques instants plus tard, elle entendit la porte d'entrée claquer, puis la voiture qui démarrait. Les pneus dérapèrent dans la boue. Puis un silence terrifiant s'installa.

Voilà, c'était fini, se dit-elle, épouvantée par la froide réalité de cette rupture. Ils étaient des ennemis à présent.

4

Helen s'étonna de ne pas éclater en sanglots.

Etait-ce parce que, sous le choc, son esprit refusait de fonctionner ? se demanda-t-elle. En tout cas, il lui était impossible de rester plus longtemps au lit. Ou elle allait devenir folle.

Avec impatience, elle se leva et enfila un T-shirt et des chaussettes qui appartenaient à Dan — sa tenue favorite quand elle était à la maison.

Elle allait s'occuper du ménage, décida-t-elle, et se défoulerait en imposant sa volonté à cette maison si détestée.

Curieusement, cette corvée ne lui déplut pas, et elle fut bientôt satisfaite du résultat. Les pièces habitables avaient perdu leur air triste et négligé et respiraient de nouveau. Pour un peu, la vieille bâtisse lui serait apparue presque douillette.

Une fois qu'elle eut débarrassé l'aile en construction des gravats qui l'encombraient, elle s'accorda une pause. Alors, elle se rappela où elle se trouvait : dans la future chambre d'enfant. Bouleversée, elle se mit à pleurer sans retenue.

Une heure passa. Accroupie dans le froid et la poussière, Helen égrenait des pensées tristes en regardant la pièce où elle avait prévu de placer le berceau. Ravagée par le désespoir, elle rentra se préparer une bouillotte et monta à sa chambre.

Finalement, les sanglots s'espacèrent, et, du fond de son lit, elle se surprit à écouter les bruits extérieurs, espérant à tout moment entendre la voiture de Dan. Mais à ses espoirs succédait chaque fois la déception. Au fond d'elle-même, pourtant, elle savait qu'il ne reviendrait pas, puisqu'il lui préférait Céline.

Longtemps, elle resta éveillée, serrant son oreiller, prostrée. Elle s'avisa alors qu'elle n'avait jamais été vraiment malheureuse avant ce jour. A l'inverse de Dan, elle avait eu une enfance sans histoires. Ses parents, qui goûtaient leur retraite sur la côte californienne, l'adoraient, et elle avait toujours compté beaucoup d'amis. Aussi ce sentiment de profonde détresse lui était-il complètement étranger.

C'était effrayant de perdre une personne que l'on aimait et de se voir rejetée comme si on ne valait rien, se dit-elle douloureusement. En choisissant d'aimer une autre femme, Dan l'avait détruite, piétinant ses rêves et son amour-propre, ramenant le doute dans son esprit.

Après une nuit agitée, Helen s'éveilla et se sentit malade. Néanmoins, toute la journée, elle s'acharna à nettoyer la maison, s'arrêtant pour pleurer chaque fois qu'elle posait les yeux sur un objet qui lui rappelait Dan. Ce qui arrivait souvent. Mais elle se remettait à la tâche avec opiniâtreté. Avait-elle le choix ? Il fallait bien remettre la maison en état avant la vente. Bientôt aussi, elle contacterait son avocat. Pour l'heure, elle en était incapable.

Le crépuscule tombait à présent. Elle s'activait depuis l'aube quand un vertige soudain la fit se cramponner à la table du hall qu'elle était en train de cirer. Le chiffon glissa à terre, et Helen regarda dans le vide, affaiblie par la nausée, la fatigue et le manque de nourriture.

Le silence de la vieille demeure l'enveloppa et, pour la première fois, elle prit conscience de sa propre solitude. Elle était mise au rebut, ni plus ni moins !

« Je suis fantastique, au contraire ! se répéta-t-elle. Tous les hommes me désirent... »

A bout de nerfs, elle alla dénicher une bouteille de bordeaux dans la cuisine et s'en servit un peu, dans l'espoir que cela lui ferait du bien.

De fait, elle se détendit après quelques gorgées. Mais comme la trahison de Dan continuait de lui percer le cœur comme un scalpel, elle s'autorisa un second verre.

Alors, elle soupira d'aise, bien qu'elle se sentît un peu nébuleuse. Puis elle décida d'aller se coucher sans tarder avant de s'évanouir pour de bon !

Au moment de se détourner, Helen sentit des frissons sur sa nuque, comme si quelqu'un l'observait. Anxieusement, elle regarda par-dessus son épaule et, sous le choc, porta une main à son cœur.

— Dan !

Vivement, elle voila la lueur de joie qui illuminait son regard et prit une expression renfrognée, plus appropriée.

— Je ne t'ai pas entendu entrer.

Mon Dieu ! Comme il était séduisant ! songea-t-elle. Il y avait en lui un mélange attirant de l'homme d'affaires élégant et de l'amant sexy et décontracté. L'amant d'une autre, se rappela-t-elle douloureusement.

D'un air penaud, elle rajusta le T-shirt, ce qui ne fit qu'attirer l'attention de Dan sur ses cuisses nues.

— Comment vas-tu ? demanda-t-il sèchement.

— Pas terrible.

— Il y a une odeur d'encaustique.

— Le ménage... Simple tactique de diversion.

Il s'humecta les lèvres, tout en la couvant d'un regard indéchiffrable.

— J'aimerais prendre un verre, annonça-t-il.

Les jambes en coton, Helen se dirigea vers le buffet. Trop proche d'elle, Dan exhalait une odeur masculine excitante qui l'attirait. Elle voulait imprimer dans sa mémoire son parfum unique.

— Tu rentres tôt du travail, articula-t-elle avec effort.

Il acquiesça sèchement, car il n'avait nullement l'intention de lui dire qu'il n'était pas allé travailler de toute la journée. Journée qu'il avait passée à se répéter que sa femme était finalement comme les autres : indigne de ses sentiments.

— Je suis venu prendre quelques affaires, répondit-il sans trahir la moindre émotion.

Pourtant, il ne pouvait s'empêcher de la dévorer des yeux. Elle avait les joues roses et les yeux légèrement voilés à cause du vin.

Combien de verres avait-elle bus ? Ses longs cheveux noirs étaient retenus en arrière par une queue-de-cheval, et cette coiffure juvénile lui allait à ravir. Il aimait son visage sans maquillage. Sa bouche était naturellement rouge, avec la lèvre supérieure un peu mutine, si tentante qu'il avait envie de l'embrasser.

Le T-shirt qu'elle portait montrait trop ses jambes, incomparablement longues et fuselées. Quand elle s'était hissée sur la pointe des pieds pour atteindre l'étagère du buffet, il avait entrevu le joli galbe des fesses.

— Tu t'en vas, alors ? s'enquit-elle lentement.

— Oui...

Il but le bordeaux pensivement, les yeux plissés. A la voir vêtue de son T-shirt, il éprouvait une drôle de pulsion. Le vêtement vague soulignait les globes fermes des seins. Il aurait parié qu'elle ne portait rien dessous. Pourtant, il n'avait plus le droit de la désirer. Elle était encore sa femme, mais seulement sur le papier, songea-t-il avec amertume.

— Je te trouve un peu mieux, annonça-t-il, dérouté de se laisser entraîner dans cette conversation ridicule, au lieu de s'en aller sur-le-champ.

Le bras d'Helen décrivit un arc vague dans l'espace.

— J'ai l'air d'un épouvantail, tu veux dire.

Un silence embarrassant suivit ce commentaire. Incapable de penser à quelque chose d'original à dire, Dan s'empara de la bouteille au moment même où elle la saisissait. Leurs mains se rencontrèrent et s'immobilisèrent pendant quelques secondes électrisantes.

Bon sang ! pensa-t-il. Il avait envie d'elle.

— Après toi, articula-t-il.

La main d'Helen tremblait si fort qu'elle renversa du vin sur le bar. Il crut la voir rougir de confusion, tandis que, sur une exclamation, sa bouche s'ouvrait sur ses dents fines d'une blancheur éclatante. Alors, il n'y tint plus.

Lentement, il lui effleura le bras. La peau tiède sembla fondre sous la sienne.

— Laisse-moi faire...

A contrecœur, il la relâcha pour éponger le vin répandu. Helen ne bougea pas.

Bon sang ! Avait-elle conscience qu'elle le mettait au supplice ? pensa Dan, chaviré.

— Voilà, c'est fait, observa-t-il.

Pour se donner une contenance, il remplit le verre d'Helen, puis le sien.

— Merci, répondit-elle faiblement.

Elle ne cherchait même pas à réprimer le tremblement de sa lèvre inférieure, nota-t-il. Cette même lèvre qu'il aurait voulu sentir contre sa bouche, charnue, consentante…

Troublé, il but une gorgée de vin et chercha désespérément quelque chose à dire.

— Je vais prendre mes affaires.

En fait, il désirait rester là à la contempler, à attendre le moment où il pourrait l'enlacer et glisser ses mains sous le T-shirt, où ce corps sublime s'offrirait à ses caresses. Alors, lentement, follement, passionnément, il lui ferait l'amour…

— D'accord, répondit-elle.

Il y avait une douceur nouvelle dans son visage, remarqua-t-il tandis qu'elle buvait à petites gorgées, les joues ombrées par ses longs cils baissés. Elle avait toujours ces traits fins, ces pommettes hautes, mais à présent son teint était plus lumineux. Il aimait cette expression féminine qui était chaque fois comme une invite.

Un tiraillement naquit dans son bas-ventre, le rappelant à l'ordre.

— Bon. Je finis mon vin.

Il pinça les lèvres, exaspéré par les sottises polies qu'il débitait.

Pourquoi ne pouvait-il lui dire ou lui montrer ce qu'il ressentait ? se demanda-t-il. Hélas ! il connaissait la réponse à cette question : son instinct de préservation prenait le dessus. Toute sa vie, il s'était protégé contre les autres. Avec Helen, il avait fait une exception, croyant qu'elle ne le laisserait jamais tomber, qu'ils seraient ensemble pour toujours. Quelle erreur !

— N'oublie pas tes chemises dans le sèche-linge, dit-elle.

Avec sa grâce naturelle, elle fit quelques pas en direction de la lingerie. Alors, il remarqua qu'elle titubait un peu. Mû par un réflexe, il changea de position, et inévitablement elle le heurta.

— Oh ! Désolée, gloussa-t-elle.

D'instinct, Dan tendit les mains pour la rétablir.

— C'est ma faute, déclara-t-il en la relâchant dans un suprême effort de volonté.

— Non… la mienne.

L'immobilité qu'elle observa soudain le bouleversa tant qu'il ne put s'empêcher de la prendre dans ses bras.

C'était normal qu'elle fût triste et perdue, pensa-t-il en la tenant simplement contre lui. Ils se connaissaient depuis qu'elle avait quatorze ans. La séparation serait… Non, il ne voulait pas y penser ! Cela faisait trop mal.

— Ça ira maintenant, lui assura-t-il d'une voix brusque.

Il savait qu'elle était forte. Elle traversait la vie avec ce sens de l'humour piquant qui le faisait rire et son esprit pertinent qui l'impressionnait toujours.

Comme il l'avait enviée ! songea-t-il. Car personne ne lui avait fait sentir qu'elle était indésirable. Elle vibrait d'assurance. Bientôt, un autre homme la séduirait… Non !

Dans un brusque élan de colère et d'émotion, il lui releva le menton pour l'embrasser sauvagement.

Percevant la stupeur et le tressaillement qui la saisissaient, il refusa de s'imposer à elle plus longtemps. Mais comme il s'apprêtait à la relâcher, Helen remonta les mains sur son torse et commença à lui déboutonner sa chemise.

Elle adorait le déshabiller, se rappela-t-il, chaviré. Bientôt, elle écarterait les pans de tissu pour enfouir le visage contre sa peau, le mordillerait…

Une bouffée de désir fusa au fond de lui. Conscient de jouer avec le feu, Dan laissa échapper un gémissement et l'embrassa plus tendrement.

Il avait l'intention de s'écarter et de prendre congé. Malheureusement, Helen ne se contenterait pas d'un simple au revoir amical. Elle semblait vouloir le feu et la passion. Sa bouche captura la sienne avec avidité, et ses mains le dévêtirent frénétiquement.

A cet instant, un déclic se produisit au fond de lui. Comme à travers un brouillard, il la souleva et l'assit sur le bar, l'enlaçant d'une main par la nuque pour retenir sa bouche délicieuse, l'autre glissant sous le T-shirt jusqu'à un sein lourd.

Avec félicité, Dan ferma brièvement les yeux, savourant la chair voluptueuse et tiède. Avec impatience, il retroussa le T-shirt, et Helen, encore plus impatiente, l'ôta tout à fait.

Ses seins magnifiques se dressèrent, et son corps souple s'arqua, tout en courbes et superbement érotique. Dan se mit à trembler violemment, s'émerveillant devant les mamelons mauves, pointés vers lui, attendant sa bouche...

Un goût exquis ! s'extasia-t-il en les taquinant de la langue, tandis qu'Helen lui agrippait les cheveux à pleines mains en gémissant.

Grisé par la peau merveilleusement veloutée, il enfouit son visage entre les seins capiteux, inspirant le parfum unique de ce corps offert à la volupté.

Helen, cependant, était si impatiente que ses mains lui labouraient le crâne. Ses baisers fiévreux et ses morsures ardentes le brûlaient.

Bientôt leurs respirations devinrent saccadées, et Dan fut submergé par une masse de sensations folles qui embrasa les zones de son plaisir.

La tête tourbillonnante, il la prit par la taille pour la soulever et l'emporter. Comme si elle n'attendait que ce signal, elle passa ses jambes autour de lui, et, tout en la comblant de baisers enfiévrés, tandis qu'elle se cabrait et s'agitait de volupté contre son torse, il tituba en direction du salon.

Il la déposa sur le tapis et se mit à arracher ses propres vêtements avec l'impatience d'un collégien. L'élastique qui retenait les cheveux d'Helen céda, et sa glorieuse chevelure noire inonda son visage.

Ils se regardèrent, leur désir à nu. Au fur et à mesure qu'il se dévêtait, les yeux d'Helen devenaient de plus en plus passionnés, ses lèvres ouvertes plus implorantes. Bientôt, le cœur de Dan fut sur le point d'exploser.

Oubliée, la lente séduction ! Il était lui aussi animé d'un sentiment d'urgence et de désespoir, conscient que ce serait la dernière fois qu'il ferait l'amour à sa femme.

Bien qu'elle fût tendre comme toujours, leur union prit une

dimension nouvelle. Il n'avait jamais connu Helen si débridée, si follement ardente. Elle lui faisait perdre la tête, chacune de ses caresses enflammait ses nerfs, le dévorait comme un feu de brousse. Ils criaient tous deux jusqu'au délire, se mouvant dans une harmonie délicieuse, allant jusqu'au bout des sensations exquises de leur corps à corps.

Confusément, Dan nota qu'elle était plus belle qu'il se la rappelait. Le corps en sueur, sauvagement érotique, elle le séduisait des yeux, de la langue, des mains jusqu'à faire fondre le peu d'empire qu'il avait encore sur lui-même.

Soulevé par une explosion de plaisir qui l'assaillait par vagues, il suffoqua. Il avait l'impression d'osciller au bord d'un précipice, les muscles tendus à l'extrême. Puis, lentement, sa conscience émergea, et il se détendit, en reprenant pied dans la réalité... plein de honte et de regret pour ce qu'il venait de faire !

Helen reposait mollement sous lui, les yeux clos, un sourire radieux aux lèvres. Doucement, il la débarrassa des mèches qui encombraient son visage en sueur.

— Helen.

Elle ne bougea pas. Avec précaution, il roula sur le côté, en savourant les derniers tremblements de son corps.

— Helen ! murmura-t-il de nouveau avec émotion.

Mais elle s'était endormie.

Alors, soulagé, il décida d'aller se doucher au rez-de-chaussée, avant de téléphoner à Céline.

Helen s'étira langoureusement et tendit instinctivement la main. A sa grande surprise, elle ne rencontra que le vide.

Ouvrant les yeux, elle resta allongée, tandis que le désarroi s'infiltrait en elle. Ils avaient fait l'amour — merveilleusement bien ! — et il était parti.

Mais, s'interrogea-t-elle soudain, où donc avait-il appris à aimer une femme avec cette perfection ? Leurs rapports avaient toujours été satisfaisants, mais jamais à ce point...

Elle s'empourpra violemment, sentant la chaleur inonder son corps encore excité.

Comment avait-elle pu être aussi stupide ? pensa-t-elle avec dégoût. Il avait probablement emballé ses vêtements et s'était éclipsé, trop content qu'elle eût été assez ivre pour s'offrir à lui en signe d'adieu !

Furieuse contre elle-même, elle se leva, encore étourdie et languissante après l'acte le plus passionné qu'elle eût jamais connu.

Ou qu'elle connaîtrait jamais, se dit-elle tristement.

Sa nudité la gêna soudain.

Comment avait-elle pu se montrer aussi... bestiale ? se reprocha-t-elle. Ces cris, cette urgence... comme si elle avait été désespérée d'être aimée une dernière fois ! Pourtant, l'amour n'avait rien eu à voir là-dedans. Comme tous les hommes, Dan n'avait eu que la bagatelle en tête !

Se sentant affreusement vulnérable au milieu du salon silencieux, elle s'enveloppa de ses bras et se demanda ce qu'elle devait faire.

Elle ne pouvait monter l'escalier. Pas après les adieux si torrides de Dan et le souvenir des sous-vêtements de Céline répandus sur les marches.

Il y avait une douche au rez-de-chaussée, près du vestiaire. Elle se laverait là et retrouverait son T-shirt quelque part dans la cuisine, songea-t-elle, rougissante.

Les bras croisés sur les seins, elle gagna nerveusement le hall et se figea soudain au milieu de l'entrée.

Dan était encore dans la maison... et téléphonait dans le bureau !

Avait-il appelé Céline ? se demanda-t-elle, en espérant se tromper de toutes ses forces.

Farouchement déterminée à en avoir le cœur net, Helen gagna le cabinet de toilette et s'enroula dans un drap de bain. Le cœur battant, elle marcha jusqu'au bureau et colla une oreille à la porte.

— Dieu merci, tu es là ! l'entendit-elle s'exclamer. J'ai besoin de te voir. Il faut absolument que je te parle, Céline !

— Oh !

Ecœurée d'une telle audace, Helen poussa le battant qui alla heurter le mur avec une violence inouïe. Comme, de stupeur, Dan lâchait le combiné, elle se rua pour raccrocher avec fureur.

— Sale faux-jeton ! Sournois ! Espèce de salaud ! explosa-t-elle. Tu me dégoûtes ! Tu es... obscène ! Comment oses-tu profiter de moi ? Tu savais que j'avais trop bu ! Et maintenant, tu appelles cette garce !

Les mots l'étouffaient, et elle sanglota, blessée que leur intimité, quelques minutes plus tôt, n'eût même pas compté pour lui, alors qu'elle-même en avait été émue jusqu'au tréfonds de l'âme.

— Je ne veux plus jamais te parler ! hurla-t-elle. Tu me contacteras par mon avocat, car je demande le divorce ! Tu es méprisable, amoral, vil...

Elle devenait incohérente à présent, et gesticulait comme une désespérée. Cependant, Dan ne fit pas un geste. Il resta là, impassible, froid, distant.

Tout en criant, Helen sentit sa tête bourdonner. Un écran noir se forma soudain devant ses yeux, et la dernière chose dont elle eut conscience fut de tomber dans un puits sans fin.

Les ténèbres se dissipèrent, lentement, et Helen accueillit le jour à contrecœur.

Mais il s'agissait seulement de la lueur d'une lampe, découvrit-elle en clignant des yeux, avant de s'apercevoir qu'elle était couchée dans son lit, entièrement nue.

Soudain, une vague de nausées la propulsa vers la salle de bains.

Dan entra dans la chambre comme elle se remettait au lit d'un air las. En jean et T-shirt, il avait l'air indéniablement sexy. Alarmé, aussi.

— Helen !

Elle se raidit. Il devait y avoir une bonne raison pour qu'il tremble ainsi, se dit-elle en voyant la tasse fumante déborder sur sa main sans qu'il y prêtât attention.

Prudemment, elle se redressa, ramenant le drap sur elle, en dardant sur lui un regard plein d'inquiétude.

— Qu'y a-t-il ? s'enquit-elle.

Dan plaça la tasse sur la table de nuit et continua de la fixer avec désarroi, les mains dans les poches de son jean.

— Tu... tu t'es évanouie, déclara-t-il enfin.

— Je m'en doute ! J'espère que tu mesures à quel point tu m'as blessée.

— Il y a un problème.

Il parut incertain, ne sachant comment poursuivre.

— A qui la faute ? lança-t-elle.

— Il ne s'agit pas de cela. Tu... tu continues à être malade.

Elle fronça les sourcils.

— Et alors ?

Dan prit une profonde inspiration et se mit à arpenter la pièce. Son pas était saccadé, observa-t-elle avec étonnement. Quant à son visage, il restait de pierre.

Soudain, il fit volte-face.

— Ton corps a changé. Je sens qu'il est... différent.

Piquée, Helen s'empourpra.

— Tu veux dire que j'ai grossi ? demanda-t-elle d'un ton glacial.

— Non... Je ne sais pas, mais il est différent...

— Oh ! Différent de celui de Céline ? C'est parce que je n'ai pas eu le temps de prendre un vrai repas, ces dernières semaines. Je grignote. Des gâteaux, des frites, des barres de chocolat... De toute façon, j'aime mon corps tel qu'il est. Et tu ne t'en es pas vraiment plaint tout à l'heure !

Dan recula d'un pas. Et elle regretta aussitôt ses paroles.

— Désolée, s'excusa-t-elle. Admets quand même que j'ai quelques raisons d'être bouleversée. Et cette crise de foie n'arrange rien...

— Justement... Je ne pense pas qu'il s'agisse d'une crise de foie, coupa Dan prudemment. Tes nausées pourraient avoir une autre cause.

— Que veux-tu dire ?

Graduellement, l'objection pénétra les brumes de son esprit, et elle se mit à pâlir sous le choc de l'évidence.

Non, elle ne pouvait pas être... *enceinte* !

5

— Je... je suis seulement malade, protesta Helen d'une voix effrayée. Une infection virale, sans doute. J'irai mieux dans un jour ou deux.

Elle vit les mâchoires de Dan se crisper. Il semblait lutter contre la crainte d'avoir fait un enfant, alors que leur mariage n'avait plus de sens.

Seigneur, aidez-nous ! pensa-t-elle. Ce serait trop cruel. Pauvre petit...

— Tu dis que ce n'est pas possible ? maugréa-t-il.

Helen se mordit les lèvres et tenta de faire un rapide calcul.

— A mon avis, c'est improbable. Après tout, nous n'avons pas eu de rapports depuis des semaines, répondit-elle pour masquer son affolement.

— Mais tu pourrais être enceinte ? insista Dan.

La dureté du ton, de nouveau, la cingla.

— Je n'en sais rien !

— Tu dois bien garder une trace de tes dates ?

Helen s'efforça de ne pas céder à la panique. Tomber enceinte *maintenant* serait un véritable désastre. Elle voyait que Dan partageait cette opinion. Or, elle redoutait par-dessus tout d'être mère célibataire, luttant seule...

— Dans mon sac. Mon agenda, souffla-t-elle d'une voix éteinte.

Sans un mot, il lui tendit son sac.

Il était en colère, comme si elle était responsable de leur prochaine rupture ! s'indigna-t-elle avant de rétorquer :

— Ça ne sert à rien de t'en prendre à moi, se défendit-elle sèchement.

— Vérifie, tu veux ? commanda-t-il.

Maladroitement, elle fouilla dans son sac.

Dire que quelques jours plus tôt, elle aurait été enthousiasmée à l'idée d'être enceinte ! se désola-t-elle. Au lieu de quoi...

— Je l'ai trouvé.

Ouvrant le petit carnet de cuir, elle consulta le calendrier.

— Eh bien ? s'enquit-il.

Helen ne répondit pas, secouée par un flot d'émotions. Laissant échapper un juron, Dan s'avança et lui prit le carnet des mains.

— Qu'est-ce que ça veut dire ? déclara-t-il. Il n'y a rien d'écrit.

— J'ai... Mon cycle est très irrégulier, s'excusa-t-elle pour gagner du temps. Ça arrive, tu sais. Un mode de vie stressant, un régime alimentaire...

— Tout ce que je veux savoir, c'est quand tu as eu tes dernières règles ! coupa-t-il.

— Eh bien, le 23 avril, avoua-t-elle en haussant les épaules.

A cet aveu, Dan se laissa tomber sur le lit.

— Mon anniversaire était le 7 mai, rappela-t-il.

Helen sut à quoi il faisait allusion. Ils avaient fêté l'occasion en allant dîner à Londres et étaient rentrés, si heureux d'être ensemble qu'ils avaient fait l'amour à peine le seuil franchi. Et plusieurs fois, ce soir-là.

Nerveuse, elle ne put rester au lit une minute de plus. Elle avait besoin d'agir.

— Je vais prendre une douche, marmonna-t-elle en se levant.

— Une douche ? Maintenant ?

— Ce n'est pas un crime, que je sache !

Elle accueillit le jet puissant avec soulagement, l'acceptant presque comme une mortification. Elle avait été stupide de laisser Dan lui faire l'amour après la découverte de son infidélité, de ne pas avoir remarqué que son cycle était suspendu, d'avoir été confiante et naïve quand tout le monde savait qu'un homme s'empressait de folâtrer dès qu'on le quittait des yeux.

Vigoureusement, elle frotta son corps comme pour se purifier.

L'eau assourdissante cessa brusquement. La peau rougie et

lustrée, Helen découvrit Dan à la porte de la cabine. Son T-shirt mouillé moulait son torse splendide, et son regard indéfinissable la passait au crible.

Elle sentit ses seins se durcir, tandis qu'une chaleur traîtresse l'envahissait voluptueusement.

Décidément, son corps refusait toujours de considérer son mari comme un danger, se dit-elle, furieuse.

— Sors immédiatement, commanda-t-il, glacial. Il faut que nous parlions. Tu ne peux pas t'esquiver comme ça.

— J'ai le droit de me laver ! se défendit Helen avec hauteur en enfilant un peignoir.

— On peut dire que tu choisis ton moment ! Et tu fais tout pour éluder le sujet.

— Quel sujet ? C'est ridicule. Je prends la pilule. Nous étions d'accord pour ne pas avoir d'enfant durant quelque temps. Nous voulions travailler dur et nous assurer un avenir stable...

Elle ne put réprimer un léger trémolo dans sa voix. A cause de l'infidélité de Dan, ces plans tombaient à l'eau.

— Aucune contraception n'est fiable à cent pour cent, déclara-t-il avec une justesse implacable. Et en avril, tu as pris des antibiotiques à cause d'une laryngite, rappelle-toi. J'ai lu quelque part que ça rendait la pilule inefficace.

— Dan, je ne peux pas être enceinte ! insista-t-elle, de plus en plus alarmée. Je serais...

Laissant sa phrase en suspens, elle courut dans la chambre pour consulter de nouveau son agenda. En tremblant, elle additionna mentalement les semaines.

— Non, ce ne serait pas possible : cela ferait plus de deux mois ! s'écria-t-elle quand il l'eut rejointe. Comment aurais-je pu l'ignorer ? Les femmes ont une intuition de ces choses-là...

— Quand as-tu eu le temps de t'en remettre à ton intuition ? demanda-t-il, soudain radouci.

Se sentant nerveuse sous le regard inquisiteur, elle alla choisir quelques vêtements.

Il avait raison, se dit-elle. Tout ce qui avait compté pour elle ces dernières semaines, c'était d'être performante dans son métier et de tenir le coup face au stress.

— Alors, insista-t-il, c'est le moment ou jamais de te sonder. Intuitivement, comment te sens-tu ?

Helen enfila ses sous-vêtements et se passa une main sur le ventre.

Etait-ce son imagination ou s'était-il considérablement élargi ? s'interrogea-t-elle en voyant que la peau semblait tendue, luisante.

— Eh bien ? la pressa Dan.

— C'est bizarre...

— Comment ça « bizarre » ?

— Je ne me reconnais pas. Comme si...

— Comme si tu étais enceinte ! affirma-t-il sèchement.

Vivement, elle se couvrit d'un chemisier et d'un jean.

— Ne t'en prends pas à moi ! s'écria-t-elle, terriblement émotive soudain.

— Du calme, répliqua-t-il durement. Si tu es effectivement enceinte, tu vas devoir changer tes habitudes de vie.

— C'est ça ! Je vais porter des robes roses et sourire bêtement toute la journée ? Merci bien !

— Que tu le veuilles ou non, tu ne peux pas continuer ton travail, répéta-t-il. Tu as un emploi du temps impossible. Tu mettrais la vie de mon enfant en danger. Et ça, il n'en est pas question.

— C'est aussi mon enfant, je te signale ! Et je ne vais pas rester à ne rien faire en attendant d'accoucher. J'ai besoin de gagner ma vie si je dois l'élever seule.

— Chaque chose en son temps ! lui rappela-t-il, exaspéré.

Ne trouvant rien à répliquer, Helen se demanda si l'idée d'avoir un enfant lui plaisait ou non.

Certes, se dit-elle, d'un point de vue pratique, ce serait une situation insurmontable, mais en même temps une sensation chaleureuse lui soufflait que ce serait merveilleux d'avoir un bébé. Seulement, le moment serait trop mal choisi. On faisait un enfant pour l'aimer à deux, pour l'entendre gazouiller ensemble, l'aider dans ses premiers pas, lui faire des châteaux de sable...

Accablée, elle se rendit compte qu'il lui faudrait des années pour rencontrer un homme aussi exceptionnel que Dan. Il serait trop tard alors pour songer à être mère.

— Ton chemisier est mal boutonné, déclara Dan d'une voix rauque.

Le cœur d'Helen s'accéléra. Il s'avançait vers elle... tendait la main... et réajustait le boutonnage...

Brusquement, elle eut les nerfs à fleur de peau.

Réaction purement hormonale, se dit-elle, en levant vers lui un regard confus, alors qu'irrésistiblement elle se sentait happée par les profondeurs mystérieuses des prunelles sombres qui la considéraient. Elle reconnaissait trop bien cette lueur, celle d'un désir nu, ardent, sauvage.

Elle eut une envie folle de se blottir contre lui, de retrouver cette sensation nouvelle et exaltante — teintée de désespoir aussi — qui avait imprégné leur relation physique.

Oui, mais, pensa-t-elle, pour conserver la raison, elle devait se ressaisir, garder ses distances.

Elle trouva la force d'arrêter sa main.

— Je peux le faire moi-même, souffla-t-elle, haletante.

— Alors, fais-le, la défia-t-il, trop proche et terriblement désirable.

Bien entendu, elle fut d'une rare maladresse et s'empourpra, tandis que Dan restait là, dégageant un charme viril qui la rendait folle et la liquéfiait tout entière.

— Voilà, dit-elle, tremblante. Dan... Tu dois cesser de me toucher. C'est fini entre nous.

— Vraiment ? demanda-t-il d'une voix sourde.

Les yeux gris d'Helen jetèrent une lueur de colère.

— Oui, vraiment ! Et tu le sais.

— Alors, comment expliques-tu ce qui continue de se passer entre nous ? objecta-t-il.

— Je ne peux pas répondre pour toi. Mais en ce qui me concerne, c'est très clair. Mon corps réagit comme par le passé. C'est un réflexe qui cessera bientôt. Bon, où en étions-nous ?

— A essayer de découvrir si oui ou non tu es enceinte, répliqua-t-il durement. Combien de verres as-tu bus ce soir ?

Trop sans doute, pensa-t-elle tristement. A cet instant, elle écarquilla les yeux. Elle n'osait formuler le pire.

— Je... je ne sais plus. Il n'y a pas que ça, répondit-elle en se tordant les mains. Nous… nous avons couché ensemble ! Si nous avons mis la vie du bébé en danger…

— Je ne t'ai pas prise brutalement, n'est-ce pas ? s'enquit Dan. Je suis sûr que les rapports sexuels sont inoffensifs…

— Ça te va bien de dire ça ! ironisa-t-elle, amère.

— Tu es cruelle, Helen ! s'écria-t-il, la mine décomposée.

— Tant pis, c'est ce que je ressens ! sanglota-t-elle. Oh ! Dan, qu'allons-nous faire si… ?

— Il n'y a pas lieu de s'affoler avant d'en être sûr. Je vais te prendre un rendez-vous avec un médecin.

— Je… je préfère acheter un test de grossesse.

— Il faudra quand même voir un médecin. Il y en a un au village, à quelque distance d'ici. J'ai remarqué la plaque sur le portail.

Elle savait qu'il avait raison. Pour autant, cela ne réglait rien. Elle aurait voulu qu'il la prenne dans ses bras et la rassure, qu'il lui promette qu'ils resteraient ensemble quoi qu'il arrive et qu'il regrettait terriblement de l'avoir trompée. S'il faisait cela, elle comprendrait qu'il eût fauté : parce qu'il s'était senti délaissé.

Ils avaient tous deux commis une erreur en pensant que leur amour surmonterait toutes les épreuves. Or, l'amour conjugal avait besoin d'être entretenu, pas négligé.

A présent, il était trop tard, se dit-elle en battant des cils pour refouler ses larmes.

— Qu'allons-nous faire si je suis enceinte ? répéta-t-elle.

Il se raidit.

— C'est ton problème. Tout ce que je te demande c'est de m'autoriser les visites.

C'était une déclaration sèche, dénuée d'émotion, nota Helen, trop consternée pour parler, mais consciente que son corps frémissait encore de leur union passionnée.

Non, de leur épisode sexuel, corrigea-t-elle. Et voilà qu'il discutait froidement de ses droits sur un enfant qui pouvait ne pas exister !

— Je te méprise ! s'écria-t-elle, gagnée par l'hystérie.

Etaient-ce ses hormones qui lui jouaient de nouveau des tours ? s'interrogea-t-elle avant de durcir sa voix, afin de paraître plus rationnelle malgré la blessure qui lui déchirait le cœur, en ajoutant :

— Je veux que tu sortes de ma vie. A partir de maintenant.

— Oh, non ! Tu ne te débarrasseras pas de moi. J'irai avec toi chez le médecin. Je veux savoir ce qu'il dira. Ensuite seulement, je sortirai de ta vie. Et je ne réapparaîtrai que pour voir mon enfant.

— Alors, j'espère de tout mon cœur que ce ne sera qu'un virus ! lança-t-elle, désemparée de voir qu'il l'abandonnait. Le choléra ou... la malaria ! Car la dernière chose que je souhaite c'est de te revoir régulièrement !

Dan accusa le coup.

— Même chose pour moi. Je vais prendre ce rendez-vous, répliqua-t-il. Je ferai mes valises plus tard, quand tu ne seras pas là, et je t'appellerai pour te donner l'heure de la consultation. Nous nous reverrons au cabinet.

Les yeux d'Helen s'agrandirent démesurément. Dan fronçait les sourcils de façon menaçante, et sa bouche n'était qu'une ligne dure. Tout son corps réprimait à grand-peine une rage féroce.

— Tu as intérêt à être là ! l'avertit-il encore depuis le seuil. Ou je viendrai te chercher, même si je dois te ligoter pour te porter chez le médecin. Et ne songe pas à disparaître. Je te retrouverai. Tu peux en être sûre !

Sur quoi, il disparut.

Osant à peine respirer, elle écouta les pas qui dévalaient l'escalier. Un instant, elle resta clouée sur place. Puis, submergée par un besoin quasi masochiste de le voir partir, elle courut à la fenêtre.

Le perron s'éclaira, révélant les stries argentées de la pluie. Le cœur d'Helen se serra, comme elle tentait d'apercevoir son mari.

Malheureusement, un grand parapluie noir le dérobait en partie à sa vue, tandis qu'il rejoignait sa voiture en pataugeant dans la boue. Elle l'évoqua, imaginant son sourire nonchalant, le drôle de dessin que formaient ses sourcils quand il réfléchissait...

— Je t'aime, Dan..., souffla-t-elle, déroutée par ses émotions en dents de scie.

Elle le détestait... Elle l'aimait... Et c'était de loin cette dernière vérité qui comptait. Qu'il fût ou non un séducteur invétéré, elle sentait que sa propre existence était inextricablement liée à la sienne. Depuis longtemps déjà.

— Pourquoi m'as-tu fait ça ? J'ai tellement besoin de toi...

Ignorant la pluie cinglante, elle ouvrit la fenêtre pour le rappeler.

Mais le vent emporta ses paroles. Et Dan était visiblement décidé à rejoindre sa maîtresse.

Pourquoi aurait-il pris la peine de lever les yeux vers une épouse fade qu'il avait si cruellement trahie ? se dit-elle, mortifiée.

Alors, voyant qu'elle se démenait pour rien, elle referma la fenêtre et resta là, tremblante, s'infligeant la torture d'assister au départ de son mari.

Les phares de la BMW illuminèrent la grange, puis le chantier qu'était leur jardin. Il disparut en un éclair.

Helen fixa l'espace, en pleurant. Cette fois, c'était fini. Tout récemment encore, elle avait été mariée à un homme qu'elle aimait et admirait passionnément. A présent, il ne lui restait rien. Sauf peut-être son bébé.

Cette dernière pensée l'apaisa quelque peu.

— Mon bébé, balbutia-t-elle en plaçant les mains sur son ventre.

Une lueur d'espoir se fraya un chemin dans son esprit chagrin.

— Je m'occuperai de toi, murmura-t-elle.

Brusquement, une force nouvelle la galvanisa, emplissant tout son être.

— Je serai forte. Fini les lamentations. Si tu es là, je te promets d'être une future maman modèle.

Elle laissa errer un sourire furtif sur ses lèvres tristes.

— Mais je dis non aux robes roses à fleurs. D'accord ?

Pleine de curiosité, elle alla se placer devant le miroir en pied pour s'examiner.

Ressemblait-elle à une femme enceinte ? se demanda-t-elle en retroussant son chemisier. En tout cas, sa peau luisait, bien que cela fût peut-être le fait de ce rapport sexuel intense et satisfaisant.

Elle s'étudia d'un œil critique. La masse de ses cheveux bruns séchés à la diable lui donnait un air indéniablement sexy. Son expression boudeuse rendait ses lèvres plus pulpeuses.

Pas étonnant que Dan eût succombé, se dit-elle avant de s'aviser qu'elle mourait de faim.

Elle descendit donc à la cuisine, avec l'idée de manger des chips, du pâté en croûte, et de prendre comme dessert une mousse au chocolat.

Peut-être le dernier repas déraisonnable avant sept mois ! se dit-elle.

A cette pensée, elle reposa le paquet de chips, soudain incapable de manger. La perspective de mener à bien une grossesse sans l'aide de Dan l'emplissait d'une terreur sans nom.

Car il avait toujours été là par le passé, et elle n'envisageait pas qu'il pût en être autrement. Certes, il était fautif. Mais d'une certaine manière, elle l'avait rejeté et le regrettait.

6

Pour la troisième journée consécutive, Dan annula tous ses rendez-vous, ce qui ne manqua pas d'inquiéter sa secrétaire.

— Vous ne pouvez pas vous permettre de faire ça, alors que Céline est partie, fit remarquer Diane d'un air harassé. Il y a les contrats, les marchés...

— Je sais, convint sèchement Dan. Et je me demande comment je vais faire face sans elle. Je suis désolé de vous imposer cela, Diane, mais j'ai besoin de ce nouveau congé. Je travaillerai ensuite jour et nuit s'il le faut. Dites à nos clients que les programmes seront livrés...

— Si j'appelais Céline pour la persuader de revenir ? suggéra sa secrétaire.

Un pli douloureux crispa la bouche de Dan. Les deux heures qu'il avait passées chez son ex-assistante avaient été un enfer qu'il n'était pas près d'oublier.

— Surtout pas, murmura-t-il.

Diane lui toucha brièvement la main.

— Je sais ce que votre collaboration signifiait pour vous. Je suis désolée. Si vous avez besoin d'aide, vous pouvez compter sur moi. Entre-temps, je vais tenir la barre jusqu'à votre retour.

— Merci. J'apprécie, Diane.

— Vous avez une mine épouvantable. Ça ira ? demanda-t-elle en hésitant.

— Franchement, je n'en sais rien, répondit-il avant de quitter le bureau.

D'un pas décidé, Dan entra dans la salle d'attente. Helen s'y trouvait déjà, seule. Elle avait le teint pâle et les traits tirés; sa silhouette crispée indiquait clairement qu'elle avait les nerfs à fleur de peau.

Lui adressant un bref signe de tête, il prit un magazine au hasard et le feuilleta d'un air absent. Au bout d'un moment, il lui jeta un coup d'œil à la dérobée et s'attendrit malgré lui.

— On dirait que tu t'apprêtes à subir l'Inquisition, murmura-t-il, peiné de la voir aussi effrayée.

— Ce serait sûrement moins pénible, répondit-elle sans le regarder.

Sa respiration saccadée soulevait le haut de sa robe rouge fluide de façon séduisante, et Dan, troublé en le remarquant, dut se rappeler à l'ordre et se concentrer davantage sur l'article qu'il lisait.

— On ne peut pas dire que les patients affluent pour voir ce médecin, déclara soudain Helen.

Il jeta un regard circulaire à la pièce vide et se sentit inquiet. Il n'y avait même pas de secrétaire. Avait-il amené Helen chez un charlatan ?

— Peut-être les gens sont-ils en excellente santé par ici, suggéra-t-il.

Pourtant, si ce médecin de campagne se révélait incompétent, se dit-il, il écourterait la consultation et emmènerait Helen chez un spécialiste. Elle devait recevoir les meilleurs soins.

— Ça ne ressemble pas à une salle d'attente, risqua-t-elle de nouveau.

Jugeant qu'elle avait besoin de parler d'autre chose que de ce qui la préoccupait, Dan reposa son magazine et s'efforça à son tour d'entretenir la conversation.

— Tu as raison. Il faut croire que si toutes les salles d'attente avaient comme celle-ci des canapés bien confortables, les patients se sentiraient tellement mieux qu'ils n'auraient plus besoin de venir consulter. Mais faisons comme chez nous puisque nous y sommes invités. Cet arôme de café est irrésistible.

Il se dirigea vers une table ancienne devant la fenêtre à croisillons, où un plateau chargé de boissons avait été préparé.

— Du café ? demanda-t-il sans réfléchir.

— Y ai-je droit ?

Comment l'aurait-il su ? Evidemment, elle avait raison d'être prudente. Même s'il se pouvait qu'elle ne porte pas son bébé, se rappela-t-il.

A cette pensée, une étrange émotion s'empara de lui, et il comprit que cet enfant était pour lui plus important qu'il ne l'avait imaginé. Pour cacher son trouble, il se tourna vers la fenêtre.

— Essaie les tisanes. Camomille, framboise, gingembre et citron, lut-il.

— Camomille. On dit que ça calme.

Il lui tendit une tasse et doucement lui caressa la main. Helen le laissa faire. Etrangement ému, il eut soudain une envie folle de l'enlacer, d'enfouir les doigts dans sa somptueuse chevelure et d'embrasser ses lèvres frémissantes.

Son imagination le conduisit même à penser que l'atmosphère entre eux s'était chargée de désir et qu'Helen se retenait difficilement de se jeter à son cou.

Mais aussitôt, il se traita d'imbécile : comme elle le disait elle-même, s'il y avait encore quelque étincelle entre eux, c'était parce que leur corps vivait encore dans le passé. Car mentalement, elle l'avait rayé de sa vie.

Il lui fallut un certain temps avant de recouvrer son calme et de brider cette faim aussi subite que désespérée qu'il avait d'elle. Faute de pouvoir s'offrir un cognac, il opta pour le café.

Tout en buvant le liquide brûlant avec avidité, Dan s'irrita de l'attente qui se prolongeait et qui l'exposait à la tentation de prendre sa femme dans ses bras.

Désœuvré, il chercha d'autres sujets de conversation.

— Joli cottage, n'est-ce pas ? C'est rare de trouver un cabinet médical installé dans une maison au toit de chaume avec des roses, des coquelicots et des fleurs des champs tout autour.

Seigneur, il parlait pour ne rien dire, s'avisa-t-il, tant il avait peur de craquer. Il entendait sa tasse tinter contre la soucoupe et ne parvenait même pas à calmer sa nervosité.

— Le café est excellent, fit-il remarquer. Etonnant que ce médecin puisse offrir cela quand il a si peu de patients...

Il leva les yeux, alerté par la façon dont Helen reposait sa tasse sur la table basse. Elle se leva, le souffle court.

— Je ne peux pas entrer ! balbutia-t-elle. Je ne peux pas...

— Madame Shaw. Monsieur Shaw. Bienvenue ! lança soudain l'homme grisonnant qui venait d'émerger du cabinet. Je suis à vous dans un instant.

Tandis que le praticien raccompagnait son dernier client, Helen devint si nerveuse qu'elle ressentit le besoin de prendre Dan par la main.

— Il me fait l'impression d'un brave homme, murmura-t-il d'une voix encourageante. Tu te sens mal ?

— Non, pétrifiée seulement, avoua-t-elle avec un sourire vacillant. Est-ce que je peux encore opter pour l'Inquisition ?

— Trop tard, c'est notre tour.

— C'est une agréable surprise ! déclara le docteur avec bonhomie. Voyons, vous êtes installés à Deep Dene, n'est-ce pas ? Belle maison. Vous y serez très heureux une fois que vous aurez fini de la rénover. Entrez et mettez-vous à l'aise. J'ai des biscuits au chocolat quelque part...

Dan haussa un sourcil amusé en direction d'Helen et fut content de voir qu'elle parvenait quand même à sourire. Alors, prenant une profonde inspiration, il la poussa doucement à l'intérieur du cabinet.

De nouveau, il souhaita de toutes ses forces qu'elle fût enceinte. Alors, il pourrait sauver quelque chose de ce désastre. Il savait qu'il avait encore des trésors d'amour à offrir. Il pourrait en combler son enfant et ne ressentirait plus ce besoin atroce de se faire aimer de quelqu'un qui ne voulait pas de lui.

Il avait été si souvent rejeté, songea-t-il douloureusement. Quand apprendrait-il enfin à aimer ? Pourtant, avec un enfant, ce serait différent. Il y aurait entre eux un lien merveilleux et indestructible. Ce bébé était son seul espoir, sa chance de vivre un amour inconditionnel.

En même temps, il se prépara à être déçu, par précaution.

Serrant fermement la main d'Helen pour la rassurer — autant que pour se réconforter lui-même — il prit place auprès d'elle sur un canapé crème, le médecin s'installant confortablement dans un fauteuil en face d'eux.

— Madame Shaw, déclara le docteur en offrant les biscuits, dites-moi ce qui ne va pas.

Helen mordit dans un gâteau d'un air absent.

— Eh bien… il est possible que je sois enceinte, répondit-elle d'une toute petite voix.

— Je vois, déclara le Dr Taylor avec bienveillance. Est-ce pour vous une bonne nouvelle ?

— Oui ! intervint Dan. Nous sommes impatients de savoir si tout va bien. Le bébé, Helen…

— Madame Shaw, reprit le docteur après avoir remercié Dan d'un signe de tête, vous semblez nerveuse.

Au regard aigu du praticien, Dan sut que ce dernier ne se laisserait pas abuser. Mal à l'aise, il posa ses mains crispées sur les genoux et attendit anxieusement la réponse d'Helen.

— C'est pour nous une surprise, avoua-t-elle prudemment. Nous n'avions pas prévu… Mais je… je serais ennuyée d'apprendre que je ne suis pas enceinte.

Oui, il serait triste, lui aussi, songea Dan. Soudain, la main d'Helen quitta la sienne. Il vit que le médecin l'entraînait derrière un paravent.

Dan retint son souffle et essaya de rester objectif, le cas échéant. S'ils s'étaient trompés, il partirait loin d'ici. Au Canada, aux Etats-Unis, en Australie… sur un continent où il n'aurait plus l'occasion de voir Helen.

« Pourvu qu'il y ait un enfant ! » se répétait-il inlassablement.

Frappée de stupeur, l'esprit en déroute, Helen sortit du cottage, sa main dans celle de Dan. En une heure d'entretien, le Dr Taylor l'avait informée sur les meilleures façons de mettre au monde un bébé en bonne santé.

Elle ne pouvait y croire. Elle était enceinte. Elle allait être mère — l'était déjà ! Elle osait à peine respirer.

— Une minute, dit-elle à Dan, comme il la menait dehors, insouciant.

— Bien sûr, répondit-il en s'appuyant contre le porche.

A cette réaction, Helen sut qu'il était conscient du chamboulement que cette grossesse représentait pour elle, et qu'il lui donnait le temps de s'habituer au choc. Elle lui en fut reconnaissante.

Résolument, elle se concentra sur sa respiration et perçut bientôt le parfum du chèvrefeuille qui grimpait sur les vieux murs. Dans un instant, elle redeviendrait elle-même.

Elle se mordit les lèvres. Non, elle était désormais une autre femme. Elle, si habituée à son indépendance, au rythme frénétique de Londres et aux lourdes responsabilités professionnelles... Comment allait-elle faire face ?

Serrant la main de Dan, elle se tint immobile dans la douce chaleur de juin, se sentant désemparée devant l'inconnu.

Elle n'avait pas de mère à proximité pour la conseiller dans cette aventure, personne d'autre que le médecin pour l'assister durant la grossesse.

— Qui l'eût cru ? Un arc-en-ciel, observa Dan en regardant l'horizon. C'est un signe d'espoir approprié.

La bouche d'Helen se crispa. Evidemment, tout allait bien pour lui. Il se contenterait de passer le samedi, les bras chargés de cadeaux et le sourire aux lèvres ! Quelques gazouillis au-dessus du berceau, et il s'en tiendrait là, jusqu'à la semaine suivante.

A elle de supporter les nuits blanches, les couches et l'angoisse perpétuelle d'une maladie, d'un accident...

Refusant de céder au pessimisme, elle chercha les bons cotés de la situation. Parce que ce serait elle aussi qui connaîtrait le plus de joies. Elle établirait un échange merveilleux avec son bébé. Elle le bercerait, participerait à son éveil...

A cette pensée, la tension qui l'accablait s'estompa, et fit place à un bonheur tranquille. Elle était heureuse d'attendre cet enfant et aurait la fibre maternelle, elle en était certaine.

En fait, sa véritable inquiétude, c'était Dan. Déjà, elle regrettait terriblement de devoir le quitter. En jean et chemise crème, il était éminemment séduisant, mais son charme viril appartenait à une autre, à présent.

Les mains de Dan remontèrent sur ses bras, et il la fit pivoter vers lui.

— Pauvre Helen ! C'est un choc, n'est-ce pas ? Tellement inattendu, et qui arrive justement maintenant... Est-ce que tout va bien ? demanda-t-il avec une douceur empreinte de chagrin.

Helen s'attendrit. Elle désirait se laisser aller contre lui et sentir la protection de ses bras forts. Se rappelant alors où il avait dû passer la nuit, elle murmura tristement :

— Non, ça ne va pas. Je suis encore toute retournée.

Il fronça les sourcils.

— Tu es... contente au moins ?

Un instant, il lui parut si vulnérable qu'elle sentit son cœur se gonfler d'amour pour lui. Fermant les yeux, elle releva la tête vers lui.

« Embrasse-moi et sois un père pour notre enfant », le supplia-t-elle intérieurement.

Mais Dan se contenta de lui presser le coude. Dépitée, elle rouvrit les yeux et se résigna à le suivre dans la longue allée du jardin.

— J'ai des choses à te dire, annonça-t-il. Le temps est beau pour une fois. Je suggère que nous marchions et que nous essayions d'y voir clair.

— Qu'y a-t-il à éclaircir ?

Il lui lâcha la main instantanément.

— Je pensais que c'était évident. En un mot, nous devons nous séparer, expliqua-t-il froidement, en s'effaçant pour la laisser passer le portail.

Tant bien que mal, Helen réussit à masquer sa déception. Après tout, elle était habituée à voir ses espoirs de réconciliation s'effondrer.

— C'est déjà fait, non ? répondit-elle sèchement.

— Nous sommes toujours unis.

Helen pila net à la pensée qu'il allait demander le divorce. Son cœur se mit à cogner dans sa poitrine. Au lieu de répondre, elle voulut se remettre en route quand elle remarqua la plaque apposée sur la grille.

— Tiens ! Le Dr Taylor est à la fois généraliste et homéopathe, déclara-t-elle pour faire diversion.

Dan acquiesça.

— Je me demandais aussi pourquoi il ne nous avait pas

expédiés en dix minutes. Désolé, je prendrai un rendez-vous chez un autre praticien...

— Non, c'est très bien ainsi, assura-t-elle, tandis qu'un grand calme se faisait en elle. Je l'apprécie beaucoup. J'ai eu l'impression d'être vraiment écoutée, et les conseils qu'il m'a donnés pour l'accouchement m'ont intéressée.

Tout à fait naturellement, elle porta une main à son ventre comme pour accueillir son enfant. Sa voix se fit plus douce.

— Je veux que mon bébé naisse en bonne santé dans un environnement sain. Je vais éviter la pollution à partir de maintenant. J'ai confiance dans le traitement naturel que m'a prescrit le Dr Taylor contre les nausées matinales. Tu sais, je me sens déjà mieux après la première dose.

— Mais tu auras besoin de vrais médicaments au moment de l'accouchement...

— Pour qu'il vienne au monde intoxiqué ? Certainement pas ! déclara-t-elle, étonnée par l'attitude protectrice et farouche qu'il adoptait.

Dan haussa les épaules, visiblement peu convaincu.

— Comme tu voudras. Seulement, je te préviens, j'interviendrai pendant l'accouchement si je sens que la vie du bébé est en danger.

Helen écarquilla les yeux.

— Tu as l'intention d'y assister ?

— Evidemment. Je suis directement concerné, non ?

A ces mots, Helen se hérissa. Un accouchement était une affaire si personnelle. D'ici là, Dan se serait installé chez Céline.

La voluptueuse Céline..., pensa-t-elle en laissant sa jalousie remonter à la surface. Vers la troisième semaine de janvier, Dan s'arracherait des bras de cette créature pour venir voir son ex-femme, devenue énorme, crier de douleur, dans la position la plus indécente qui soit !

— Tu pourras rester dans le couloir à faire les cent pas. Je ne veux pas de toi à ce moment-là ! déclara-t-elle avec véhémence.

— Pourquoi ?

Par vanité, par peur de l'humiliation, reconnut-elle en son for intérieur. Et parce que sa présence lui rappellerait trop ce qui aurait pu être. Elle serait terriblement vulnérable et, dans un élan de sensiblerie, pourrait même s'abaisser à le supplier de revenir auprès d'elle. Que ferait-il, sinon regarder son corps difforme avec dégoût ?

Eh bien, c'était exclu, décida-t-elle, car jamais elle ne s'en remettrait.

— Tu ne seras plus mon mari, répondit-elle, morose. Je veux quelqu'un qui soit proche de moi pour assister à la naissance.

— Qui, par exemple ? la défia-t-il.

— Comment le saurais-je ? Ma mère, ou une amie. A moins que je ne tombe follement amoureuse d'ici là...

Dan la fixa, interloqué.

— Tu es folle ! Tu es enceinte.

Helen se maudit intérieurement. Comment en était-elle arrivée à cette discussion stupide ? Maintenant, elle allait devoir se justifier.

— Tu ne peux pas empêcher les sentiments, se défendit-elle. L'amour arrive à n'importe qui. Et ce n'est pas parce que je suis enceinte que je vais exclure cette hypothèse !

Les yeux de Dan devinrent froids et menaçants.

— Je ne savais pas qu'il était si facile pour toi de reporter tes affections. Ça en dit long sur ton prétendu amour pour moi !

De remords, elle se mordit les lèvres. Encore une fois, elle avait parlé sans réfléchir. Elle n'aimerait jamais personne comme elle avait aimé Dan. N'empêche qu'il l'agaçait à lui faire sans cesse la morale. C'était lui qui avait été infidèle, après tout !

— J'en ai autant à ton service ! répliqua-t-elle, acerbe. Ta liaison avec Céline ne relève pas précisément d'un grand respect des engagements du mariage.

— Je n'ai pas eu de liaison, affirma-t-il avec force.

Elle haussa les épaules.

— Tu continues à nier ? Que tu l'admettes ou non, c'est fini entre nous, et j'ai l'intention de tourner la page et de chercher le bonheur ailleurs !

Elle perçut qu'il se raidissait. Evidemment, cette idée ne lui plaisait pas. Les hommes restaient très possessifs envers leurs ex-femmes. Elle entendait suffisamment de confidences là-dessus au bureau. Dan détesterait aussi la présence, dans la vie de leur enfant, d'un beau-père qui aurait plus d'influence que lui.

— Je sais que c'est une situation épouvantable, admit-elle, compatissante. Mais nous ne pouvons pas faire semblant d'avoir la même vie qu'avant.

Elle regrettait de tout son cœur qu'il eût cédé aux avances de Céline. Si seulement il avait pensé aux conséquences...

— J'en suis conscient. Donne-moi seulement une minute. J'ai besoin de réfléchir, répondit-il avec un mouvement d'impatience.

Helen haussa les épaules, le laissant à ses pensées. Une vague de tristesse l'enveloppa. Elle avait trente ans et Dan, trente-quatre. Pendant les seize dernières années, ils avaient été amis, amoureux puis partenaires pour la vie. A présent, c'était comme si ce passé heureux n'avait jamais existé. Qui plus est, ils se séparaient à un moment crucial de leur vie.

Que pouvait-elle faire sinon accepter le destin et reprendre son existence en main ? Elle n'était pas la seule femme dans cette situation et ne serait sans doute pas la dernière.

D'un air décidé, elle redressa les épaules, et, comme Dan restait silencieux, elle observa les alentours.

Des cottages anciens aux toits de chaume bordaient la petite route. Leurs jardins étaient une joyeuse symphonie de couleurs et de bourdonnements d'abeilles, et des parfums délicieux emplissaient l'air. Les hirondelles sillonnaient le ciel d'un bleu intense, et une parfaite sérénité semblait planer sur la petite communauté.

— Bonjour !

Surpris, Helen et Dan esquissèrent à la hâte un sourire à l'adresse de l'inconnu et répondirent à son salut. Ils se trouvaient au centre du village. Au-delà de la mare communale, une église saxonne, vieillotte et trapue, se dressait sur une éminence.

Helen sentit la paix de ce lieu sacré. Réconfortée par les pierres ancestrales, elle décida que ce serait son église et que son enfant y serait baptisé.

— Il y a un banc là-bas, indiqua Dan. Allons nous y asseoir pour parler.

Helen acquiesça.

— « A la mémoire de Dottie Taylor, lut-elle sur la plaque de cuivre qui y était apposée, afin que d'autres puissent éprouver ce plaisir simple qu'elle goûtait à nourrir les canards et à regarder tourner un petit monde parfait. » Dan, c'est charmant, tu ne trouves pas ? Peut-être s'agit-il de la mère du médecin.

La mâchoire crispée, il demeurait impassible. Même l'arrivée comique d'une bande de cols-verts ne parvint pas à le dérider.

Helen se raccrocha à ce rayon de bonheur qu'elle venait d'entrevoir. Car elle serait heureuse, finalement. Elle viendrait se promener là avec son enfant, ferait quelques emplettes à la minuscule épicerie-bureau de poste, nourrirait les canards et saluerait les étrangers.

S'adossant au banc, il lui vint à l'esprit qu'à force de courir pour se rendre à son travail elle n'avait jamais goûté cette paix qui était à sa porte.

— Helen, cet enfant est très important pour moi.

La voix sèche de Dan interrompit sa rêverie. Se raidissant, elle l'observa à la dérobée, incapable de deviner son humeur ni ses intentions. La crainte la saisit. Allait-il tout faire pour obtenir la garde de leur bébé ?

— Et pour moi donc ! déclara-t-elle, les nerfs à fleur de peau.

— Tu sais l'enfance que j'ai eue.

— Oui, Dan. Bien sûr que je le sais, répondit-elle, radoucie et compatissante.

— Tu comprendras alors pourquoi je ne veux pas que notre enfant souffre à cause de nous, annonça-t-il, ses yeux sombres et brûlants braqués sur elle.

Perplexe, Helen sentit un frisson lui parcourir l'échine. Où voulait-il en venir ?

— Il ne sera pas malheureux, répondit-elle vivement. Nous avons beau être fâchés et amers en ce moment, les choses s'apaiseront, et quand il viendra au monde je suis sûre que nous aurons réussi à établir une relation presque amicale...

— Je ne veux pas de ça.

Helen frémit.

— Tu préfères que nous restions fâchés l'un contre l'autre ?

Dan détourna les yeux et contempla la mare d'un air absent.

Il était si proche et pourtant si loin d'elle, songea-t-elle, en réprimant l'envie de lui tapoter le bras en geste de compréhension, tant le gouffre béant entre eux semblait infranchissable.

— Je veux que ce petit ait *deux* parents, dit-il sèchement.

— Ce sera le cas...

— Je veux dire des parents qui s'investissent pleinement auprès de lui.

— Tu parles de toi et moi ? demanda-t-elle, le souffle court. Tu sais que c'est impossible !

Les lèvres de Dan se durcirent.

— Il y a forcément un moyen. Je n'accepterai rien de moins, lança-t-il avec feu.

— Dan..., commença-t-elle, hésitante.

— Dois-je te le répéter ? Mon bébé ne connaîtra pas l'enfer qui a été le mien !

Sa bouche se tordit, tandis que les souvenirs douloureux affluaient dans son esprit. Helen avait fait ressurgir des émotions qu'il avait cru enterrées à jamais.

L'absence totale d'un père qui avait filé après l'avoir conçu. Un père qu'il n'avait jamais voulu connaître, mais dont l'amour lui avait cruellement manqué... Aujourd'hui encore, il ne pouvait s'empêcher d'y penser.

D'autres réminiscences peuplaient son esprit, suscitant des émotions qu'il avait soigneusement étouffées jusque-là. Enfant silencieux, il avait vu sa mère s'échiner du matin au soir pour essayer d'assurer leur survie. Il se revoyait attendant un câlin, un remerciement pour les corvées effectuées, des félicitations pour les examens réussis. Hélas ! cette femme sèche n'avait eu ni tendresse ni émotion à partager. Elle l'avait traité en souffre-douleur.

Oui, un enfer ! Jusqu'au jour où il avait rencontré Helen... Soudain il se rendit compte qu'elle parlait.

— ... sauf que ce n'est pas la même situation, Dan. Je ne serai pas sans le sou comme ta mère. J'ai un salaire confortable et des économies. Toi aussi, tu es à l'aise...

— Tu ne comprends pas ! s'écria-t-il avec fougue. Tu n'es pas passée par là ! Je voulais un père ! Et une vraie mère. Pas une série de nourrices qui me laissaient dans un coin. J'avais besoin d'amour. Quelqu'un qui se soucie de moi. L'argent n'a aucune importance. C'est la sécurité affective qui compte, Helen.

— Je peux donner ça, répliqua-t-elle avec entêtement.

— Ce ne sera pas assez pour mon enfant ! Et je sais de quoi je parle. Quand ma mère est morte et que j'ai été ballotté d'une famille d'accueil à l'autre, je passais mon temps à imaginer la vie des garçons de mon âge. Ils avaient des parents qui les écoutaient raconter leurs journées, les aidaient à faire leurs devoirs, s'inquiétaient pour eux, les aimaient... C'est vrai, les enfants grandissent heureux et en bonne santé aussi dans une famille monoparentale. Mais je ne pourrais tolérer cela pour le mien. Helen... Je ne veux pas que mon enfant démarre dans la vie sans une vraie famille...

— Ce ne sera pas le cas ! protesta-t-elle. Je te répète que tu seras là, que tu pourras venir le voir quand tu voudras...

— Non ! coupa-t-il. Reprenons au début. Tu disais vouloir éviter la pollution et le stress, et élever notre enfant le plus sainement possible.

Helen s'humecta les lèvres, les yeux agrandis par l'appréhension.

— Oui, et alors ?

— Alors, Deep Dene est le lieu idéal.

Elle laissa échapper un profond soupir, soulagée à l'idée qu'il cherchait un moyen pour qu'elle reste dans la vieille maison. Un petit sourire s'esquissa sur ses lèvres.

— Je suis complètement d'accord avec toi, répondit-elle avec ferveur. D'ailleurs, j'ai une confession à te faire. Il y a quelque temps encore, j'aurais dit que Deep Dene était le dernier endroit de la terre où j'aurais aimé vivre. Je détestais cette maison, Dan. Je suis désolée. J'ai essayé de m'y habituer parce qu'elle te plaisait. Pourtant, maintenant, c'est exactement ce que je souhaite pour notre enfant.

Elle sourit doucement, en pensant au bébé qu'elle portait et à cet environnement splendide qui serait le sien.

— J'aime le village aussi. Les collines, le mode de vie local... Je ne sais pas encore comment je concilierai cela avec mon travail, mais...

— C'est justement là où je voulais en venir, intervint Dan

d'une voix tranquille qui contrastait avec l'expression ardente qui brillait dans ses yeux. Tu vivras à Deep Dene, parce que je veux que notre enfant grandisse ici.

— Tu vas trouver dur de partir, objecta-t-elle après une hésitation.

La bouche de Dan se crispa.

— Oui… si je pars, répondit-il d'un air énigmatique. Helen, j'aurai avec notre bébé une relation plus forte que celle que tu imagines. Avec ce que je te suggère, tu n'auras pas besoin de trouver une baby-sitter ou une nourrice ou une crèche ; car je ne veux pas être un père du week-end. Je veux pouvoir raconter à mon enfant une histoire tous les soirs, vivre ses problèmes au quotidien et suivre ses progrès.

Le regard d'Helen devint fixe. Elle n'osait comprendre l'allusion : ainsi, il proposait de combler le fossé entre eux, repartir de zéro et former une famille unie. Elle avait beau vouloir tout cela, elle aussi, elle avait trop d'incertitudes quant à l'avenir. Il l'avait trahie. Sans doute le ferait-il encore. Le risque était trop grand.

Mais peut-être était-il sincèrement désolé, se demanda-t-elle tout en essayant de ne pas se laisser influencer par son cœur qui lui soufflait d'accepter la proposition et de se blottir contre lui avec des mots et des baisers de pardon.

— Je ne suis pas sûre, avoua-t-elle lentement.

— C'est tout ce que je désire, plaida-t-il.

Elle se sentit faiblir sous le regard à la fois sombre et tendre qui l'enveloppait.

Si elle ne lui pardonnait pas son infidélité, se demanda-t-elle, ils resteraient ennemis, parce qu'il lui en voudrait toujours d'avoir été aussi cruelle. Alors que devait-elle décider ?

L'avenir de Dan, le sien, celui de leur bébé étaient désormais entre ses mains.

7

Helen ne demandait pas mieux que de lui pardonner. C'était son esprit qui résistait.

Quant à son corps, il avait succombé depuis longtemps, reconnut-elle en proie à la confusion la plus totale. Cependant, l'enfant restait sa préoccupation prioritaire. Il aurait besoin de stabilité et d'amour constant. Là était le problème. Que se passerait-il si son mari volage les délaissait, elle et son enfant ? Ou si Dan lui faisait cette proposition dans l'unique intention d'affirmer ses droits sur le petit ?

Elle soupira, indécise.

— Tu n'as pas le droit de me dénier ça par mépris, lui rappela-t-il.

Le ton accusateur la tira de ses réflexions. Helen leva les yeux et fut ébranlée par l'angoisse qui emplissait le regard de Dan.

— Et si tu changes d'avis ? objecta-t-elle.

— Comment peux-tu supposer une chose pareille ? Je tiendrai parole. Je serai très présent et digne de confiance.

Il contempla la mare avec un intérêt soudain, et Helen l'étudia, observant la courbe déterminée de sa mâchoire, le pli ferme de sa bouche.

— Tu dois savoir ce que je ressens, ajouta-t-il doucement.

Elle ébaucha un faible sourire.

Finalement, il se débattait dans une agitation intérieure presque aussi violente que la sienne, constata-t-elle avec tendresse. Il était si anxieux qu'il n'osait même pas la regarder. Il allait s'excuser de sa conduite, c'était évident !

— Tu as raison, murmura-t-elle en dissimulant son contentement. Tu dois occuper une grande place dans la vie de notre enfant.

— Bien.

Comme sur des charbons ardents, elle attendit qu'il la prenne dans ses bras et lui demande pardon. Ensuite, ils pourraient se réconcilier.

De plus en plus nerveux, Dan se leva et se mit à marcher de long en large devant elle.

Visiblement, il lui coûtait de faire son mea culpa, songea-t-elle avec un sourire affectueux. Certes, il leur faudrait un peu de temps pour rétablir un climat de confiance entre eux. Mais cela n'en valait-il pas la peine ? Bientôt, ils seraient parents.

Avec bonheur, elle caressa son ventre, tout en guettant sur les traits tendus de Dan les premiers signes d'une réconciliation.

Elle l'aimait tant ! Plus encore qu'elle ne l'aurait imaginé, avant que leur vie ne bascule, reconnut-elle en son for intérieur. Vivre sans lui était impossible. D'ailleurs, au fond d'elle-même, elle avait surmonté son amertume et sa colère, évacué tous ses sentiments négatifs, parce qu'il était le seul homme qui compterait jamais pour elle. Et le père de son enfant...

A cette pensée, l'amour la submergea, noyant son cœur douloureux. Un sourire radieux aux lèvres, elle se prit à rêver : ils se pencheraient au-dessus de leur nouveau-né en lui parlant tendrement ; Dan pousserait le landau avec une fierté sans nom ou se blottirait contre elle, tandis qu'elle nourrirait leur tout-petit...

— Alors, je propose que nous restions mariés, déclama-t-il d'une voix crispée.

Fermant les yeux, Helen le remercia silencieusement. Ce moyen détourné qu'il employait pour lui dire qu'il l'aimait ! Il en était presque comique. Mais au fond, tout allait pour le mieux.

— C'est une bonne idée, dit-elle d'un ton égal pour ménager son orgueil.

— Bon. Tu quitteras ton emploi le plus tôt possible...

— Enfin, je ne...

— Tu veux continuer ces trajets exténuants ? Subir la pollution et le stress d'une journée de douze heures ? lui objecta-t-il.

— Non, bien sûr que non. Mais d'autres femmes travaillent et...

— Je me fiche de ce que font les autres ! Ton métier est épuisant, tu le sais.

— Oui, s'inclina-t-elle, peu à peu séduite par l'idée qu'il développait.

Fini le métro-boulot-dodo ! se dit-elle. Elle quitterait cette course folle, prendrait le temps de se reposer et de marcher, ferait de Deep Dene une maison accueillante...

— Financièrement parlant..., objecta-t-elle.

— Aucun problème, coupa Dan avec cette assurance inébranlable qu'elle lui connaissait bien. Mes affaires sont florissantes, et je peux te verser une bonne pension.

— Cela me rendra dépendante de toi, commenta-t-elle pour la forme.

Car au fond, elle se sentait chérie et protégée. C'était délicieux.

— Non, ce sera un dû de ma part. Je prendrai des dispositions pour que ce soit un engagement officiel et pour que le versement soit systématique. J'ai l'intention de vivre à Londres jusqu'à la naissance pour me concentrer sur mon travail. Cependant, je prendrai de tes nouvelles deux fois par jour. Nous serons séparés pendant quelque temps, ce qui — tu seras d'accord là-dessus — nous conviendra parfaitement.

Oh ! non ! pensa Helen, atterrée. Ce n'était pas la solution qu'elle avait imaginée !

— Continue, articula-t-elle, tandis qu'un long frisson glacé lui parcourait le dos.

— Quand l'enfant sera né, je reviendrai vivre à Deep Dene, déclara-t-il. D'ici là, les maçons auront fini les travaux, et j'aurai transformé le bureau, la bibliothèque et la salle de bains du rez-de-chaussée en un petit appartement pour moi. Je pourrai aussi installer une cuisine dans l'ancienne laiterie et me réserver une partie du jardin. Nous nous verrons à peine de la journée.

Sous le choc, Helen resta bouche bée. Cet exposé était si froid et si impersonnel qu'elle eut un mouvement de recul.

Puis elle eut l'impression d'être tombée dans son propre piège. « Comment souffrir par sa propre faute en une seule leçon, par Helen Shaw, experte en la matière ! », pensa-t-elle avec ironie.

— Nous possédons tous les deux la maison, poursuivit-il comme s'il parlait affaires. J'ai autant le droit d'y vivre que toi.

— Un… appartement ? répéta-t-elle, hébétée.

— Il y a assez de place.

D'un air absent, il cueillit une marguerite et commença à l'effeuiller.

« Je t'aime… un peu… beaucoup… », compta-t-elle malgré elle.

Le dernier pétale vola.

« Pas du tout ! » conclut-elle avant de se demander à quoi elle avait bien pu s'attendre.

Elle le vit lancer la tige au loin, d'un geste impatient.

— C'est une solution sensée, non ? reprit-il.

— Tu disais que tu serais… disponible et digne de confiance…

— Ça va de soi. Je n'abandonnerai jamais notre enfant. Je serai présent dans sa vie.

Elle comprenait maintenant : pas un instant, il n'avait songé à elle.

— Comment cela se passera-t-il en pratique ? articula-t-elle, terriblement humiliée.

— C'est simple. Une fois le bébé parmi nous, je continuerai à rencontrer mes clients et à mener mes affaires, à une différence près. Je travaillerai davantage à la maison. Nous nous relayerons auprès de lui. Tu pourras faire une pause, aller chez le coiffeur, faire les magasins, prendre un emploi à mi-temps, si tu le souhaites. De cette façon, je m'impliquerai dans son éducation. Nous pouvons réussir, Helen. Pour le bien de notre enfant, nous nous comporterons comme des gens civilisés. Nous pourrons même être amis. Pas d'atmosphère malsaine, de disputes, d'amertume. Ce petit devra se sentir en sécurité et aimé par nous deux.

Mon Dieu ! Il ne pouvait pas parler sérieusement ! se désola-t-elle, atterrée de voir que ses espoirs s'effondraient une fois de plus et qu'il ne lui laissait vraiment pas le choix.

Car elle l'aimait trop pour refuser, elle le savait.

— Tu… veux que nous vivions dans la même maison, mais séparément, et que nous nous occupions du bébé à tour de rôle ? Comme des nourrices ?

D'un geste nerveux, Dan redressa la tête, et Helen se crispa en lisant la souffrance qui emplissait ses yeux sombres.

— Non, comme des *parents* ! rectifia-t-il. Je veux connaître mon enfant, pas être un père du samedi. Qu'il ait confiance en moi, qu'il m'aime vraiment...

Le cœur d'Helen chavira. Malgré sa détresse, elle reconnaissait que cet enfant était aussi celui de Dan. Or, la maternité était une affaire de femmes, dont les hommes étaient exclus. Déjà, elle ne faisait qu'un avec son bébé. Elle pouvait lui parler, l'inclure dans sa vie quotidienne, alors que Dan n'était qu'un spectateur.

Pressant une main sur son sein gonflé, elle pensa au moment où son fils ou sa fille serait dans ses bras. Rêveuse, elle leva paresseusement les paupières vers Dan... et frémit. Son regard reflétait un désir brut, une sensualité troublante.

— Ne me regarde pas comme ça ! murmura-t-il.

« Il me désire, pensa-t-elle avec étonnement. Non, plus que cela. Il a besoin de moi ! »

Puis, comme elle se demandait si elle ne s'abusait pas une fois de plus, elle vit la protubérance sous la ceinture du jean. De minuscules frissons d'excitation coururent sur sa peau, à l'idée que tout n'était peut-être pas perdu.

L'espoir de le voir revenir à elle n'était pas si absurde, finalement, se dit-elle. Ils avaient toute une histoire derrière eux, trop de souvenirs heureux. Et elle possédait quelque chose d'infiniment plus précieux que ce que Céline avait à offrir : elle portait l'enfant de Dan. Et puis, il la désirait ! C'était un début dont elle devait tirer parti pour le reconquérir.

Du calme, s'intima-t-elle. Elle ne devait pas risquer de le perdre. Ils redeviendraient amis, puis amants — surtout s'ils vivaient sous le même toit. Ils s'entendraient pour se rendre de menus services... Oui, elle se voyait déjà frapper à sa porte. Ce serait une prise de courant à changer, la machine à laver à réparer... Un sourire, une caresse involontaire, le désir grandissant... Elle porterait des tenues décolletées, l'inviterait à partager un repas...

Le cœur d'Helen s'accéléra. Ils reviendraient ensemble, elle en était sûre. Et quand il se sentirait vraiment à l'aise, elle le persuaderait d'admettre son adultère et lui pardonnerait. Son incartade avec Céline ne serait bientôt plus qu'un mauvais souvenir. Rien de plus.

Puis il y aurait le bébé. Tout à la joie d'être père, Dan finirait par oublier les charmes de sa maîtresse et se rendrait compte de ce qu'il risquait de perdre : la famille à laquelle il avait aspiré toute sa vie.

L'amour et l'espoir sortiraient vainqueurs de cette épreuve, se dit-elle avec force. Là-dessus, toutes les Céline du monde ne pourraient l'emporter. Car si cette femme avait causé leur rupture, c'était sans doute parce qu'il avait manqué quelque chose à leur vie de couple.

Eh bien, décida-t-elle, elle s'emploierait à recoller les morceaux, et ils pourraient vivre enfin l'existence dont ils avaient toujours rêvé.

Le cœur battant, elle esquissa un sourire et osa lancer un regard mi-charmeur, mi-interrogateur en direction de Dan, se rappelant que cela suffisait à le faire fondre, d'habitude.

Il était effectivement sous le charme, nota-t-elle. Troublé, confus, aspirant à l'amour qu'ils avaient autrefois partagé. Oui, elle y arriverait. Elle le devait, pour leur enfant et pour son propre bonheur.

Risquant le tout pour le tout, elle prit une profonde inspiration avant de sceller leur destin.

— Je pense que c'est une idée très sensée. Je vais donner mon congé, comme tu me le demandes, une fois que j'aurai trouvé une remplaçante. Je veux que nous restions amis pour notre enfant et que nous nous comportions en bonne intelligence. Je te promets de tout faire pour que cette... relation fonctionne.

Pensant qu'un geste approprié serait le bienvenu, elle se leva et l'embrassa sur les deux joues. Ce faisant, elle perçut le frisson qui le parcourait et dut faire un terrible effort pour ne pas succomber.

« Je traverserais le feu pour lui », songea-t-elle avec fougue, tandis qu'ils retournaient vers la voiture, sans plus échanger une parole.

Son pas devint plus lent et plus fluide, son corps bougeant avec une liberté et une joie toutes neuves. Près d'elle, Dan réprimait sûrement l'envie de lui prendre la main et de l'embrasser !

« Il est à moi ! » exulta-t-elle. La vie allait redevenir merveilleuse. Parfaite. Elle devait seulement s'armer de patience.

Les jours passaient vite. Comme prévu, Dan s'installa dans un meublé à Londres. Un soir qu'elle rentrait à la maison, Helen découvrit qu'il avait emporté toutes ses affaires. Elle eut un choc. Toute trace de lui avait disparu, et les pièces lui semblèrent désespérément vides.

Cette situation n'était que temporaire, se rappela-t-elle. Vers la fin janvier, il serait de retour avec son fouillis habituel.

En deux semaines, elle trouva une remplaçante et quitta son travail. Alors le temps passa plus lentement, car à l'exception des maçons, elle était seule à Deep Dene toute la journée. Si elle n'avait pas été aussi résolue à reconquérir Dan, elle aurait peut-être cédé au doute. Mais elle ne tendait qu'au but qu'elle s'était fixé : leur réconciliation. Rien de moins.

Dan la hantait jusque dans ses rêves. Bien qu'elle eût appris à aimer Deep Dene, à maîtriser l'horrible chaudière et à se moquer des araignées, elle regrettait qu'il ne fût pas là et attendait ardemment ses deux coups de téléphone quotidiens.

Ce soir-là, quand il l'appela, il avait une voix fatiguée, mais empressée aussi.

— Helen ? C'est moi.

— Bonjour, « moi » ! murmura-t-elle sur un ton de cajolerie.

Un son de satisfaction s'échappa de la gorge de Dan.

— Comment te sens-tu ? s'enquit-il.

« Fondante », pensa-t-elle, en se lovant sur le canapé en prévision d'une longue conversation agréable.

— Merveilleusement bien, susurra-t-elle d'une voix rauque.

— Tu ne regrettes pas…

Il marqua une pause, et Helen retint son souffle.

— Ton travail ? acheva-t-il.

Elle sourit, certaine qu'il avait eu l'intention de lui demander si elle ne regrettait pas sa présence.

— Curieusement, non. J'ai plutôt l'impression d'avoir été libérée de prison. Je peux me consacrer au futur bébé, à la maison, et je lis des tas de livres sur la maternité...

— Et je suppose que tu t'occupes toujours autant de la vie amoureuse des ouvriers, poursuivit-il, amusé.

Helen se mit à rire.

— Ils me font des confidences, et je leur prépare du thé et des biscuits. Ils n'en travaillent que plus dur ensuite. Ils sont très aimables. Je ne peux pas faire un pas dans le jardin sans que l'un d'eux vienne gentiment me sermonner et me prendre les outils des mains !

— Je n'en suis pas surpris. Tu pourrais charmer la terre entière. Et je leur ai dit de faire attention à toi.

— Vraiment, Dan ? s'exclama-t-elle, touchée.

— Je ne veux pas que tu en fasses trop, répliqua-t-il d'une voix bourrue. Est-ce que tu manges correctement ? Plus d'en-cas expédiés en vitesse, j'espère ?

Il s'inquiétait ! pensa-t-elle, aux anges.

— Rassure-toi, le réfrigérateur et le garde-manger sont pleins de fruits et de légumes frais. J'ai mon compte de vitamines, et je me sens en pleine forme. Et toi ? s'enquit-elle affectueusement. Je parie que tu vis de sandwichs emballés, comme d'habitude ?

— Oh ! Peu importe. Parle-moi plutôt de cette échographie que tu vas passer demain.

— La première, Dan ! l'informa-t-elle avec joie. C'est si exaltant ! Je vais voir notre enfant, et on me donnera des clichés. Je suis tellement impatiente !

Elle hésita une seconde.

— Je suppose que tu ne peux pas m'accompagner ?

Elle croisa les doigts. Ce serait merveilleux. Un moment d'exception...

— Non, je suis à York. C'est impossible, répondit-il d'une voix crispée. Garde-moi une copie. Bon, il faut que j'y aille. Je te rappellerai demain.

Il raccrocha avant qu'elle ait eu le temps de lui dire au revoir. Bien qu'elle fût déçue, elle comprenait pourquoi il tenait à travailler autant. A la naissance du bébé, sa société serait puissante, et il pourrait enfin se libérer pour être près d'elle. Et alors...

— Attention à toi, Dan Shaw ! murmura-t-elle, amusée. Tu ne sais pas ce qui t'attend !

Elle sourit. Le lendemain, elle « verrait » son bébé. Quand Dan regarderait le cliché, il ne manquerait pas d'être ému.

Attendrie, Helen s'étira paresseusement, en s'imaginant dans les bras de son mari. Toutes les blessures seraient oubliées.

— Bientôt, mon petit poussin, promit-elle en caressant son ventre, ton papa me reviendra.

Ce soir-là, elle se mit au lit, pleine d'espoir.

Vêtue d'une élégante robe jaune, Helen déambula dans les couloirs animés de l'hôpital et, une fois dans la salle d'attente, s'assit près d'une mère qui surveillait trois enfants en bas âge.

La pauvre semblait si épuisée qu'Helen estima plus raisonnable de revoir à la baisse ses projets de famille nombreuse.

A cet instant, un des bambins faillit tomber devant elle, et elle le retint de justesse.

— Merci, dit la mère en soupirant.

— De rien. Vous ne devez pas manquer d'occupation, risqua Helen, alarmée par la mauvaise mine de la patiente.

— C'est votre premier ? s'enquit celle-ci avec un regard amer.

— Oui...

— Je m'en doutais. Vous avez encore toutes vos illusions...

— Madame Shaw ! appela l'infirmière.

Suivant cette dernière, Helen regarda au passage les autres femmes. La plupart avaient l'air déprimé. Elle sentit ses jambes flageoler. Ce n'était pas ce qu'elle avait imaginé.

— Est-ce toujours ainsi ? risqua Helen, tandis que l'infirmière refermait la porte de la salle de soins.

— Non. Parfois, c'est pire, concéda celle-ci. Je vais vous examiner. Vous êtes seule ?

— Mon mari est à York, répondit-elle d'un air désolé.

— Il en a de la chance !

Helen fut étonnée de ce cynisme qui lui gâchait sa joie. Elle prit place sur la table de soins et se consola avec la pensée qu'elle allait maintenant découvrir son bébé. Même le médecin, un homme sec et pressé, ne parvint pas à lui ôter son enthousiasme.

Jusqu'à ce que l'image apparaisse sur l'écran...

Helen se figea brusquement. Elle entendait à peine le médecin lui parler. Avec des yeux effarés, elle acquiesçait dans l'espoir qu'il finirait par se taire. On l'aida à se relever, et on lui mit des clichés dans les mains.

Elle se rhabilla maladroitement. Elle devait rentrer. Et téléphoner à Dan!

— Oh, ce n'est pas possible! murmura-t-elle en sortant de la cabine.

Des visages surpris se tournèrent vers elle, et elle se rua hors de l'hôpital. Sous le choc, elle gagna l'arrêt de bus.

Qu'allait-elle faire? se demanda-t-elle, aux cent coups. Elle avait besoin de Dan — maintenant, désespérément!

Dan n'avait jamais conduit aussi dangereusement de sa vie. La nuit était tombée, et il lui faudrait des heures pour atteindre Deep Dene. L'esprit hanté par les cris hystériques et suppliants d'Helen, il fonçait droit devant lui, agité, angoissé par toutes sortes de pressentiments.

Il savait qu'elle avait passé une échographie ce jour-là. De là à penser qu'elle avait appris une terrible nouvelle, il n'y avait qu'un pas. Bon sang, le bébé! Il essaya de se remémorer les paroles incohérentes d'Helen :

« Viens vite, Dan! Vite! », lui avait-elle répété, sans écouter ses injonctions au calme.

Il avait essayé de joindre le Dr Taylor. Sans succès. Horriblement inquiet et frustré, il avait appelé Diane en lui ordonnant d'annuler tous ses rendez-vous jusqu'à nouvel ordre.

A présent, il approchait de Deep Dene, l'estomac noué, la tête comme prise dans un étau infernal. Mais il ne pensait qu'à Helen et au bébé... en refusant d'envisager le pire.

Sans égard pour les suspensions de sa BMW, il remonta à toute allure l'allée puis le terrain boueux qui menaient à la maison, et s'arrêta dans un crissement de freins.

— Helen ! cria-t-il en ouvrant la porte à toute volée.

Un silence lugubre lui répondit.

Alors, le cœur battant à tout rompre, il se rua au salon.

Heureusement, elle était là, mais la vue de son visage muet, strié de larmes, le fit stopper net. Helen se leva, et quelque chose dans son chagrin le paralysa.

— Espèce de mufle ! Comment as-tu pu me faire ça ? gémit-elle d'une voix pathétique.

Dan fronça les sourcils, incapable de respirer.

— Quoi ?

— Ceci...

Au bord de la crise de nerfs, elle lui tendit brutalement un papier. Décontenancé, il s'approcha et lui prit le document des mains. C'était un cliché en noir et blanc, de toute évidence le résultat de l'échographie.

Soudain, il ouvrit la bouche et se figea, tandis que son esprit essayait de comprendre l'image qu'il avait sous les yeux.

Il n'y avait pas un, mais deux bébés.

8

Dan fixa avec incrédulité les deux petits profils parfaitement distincts. Deux nez retroussés, deux mentons délicats, la courbe douce des crânes. Deux corps minuscules et maigres, perdus dans un tourbillon blanc...

Des jumeaux ! Deux êtres à aimer. A cajoler, à regarder grandir, à guider dans leurs premiers pas... Ses enfants. Une immense émotion l'assaillit. Cela ressemblait à un miracle, et il eut envie de pleurer.

— Oh ! mon Dieu ! murmura-t-il en se laissant tomber dans un fauteuil. Je n'arrive pas à y croire !

Il étudia de nouveau le cliché, comme hypnotisé par le spectacle de ces deux petites têtes bien dessinées, là où il n'avait attendu qu'une forme vaguement humaine.

— Helen ! appela-t-il d'une voix pleine d'admiration.

Elle s'était rassise, les yeux voilés par les larmes. Doucement, il les essuya d'un revers de main et remarqua qu'elle était incroyablement belle.

Ses cheveux, plus longs depuis la dernière fois qu'il l'avait vue, tombaient en vagues douces et soyeuses autour de son visage un peu pâle. Sa peau avait une texture satinée qui faisait ressortir l'éclat pur de son regard gris étonnant. Celui de l'adolescente d'autrefois dont la beauté et le cœur tendre l'avaient emballé.

La mère de ses enfants !

— Je suis sous le choc ! Les mots me manquent, avoua-t-il, la gorge serrée, en lui caressant les cheveux.

— Des jumeaux, c'est le comble ! lança-t-elle d'une voix saccadée.

Il sourit affectueusement.

— Mais c'est merveilleux, Helen !

— Tu ne comprends donc pas ? C'est déjà assez difficile de s'occuper d'un bébé, alors de *deux* !... Tu aurais dû me dire qu'il y avait des jumeaux dans ta f...

Brusquement, elle s'empourpra et se mordit les lèvres.

— Je suis désolée. J'oubliais que tu ne pouvais pas le savoir.

Réprimant une soudaine impulsion de la prendre dans ses bras pour l'embrasser, Dan alla se servir un verre. Ses mains tremblaient. « Deux bébés, se répétait-il, fou de joie. Je vais être deux fois père ! »

— Ce n'est rien. Je suis tellement soulagé ! répondit-il. Si tu savais ce que j'ai enduré ces dernières heures ! Je pensais que tu étais gravement malade ou que l'enfant n'était pas normal... J'ai vécu un vrai cauchemar sur la route...

— Vraiment ? bégaya-t-elle, les yeux brillant d'espoir.

— Je croyais que mon enfant était en danger, précisa-t-il en détournant le regard.

— Oh ! bien sûr, répondit-elle tristement. Excuse-moi, je ne pouvais pas m'expliquer clairement. J'étais hystérique.

— Ça ne me surprend pas. J'aurais dû être auprès de toi.

— Oui. J'aurais apprécié.

— Je le regrette, tu sais. Comment as-tu réussi à rentrer dans cet état ? Tu ne devrais pas conduire...

— J'ai pris le car.

— Quel choc tu as dû recevoir !

— Tu as l'air complètement sonné, toi aussi. Merci d'être venu... J'ai pensé que tu devais savoir.

Les yeux de Dan brillaient d'un bonheur à couper le souffle. Son esprit était encore plein de rêves d'amour pour ses deux — *deux* ! — enfants.

Cet élan de joie et d'affection était-il motivé par une autre émotion ? s'interrogea-t-il soudain. Car sa résolution de se tenir éloigné de sa femme faiblissait. Quoi d'étonnant à cela ? Helen était si vulnérable, si resplendissante dans sa robe jaune qui découvrait sa gorge...

Du calme ! s'intima-t-il. Ce n'était pas le moment de suivre cette direction-là.

— Merci. Raconte-moi comment cela s'est passé.

— Je n'ai rien pu dire quand on m'a annoncé la nouvelle. A l'hôpital, ils étaient tellement occupés. C'était presque du travail à la chaîne. Le médecin n'a eu aucune réaction quand il a vu apparaître les deux petites têtes. Au début, j'ai pensé... qu'il n'y avait qu'un bébé... Malformé !

Sur quoi, Helen éclata en sanglots.

— Oh ! Helen ! s'écria Dan en la rejoignant sur le sofa.

Avec un hoquet, elle se blottit contre lui, et il la serra dans ses bras, en veillant à ne pas la presser de trop près, cependant.

Pas de baisers, se dit-il. C'était comme s'il consolait une amie de longue date. Il ne fallait pas mêler les sentiments à cette étreinte-là.

— Je vais devenir monstrueuse ! se lamenta-t-elle. Jamais je ne retrouverai ma silhouette !

Dan lui caressa le bras pour la rassurer, tout en s'efforçant de rester fidèle à sa promesse.

— Bien sûr que si, voyons. S'il le faut, nous emploierons un professeur de gymnastique à domicile. Mais je doute que tu en aies besoin, ajouta-t-il avec un sourire piteux. Tu risques d'être active après l'accouchement.

— Je sais ! s'écria-t-elle, horrifiée. Deux bébés à la fois, c'est un cauchemar ! Je n'aurai jamais le temps de dormir. Et... ils ont dit... que je serai sans doute obligée de subir une césarienne. Dan, je refuse ! Je veux que tout se passe naturellement avec une musique douce, des lumières tamisées et des huiles parfumées. Or, ils m'ont dit que je ne serai même pas consciente !

Au plus fort de sa crise de larmes, Helen se cramponna à lui.

— Je veux voir mon enfant... mes enfants naître ! C'est le plus beau moment...

— Je t'en prie, Helen, calme-toi. Ce n'est pas bon pour les bébés.

Il s'inquiétait à présent, tandis que la réalité s'imposait à lui. Ce serait horriblement dur pour elle. Elle aurait besoin d'être entourée, soutenue. C'était plus qu'il n'était prêt à lui accorder. Que faire ?

— Ce n'est pas bon pour moi non plus, gémit-elle contre son torse. Je vais bientôt me déplacer comme un hippopotame, renversant tout sur mon passage, et porter un soutien-gorge horrible. Du J au moins, en profondeur de bonnets !

Dan réprima un sourire en se cachant dans la chevelure qu'il aimait tant.

D'ailleurs, il adorait tout en elle, s'avisa-t-il, ses exagérations, ses émotions exubérantes et cette façon de croquer la vie qui n'appartenait qu'à elle. Il ne s'en lassait pas, ne s'en lasserait jamais.

— Ce ne sera pas aussi terrible, Helen.

— Qu'est-ce que tu en sais ? Tu es un homme !

— Et je ne peux pas changer ça. Mais à partir de maintenant, je serai là.

Il avait parlé sans réfléchir et s'en rendit compte trop tard.

— Quoi ?

Puis elle leva vers lui un visage si pathétique qu'il s'entendit dire :

— Je suis sérieux, Helen.

— Comment ça ?

— C'est simple, commença-t-il en réfléchissant à toute vitesse. Je peux engager quelqu'un de hautement qualifié pour accomplir mon travail auprès de la clientèle.

Qui ? Il n'en avait aucune idée, songea-t-il. Qui aurait la compétence et le sens des affaires nécessaires pour le remplacer ?

Ecartant le sujet, il continua à inventer calmement :

— Je m'arrangerai pour faire ma programmation ici, à Deep Dene. Je travaillerai dans le bureau et je pourrai te donner un coup de main pour les tâches de la maison. Je dois être là si tu as besoin de moi.

Les larmes d'Helen séchèrent comme par magie. Elle le fixa avec une confiance si totale que Dan en eut le cœur chaviré.

— Tu veux dire que tu reviens vivre ici ?... Maintenant ?

Il se sentit pris au piège. L'esprit confus, il contempla les lèvres sensuelles de sa femme et se demanda s'il serait capable de résister au désir qu'elle lui inspirait.

Lentement, il acquiesça.

— Oh, Dan ! s'exclama-t-elle. Ce sera fantastique. Tout simplement merveilleux !

Le sourire tiède et parfumé d'Helen lui titillait les lèvres. Elle se trémoussait et s'étirait avec plaisir, ce qui avait un effet dévastateur sur son corps viril et affamé.

Que ferait un homme normalement constitué dans ces circonstances ? eut-il le temps de se demander avant qu'elle ne l'emprisonnât dans un long baiser à couper le souffle.

Mais il n'avait nulle envie de se libérer, s'avisa-t-il. C'était magnifique de la sentir si douce, de laisser la passion trop longtemps contenue déferler en lui et d'entamer une lente exploration de la bouche qui le dévorait, de caresser ce cou gracile, cette gorge divine...

Il tressaillit. Les seins d'Helen étaient fermes et gonflés. Il eut chaud tout à coup. Haletants, ils se débarrassèrent de leurs vêtements, et il savoura le contact de la peau nue et veloutée.

Comment était-ce arrivé ? se demanda-t-il confusément. Son cerveau ne fonctionnait plus. A ce moment magique, il pouvait encore croire que tout allait bien et qu'ils s'aimaient. C'était un énorme mensonge. Et après ? Il ne pouvait ni ne voulait s'arrêter. Elle faisait tout pour l'en empêcher, d'ailleurs.

— Est-ce que... ?

— Oui. Tu peux. Il n'y a aucun danger, murmura-t-elle.

Pourquoi discuterait-il ? Guidé par elle, il se retrouva sur le dos, la contemplant comme à travers un brouillard, tandis qu'elle gémissait de plaisir au-dessus de lui. Il ferma les yeux. La douceur, la délicatesse de leur rapport le peinaient et l'excitaient à la fois.

Serrant les poings, il s'abandonna au plaisir suprême. Mais quand elle se lova contre lui, en laissant échapper de petits soupirs satisfaits, il se figea, atterré par ce qu'il avait fait.

La respiration d'Helen s'apaisa, et elle s'endormit, blottie contre lui. Incapable de bouger, il l'étudia, se demandant comment il allait sortir de ce piège, craignant qu'elle ne se fasse des illusions.

Tout à ces pensées, il lutta contre la fatigue qui assaillait son corps éreinté. Puis, un à un, ses muscles se détendirent, et il dériva vers le sommeil.

Au milieu de la nuit, la voix douce d'Helen le réveilla.

— Au lit, murmura-t-elle.

Trop épuisé pour discuter, il obtempéra, en essayant de ne

pas se réjouir à l'idée de se lover contre elle. Plus tard, il lui annoncerait que rien n'avait changé, qu'il aimerait ses enfants, mais ne pourrait plus l'aimer, elle.

— Je pensais, babilla Helen en repassant le costume froissé de son mari, qu'étant donné les circonstances ce serait une bonne idée de régler certaines choses...

Elle avala une bouchée de toast et s'apprêtait à poursuivre, quand Dan la devança.

— Quelles choses ?

— La layette, les couches, une poussette double, des berceaux... A quoi pensais-tu ?

— Je n'en sais rien. C'est pour cela que je te pose la question.

Tout à ses projets, Helen continua avec enthousiasme sans avoir relevé la froideur de la réplique.

— Je vais faire une liste. Je suis en pleine forme et encore capable de faire des courses. Dans quelques mois, je ne pourrai même plus m'asseoir derrière le volant ou passer les portes des magasins.

— Très bien.

Elle lui jeta un bref coup d'œil et remarqua alors qu'il avait l'air tendu.

— Ce ne sont pas les dépenses pour deux bébés qui t'inquiètent, au moins ? demanda-t-elle anxieusement.

— Non, achète ce que tu veux.

Repoussant son petit déjeuner, Dan se leva. Brusquement, il pensa à Céline, et fut saisi d'une illumination.

Certes, se dit-il, ce n'était pas la candidate idéale pour le remplacer, vu sa conduite, mais quelle autre solution s'offrait à lui ? Il cherchait quelqu'un pour entrer en contact avec ses clients, un professionnel qu'il n'aurait pas besoin de former. Et il ne voyait absolument personne de mieux placé qu'elle.

Il imposerait ses conditions, bien entendu, remettrait leur ancienne collaboration sur les rails. Celle-ci avait été excellente et pouvait le redevenir. Le temps n'était plus aux sentiments personnels, décréta-t-il, il fallait recourir à une solution pratique.

Et s'il devait rester à Deep Dene, Céline était la personne toute désignée pour remplir cette mission.

— Je dois partir et organiser quelques entretiens, annonça-t-il. Mon costume est prêt ?

Un instant, elle le considéra, admirative.

Comme c'était agréable de l'avoir auprès d'elle, pensa-t-elle. Surtout quand il était en chemise, cravate et caleçon !

— Dans une minute.

— Merci. J'apprécie aussi que tu te sois levée tôt pour repasser ma chemise.

Un peu déroutée par la raideur du remerciement, elle haussa les épaules.

— Aucun problème, Dan.

— J'y vais. J'aurai bientôt deux bébés à nourrir.

Et il sortit avant qu'Helen pût le retenir.

Tout en débarrassant la table, elle tenta d'analyser cette attitude étrange et conclut qu'il était encore abasourdi à l'idée d'avoir des jumeaux.

Elle sourit au souvenir de son propre état d'hystérie.

Décidément, songea-t-elle, amusée, les enfants s'entendaient à merveille pour bouleverser la vie des adultes ! Du même coup, les plans raisonnables de Dan tombaient à l'eau. Il avait pris conscience qu'ils ne pouvaient rester éloignés l'un de l'autre.

Il téléphona ce soir-là, pour prévenir qu'il rentrerait tard et qu'elle ne devait pas l'attendre. Curieusement assaillie par le doute, Helen monta se coucher vers minuit et resta éveillée, nerveuse.

Entendant une latte du plancher craquer, elle sortit du lit. Sur le palier, elle trouva Dan, debout devant le placard ouvert. Il avait jeté un oreiller et deux couvertures par terre.

— Dan ! Que fais-tu ? s'écria-t-elle, surprise.

Il se détourna, les cheveux en bataille, un drap plié à la main. Il avait l'air complètement épuisé, constata-t-elle.

— Désolé. Je ne voulais pas te réveiller, marmonna-t-il. J'allais faire mon lit dans la chambre d'amis...

— Non, coupa-t-elle fermement en lui passant les bras autour du cou.

Mais en fait, elle n'en menait pas large, tant la crainte l'étreignait. Car s'il la rejetait maintenant, cela signifierait qu'il avait passé sa soirée avec une femme.

Oh ! Cette constante incertitude était terrible et détestable, songea-t-elle en réprimant un accès de jalousie. Mais elle ne pouvait s'empêcher de s'interroger. Qu'avait-il fait pendant tout ce temps ? Et avec qui ?

La bouche de Dan lui effleura la tempe, pourtant il ne fit aucun effort pour l'enlacer.

— J'ai besoin de dormir, murmura-t-il d'une voix lasse. J'ai reçu des candidats toute la journée...

— Avec succès ? demanda-t-elle, pleine d'espoir.

Il baissa les yeux.

— Eh bien... je crois.

— Formidable ! s'exclama Helen, radieuse. Tu vas pouvoir déléguer...

— Helen, ça ne veut pas dire que je serai disponible chaque fois que tu auras besoin de moi. Je vais devoir travailler très dur. Ecoute, nous en discuterons demain. Je n'en peux plus.

— Je comprends. Mais tu n'as pas de lit à faire...

D'un geste impérieux, elle le poussa vers leur chambre.

— Déshabille-toi et couche-toi dans le nôtre.

Il porta une main à son front avant de ramasser son sac de voyage.

— Un mal de tête ? s'enquit-elle doucement.

— On dirait...

— Au lit, ordonna-t-elle.

Il était trop las pour protester. Allongé, le corps raide, il fixa le plafond. Helen éteignit la lampe, puis lui caressa le front.

S'il ne lui répondait pas, elle en tirerait les conclusions, se dit-elle.

— Ça te fait du bien ? murmura-t-elle.

— Hum.

Du bout des lèvres, elle lui effleura les tempes. Aussitôt, elle perçut qu'il se raidissait. Puis, d'un mouvement brusque, il roula vers elle et l'embrassa. Ravie, elle se lova contre lui, et, avec des gestes lents et exquis, ils firent l'amour...

Repue et heureuse, elle resta blottie contre lui, à rêver de leur avenir. Peu à peu, cependant, elle prit conscience que le corps de Dan se tendait imperceptiblement. Alors, elle se mit à le combler de baisers tendres, sur le cou, le menton, les lèvres...

Mais la bouche de Dan restait désespérément froide.

Alors, elle se mit à le caresser, faisant courir lentement ses mains sur son corps, ce qu'il aimait particulièrement.

— Je suis fatigué, protesta-t-il.

Sur quoi il roula sur le côté et lui tourna le dos.

Frustrée, Helen tenta de se raisonner. Il était au bord de l'épuisement et avait fait appel à ses dernières forces pour lui faire l'amour. Elle lui caressa l'épaule en signe de compréhension.

— Dors, murmura-t-elle amoureusement.

Elle se pressa contre lui, en souhaitant qu'ils redeviennent bientôt un couple normal.

Quand enfin elle respira régulièrement, Dan quitta le lit et alla ramasser les draps et couvertures qu'il avait abandonnés pêle-mêle sur le palier. Sans bruit, il entra dans la pièce d'à côté et s'installa sur le lit d'appoint.

Comment avait-il pu faillir à sa promesse ? se demanda-t-il, furieux de sa faiblesse. Mais Helen avait toujours su s'y prendre pour l'exciter. Qu'adviendrait-il s'il se mettait à assouvir ses désirs chaque fois qu'il était en sa présence ? Elle exigerait plus qu'il n'était prêt à lui donner.

Alors mieux valait battre froid à partir de maintenant, décréta-t-il. Et ainsi, tôt ou tard, elle serait forcée de comprendre le message.

Un instant, il envisagea de lui dire qu'il réintégrait Céline dans son poste d'assistante de direction. Mais il savait que la seule mention de Céline la rendrait hostile. Or, ils devaient s'entendre, justement. D'ailleurs, lui-même n'était pas sûr du bien-fondé de cette décision.

Il se leva à une heure indue, prit une douche glacée dans la salle de bains du rez-de-chaussée. Puis, déjeunant d'une tasse de café et d'un toast dans son bureau, il alluma l'ordinateur et se força à oublier son moment d'égarement, en élaborant une base de données pour une société nationale.

Quelques heures plus tard, la porte s'ouvrit, et il entendit le pas menu d'Helen et un bruissement de soie.

— Ça alors ! s'écria-t-elle gaiement. Tu es debout à l'aube. Je ne sais pas où tu puises une telle résistance.

Dan continua à fixer son écran, bien qu'il eût été incapable de dire ce qui s'y affichait.

— Ce n'est pas une question de résistance. Je dois travailler, c'est tout.

— Tu es vraiment obligé ? demanda-t-elle gentiment.

Il pianota sur son clavier d'un air irrité.

— Et comment allons-nous survivre ? Ecoute, je suis en train de faire un truc important. Tu as besoin de quelque chose ?

Les pas se rapprochèrent. Du coin de l'œil, il aperçut une longue jupe en soie jaune. Il respira aussi le parfum d'orange et de géranium d'Helen, senteur qui avait toujours eu le don de lui embrumer le cerveau.

— Je t'ai apporté du thé, murmura-t-elle.

Il la regarda avancer son bras nu pour poser la tasse sur un coin libre du bureau, et dut résister à l'envie de presser sa bouche sur la peau veloutée, dorée d'un léger hâle depuis que l'été s'était installé. La torture s'accentua quand elle se pencha, son corps tiède, tout en courbes douces, ensorcelant, à quelques centimètres seulement du sien.

Dans un effort de volonté, il garda les yeux braqués sur le moniteur.

— Bien…, déclara-t-il d'une voix traînante.

— Je voulais te dire un mot, annonça-t-elle.

Dan sentit des frissons courir sur sa nuque. Il avait une conscience si aiguë de leur proximité qu'il tremblait de tout son corps.

— Alors, juste un.

— Dan, j'aimerais avoir toute ton attention, réclama-t-elle en riant. Peux-tu me l'accorder ou dois-je débrancher l'ordinateur ?

Laissant échapper un son irrité, il croisa les bras et fit pivoter son fauteuil.

Elle avait coiffé ses cheveux en arrière si bien que son visage aux contours parfaits apparaissait dans toute sa beauté. Ses yeux gris étaient sensuels et lumineux sous les cils noirs fournis. Un sourire irrésistible découvrait ses dents fines et nacrées.

Sans trop savoir comment, il parvint à lui opposer une mine sévère, malgré le décolleté pigeonnant qui semblait le narguer. Elle portait un haut en soie indienne qui contenait à peine ses seins magnifiques, et il mourait d'envie de les caresser.

— Eh bien ? demanda-t-il rudement, sur le point de perdre son contrôle.

— Tu t'es installé dans la chambre d'amis, déclara-t-elle sans détour. Pourquoi ?

— J'ai besoin de dormir.

Il reporta son attention sur l'écran, espérant qu'elle s'en tiendrait là. Mais la main d'Helen se posa sur son front et y repoussa une mèche rebelle.

— Ça ne t'a pas plu, la nuit dernière ? reprit-elle, alors que ses doigts caressants lui embrasaient la nuque.

Il jura silencieusement, tous ses sens en alerte. Bon sang ! Il fallait qu'il lui mette les points sur les i. Sans ménagement, il lui immobilisa le poignet et se leva.

— Je suis un homme, jeta-t-il froidement en lui tournant le dos. Bien sûr que j'ai eu du plaisir...

— Alors, dors avec moi.

C'était si simple pour elle ! Il pivota, le regard soudain furieux.

— Pour te considérer comme une prostituée, ni plus ni moins ? C'est ce que tu veux ?

Les yeux agrandis d'horreur, Helen recula.

— Dan, tu sais que ce n'est pas...

— Si, justement ! Nous sommes tombés d'accord pour vivre séparément jusqu'à ce que l'appartement soit terminé.

— Je sais, mais je pensais...

Il s'était avancé, l'air irrité. Intimidée, elle se tut brusquement. Dan marcha jusqu'à son bureau et pressa une touche pour faire réapparaître la base de données qu'il était en train d'élaborer.

— Tu te fais des idées à notre sujet, lança-t-il. Ce qui est arrivé la nuit dernière n'était qu'un épisode sexuel. J'avais envie de faire l'amour, et tu étais là.

— C'était tout ce que ça représentait pour toi ?

— Helen, il y a entre nous un passé intime qui interfère sans cesse dans notre arrangement. Pour le reste, tu refuses de me croire. Or, sans confiance mutuelle, notre couple n'a pas d'avenir. Voilà pourquoi je suis résolu à vivre loin de toi. N'attends rien d'autre de moi que la courtoisie et le respect que je te dois, en tant que mère de mes enfants.

— C'est vraiment ce que tu penses ? s'enquit-elle, tremblante.

— Je ne peux pas être plus clair.

Elle pâlit.

— Je vois. Au moins, je sais maintenant à quoi m'en tenir.

Sur quoi elle quitta la pièce, d'un pas lourd, comme si elle portait un poids insupportable.

Luttant contre un remords lancinant, Dan se persuada que c'était mieux ainsi. Ils savaient où ils en étaient à présent, comme elle disait. Et pour sa part, il allait se consacrer à sa société et se préparer à la naissance de ses enfants.

Plus de sexe avec Helen. Plus de tentation. Il voulait s'éloigner d'elle à tout prix.

En soupirant, il décrocha le téléphone et appela Céline.

9

Il plut pendant des semaines, jusqu'au début de l'automne. Helen voyait rarement Dan, sauf quand il l'emmenait faire des courses et en quelques rares occasions où elle lui demandait un service.

Mais chaque contact était une torture : un mélange de joie et de souffrance, de désir et de désespoir. La passion couvait, presque palpable, même s'ils s'efforçaient de se comporter en adultes raisonnables.

Sans doute Dan était-il nerveux à l'idée de succomber au désir qu'elle lui inspirait, se dit Helen. Quant à elle, elle mourait d'envie de se blottir contre lui.

Chaque fois que le regard sombre de son mari s'attardait sur elle une seconde de trop, elle retenait son souffle, se demandant s'il allait enfin rompre ce célibat qu'il s'imposait ou lui donner ne serait-ce qu'une accolade amicale. Rien de tout cela ne se produisait. Il était impitoyable envers lui-même, et elle constatait que les chances de sauver leur mariage s'amenuisaient de jour en jour.

Plus d'une fois, elle avait tenté de le séduire, en portant des tenues provocantes, en étendant ses longues jambes fines, qu'il avait toujours vénérées et qu'il aimait couvrir de baisers. Hélas ! invariablement, il s'excusait et quittait la pièce.

A d'autres moments, la tension montait jusqu'à ce qu'Helen ne puisse plus supporter de l'avoir à proximité, tant l'envie de le toucher, de caresser ses cheveux emmêlés, d'apaiser ses traits tendus lui était douloureuse.

Elle regrettait par-dessus tout de ne plus le sentir blotti contre elle la nuit ; ses baisers tendres dans le noir ou même sa présence silencieuse lui manquaient.

Bientôt, ils furent seuls dans la maison. Les ouvriers avaient fêté avec eux la fin du chantier autour d'un joli bouquet de fleurs et d'une bonne bouteille de vin. Mais si Dan s'était déridé à cette occasion, il avait repris, aussitôt après, sa froide politesse habituelle.

Ainsi qu'il l'avait prévu, la maison était splendide, reconnut Helen, en admirant les vastes salons joliment décorés, la lumière entrant à flots par les portes-fenêtres, inondant les planchers de chêne, les meubles rustiques, les tapis, les tableaux...

A quoi servait tout cela ? pensa-t-elle tristement. Cette perfection ne faisait qu'accentuer le vide de sa vie personnelle. Quel plaisir aurait-elle à nager seule dans la piscine, sans Dan pour l'éclabousser et la séduire ? Qui l'accompagnerait dans les parties malicieuses de croquet qu'ils avaient prévu de faire sur la vaste pelouse, ou dans les matchs de tennis sur le court tout neuf ? Décidément, ces voisins qui l'enviaient ne savaient pas combien elle était malheureuse...

Lors d'une séance de préparation à l'accouchement qu'elle suivait à Lewes, la ville voisine, Helen regarda son ventre énorme avec résignation. Elle en était à son septième mois de grossesse et, elle devait en convenir, Dan ne la désirait plus.

Ne lui avait-il pas clairement montré qu'il ne l'aimait pas, même physiquement ? S'il restait à Deep Dene, c'était pour les enfants. Une raison qui ne la consolait guère.

Sur le tapis de sol auprès d'elle, la rousse Kirsty pratiquait ses exercices respiratoires, assistée de son mari, Tom. Ils riaient souvent et se câlinaient comme des amoureux.

C'était ainsi qu'elle-même aurait voulu vivre sa grossesse.

— Quand ton mari va-t-il venir ? s'enquit Kirsty en reprenant son souffle. Je meurs d'envie de le rencontrer. Il est terriblement séduisant. Je l'ai vu te déposer ce soir. Quel dommage qu'il ne soit pas entré !

Helen répondit par un faible sourire. Elle trouvait Kirsty très sympathique, et seule l'attention constante que Tom portait à sa femme l'avait empêchée de l'aborder jusque-là.

— Dan a créé sa société d'informatique. Il travaille comme un fou et ne sait pas s'arrêter, expliqua-t-elle en éludant la question.

Quand le cours prit fin, cependant, Kirsty lui toucha le bras.

— Je ne veux pas me mêler de ce qui ne me regarde pas, mais oblige ton cher Dan à venir. Tu as besoin de son soutien, plus qu'aucune d'entre nous ici. Tom aussi a voulu compléter son job de livreur pour que nous puissions joindre les deux bouts. Je lui ai dit que nous y arriverions, que l'argent n'était pas important. Je préfère qu'il rentre tôt, pour me faire des câlins et des tasses de thé !

Helen sourit de nouveau, avec une certaine mélancolie cette fois.

— Je parlerai à Dan. Ecoute... J'aimerais que nous nous retrouvions quelque part. Pourrait-on déjeuner ensemble un jour ?

— Super ! répondit Kirsty avec enthousiasme. Ça devient de plus en plus ennuyeux de rester à la maison, par cette pluie qui n'en finit pas. L'été a été si bref. Dieu merci, nous habitons sur une hauteur, sinon nous aurions été inondés. Et vous, avez-vous des problèmes avec les inondations ?

— Notre maison est bâtie sur une colline, répondit Helen. Heureusement : le village a été coupé deux fois par des crues, et notre allée est restée impraticable pendant un certain temps. Si Dan n'avait pas acheté un 4x4, nous aurions eu de sérieux ennuis, complètement isolés du monde.

— J'ai quelque chose à te proposer, annonça alors Kirsty. C'est Bonfire Night dans deux semaines. Notre appartement surplombe la grande rue de Lewes, et nous avons une vue imprenable sur le défilé. Es-tu déjà allée aux célébrations du 5 novembre ?

Helen avait entendu parler des célèbres festivités de Lewes. Des milliers de personnes affluaient vers le petit bourg pour commémorer la tentative de Guy Fawkes de faire exploser le Parlement anglais en 1605. De l'avis de tous, l'événement était spectaculaire.

— Non... Dan a toujours eu envie d'y assister, mais nous n'avons jamais eu le temps...

— Eh bien, trouve-le, répondit Kirsty avec aplomb. Avec des jumeaux en route, cela risque d'être votre dernière sortie en amoureux avant longtemps. Venez chez nous, apportez une bouteille et un paquet de chips. C'est un spectacle fantastique. Tom participe tous les ans à la procession...

Voyant le concierge impatient de fermer les salles, elles sortirent du hall et s'arrêtèrent à bavarder sous le porche.

— Tom se déguise en pirate, reprit Kirsty, les yeux brillants. Tu peux me croire, Tom junior sera enrôlé dès sa naissance si nous lui trouvons un bandeau noir à sa taille ! Viens. C'est inoubliable ! Toute la rue est éclairée de torches, on roule des barils de goudron et il y a des fanfares...

— Et en cas de pluie ? demanda Helen, sceptique.

— Ils défilent quand même. Et puis, d'ici là, la météo sera peut-être plus clémente. Viens, je t'en prie !

— J'aimerais bien, répondit Helen, conquise. Espérons que Dan pourra s'arranger.

— S'il n'est pas libre, viens quand même. Bon, soyez à Lewes avant 18 heures, car la ville est bouclée. Et ne vous garez pas dans la grande rue. Voici notre adresse...

Kirsty griffonna ses coordonnées sur un bout de papier qu'elle lui tendit, avant de rejoindre son mari.

— Nous devons y aller. A bientôt !

Reconnaissante, Helen lui fit un signe de la main, songeant que cela lui ferait du bien de se distraire.

A cet instant, elle aperçut la BMW de Dan qui s'arrêtait sur le parking et eut hâte de lui parler de l'invitation de Kirsty et Tom.

— Tout va bien ? lui demanda-t-il d'une voix détachée.

— Oh ! Je me sens en pleine forme, vraiment !

Etonné sans doute de la voir pour une fois enthousiaste, il lui jeta un coup d'œil.

— Le cours était donc si passionnant ?

— Non, pas en lui-même. Mais j'ai sympathisé avec une des futures mamans. Kirsty m'a demandé si je voulais assister au défilé de Guy Fawkes à Lewes, le 5 novembre, du haut de son appartement qui a une vue imprenable sur les festivités. Son mari défilera sous ses fenêtres, et c'est une occasion à ne pas manquer.

— Tu comptes y aller ?

— Absolument. Ce sera ma dernière distraction avant longtemps.

Dan fronça les sourcils.

— Tu veux y aller seule et rentrer tard dans la nuit ?

— Oui, pourquoi ?

— Je ne crois pas que ce soit raisonnable.

— J'irai, Dan. A moins que tu n'aies l'intention de m'enchaîner au poêle. Si tu t'inquiètes pour moi, tu n'as qu'à m'accompagner. Kirsty n'y voit aucun inconvénient, au contraire ; elle meurt d'envie de te connaître. Rassure-toi, tu n'auras pas besoin de rester avec nous. Le temps de bavarder un peu, et tu pourras t'esquiver. Tom ne sera pas là non plus, puisqu'il défile. Entre femmes, nous passerons un bon moment à bavarder. Fais ce que tu veux, Dan. Mais j'irai à cette fête. Inutile de revenir là-dessus.

Il marmonna quelque chose d'inintelligible, et Helen en déduisit qu'il oscillait entre son intérêt pour le défilé et la pensée pénible d'avoir à passer une soirée avec elle.

— Si tu y tiens, capitula-t-il enfin. Tu ne me laisses pas le choix.

Helen se sentit nerveuse à l'idée de l'épreuve qu'il lui infligerait en l'accompagnant. Toute tension sexuelle avait disparu entre eux à présent. Ils étaient si froids l'un envers l'autre que l'atmosphère promettait d'être insupportable.

En silence, ils roulèrent sous la pluie, les phares illuminant partout des champs inondés. Dan semblait tendu et irrité, comme s'il lui en voulait de lui forcer la main.

Il ouvrit la porte d'entrée et, comme d'habitude, s'arrêta pour demander poliment :

— Besoin de quelque chose ?

— Non, merci. Je suis claquée. Je vais me coucher, répondit-elle en se frottant le dos.

— Tu as mal ?

— Un peu, admit-elle à contrecœur. Ce n'est pas étonnant quand tu songes au poids que je dois soutenir. J'ai l'impression qu'ils sont une demi-douzaine à se battre dans mon gros ventre !

Impassible, Dan se détourna.

— A demain. Dors bien, répondit-il seulement.

— Bonne nuit, murmura Helen, résignée.

Dan hésita une seconde, mais finalement gagna d'un pas résolu son appartement. Il alluma l'ordinateur, tout en regrettant de n'avoir pas eu le courage de poser la main sur le ventre arrondi de sa femme pour sentir ses enfants bouger. Il mourait d'envie d'être plus proche d'eux. Mais il n'osait la toucher.

Ces dernières semaines, il avait failli manquer à sa résolution à plusieurs reprises. Le désir le rendait si tendu qu'il réduisait au strict minimum les contacts avec sa femme, ne lui parlait que sur un ton glacial, s'infligeait des douches froides et des séries de pompes, et se jetait à corps perdu dans le travail.

Rien n'y faisait. Chaque fois qu'il posait les yeux sur elle, il ressentait comme un déclic. Il désirait l'attirer contre lui, lui chuchoter des mots tendres à l'oreille et l'entendre gémir sous ses caresses.

Et en ce moment, elle exhalait une merveilleuse sensualité. Sa robe ample en laine rouge flattait sa silhouette autant qu'elle la dissimulait, et quoiqu'elle se plaignît de marcher comme un canard, elle se mouvait avec grâce, portant sa grossesse avec fierté. Tout en elle était doux et tentant.

Dire qu'il avait accepté de passer toute une soirée avec elle dans deux semaines ! songea-t-il en soupirant.

Il s'installa devant son écran, furieux contre lui-même. Dans la chambre au-dessus, il l'entendait bouger et ne pouvait s'empêcher de penser à elle. Cette union de façade ne lui valait rien, décidément. Pour sa part, il serait volontiers parti à l'autre bout du monde. Mais il y avait les bébés à venir.

A cet instant, un vacarme épouvantable se produisit à l'étage, suivi d'un cri.

En une fraction de seconde, Dan fut hors de son bureau.

— Helen ! J'arrive ! hurla-t-il en grimpant les marches quatre à quatre.

S'attendant au pire, il n'en ressentit pas moins un choc en la découvrant allongée sur le sol. Près d'elle, un guéridon était renversé, des bibelots et des cadres jonchaient le tapis.

— Ne bouge surtout pas ! ordonna-t-il. J'appelle une ambulance.

— Non, pour l'amour du ciel, Dan, ne fais pas ça ! s'écria-t-elle en se redressant brusquement.

Ses cheveux volèrent autour de son visage. Elle était si belle, en cet instant, que Dan en eut le souffle coupé.

— Je ne suis pas tombée. J'étais *déjà* allongée. Je vais bien, je t'assure. Maintenant, détourne-toi et laisse-moi me relever. Je déteste que tu me voies dans cette posture.

Il nota qu'elle était pratiquement nue, vêtue seulement d'un négligé en satin qui drapait son corps avec volupté. Les membres lourds tout à coup, Dan déglutit, la bouche sèche, la respiration saccadée...

— Pourquoi étais-tu couchée par terre ? demanda-t-il d'une voix rauque.

— Je faisais mes exercices d'assouplissement, répondit-elle avec une moue d'excuse. Un mouvement un peu trop vigoureux, et j'ai renversé le guéridon. Je suis sincèrement désolée de t'avoir dérangé pour rien. Je suis si maladroite...

— Es-tu sûre de ne pas être blessée ?

— Seulement dans mon orgueil, répondit-elle en riant. J'ai crié à cause du bruit.

— Est-ce que tout va bien ? Je veux dire... les bébés ?

Helen porta une main à son ventre, les yeux si pétillants d'espièglerie qu'il se sentit fondre.

— Eux aussi font des acrobaties, déclara-t-elle. Viens toucher.

— Je... je ne pense pas que...

— Arrête de penser, Dan, et fais ce que tu as envie de faire, coupa-t-elle d'une voix cajoleuse. Ce sont tes bébés. Dis-leur bonsoir.

Comment aurait-elle su qu'il les saluait silencieusement chaque fois qu'il la voyait ? songea-t-il. Mais plus que tout, il désirait les sentir bouger.

Masquant sa joie, il prit un air grave et, en hésitant, plaça une main à l'endroit qu'elle lui indiquait.

Quelque chose — une main, un pied minuscule — décocha de petits coups contre sa paume, et il s'écarta, alarmé.

Puis, la voyant rire de lui, il ne put s'empêcher de remettre la main sur les rondeurs fascinantes. Des bosses douces apparaissaient au hasard, déformant la surface lisse du ventre d'Helen. Le cœur de Dan s'emplit d'amour devant le miracle de ces deux petites vies dont Helen et lui étaient les créateurs. Délicatement, il caressa la peau soyeuse et, émerveillé, se pencha pour y déposer un baiser.

« Bonjour, mes enfants, c'est votre papa. Je vous aime... »

Bouleversé, il noya le ventre arrondi de baisers fervents, répétant mentalement à ses bébés qu'il les aimerait et prendrait soin d'eux jusqu'à son dernier souffle...

La douceur tiède d'Helen versait sur ses lèvres des saveurs tentatrices. Tendrement, il se mit à la caresser, tandis qu'elle lui ébouriffait affectueusement les cheveux.

Il était submergé par une émotion qui coulait en lui comme un fleuve, faisait fondre son corps et sa résolution. Sans qu'il sût comment, les bras d'Helen l'enserrèrent, et elle soupira. Il continua de l'explorer, caressant ses seins capiteux, hypnotisé par leurs aréoles larges et sombres.

Alors, elle se débarrassa du déshabillé qui la couvrait, avant de presser sa bouche sur la sienne. Ce fut un baiser d'une lenteur exquise, proche de la vénération.

Délicatement, les mains de Dan emprisonnèrent le visage radieux levé vers lui, et ses lèvres effleurèrent les paupières closes d'Helen.

La mère de ses enfants, pensa-t-il, profondément troublé. Il les avait sentis bouger comme si ces deux petits êtres l'accueillaient à leur manière. Il n'en revenait pas. Il embrassa Helen encore et encore pour libérer le nœud qui lui serrait la gorge. Il devait graver chaque détail d'elle dans sa mémoire, avant de la quitter.

Elle ne lui en laissa pas le temps. D'une main audacieuse, elle se mit à le dévêtir, et Dan se trouva happé dans un tourbillon merveilleux de sensualité. La peau d'Helen était brûlante, son corps tremblait et des gémissements de plaisir s'échappaient de ses lèvres.

— Fais-moi l'amour, lui souffla-t-elle à l'oreille.

Il posa sur elle des yeux voilés, douloureux.

— Non, Helen ! Non... Je n'avais... pas pensé...

— Trop tard, murmura-t-elle.

— J'étais seulement...

— Ces choses-là arrivent, déclara-t-elle bouche contre bouche. Et cela fait des semaines que nous avons envie l'un de l'autre.

Cette perspicacité le surprit. Etait-ce donc si visible ? Avait-elle lu dans son regard la faim et les efforts désespérés qu'il faisait pour rester de marbre face à elle ?

— Ce n'est pas une bonne idée, répondit-il en faisant de son mieux pour lui résister.

— Je me fiche des bonnes idées !

Et pour mieux se l'approprier, elle plaça une main sur son sexe gorgé de désir.

— Moi aussi, j'ai envie de toi, Dan.

Il hésitait encore lorsqu'elle l'embrassa voluptueusement ; alors sa volonté de fer vola en éclats, et son corps prit le pas sur sa raison.

— Je ne vais pas te faire mal ?

— Sois doux. Ce sera sans doute la dernière fois...

Avec des précautions infinies, il l'attira sur ses genoux. Sa femme ! Celle qu'il avait un jour séduite, la seule capable de le sauver d'une vie inhibée, privée d'amour... et qui l'avait laissé tomber. Pourtant, il la désirait toujours.

« Ce sera la dernière fois », se dit-il en reprenant ses caresses.

La réponse ardente d'Helen le transporta dans une autre dimension, un monde de sensations pures qu'il pensait ne jamais retrouver. Une excitation extraordinaire ébranla ses nerfs, et des spasmes douloureux le traversèrent, par vagues. La peau nacrée d'Helen, ses gémissements frénétiques, tout conspirait à décupler son plaisir. Avec langueur et dévotion, il se mit à l'exciter à son tour.

« Adieu, Helen », pensa-t-il.

La gorge serrée, il s'abandonna à cette ultime union charnelle, chassant pour un temps la certitude que leur histoire s'arrêtait là. Elle frémissait et ondulait sous lui, et il fit tout pour retarder le moment où la froide réalité reprendrait ses droits, où ils redeviendraient l'un pour l'autre des étrangers.

Mais la jouissance d'Helen le galvanisa tant qu'il se sentit aspiré jusqu'à l'extase, éblouissante et désespérée.

Quand, repue et alanguie, Helen se nicha contre lui, il avait repris pied dans la réalité et regrettait d'avoir manqué à ses résolutions.

— Oh ! mon dos, gémit-elle d'une voix endormie. Tu peux me le masser ?

Sans se méfier, il s'empressa de la soulager. Mais le rythme sensuel qui berça son massage eut tôt fait de le mettre dans tous ses états, et il dut s'écarter.

— Qu'y a-t-il ? demanda-t-elle doucement.

Il ne pouvait plus endurer cette situation fausse ! se dit-il. Ce mode de vie le détruisait à petits feux. Ne restait qu'une issue.

A cette pensée, des larmes brûlantes lui piquèrent les yeux.

— Dan ! Tu me fais peur ! Ne me regarde pas comme ça ! plaida Helen en l'embrassant.

Il se recula vivement.

— Nous ne faisons rien de mal, poursuivit-elle. Nous sommes mariés...

— Justement, Helen, coupa-t-il durement. J'en ai assez de cette farce. Nous ne pouvons rester mari et femme. Rompons une fois pour toutes. C'est aberrant de continuer à assouvir ainsi nos besoins sexuels...

— Mais...

— Je ne veux pas t'écouter ! lâcha-t-il, les yeux étincelant de colère. Regarde-nous, c'est comme si nous étions enchaînés l'un à l'autre. Je veux ma liberté. Et le plus vite possible.

Oh ! Ne pas faiblir ! s'intima-t-il. Et surtout, il ne fallait pas la regarder, ou il craquerait devant son visage chaviré...

Sous le choc, Helen eut du mal déglutir, contenant à grand-peine son chagrin.

— Le sexe est responsable de beaucoup de choses, commenta-t-elle amèrement.

— Alors, évitons-le. Je ne serai plus qu'un locataire à Deep Dene et le père de tes enfants.

Contractant les mâchoires, il chercha l'argument qui couperait court à la discussion.

— Si j'ai besoin de sexe, j'irai voir ailleurs !

— Ce ne sera pas la première fois ! jeta-t-elle, horriblement blessée.

— Je verrai un avocat dans la matinée, répliqua-t-il en haussant les épaules.

Le souffle court, Helen renfila son peignoir, fixant avec des yeux démesurément agrandis son visage dur.

— Emmène-moi… Moi aussi, j'aurai besoin… des services d'un avocat, balbutia-t-elle. Et je citerai ton adultère avec Céline !

Il se raidit, avant de se rendre compte que toute explication serait vaine. Avec un bref signe de tête, il se détourna et ramassa ses vêtements.

— Je ne le contesterai pas, bougonna-t-il.

Sur quoi, il sortit de la chambre.

Il avait avoué ! se dit Helen, le cœur glacé. Après toutes ses protestations d'innocence, ses airs blessés, il en avait finalement assez de nier.

Dan n'avait donc pas cessé de lui mentir. Pourquoi s'était-il cramponné à elle pendant toutes ces années ? Par sécurité ? A cause de son enfance malheureuse ? Peut-être n'avait-il eu besoin que de réconfort. Et d'une partenaire sexuelle à sa disposition !

Dire que, pendant tout ce temps, elle s'était imaginé qu'il l'aimait profondément et qu'il allait revenir vers elle, parce qu'ils étaient faits l'un pour l'autre ! Elle avait été follement amoureuse de lui, alors que lui s'était contenté de l'utiliser. Pour lui, elle avait été juste assez bonne pour le consoler et satisfaire son appétit sexuel. Décidément, ce mufle ne méritait pas qu'elle lui accorde une seule pensée !

Eh bien, puisqu'il la laissait tomber, elle s'en sortirait seule avec les jumeaux, décida-t-elle. Ils verraient leur père, certes, mais elle y mettrait ses conditions. Pas avec Céline, par exemple. Ce qu'elle lui ferait savoir devant l'avocat.

Le lendemain, elle découvrit un mot de Dan qui lui signalait son absence jusqu'à 16 heures et lui disait de l'appeler sur son portable en cas de nécessité. Le message n'était pas signé, et l'écriture appuyée, nerveuse, prouvait que la colère et la rancœur en avaient dicté chaque mot.

Eh bien ! il pouvait toujours attendre, se dit-elle. Elle ne l'appellerait qu'en tout dernier recours. N'était-ce pas ce qu'il faisait lui-même ? Ils étaient devenus de parfaits étrangers, ne communiquant plus que par téléphone ou par messages interposés.

Helen soupira, se sentant amère et manipulée. Malheureuse aussi, car elle savait à présent que rien ne ramènerait l'homme qu'elle avait épousé.

10

Au matin du 5 novembre, la pluie cessa enfin. Helen sortit faire une promenade. Bientôt, se sentant un peu lasse, elle revint sur ses pas, bien décidée à économiser ses forces pour la soirée. Dan l'étonna en venant frapper dès son retour, pour annoncer qu'il l'attendrait dans la voiture à 17 h 15.

Elle en déduisit qu'il avait toujours l'intention de se rendre à la Bonfire Night, et c'était une heureuse surprise.

Pendant le trajet jusqu'à Lewes, ils échangèrent des propos décousus. Ni l'un ni l'autre ne fit référence à ce qui s'était passé la dernière fois qu'ils s'étaient vus. Helen n'en revenait pas.

Elle prit une profonde inspiration, tandis que les détails de cette nuit torride enflammaient ses pensées. Longtemps, Dan l'avait caressée, embrassée avec passion. Elle ne s'était pas crue capable d'éprouver un plaisir aussi intense. Il y avait eu quelque chose de délicieux et de douloureusement poignant dans leur étreinte, comme s'ils s'étaient redécouverts, cette nuit-là.

Chaque détail de lui la hantait : ses muscles puissants, les méplats de son corps, la finesse de sa peau, les ondes de plaisir qui le traversaient tandis qu'elle le caressait.

Oui, ç'eût été merveilleux s'il l'avait aimée, se dit-elle. Au lieu de quoi, il était seulement satisfait d'avoir une femme pour le réconforter. Or, cela ne suffisait pas pour qu'un mariage tienne, et il n'était pas étonnant qu'il fût tombé dans les bras de Céline dès que celle-ci avait jeté son dévolu sur lui !

— Nous y sommes. Descends. Je vais garer la voiture.

— D'accord, répondit-elle, agacée par le ton trop sec.

La procédure de divorce était maintenant entamée. Néanmoins, Helen tenait à jouer le jeu devant Kirsty et Tom, aussi sordide que fût cette comédie.

— Dan... Tu seras aimable devant mes amis, n'est-ce pas ? demanda-t-elle avec précaution.

Elle le vit crisper les mâchoires.

— N'aie crainte, je te ferai honneur.

Soulagée, elle se dirigea vers la porte d'entrée et pressa la sonnette. Tom vint ouvrir et s'excusa pour les escaliers qu'elle aurait à monter. Il la mena au premier étage où Kirsty l'accueillit à bras ouverts.

Leur salon était minuscule, mais décoré avec beaucoup de goût et d'originalité, constata-t-elle. Il y avait des photos partout. Kirsty lui fit visiter l'appartement, et elles bavardèrent un moment avant l'arrivée de Dan.

— Voilà un intérieur chaleureux, complimenta-t-il, quand Kirsty l'eut invité à prendre place dans un fauteuil.

— Vous voulez dire : un peu délabré, répondit-elle en ébauchant une grimace.

— Pas du tout. Un chez-soi où l'on aime rentrer le soir. Que fait votre mari, Kirsty ?

— Il est livreur de lait, expliqua la jeune femme en levant un regard tendre vers une photo de Tom. C'est épatant, il finit sa journée en milieu d'après-midi.

Helen sentit sa gorge se serrer. Elle désirait tellement cette vie-là ! D'une certaine façon, sa visite à Kirsty la rendait plus triste que jamais.

— Voici un cadeau pour le bébé, déclara Dan en tendant un petit paquet joliment enrubanné. Pour vous remercier de nous offrir une place aux premières loges.

Les yeux d'Helen s'agrandirent de surprise, tant elle trouvait l'attention de Dan délicate.

— Merci ! Je ne m'attendais pas..., répondit Kirsty, touchée. Oh ! c'est ravissant !

Elle brandit un petit pyjama bleu à pois.

— De chez Tot's ! s'écria-t-elle en lisant l'étiquette. Tom junior n'aura jamais de tenues plus belles que celle-ci !

Elle embrassa Helen et Dan avec effusion.

— Votre enfant aura beaucoup de chance d'avoir des parents comme vous, la complimenta Dan.

— Décidément, vous êtes un charmeur, Dan ! lança Kirsty avec bonne humeur.

Helen eut un rire forcé. Contrariée par les paroles innocentes de son amie, elle garda le silence, prétextant la fatigue. Ce qui était aussi la vérité.

Par politesse, Dan demanda à Kirsty de lui parler de sa nombreuse famille, puis ils grignotèrent des sandwichs en regardant la foule se masser dans la grande rue.

Malgré ses préoccupations, Helen se sentit emballée quand le défilé commença. Dan avait pris congé pour se mêler aux badauds, et Kirsty essayait de repérer Tom à travers la lueur vive des torches.

Au bout d'un moment, Helen s'agita. Son dos la faisait souffrir, et la douleur gagnait son ventre. Elle commença à s'inquiéter. Vers 22 heures, les contractions étaient de plus en plus fréquentes. Elle fut soulagée en voyant Dan réapparaître. Enfin, ils purent prendre congé de leurs hôtes.

— Prends-moi le bras, commanda-t-elle, haletante, dès qu'ils se retrouvèrent dans la rue.

— Tu es très pâle. Quelque chose ne va pas ?

— Des douleurs, répondit-elle le plus calmement qu'elle put.

— Quel genre de douleurs ?

— Je crois qu'il vaut mieux que je consulte un médecin, avoua-t-elle, soudain effrayée.

Aussitôt empressé, Dan lui passa un bras autour de la taille et la guida vers la voiture.

— Je vais te conduire à l'hôpital, annonça-t-il après l'avoir installée sur le siège passager.

Dès qu'il eut effectué ses manœuvres, il lui tapota la main avec une tendre sollicitude.

— N'aie pas peur. Je vais veiller sur toi. Appelle l'hôpital et dis-leur de se tenir prêts. J'ai entré le numéro en mémoire. Ça va aller ?

— Oui...

Surprise et étrangement réconfortée qu'il eût pris ces initiatives, Helen fit apparaître le numéro. Déjà, Dan se frayait un chemin dans les petites rues de Lewes et prenait la direction de Brighton.

— Très bien, commenta-t-il quand elle eut raccroché. Dis-moi ce que tu ressens. Inutile de donner le change maintenant. Je veux la vérité.

Helen lui rapporta les symptômes qu'elle avait éprouvés chez Kirsty.

— Oh ! Dan. Je ne veux pas perdre les bébés ! gémit-elle en tenant son ventre.

La main de Dan sur la sienne se fit rassurante.

— Ça n'arrivera pas. On va t'examiner. C'est probablement une fausse alerte. Peut-être une indigestion, les sandwichs de Kirsty...

— Oui, tu as raison.

Elle n'était pas dupe, cependant, et se sentait plus effrayée qu'elle ne l'avait été de toute sa vie.

— S'il s'agit d'une infection, comme ils ont l'air de le penser, avança Dan plus d'une heure plus tard, ils auront vite fait de l'enrayer. Les bébés vont bien, tu l'as constaté à l'échographie.

— Tu oublies que l'infection risque de déclencher le travail !

Seule avec Dan dans la chambre faiblement éclairée, Helen se sentait glacée. Les contractions étaient douloureuses, et les calmants, inefficaces. Elle voyait la figure pâle de son mari. Lui aussi avait l'air inquiet, bien qu'il fît de son mieux pour la réconforter.

— Si c'est le cas, tu es dans le meilleur endroit, lui affirma-t-il.

Elle voulait qu'il la prenne dans ses bras, non qu'il lui dicte des paroles raisonnables. Mais au lieu de cela, il restait assis un peu en retrait.

— Je ne suis qu'à vingt-huit semaines de grossesse, Dan ! Ils m'ont bourrée de médicaments au cas où les bébés viendraient au monde prématurément, et je me sens malade !

— Qu'est-ce que je peux faire ? Demande-moi n'importe quoi.

— Appelle les petits sur ton portable et dis-leur que je ne suis pas prête, marmonna-t-elle.

Dan sourit faiblement.

— Je suis désolée de me lamenter, Dan. Mais je n'avais jamais imaginé les choses de cette façon.

— La vie n'est pas toujours comme on l'a prévue, commenta-t-il, les yeux dans le vague.

Non, hélas ! songea-t-elle, bien placée pour le savoir.

— Aide-moi à me lever, veux-tu ? Je voudrais me rendre aux toilettes.

Dan la laissa aller, soutenue par une aide-soignante. Cela lui donnait le temps de se ressaisir. Il ne savait plus où il en était, se demandant s'il avait peur pour Helen ou pour la santé des enfants. L'angoisse avait pris le dessus.

Mais ce n'était pas le meilleur moment pour réfléchir, songea-t-il.

A cet instant, il releva la tête pour voir entrer Helen dont l'expression trahissait la panique.

— Oh, Dan ! Les bébés pourraient naître bientôt ! s'écria-t-elle, tremblante.

Il la prit maladroitement dans ses bras.

— Allons, tout se passera bien pour eux. Ils sont forcément solides avec des parents comme nous, lui murmura-t-il à l'oreille.

N'empêche que cette nouvelle lui brisait le cœur, s'avisa-t-il. C'était trop tôt ! Comment survivraient-ils ? Et Helen...

Des gens accoururent de toutes parts. Helen fut de nouveau examinée. Dan observait cette agitation avec une angoisse croissante.

— Que se passe-t-il ? demanda-t-il. Pourquoi ne la conduit-on pas en salle de travail ?

— Impossible, monsieur. Nous avons besoin de deux couveuses au cas où, je dis bien, *au cas où* vos jumeaux viendraient au monde, répondit une sage-femme. Or, nous n'avons plus de places disponibles.

— Mes enfants ! gémit Helen en tenant son ventre.

— Ne vous inquiétez pas. Nous téléphonons aux autres

hôpitaux. L'interne consulte le fichier national. Nous allons vous mettre sous perfusion et vous préparer à partir d'ici.

— Pour aller où ? s'écria Dan, alarmé.

— Ça peut être l'Ecosse, Birmingham, Plymouth ou l'île de Wight...

— *Quoi ?* hurla Helen.

— Pas de panique. Vous aurez le temps de rejoindre le premier hôpital qui pourra vous recevoir.

— Mais tous ces endroits se trouvent à des centaines de kilomètres ! s'écria Helen, horrifiée. Dan ! Tu n'as même pas une chemise propre pour te changer...

— Ça n'a aucune importance, intervint Dan, amusé qu'elle pensât à lui en un moment pareil.

Le sourire aux lèvres comme dans les yeux, il lui baisa la main. Touchée, elle fit un effort pathétique pour sourire.

La sage-femme vint s'asseoir près du lit et prit la main tremblante d'Helen.

— Il y a des chambres prévues pour les accompagnants. A moins que votre mari n'ait des engagements professionnels auxquels il peut difficilement se...

— Non, absolument pas, coupa Dan en caressant les cheveux de sa femme. Je peux m'absenter de mon travail aussi longtemps qu'il le faudra.

Pour toute réponse, Helen s'appuya contre lui.

Voyant que la future maman s'apaisait au contact de son mari, la sage-femme recouvra le sourire.

— Bien. Vous serez d'un grand réconfort pour votre femme, monsieur Shaw. Si jamais les jumeaux devaient naître, ils resteront à l'hôpital jusqu'à ce qu'ils soient assez forts pour être transportés dans un établissement plus près de chez vous.

— Combien de temps devront-ils rester en couveuse ? demanda Helen avec un trémolo dans la voix.

— Ça dépendra de leur poids de naissance et de son progrès. Ça peut prendre trois mois avant que vous ne puissiez les emmener.

— *Trois mois ?* s'exclama Helen, affolée.

Dan se sentit effondré. C'était un véritable cauchemar !

— Je n'ai pas dit qu'ils naîtraient aujourd'hui, corrigea la sage-femme d'un ton jovial. Ne vous emballez pas.

Dan se mit à faire les cent pas pour calmer son angoisse. Il était impossible qu'Helen accouche en toute sécurité si tôt. Déjà, les jumeaux n'auraient pas un poids normal à terme, alors maintenant…

Allons, se reprit-il. Helen avait besoin de lui. Ce qu'elle endurait était autrement éprouvant.

Doucement, il lui prit le poignet.

— En tout cas, déclara-t-il avec un clin d'œil, si nous avons un garçon, pas question de l'appeler Guy, en souvenir de la Bonfire Night. D'accord ?

— D'accord, acquiesça Helen avec un pâle sourire. L'Ecosse serait un charmant lieu de naissance. Il y a de beaux paysages.

— Personnellement, j'hésite, enchaîna-t-il sur le même ton. L'idée de l'île de Wight me tente, bien que Birmingham et ses beaux magasins…

A cet instant, l'interne passa la tête dans l'entrebâillement de la porte.

— Portsmouth… Immédiatement !

La pluie torrentielle rendait la conduite dangereuse. Les ambulanciers fonçaient en direction de l'ouest en parlant des inondations inquiétantes. A l'arrière, un médecin plaça Helen sous monitoring. Le temps passa, et les chauffeurs se mirent à raconter des anecdotes pour détendre l'atmosphère.

Dan et Helen écoutaient, préférant échanger des sourires plutôt que de crier de désespoir…

Une sage-femme les accueillit à l'hôpital de Portsmouth. Entre-temps, Helen s'était endormie. Anxieux et agité, Dan appela les parents d'Helen en Californie et leur parla sur un ton joyeux.

Vers 2 heures du matin, il commença à arpenter le couloir, en s'arrêtant pour prendre plusieurs cafés au distributeur. Il se sentait impuissant. De retour dans la chambre, il ne pouvait que tapoter la main d'Helen en lui répétant que tout allait bien. Comme s'il en savait quelque chose ! Bien entendu, elle ne le croyait pas.

— Vos enfants refusent de descendre, annonça le médecin, une heure plus tard. Ils ne sont décidés à naître qu'après le premier de l'an, on dirait. Mais il faut qu'ils viennent au monde ce soir, Helen.

— Ce soir ? s'écrièrent-ils, sous le choc.

Instinctivement, Dan passa un bras protecteur autour d'Helen, et elle s'agrippa à lui comme à une bouée de sauvetage.

Le danger les réunissait, pensa Dan, accablé.

— Impératif, déclara le praticien. Nous devons attendre que les contractions soient plus intenses, pour la césarienne. La cicatrice se verra à peine, et vous pourrez porter de nouveau un Bikini.

— Aucune chance de ce côté-là ! répondit Helen.

— Voyons, je suis sûr que vous êtes époustouflante en maillot. N'est-ce pas, Dan ?

— Plus que cela, même, avoua Dan.

— Je le savais, claironna le médecin. Ne vous tracassez pas. Ça se passera comme sur des roulettes.

— Comme sur des roulettes ? reprit-elle en écho. Quels sont les risques pour les bébés ?

— Ils seront minuscules et auront besoin de beaucoup de soins, mais nous avons l'habitude. Reposez-vous le plus possible. Dan, une infirmière vous fera visiter le service des prématurés.

— Non, répondit-il fermement. Je ne veux pas quitter ma femme...

— Elle a besoin de dormir. Croyez-moi, rien ne se passera avant quelque temps.

— Helen ? demanda Dan.

— Je suis fatiguée, admit-elle. Le sommeil me fera du bien.

Trop anéanti pour discuter, il comprit qu'il devait la laisser seule, et que, de toute façon, il ne ferait que lui communiquer sa nervosité.

A la porte, il se retourna une dernière fois, mais Helen avait déjà fermé les yeux. Soudain, il se sentit seul, exclu. Elle et les enfants s'appartenaient mutuellement et traverseraient cette épreuve ensemble, alors qu'il resterait sur la touche, à attendre, rongé d'angoisse, loin d'eux.

L'infirmière toussota, et il la suivit jusqu'au service de néonatalogie. Ayant revêtu la tenue stérile, Dan regarda deux couveuses vides. Il tenta d'imaginer ses bébés dans ces boîtes et sentit l'émotion l'ébranler.

Derrière lui, l'infirmière le rassurait d'une voix joviale et efficace.

— Oh, mon Dieu ! s'exclama-t-il en voyant un être minuscule, rouge et pathétique, couché dans une couveuse voisine. Combien pèse ce bébé ?

— Elle ne pèse qu'une livre, mais elle est en bonne santé. Nous faisons des miracles, ici, Dan.

— Venez, nous allons montrer une vidéo à votre femme pour qu'elle se fasse une idée.

Les mâchoires contractées, il revint auprès d'Helen, et ils regardèrent le film. Quand elle se mit à sangloter en découvrant les pauvres petites choses entourées de tubes, il crut que sa poitrine allait exploser.

— Le service des prématurés est très calme, raconta-t-il alors d'une voix encourageante. On peut y aller quand on veut... Ils prennent des photos, et nous pouvons rester avec les bébés aussi longtemps que nous le voulons.

— S'ils vivent, marmonna-t-elle d'un ton pitoyable.

Et si la mère vivait, pensa Dan, tétanisé par la perspective de perdre l'être qui lui était le plus cher.

Il voulait la prendre dans ses bras, mais ses mains restaient inertes.

— Helen...

Il hésita et lui effleura maladroitement l'épaule. Son visage douloureux faillit lui faire perdre son contrôle.

— Parfois, tu dois faire confiance aux autres. Il faut oublier tes craintes et juger sainement, sans perdre de vue ce que tu sais d'eux.

— C'est ce que tu fais ? demanda-t-elle, les yeux pleins de larmes. Pourtant, ça ne se passe pas toujours ainsi...

— Le personnel est compétent et expérimenté. Ils disposent ici des meilleurs équipements. Nous pouvons nous en remettre à eux, insista-t-il.

A son grand soulagement, il constata que ces paroles l'avaient calmée.

Les heures s'étirèrent, interminables. Il pestait contre le

temps qui ne passait pas, contre les douleurs et les angoisses qu'Helen endurait.

Comme le soir tombait, elle se mit soudain à crier en pressant son ventre.

— Dan ! J'ai mal... Fais quelque chose... Je n'en peux plus !

— Parfait. En route pour la salle de travail, lança la sage-femme gaiement, après un rapide examen. Asseyez-vous dans le fauteuil roulant. Et vous, le papa, venez par ici. Ne restez pas planté là.

— Viens avec moi, Dan ! cria Helen avec frénésie.

— Je ne te quitte pas.

Il avait peur pour elle, peur qu'elle ne survive pas... Il l'aida à placer le respirateur et lui conta des anecdotes amusantes sur son travail, ses projets de faire pousser des légumes biologiques dans leur jardin, l'école où iraient leurs enfants... N'importe quoi pour ôter à Helen cette terreur de l'inconnu.

Cependant, celle-ci ne cessait de croître.

— Je voudrais pouvoir souffrir à ta place, murmura-t-il.

— Cela me fait une belle jambe !

— Salle d'opération, annonça soudain le médecin. Vous ne pouvez pas entrer, Dan. Helen va subir une césarienne en urgence. Ne vous en faites pas, vous serez papa avant d'avoir eu le temps de dire ouf. On y va, Helen ?

— Non ! protesta-t-elle, avec son franc-parler habituel. Je veux voir mes bébés naître !

— C'est impossible. Ils sont en position transversale. La prochaine fois, peut-être, déclara le médecin en souriant.

— Il n'y aura pas de prochaine fois ! cria-t-elle.

Le personnel se mit à rire avec indulgence, tandis que Dan en son for intérieur s'avisait que c'était la vérité.

— Serre-moi la main très fort, chuchota-t-il, tandis qu'on la conduisait à travers des corridors. Oh ! Et insiste pour qu'ils laissent les bébés à l'intérieur s'ils ne sont pas aussi beaux que nous !

— Dan ! s'écria Helen en riant.

Puis aussitôt, son visage se crispa, et elle éclata en sanglots.

— Oh ! bon sang ! Ne pleure pas...

Il ne put continuer, soudain muet d'émotion.

Pourtant, il avait tant de choses à lui dire, songea-t-il. N'était-ce pas l'occasion ou jamais de s'expliquer, de lui avouer ce qu'il ressentait ?

Furieux de ne pouvoir formuler un son, il s'aperçut qu'on ralentissait. Il ne pouvait la suivre. Il se pencha pour l'étreindre, joue contre joue, goûtant silencieusement les larmes qu'elle versait.

— Dan, si... s'il m'arrivait quelque chose, tu... tu t'occuperas des enfants, n'est-ce pas ?

Oh, mon Dieu ! Que pouvait-il répondre à ça ? se demanda-t-il, avant d'acquiescer, la gorge serrée.

Alors, il sut combien elle comptait pour lui, et combien il lui coûterait de vivre sans elle. Quoi qu'il arrivât maintenant, il avait perdu l'amour de sa vie. Tout cela à cause de Céline.

On l'écarta gentiment, mais fermement. Se redressant, il trouva un sourire vaillant pour elle et lui ébouriffa les cheveux.

— A tout à l'heure, Dan, souffla-t-elle. Nous avons eu de bons moments ensemble, non ?

C'en fut trop pour Dan. Désespérément, il tenta de tout lui avouer dans un ultime regard. Hélas ! Helen disparaissait déjà dans la salle d'opération. Il resta là, hébété, tandis qu'une infirmière lui tapotait l'épaule pour le réconforter.

Rien ne l'avait jamais affecté à ce point, se dit-il. L'émotion forte avait un goût détestable, décidément. Il se mit à marcher de long en large, regrettant de ne pas fumer, s'astreignit au calcul mental pour ne pas penser, appela Diane, puis une nouvelle fois les parents d'Helen. Enfin, il essaya de ne pas imaginer ce qui se passait à l'intérieur du bloc opératoire...

Dix minutes. Cela ne faisait que dix minutes qu'il enrageait ! Il avait encore une heure à attendre au moins. D'ici là, il deviendrait fou !

C'était un vrai cauchemar, une expérience qu'il n'aurait souhaitée à personne.

Lentement, Helen ouvrit des paupières lourdes.

— Helen !

En souriant, elle tourna la tête et vit Dan penché au-dessus d'elle.

— Bonjour, balbutia-t-elle, faute de mieux.

— Dieu merci ! Tu vas bien !

— Hum ! Dans les vapes…

Alors, la mémoire lui revint tout à coup, et elle cligna des yeux.

— Dan ! Les bébés ! s'écria-t-elle en lui agrippant le bras. Sont-ils… ?

— En pleine forme, répondit-il d'une voix émue.

Elle attendit, mais il ne se décidait pas à en dire davantage. Il la contemplait seulement de tous ses yeux.

— Enfin, Dan… Des garçons, des filles ? Quoi ? Des loups-garous ? Des perruches ?

— Oh ! une fille et un garçon, répondit-il en savourant ces deux mots.

— Beau doublé ! s'exclama-t-elle, radieuse. Un de chaque ! C'était bien joué de notre part ! Des détails, Dan ! J'ai tout raté, rappelle-toi.

— Ils sont nés à 21 h 41 et 21 h 42, expliqua-t-il doucement. Notre petite fille, d'abord…

— Typique ! Impatiente, comme sa mère, coupa Helen d'un ton joyeux. Quels poids font-ils ?

— Notre fils pèse un kilo cinq cents grammes et notre fille, cinquante grammes de plus. C'est excellent, étant donné les circonstances.

— Notre fils, notre fille, répéta Helen avec un sourire rêveur. Est-ce qu'ils se développeront normalement ?

— Ils ont toutes les chances.

— Tu les as vus ?

— Pas encore. Ne t'inquiète pas, on m'a assuré qu'ils étaient bien formés. Je n'arrive pas à croire que tout se soit déroulé parfaitement. Le personnel est merveilleux, tu ne trouves pas ?

Les paupières d'Helen donnèrent des signes de fatigue.

— Hm…, acquiesça-t-elle avant de replonger dans le sommeil.

Dan prit les brochures qu'on lui avait remises sur les prématurés. Toute la journée du lendemain, il resta près d'Helen, bien qu'elle fût léthargique la plupart du temps. Mais peu lui importait. Il pouvait la contempler à son aise en pensant à la chance et au bonheur qu'ils avaient tous deux.

Enfin, il fut autorisé à voir les jumeaux. Leur infirmière,

Maggie, le conduisit devant les couveuses. Ahuri, Dan fixa les deux petits êtres, avec un mélange de joie indicible et d'angoisse. Oui, la paternité était une aventure bouleversante. En revanche, ces bébés avaient l'air si fragile que la masse de branchements auxquels ils étaient reliés était comme une insulte à leurs vies frêles.

« Nos bébés... » Il avait encore du mal à le croire, et son cœur bondissait dans sa poitrine.

— Pourront-ils survivre ? demanda-t-il, conscient des dangers qui les menaçaient.

— C'est le tout début. Leurs poumons n'ont pas eu le temps de se développer, Dan. Cependant, votre fille est en bonne voie et pourra bientôt respirer de façon autonome.

— Et... mon fils ?

— Il n'est pas aussi fort. C'est souvent comme ça avec les garçons, répondit Maggie en riant. Parlez-leur, Dan. Chantez, si vous voulez.

La gorge serrée par l'émotion, il s'installa près de sa fille et étudia son petit corps. Elle avait des cils. Et des rides de la tête aux pieds. Mais comme elle était belle !

— Bonjour, mon bébé, dit-il d'une voix rauque.

Puis il se mit à murmurer des paroles douces et des mots d'amour. Il avait hâte de s'occuper d'eux dès qu'ils sortiraient de l'hôpital.

A cette pensée, il se rappela qu'il devait absolument voir Céline, et se promit de s'en occuper dès qu'il pourrait s'absenter une heure ou deux.

Il resta encore un moment, puis ayant besoin d'une présence adulte, il remonta dans la chambre où dormait Helen, se déshabilla et approcha son lit du sien, pour se serrer contre elle.

Elle s'agita et sourit, en se lovant contre lui.

Aussitôt, l'esprit de Dan fut accaparé par Céline. Ce qu'il ferait, ce qu'il lui dirait... Bon sang ! Comme il était impatient !

Il se rappela ce lointain après-midi, où il l'avait trouvée, drapée de façon provocante dans la serviette bleue d'Helen, et il laissa échapper un gémissement.

Heureusement, toute sa frustration s'envolerait bientôt, songea-t-il. Il allait compter les jours. Seigneur ! Les minutes et les secondes, aussi.

11

Au bout de trois semaines, les jumeaux — prénommés Kate et Mark — furent transférés à l'hôpital de Brighton, et ce fut avec un réel soulagement qu'Helen et Dan revinrent dormir à Deep Dene. Le reste du temps, ils le passaient auprès de leurs nouveau-nés.

Les parents d'Helen arrivèrent de Californie — ignorant tout encore du divorce engagé.

Heureusement ! pensa la jeune femme avec angoisse. Car tous deux adoraient Dan, et elle aurait été incapable de supporter leur détresse.

— Ton mari est merveilleux ! s'émerveilla la grand-mère en regardant son gendre chanter une berceuse à son petit-fils. Il n'hésite pas à mettre la main à la pâte et n'en est pas moins un homme.

— Ma petite Helen, tu as beaucoup de chance, renchérit le grand-père. Tu vas avoir besoin de Dan quand les bébés seront de retour à la maison. Mais on dirait qu'il est plus que disposé à participer aux soins. Regarde comme il charme mon petit-fils !

— Oui, reconnut Helen d'un air mal assuré. Il sait déjà s'y prendre avec eux.

— Et vous êtes très bien installés dans votre charmante maison. A en juger par toutes les cartes de félicitations que tu reçois, tu t'es fait beaucoup d'amis au village.

— C'est vrai.

L'amitié des gens avait été touchante, et leurs messages lui allaient droit au cœur. Dan aussi y était sensible, même s'il connaissait moins de monde.

Quel choc ce serait pour eux quand ils apprendraient la nouvelle de leur divorce ! songea Helen.

Sa mère soupira d'un air heureux.

— Nous allons rentrer en te sachant comblée. Quelle joie pour nous de savoir que notre fille n'a d'autres soucis que de jongler avec deux bébés à la fois !

— Oh, maman ! murmura Helen.

Elle pressa la main de sa mère avec émotion. Ses parents étaient mariés depuis trente-cinq ans. Son mariage à elle n'aurait duré que trois ans.

Quand, au bout d'une semaine, sa famille dut repartir pour la Californie, elle ne put s'empêcher d'être soulagée, cependant. Garder les apparences d'une relation normale avec Dan avait été presque au-dessus de ses forces. D'autant qu'il avait tenu à lui passer un bras autour de la taille et à l'embrasser plus que nécessaire, pour mieux prouver que tout allait bien entre eux.

En revanche, elle ne pouvait rien lui reprocher en ce qui concernait les jumeaux. Il leur était entièrement dévoué.

Assise auprès de lui devant les couveuses, elle passait des heures à chantonner et à caresser leurs enfants. Et avec chaque jour qui passait, elle les adorait davantage, avec toute sa tendresse de mère. Elle regrettait toutefois de ne pouvoir leur donner tout ce dont elle rêvait pour eux.

Certes, à voir le dévouement de Dan, ils ne manqueraient pas d'affection, se dit-elle, mais ils méritaient mieux que des parents froidement courtois.

Elle dut admettre que Dan avait été extraordinaire, solide comme un roc, pendant les heures difficiles. A Portsmouth, il n'avait pas quitté son chevet. Quand l'état de santé du petit Mark s'était subitement dégradé, il l'avait consolée chaque nuit, et avait été si attentionné qu'elle en était encore émue.

Un homme généreux et exceptionnel, pensa-t-elle tristement. Mais qui n'était plus pour elle.

Il n'avait pas eu une minute de répit depuis la naissance, et elle s'inquiétait de lui voir cette expression hagarde qu'il n'arrivait pas à dissimuler et qui ne s'adoucissait que lorsqu'il parlait aux enfants.

Pourquoi ne pouvait-il lui donner la même provision d'amour ? ne cessait-elle de se demander.

De toutes ses forces, elle voulait parvenir à une réconciliation.

— Tu as mauvaise mine, Dan, déclara-t-elle comme il ouvrait sa chemise pour blottir Kate contre sa peau.

— Merci, répondit-il sèchement. Viens au chaud contre papa, Katie.

Avec une infinie tendresse, il enveloppa la petite fille qui se détendit au contact de son torse tiède.

— Tu devrais faire une pause, insista Helen en berçant le petit Mark. Dan, tu dois être inquiet pour tes affaires. Tu passes tout ton temps ici. Je comprendrais si tu t'absentais pour rattraper ton travail en retard.

— Je ne peux pas faire ça ! s'écria-t-il, offusqué. Ce n'est pas important, Helen. Je l'ai appris le soir où nous étions chez Kirsty et Tom. Ce qui compte, c'est que je... que nous restions près de nos enfants. Ma société marche très bien sans moi. J'ai quelqu'un de fiable aux commandes, et les contrats affluent.

— Mais cette société est aussi ton... bébé, fit-elle remarquer en souriant à ce jeu de mots. Elle ne te manque pas ?

— Pour être franc, je n'y ai pas pensé depuis des semaines. De toute façon, tu as besoin d'un chauffeur et d'une paire de bras. C'est mon rôle.

Il avait raison, songea-t-elle en embrassant son fils. Il devait d'abord établir un lien fort avec ses enfants.

Alors, elle se rappela ce qu'il lui avait dit sur la confiance.

Leur brouille avait assez duré, se dit-elle. L'attitude de Dan lui ouvrait les yeux. Plus nerveuse que jamais, elle déclara d'une voix tremblante :

— Dan... J'aimerais que tu tiennes un autre rôle dans ma vie.

Elle soutint le regard étonné qu'il lui retourna.

— Nous avons tant de choses en commun, poursuivit-elle. Toutes ces années passées ensemble... Ne pourrions-nous pas... ? Oh, Dan ! Si seulement tu me disais que tu regrettes de m'avoir trompée avec Céline, je...

— Je ne peux pas !

Helen le fixa avec désarroi, tandis qu'il remettait Kate dans son berceau et refermait sa chemise. Au fond d'elle-même, elle sentit un vide terrible.

— Pourquoi ? s'enquit-elle dans un souffle. Si de simples excuses doivent nous permettre de vivre de nouveau ensemble…

— Non, Helen !

Seigneur ! pensa-t-elle. Il avait un air effrayant. Furieux et blessé.

— Je veux que tu reviennes vers moi ! insista-t-elle d'une voix plaintive.

La mâchoire de Dan tressaillit.

— Alors, tu dois me faire confiance totalement.

— Comment ? Aucune femme au monde qui aurait vu ce que j'ai vu cet après-midi-là ne pourrait te croire !

Dan la regarda avec une telle tristesse qu'elle crut que son cœur allait se briser.

— Je t'attendrai dans la voiture dans une heure, lança-t-il avant de quitter la salle.

Helen passa ce temps à réfléchir. Elle en arrivait à la conclusion que son orgueil blessé était le seul obstacle à leur réconciliation. Dan et elle pouvaient réussir leur mariage, elle en était sûre. Pour cela, il lui suffisait de croire en lui.

Ce fut comme si un poids se libérait de ses épaules. Oui, ils repartiraient de zéro, plus mûris et plus amoureux que jamais auparavant.

Durant le trajet de retour, elle s'illumina d'un sourire, tout au plan qu'elle échafaudait.

Arrivés à Deep Dene, Dan disparut dans son bureau comme d'habitude, et elle monta à sa chambre pour enfiler une tenue qui flatterait de nouveau sa silhouette — heureusement celle-ci commençait à s'affiner.

Après quoi, elle se dirigea vers la remise au fond du jardin et en revint, une hache à la main, déterminée à aller fracasser la porte de l'appartement de Dan.

Aux premiers coups, un cri lui parvint de l'intérieur.

— Arrête, Helen ! Tu vas te blesser !

Dan ouvrit la porte et la dévisagea, ahuri.

— Si tu veux t'en prendre à moi, demande à quelqu'un de me frapper. Ne va pas te blesser, je t'en prie !

Ravie qu'il pensât à elle, elle sourit et abaissa sa hache.

— Je démolissais seulement la porte, répondit-elle d'un ton innocent.

— Je le vois bien !

— Tu ne me demandes pas pourquoi ?

Laissant échapper un soupir exaspéré, il rétorqua :

— Si, je te le demande.

— Parce que je ne veux plus que tu vives dans cet appartement, expliqua-t-elle. Je refuse que nous vivions séparément quand les jumeaux seront à la maison. Il faut que nous soyons ensemble, comme un couple marié. Comme des parents.

— Nous avons déjà essayé...

— Ecoute-moi, Dan, déclara-t-elle en s'approchant. Je t'ai vu avec Kate et Mark et je sais que jamais tu ne les négligeras.

— Bien sûr que non...

— Alors, je sens que je peux aussi avoir confiance en toi. J'ai oublié l'épisode de Céline. C'est du passé et je me fiche de ce qui s'est réellement passé. Tu es l'homme de ma vie, et je n'ai pas l'intention de te laisser vivre loin de moi plus longtemps. Reviens-moi, Dan. Plus de questions, plus de récriminations, seulement toi, moi et nos enfants. Parce que je t'aime depuis toujours.

— Tu me crois ?

— La réponse est oui.

Le cœur débordant d'amour, elle se nicha entre les bras ouverts. Soulagé, Dan l'embrassa avec fougue avant de l'entraîner dans le salon. Ensemble, ils se laissèrent tomber sur le sofa et s'étreignirent follement.

Cette nuit-là, ils se blottirent tendrement l'un contre l'autre et s'endormirent d'un sommeil qu'ils n'avaient pas connu depuis longtemps.

Les fêtes de fin d'année furent merveilleuses. Helen n'aurait jamais cru que tant de bonheur pût exister. Quand les jumeaux eurent presque trois mois, à la fin janvier, date prévue de leur naissance, ils avaient acquis un poids normal et purent enfin quitter l'hôpital. Fini les inquiétudes et les allers-retours quotidiens à Brighton ! Ils rentraient tous quatre à la maison.

— Je m'arrête pour faire des courses. Veux-tu m'attendre un moment ou préfères-tu venir avec les enfants au supermarché ? demanda Dan sur le chemin du retour.

Pour la centième fois au moins, Helen regarda ses petits anges endormis dans leurs nacelles. Ils étaient adorables. Kate avait les cheveux noirs et épais de Dan, et Mark arborait ses longs cils. Dan disait de Kate qu'elle aurait les beaux traits et les longues jambes de sa mère. Ils étaient bien sûr les plus beaux bébés qu'elle eût jamais vus.

Un sourire radieux aux lèvres, elle se tourna vers Dan.

— Nous avons fait des courses hier. C'est assez, non ? Si nous rentrions directement à la maison ?

— J'aimerais bien, mais le niveau de la rivière m'inquiète, répondit-il. Il a tellement plu cette année que les sols sont gorgés d'eau. La radio a lancé des alertes. Je ne tiens pas à ce que nous manquions de couches, au cas où nous serions bloqués à Deep Dene. Mieux vaut faire aussi quelques réserves de nourriture.

— Tu as raison. Nous serons très bien dans la voiture, et j'écouterai la radio. De toute façon, tu iras plus vite sans nous. Nous risquerions d'attirer une foule de curieux !

Dan se mit à rire et lui prit la main.

— J'en suis sûr ! Les gens vont nous arrêter à chaque pas pour admirer notre progéniture. Nous devons quand même nous méfier de la foule. Ils sont encore si petits...

— Je t'aime, Dan, murmura-t-elle en lui caressant la joue.

Et elle se sentit fondre sous le sourire chaleureux qu'il lui retourna.

Le trajet du retour confirma les craintes de Dan. Tout autour de Lewes, les champs étaient transformés en lacs. La radio annonçait de nouvelles tempêtes et diffusait des mises en garde aux habitants des plaines inondées. La pluie se mit à battre le pare-brise avec violence.

Heureusement qu'il avait pensé au ravitaillement, songea Helen avec satisfaction.

Un moment plus tard, elle fronça les sourcils. La petite route disparaissait littéralement sous des torrents qui déferlaient des collines alentour.

— Mon Dieu ! Ce n'était pas si catastrophique ce matin ! Oh ! Dan, tu crois que ça ira ?

— Bien sûr, répondit-il d'un ton apaisant. L'eau n'est pas montée trop haut.

— Qu'allons-nous faire si nous sommes isolés à la maison et que les jumeaux tombent malades ? demanda-t-elle en retenant son souffle, tandis que le 4x4 s'engageait dans l'eau bouillonnante.

— S'il y avait eu un risque pour leur santé, j'aurais réservé une chambre d'hôtel à Brighton. Mais souviens-toi que le Dr Taylor habite sur la même rive que nous. Nous pourrons rejoindre son cabinet par les collines, le cas échéant.

— Tu as pensé à tout.

— Ce matin, nous nous félicitions lui et moi d'avoir choisi d'habiter au-dessus de trente mètres d'altitude. Ça y est. Le plus dur est passé, la rassura-t-il, en sortant la voiture du torrent imprévu.

— Oh, Dan ! Tu es un as. Je ne sais pas ce que je ferais sans toi.

— Je me le demande aussi, répondit-il en riant. Le portable ! Tu veux bien répondre ?

Helen s'empara du téléphone resté sur le tableau de bord et décrocha.

— Tout va bien ? s'enquit au bout du fil le Dr Taylor.

— Oui, aucun problème, répondit Helen.

— Vous approchez de chez vous, j'espère ?

— Dans trois minutes...

Elle fronça les sourcils.

— Bizarre. C'était le Dr Taylor qui demandait si nous pouvions passer, transmit-elle à Dan. Et brusquement, il a raccroché.

— C'est aimable à lui d'appeler. C'est un brave homme.

— Et comment ! Oh ! mais regarde...

Ils approchaient enfin de Deep Dene, et des banderoles leur souhaitaient la bienvenue.

— Oh ! Dan, s'écria Helen, les yeux brillant d'excitation. Ils ont organisé une fête.

Terriblement émue, Helen ne put retenir ses larmes. La maison et le village où Dan, elle et leurs bébés pourraient vivre une vie de bonheur, où Dan connaîtrait enfin les joies d'une famille aimante, les accueillaient.

— Ne pleure pas, ma chérie, déclara-t-il affectueusement. Ils vont penser que nous nous disputons. Regarde ! Il y a au moins quinze personnes. Tu as donc tant d'amis prêts à rester sous la pluie pour toi ?

— Je... je ne le savais pas, répondit Helen en agitant la main pour saluer tout le monde.

Levant les parapluies, le petit groupe leur fit une ovation.

— Les pauvres ! Ils sont trempés. Depuis combien de temps nous attendent-ils ? s'exclama-t-elle.

— Ils ont dû attendre à l'abri jusqu'à ce que le médecin leur donne le signal de sortir. N'empêche que c'est formidable de leur part d'être venus par un temps pareil ! Nous y sommes. Helen, va vite, je m'occupe des enfants.

Protégée par plusieurs parapluies, Helen se trouva entraînée vers la maison par ses amis souriants. Se détournant au moment d'ouvrir la porte, elle vit quelques voisins aider Dan à porter les jumeaux, tandis que d'autres déchargeaient l'énorme stock de courses.

— Bienvenue, s'écria le Dr Taylor en lui donnant une accolade chaleureuse. Vous êtes absolument rayonnante, Helen !

Tout le monde voulut la féliciter, la serrer sur son cœur et, dans la confusion, elle se retrouva bientôt dans les bras de Dan.

— Bravo, ma chérie, souffla-t-il, le regard plein d'amour.

Sans se préoccuper des gens autour d'eux, il l'embrassa tendrement au milieu des murmures approbateurs.

Rougissante, Helen s'empressa de prendre les manteaux mouillés. Les jumeaux dormaient toujours, inconscients des regards admiratifs qui les couvaient.

— Je suis folle de bonheur, glissa-t-elle à Dan, en l'aidant à servir le champagne. Je vais prendre Kate et Mark pour leur donner la tétée. A tout à l'heure.

Elle remerciait tous leurs voisins quand Dan proposa :

— Je vais prendre Kate. Tu peux monter avec Mark. Nos invités pourront bien rester seuls un moment.

Une fois dans la chambre, il installa confortablement Helen.

— Il faut que je redescende, mon amour, déclara-t-il, tout en retirant sa veste pour la mettre sur un dossier de chaise.

Il déposa un baiser sur le front de sa fille qu'il regarda téter un moment, comme si elle était le plus beau bébé au monde. Puis il sortit sur la pointe des pieds.

Mon Dieu ! Comme elle était heureuse ! pensa Helen, le cœur gonflé de joie.

— N'est-ce pas, mes trésors ? murmura-t-elle en admirant son fils qui s'éveillait et commençait à protester doucement.

Le téléphone portable de Dan se mit à sonner. S'apercevant qu'il l'avait laissé dans la poche de sa veste, elle l'attrapa de sa main libre et découvrit qu'il était en mode SMS. Sans réfléchir, elle accéda au message.

Elle se raidit en lisant ce qui s'inscrivit sur l'écran :

« Bonjour, c'est Céline. Impossible vendredi. Changer pour jeudi ? »

Les yeux d'Helen s'agrandirent d'horreur, tandis qu'elle continuait de lire, atterrée :

« Période Xtra pour nous. Multiplier rendez-vous. Prochaines semaines divines. Suis si heureuse. M'arrangerai avec H aujourd'hui. Affectueusement, C. »

12

« Voilà pour la confiance ! » pensa Helen, accablée. Trahie, une nouvelle fois !

Elle voulut hurler son désespoir, déchirer les draps dans sa rage. Mais elle devait garder son calme et nourrir ses enfants qui passaient avant tout. Alors, sur une soudaine impulsion, elle effaça l'horrible message.

Du bruit au rez-de-chaussée lui indiqua que les voisins prenaient congé. Elle entendait leurs rires et leurs souhaits affectueux.

Lorsque Dan put enfin la rejoindre, elle changeait Mark.

— Ils sont partis en me chargeant de t'embrasser, annonça-t-il. Tu as l'air fatiguée, ma chérie. Je prends la relève ?

Helen acquiesça.

— Mal de tête, marmonna-t-elle sans le regarder.

La main de Dan lui caressa le front, puis lui massa la nuque et les épaules.

Hypocrite ! pensa-t-elle.

— Ils vont dormir maintenant, déclara Dan. Tu peux te reposer. Je te réveillerai pour le thé.

Indolente et résignée, elle se laissa aller sur le lit, tandis que Dan remontait la courtepointe sur elle. Une fois seule, elle fixa le plafond, les yeux vides, le corps glacé. Ainsi, il voulait tout : une femme et des enfants, une vie familiale stable et... une maîtresse à l'érotisme sulfureux. Mais n'était-ce pas ce que tous les hommes espéraient secrètement ?

Jamais en tout cas elle ne se prêterait à ce jeu sordide, décida-t-elle. Dan ne pouvait la forcer à accepter ça.

Elle l'entendit soudain remonter l'escalier. Inquiète, elle se redressa.

— Que se passe-t-il ? Que fais-tu ? demanda-t-elle en le voyant ouvrir brutalement la penderie.

— Un appel du médecin ! La crue de la rivière a emporté une partie de la berge, annonça-t-il en s'emparant d'un jean et d'un gros pull. A cause de la grande marée qui sévit sur la côte et des inondations.

Apercevant son téléphone portable sur la table, il s'en saisit, puis se changea rapidement. Helen le fixait, confuse.

— Sommes-nous en danger ? Tu disais que nous étions en sécurité...

— C'est toujours vrai. Mais les gens du village ont de sérieux ennuis. L'eau atteint deux mètres. Tu devras t'en sortir seule pour un moment. Je vais ramener des sinistrés ici. Il faudra les héberger.

Déjà, il dévalait l'escalier, et elle se rua derrière lui, le cœur battant à se rompre.

— Dan ! Tu vas être en danger... !

— Eux aussi. Prépare des serviettes de bain et de la soupe chaude ou ce que tu voudras. Je compte sur toi.

Il l'embrassa fougueusement.

— Au revoir, lança-t-il en enfilant un ciré et des bottes. Fais attention à toi.

Quand il ouvrit la porte, ils virent que l'eau avait considérablement monté. Le chemin était impraticable, les champs inondés. La pluie diluvienne ne cessait de tomber.

Dire qu'il allait sortir dans ce chaos ! songea Helen, soudain angoissée.

— Dan ! gémit-elle.

— Rentre. Pour moi, ça ira ! cria-t-il en courant vers la voiture. A bientôt.

Puis il disparut.

Helen ne perdit pas de temps à réfléchir. Après avoir branché l'alarme-bébé, elle sortit toutes les serviettes du placard, puis se rendit à la cuisine pour préparer des repas chauds.

Il devait vivre, supplia-t-elle intérieurement. Même s'il devait la quitter pour Céline. Tout ce qui importait, c'était qu'il fût sain et sauf.

Presque une heure durant, elle se tint devant la fenêtre pour le guetter. Enfin, à son grand soulagement, elle vit les phares trouer le rideau de pluie.

Folle de joie, elle alla brancher la bouilloire et se précipita dans le hall au-devant des sinistrés.

Pendant plusieurs heures, Dan convoya ainsi des dizaines de personnes, frigorifiées, trempées. Certaines étaient ces mêmes amis qui les avaient si chaleureusement accueillis à leur retour de Brighton, un peu plus tôt.

Occupée à réconforter tout le monde et à distribuer de la soupe et du thé bouillants, Helen n'en craignait pas moins pour la vie de Dan. Il faisait nuit et, chaque fois qu'elle ouvrait la porte d'entrée, elle entendait l'eau bouillonner dans le chemin.

Une main se posa sur la sienne, et elle se détourna, le regard angoissé, pour rencontrer le visage aimable de Mme Reid, la postière.

— Il s'en sortira, affirma celle-ci doucement. Il ne prendra pas de risques inutiles. Il pense trop à vous et aux bébés.

— Vous croyez ? répliqua Helen, tout en se rappelant qu'elle était hélas bien placée pour savoir que son mari était capable du pire comme du meilleur.

— Venez, ma pauvre. Vous êtes exténuée, déclara Mme Reid. Faites une pause, nous pouvons nous débrouiller.

— J'ai les lits à faire..., commença Helen d'une voix tremblante.

— Et des bébés à dorloter. Occupez-vous de vos enfants et de votre mari quand il rentrera. Nous trouverons des couvertures et des coussins pour improviser un campement dans le salon. Et nous éplucherons des pommes de terre pour le dîner. Buvez une tasse de thé et gardez vos forces pour les vôtres.

Helen fut forcée de s'asseoir, mais continua de s'inquiéter pour Dan, avec une pointe d'amertume.

Car, se disait-elle, s'il tenait effectivement à ses enfants, elle ne devait pas oublier qu'il lui en préférait une autre.

Il était horriblement tard à présent. La plupart des voisins somnolaient ou bavardaient tranquillement dans la cuisine devant le feu de cheminée. Glacée et en proie au désespoir, elle allaita les jumeaux et les prépara pour la nuit.

Puis elle se tint à la fenêtre du hall, scrutant la nuit, dévorée d'angoisse, tandis que les heures passaient, sans nouvelles de lui.

Quand le téléphone sonna, elle s'en saisit d'un bond.

— C'est moi, fit la voix de Dan. Je serai là dans dix minutes. Je vérifie avec le médecin qu'à nous deux nous avons mis tout le monde à l'abri. Tu vas bien, ma chérie ?

— Oui. Dieu merci, tu es en vie ! J'avais tellement peur pour toi. Reviens vite, Dan. Fais attention...

— N'aie crainte. Pour rien au monde, je ne mettrai notre bonheur en danger.

Helen sourit, attendrie par ces mots affectueux et la voix profonde qui l'enveloppait.

Elle devait se tromper, pensa-t-elle. Ou Céline manigançait un nouveau tour. C'était le moment de tester la foi qu'elle plaçait en lui. Pouvait-elle tout risquer et se fier à Dan ?

— Reviens sain et sauf, je t'en prie, murmura-t-elle.

— J'y compte bien. Pouvons-nous accueillir une famille de plus ? Le Dr Taylor n'a plus de place, et nous pouvons encore héberger du monde, n'est-ce pas ? Sept personnes. Une jeune mère, ses cinq enfants, dont un bébé de deux mois, et le grand-père. Le médecin est en train de les examiner. Le vieil homme tremble de froid, et la maman est inquiète pour ses enfants...

— Amène-les, coupa-t-elle d'une voix ferme. Nous allons faire face. Il y a beaucoup de bonnes volontés ici.

Quand ils arrivèrent enfin, Helen prit immédiatement la jeune mère et ses enfants sous sa protection et eut à peine le temps de serrer Dan dans ses bras.

Plus tard, lorsqu'elle eut installé cette famille dans sa propre chambre, elle descendit et trouva son mari occupé à réconforter le grand-père en l'interrogeant sur le passé du village.

— Il mérite une médaille, déclara Mme Reid, étendue sous une couverture. Gardez-le, ma petite. C'est le meilleur des hommes.

— Je sais, balbutia-t-elle, émue.

Et, le cœur gonflé d'amour, elle alla embrasser son mari et

lui passa un bras autour des épaules, avant de se mêler à la conversation.

Dan et elle finiraient par résoudre leurs problèmes, se dit-elle. Si tous ces gens se fiaient à lui, cela signifiait qu'elle le pouvait aussi.

— Où allons-nous dormir, ma chérie ? demanda Dan quand le vieil homme fut couché.

Il passa une main lasse sur son menton barbu, et Helen sentit son cœur faire un bond. Il avait traversé tous les périls pour donner à ces étrangers un lit pour la nuit — et pour plus longtemps peut-être.

— Avec les jumeaux. Les hommes ont transporté les berceaux dans le débarras, au premier, pour qu'ils soient au calme. Il n'y a qu'un lit à une place. Nous devrons nous serrer.

— Viens. Et puisque tout le monde dort, essayons de récupérer nous aussi. Il y a un gigantesque petit déjeuner à organiser demain matin !

Helen se mit à rire et lui prit la main en montant l'escalier. Au passage, elle jeta un coup d'œil dans leur chambre où la jeune mère et ses enfants dormaient profondément, le petit dernier bien calé dans un tiroir.

— Tu es formidable, murmura Dan en souriant. Je t'aime.

— Je le sais.

De fait, elle n'en avait jamais été aussi sûre qu'en ce moment.

— J'aimerais te faire l'amour, mais je suis épuisé. Un câlin ?

Doucement, elle l'aida à se déshabiller et le serra contre elle, les yeux brillant de larmes.

— Dan, il y avait du danger ?

Les lèvres tièdes de son mari lui effleurèrent la tempe.

— Oui, je dois l'avouer. Le courant était très fort, et je ne voyais plus la route. Mais je savais que je m'en sortirais. Le bonheur que je venais de trouver ne pouvait s'envoler si vite.

Il eut un rire heureux et l'entraîna sur le lit.

— J'ai reçu un appel quand je tentais de secourir le vieil homme par une fenêtre, continua-t-il. J'ai répondu parce que ce pouvait être toi. En fait, c'était Céline. Elle tombait vraiment mal, mais évidemment, elle ne pouvait savoir ce qui se passait.

Le cœur d'Helen manqua un battement.

— Oh ! s'exclama-t-elle en essayant de prendre un ton dégagé. Que voulait-elle ?

— Parler boulot. Car je peux te le dire maintenant, murmura-t-il en lui embrassant la nuque, c'est à elle que j'ai délégué mes pouvoirs. Cela t'ennuie ?

— Pourquoi ? Je devrais être contrariée ?

— Allonge-toi, déclara-t-il d'une voix cajoleuse. Après ce qui est arrivé, tu serais en droit de l'être. Quand j'ai su que tu attendais des jumeaux, j'ai pensé que je devais trouver quelqu'un rapidement qui saurait prendre des responsabilités. Diane m'a dit qu'elle ne voyait qu'une personne compétente et qu'il ne serait pas nécessaire de former. J'ai dû me résigner à appeler Céline et je lui ai offert un intéressement en plus de son salaire.

Que lui avait-il offert d'autre ? se demanda-t-elle, assaillie par ses anciens doutes.

— J'ai mis longtemps avant de la convaincre d'accepter, poursuivit Dan. Après son strip-tease dans l'escalier, je l'avais virée comme une malpropre. J'avais été tellement choqué par son attitude que je l'avais injuriée. Mais, finalement, elle s'est excusée et a promis de ne plus me vamper à l'avenir.

Comment l'avait-il persuadée ? souffla une voix insidieuse dans l'esprit d'Helen.

— Tu sais, elle a les avantages de ses inconvénients : elle n'a pas froid aux yeux, mais en affaires cela se révèle très efficace, déclara-t-il avec admiration. Elle a décroché des contrats prestigieux. Si bien que je compte lui proposer d'être mon associée.

Helen ferma les yeux. Cette femme serait donc toujours là entre eux ! Comme un spectre, une menace planant sur leur bonheur...

— Je t'aime, reprit-il sans transition. Tu es tout pour moi, Helen. Je suis tombé amoureux de toi quand tu n'étais encore qu'une collégienne en uniforme portant des nattes. J'adore ton cœur tendre, ton humour, ton optimisme et tes exagérations. J'aime tout en toi.

Sa voix trembla quand il ajouta :

— Je ne t'ai jamais — jamais ! — été infidèle, Helen. Pas même en pensée. J'en serais incapable. Tu emplis mon esprit, mon corps, mon âme. Il n'y a et n'y aura pas d'autre femme que toi dans ma vie...

A ces mots, le visage d'Helen s'éclaira. Il y avait tant de sincérité dans cette déclaration qu'elle décida de reléguer au second plan les événements qui l'avaient fait douter de la fidélité de son mari.

— Je le sais, répéta-t-elle d'une toute petite voix.

Alors, il la serra contre lui à l'étouffer.

— Quand je t'ai épousée, je savais que ce serait pour la vie, murmura-t-il. Quand tu nous as vus, Céline et moi, à moitié nus, apparemment pris sur le fait, j'ai été atterré. J'ai eu l'impression que la foudre venait de me terrasser.

— Et moi, j'ai pensé que tu avais été foudroyé par le corps époustouflant de Céline.

— Qu'est-ce que tu vas chercher ? Non, c'était l'incrédulité. Je n'arrivais pas à croire qu'elle eût osé faire ça. C'était comme un mauvais rêve. Et ta réaction était si déroutante. De crainte et de colère, je pouvais à peine parler.

— Tu étais en colère contre moi ?

— Oui. Et après elle surtout. Je sais que nous avions l'air coupable, mais que tu puisses penser que je t'avais trompée... Oh ! Helen, je ne renierai jamais ce qu'il y a entre nous. J'espérais que tu t'en rendrais compte. Mais Céline m'a mis des bâtons dans les roues en prétendant que nous étions amants.

— Vous ne l'étiez pas, n'est-ce pas ? demanda-t-elle, en reprenant espoir.

— Non, ma chérie. Je t'aime trop, répondit-il passionnément. Hélas ! plus tard, je n'ai fait qu'envenimer les choses en l'appelant. Je voulais qu'elle te dise la vérité...

— J'ai entendu et j'ai cru que tu lui donnais rendez-vous. Mon pauvre Dan ! déclara-t-elle en lui caressant la joue. Tu devais être dans tous tes états.

— Tu peux le dire ! Je l'aurais appelée quand même après cette scène, mais tu t'es évanouie, et j'étais inquiet en songeant que tu pouvais être enceinte. Quand j'ai réussi à la contacter, elle a refusé de te parler, parce qu'elle avait trop honte. Mon dernier espoir était de te montrer que tu pouvais me faire confiance.

— Tu n'as rien dit pourtant quand j'ai menacé de citer Céline pour obtenir le divorce, lui rappela-t-elle doucement.

— Je n'en pouvais plus de me défendre. J'étais sur le point de craquer.

— Oh ! mon chéri. Je t'aime. Et je te crois, murmura-t-elle.

Dan s'écarta légèrement, le visage radieux.

— Alors, tu viendras au mariage de Céline ? demanda-t-il, une lueur malicieuse au fond des yeux.

— Au... *Quoi ?*

— Elle est tombée follement amoureuse d'un de mes clients, expliqua-t-il en riant. Et finalement, elle a pris son courage à deux mains pour venir te parler, parce qu'elle ne veut pas de malentendus. Elle a essayé de me joindre un peu plus tôt, et pensait avoir laissé un message, mais la communication n'a pas dû être établie. Elle veut s'expliquer avec toi, avant de partir en voyage de noces.

Helen sourit, se rappelant le texte du message.

— Je vois, murmura-t-elle.

— Céline a décidé de venir aujourd'hui. Le Dr Taylor l'a secourue, alors qu'elle était bloquée dans sa voiture dans une rue du village. Elle est parmi ses rescapés.

Il l'embrassa doucement, longuement, avant d'ajouter :

— J'ai pensé qu'il serait indécent de l'amener ici avant de t'avoir mise au courant.

Se blottissant contre lui, Helen se mit à rire.

— Dis plutôt que tu craignais que je la traîne par les cheveux !

— Il y a un peu de ça, reconnut-il en souriant, car ta jalousie peut te rendre effrayante.

Helen retint son souffle, tandis que la main caressante de Dan l'électrisait. Pourtant, il était fatigué.

— Dors, commanda-t-elle d'une voix apaisante.

— Tu parles si j'ai envie de dormir !

— Dan ! murmura-t-elle, ravie.

— Je te désire comme un fou, Helen. J'ai besoin de toi, je t'adore à chaque instant de ma vie. Aime-moi !

Avec une joie indicible, Helen s'abandonna au baiser qui la

dévorait, avant d'assouvir la passion qui chassait d'un coup leur fatigue.

Oui, il l'aimait ! pensa-t-elle, extasiée.

Un feu délicieusement érotique commença à l'embraser, et elle réprima des cris de pur plaisir en glissant sur lui pour le mordiller avec volupté.

Nouant ses jambes autour de lui, elle ploya la tête en arrière, lui offrit ses seins lourds à caresser, et le défia d'un regard sulfureux, tandis qu'elle l'invitait à la pénétrer.

La chaleur de Dan en elle la fit presque pleurer de plaisir. Sa bouche ferme qui emprisonnait la sienne lui prouvait assez ce que cet acte signifiait pour lui : le début de leur vie de famille, la promesse de l'amour et des joies à venir, de la confiance et du soutien mutuel. Toute une vie de bonheur.

— Je t'aime, Helen. Plus que tu ne peux imaginer.

— Mon amour..., murmura-t-elle, au bord des larmes.

Alors, il lui imprima son rythme sauvage, passionné. Fermant les yeux, Helen s'offrit tout entière avec délice.

Quand les mains de Dan lui agrippèrent fermement les épaules, elle ouvrit les paupières pour jouir avec lui dans cette apothéose. Elle le vit chavirer sous l'effet d'une souffrance exquise, et, transportée, l'entendit murmurer son nom à l'infini.

Grisée jusqu'au vertige, elle perdit la notion du temps, consciente seulement d'une fusion parfaite, du don sublime du corps et de l'âme qu'ils osaient se faire l'un à l'autre...

— Ma chérie, gémit-il.

— Dan !

Ensemble, ils accédèrent au plaisir suprême, les membres en sueur, avant de dériver lentement vers le bien-être d'après l'amour.

— Moi qui croyais que tu étais fatigué, murmura-t-elle malicieusement.

— Ma chérie, tu exciterais un mur de briques !

Avec un sourire béat, elle se lova entre les bras aimés. Ils s'étaient trouvés au bord du gouffre, mais leur mariage avait survécu. A présent, elle pouvait se détendre et jouir pleinement de la vie.

Bien que les rescapés fussent inquiets pour leurs maisons inondées, ils étaient remarquablement gais au matin, dévorant joyeusement un petit déjeuner d'œufs au bacon, de pain grillé et de céréales, préparé par quelques bénévoles.

Pendant deux jours, le niveau de l'eau resta dangereusement élevé. Les adultes inventèrent des jeux pour distraire les enfants. Helen et Dan furent submergés d'offres pour donner les soins aux jumeaux qui gazouillaient joyeusement. Le soir, ils bavardaient longtemps devant la cheminée. Helen adorait observer Dan à la lueur des flammes qui éclairait ses traits séduisants. Le bonheur qui le transfigurait était si communicatif que chacun souriait en le regardant.

Elle connaissait à présent la joie d'avoir une famille, pensa-t-elle en berçant leurs bébés et en parlant avec les uns et les autres jusque tard dans la nuit. Les enfants qu'ils avaient failli perdre, le mari dont elle avait voulu divorcer. La maison pouvait bien avoir des allures de camp de réfugiés, elle était emplie de rires et de gaieté, de cette solidarité qui se manifestait dans toutes les catastrophes partagées.

Finalement, la décrue s'amorça, et le niveau de la rivière baissa suffisamment pour permettre à certains d'aller évaluer les dégâts dans leur habitation. Dan participa à ces retours et prêta main-forte.

Ce fut pendant l'une de ces absences qu'Helen se trouva nez à nez avec Céline. Contre toute attente, celle-ci avait revêtu un tailleur très strict et semblait tout intimidée. Trop heureuse pour ressentir de la rancœur envers elle, Helen l'accueillit avec le sourire.

Alors, prise au dépourvu, Céline fondit en larmes.

— Allons dans le bureau, déclara Helen en la prenant par les épaules. Ce doit être le seul lieu où l'on puisse parler en privé.

— Oh ! Helen ! Je suis tellement désolée, avoua Céline d'une voix misérable.

Helen l'invita à s'asseoir, avant de lui sourire avec indulgence pour l'encourager à parler.

— Pour commencer, je me suis couverte de ridicule, confessa Céline. Vous savez, Dan parlait beaucoup de vous au bureau. Il craignait que vous ne soyez pas heureuse dans votre maison, sans compter que vous vous voyiez à peine. Il travaillait d'arrache-pied pour vous offrir un appartement à Londres...

— Quoi ? s'exclama Helen. Ça coûte horriblement cher !

— Apparemment, il s'en moquait. Il pensait que ce serait la meilleure solution. Il avait peur qu'un autre homme ne vous éloigne de lui.

Embarrassée, Céline regarda ses mains, à présent manucurées avec discrétion.

— Oh ! Je voudrais rentrer sous terre après ce que j'ai fait, Helen ! Dan est un homme formidable, vraiment. J'étais désolée pour lui et je croyais en être amoureuse. J'ai eu l'impression que vous ne l'appréciiez pas à sa juste valeur. Alors je me suis dit qu'il s'éprendrait de moi si j'arrivais à l'entraîner au lit. J'ai tellement honte ! Il n'a rien fait pour m'encourager, je vous le jure. Je n'imaginais pas qu'il vous aimait à la folie et qu'il me hurlerait des injures pour avoir détruit votre mariage. C'est moi qui ai pris ses vêtements...

Rouge de honte, Céline ramassa son sac et le lui tendit. Helen retint son souffle en découvrant la chemise et le costume manquants, couverts de taches de café.

— Je les avais cachés derrière la commode du hall avant de me dévêtir entièrement, expliqua Céline en rougissant jusqu'à la racine des cheveux.

— Puis vous avez semé vos vêtements dans l'escalier ? s'enquit doucement Helen.

La jeune femme acquiesça, visiblement au supplice.

— Je n'ose pas y repenser ! Toujours est-il que je suis rentrée en taxi avec les vêtements de Dan. Je les ai cachés au fond de ma garde-robe. Quand Dan est venu me voir, il m'a passé un savon ! Il m'a horriblement blessée. Je me suis rendu compte alors que je m'étais comportée de façon inqualifiable. La méchanceté dans toute son horreur. Je vous demande pardon, Helen. Je veux m'ôter ce poids de la conscience... et que tout soit réparé avant mon mariage pour me sentir de nouveau décente. Je vous en prie, pardonnez-moi.

Helen vint s'asseoir auprès d'elle.

— Bien sûr, je vous pardonne. Comment puis-je vous blâmer d'admirer l'homme le plus merveilleux du monde ?

D'un geste conciliant, elle serra la jeune femme dans ses bras, et celle-ci se mit à sangloter, soulagée.

— Parlez-moi de votre fiancé, Céline.

Celle-ci sourit enfin.

— Oh, Helen ! John est tout simplement parfait. Je n'ai jamais connu quelqu'un de plus gentil, de plus doux et de plus compréhensif. Il m'a réconciliée avec moi-même. J'ai trouvé avec lui un bonheur dont j'ignorais jusque-là l'existence. Le vrai, basé sur l'amour.

Une expression heureuse passa sur le visage de Céline, qu'Helen reconnut bien. Celle d'une femme éperdument amoureuse.

— John est veuf et plus âgé que moi, mais il m'adore et me trouve merveilleuse. Même si je ne le mérite pas...

— Il semble parfait pour vous, observa Helen avec chaleur.

— Dan disait que vous étiez une femme exceptionnelle. Et il a raison. Merci de m'avoir écoutée, au lieu de me mettre à la porte. Maintenant, je ferais mieux de partir. Je vous ai retenue assez longtemps...

— Non, restez. Montrons à Dan qu'il n'y a plus d'animosité entre nous, suggéra Helen.

Les deux femmes s'étreignirent, et Helen conduisit Céline dans la cuisine. Dan était là. Ses enfants dans les bras, il rapportait ce qu'il avait vu des inondations aux gens inquiets.

Il s'interrompit en les voyant toutes deux entrer. Alors il s'éclaira d'un tel sourire qu'Helen ne put résister à l'envie d'aller lui enlacer la taille.

— Tout va bien, ma chérie ? demanda-t-il doucement.

— Absolument, répondit-elle en lui donnant un tendre baiser au-dessus de la tête de leurs bébés.

Elle ne prêta pas attention aux voisins qui les entouraient, la mine réjouie. Elle était extrêmement fière de son courageux et loyal mari.

Épilogue

— Ne pleure pas, ma chérie.

Avec tendresse, Dan tamponna les yeux d'Helen.

— Ils sont encore si petits, balbutia-t-elle.

— Ils ont presque cinq ans. Regarde comme ils sont heureux d'être à l'école. Je suis sûr qu'ils vont bien s'amuser.

Se maîtrisant, Helen regarda ses enfants jouer dans la cour en ce jour de rentrée des classes. Kate était grande pour son âge, avec de magnifiques cheveux noirs. Une petite fille gracile aux manières charmantes. Avec ses yeux de jais et son éternel sourire, Mark montrait déjà la force et l'assurance de Dan.

— Je les aime tant, murmura-t-elle en soupirant.

— Moi aussi. Et j'adore leur maman, répondit Dan en l'embrassant. Nous avons quartier libre pour la matinée. Des suggestions pour occuper ce temps, madame Shaw ?

— J'ai une montagne de lessive à faire, déclara Helen d'un air faussement innocent.

— Rien ne presse, non ? Que dirais-tu d'une récréation dans le jacuzzi ?

— Avec chocolats, musique, etc. ?

— Oui. Nous aussi, nous allons bien nous amuser, chuchota Dan.

— Oh ! Pour ça, mon chéri, déclara-t-elle langoureusement, je te fais totalement confiance.

LUCY GORDON

Une surprise pour Kelly

BIENTÔT MAMAN

Traduction française de
ANNE DAUTUN

HARLEQUIN

Titre original :
THE PREGNANCY BOND

Ce roman a déjà été publié en 2019.

1

Le jour du huitième anniversaire de son mariage avec Jake, Kelly donna une soirée pour fêter… son divorce.

« Leur » divorce, aurait-il fallu dire. Mais Jake brillerait par son absence à cette fête, tout comme il l'avait fait lors des événements les plus importants de leur vie conjugale. Comme d'habitude, il était probablement en mission à l'étranger… On ne s'étonnerait donc pas de ne pas le voir à la soirée. Et de toute façon, elle ne l'avait pas invité !

Elle s'apprêtait à célébrer bien des choses, et elle tenait à le faire avec panache. Tout d'abord, elle s'était réinscrite à l'université, afin de reprendre les études auxquelles elle avait renoncé huit ans plus tôt pour se marier. Cette fois, elle était résolue à obtenir son diplôme. Avec mention !

Et elle était tout aussi résolue à oublier l'existence de Jake Lindley.

Ce ne serait guère facile ! Chaque fois qu'elle poussait le bouton de la télévision, elle entendait des phrases du genre : « Et voici en direct, au cœur même des émeutes, Jake Lindley pour faire le point sur la situation… » Ou encore : « Une fois de plus, Jake Lindley fait triompher la liberté de l'information ! Dans quelques instants, toute la vérité sur… »

Jake était un héros. Il était le casse-cou téméraire, sexy et fascinant qui, avec son sourire en coin et son regard de braise, semblait dire à chaque spectatrice : « Je suis à toi. » Mais le beau Jake, l'icône médiatique qui faisait craquer toutes les femmes, avait brisé le cœur de Kelly, et elle était ravie d'être débarrassée de lui !

Maintenant, enfin, à vingt-six ans, elle possédait un territoire et un monde bien à elle : l'appartement agréable où étaient réunis en cet instant tous les amis qu'elle s'était faits en faculté au cours des semaines écoulées. Comme elle était plus âgée que la plupart des étudiants, elle s'était aussi aisément liée d'amitié avec certains enseignants, et en particulier avec le séduisant Carl, son professeur d'archéologie. Il se démenait au son de la musique, dansant avec deux filles en même temps, et lui adressa un grand signe pour l'inciter à venir les rejoindre. Elle déclina l'invite en lui indiquant du geste qu'elle était occupée à servir des boissons à ses hôtes. Fidèle à sa réputation de dragueur invétéré, il lui répondit par un clin d'œil expressif.

— Tu as fait une touche, murmura une voix.

Kelly se retourna et découvrit derrière elle Marianne, la sœur de Carl, occupée à siroter une coupe de champagne.

— Ton frère court après tout ce qui porte jupon, lui répliqua-t-elle gaiement.

Marianne observa :

— En l'occurrence, toi, tu portes une tunique-pantalon noire. Et je suis folle de jalousie à l'idée que tu aies pu te glisser dedans !

Flattée par le compliment, Kelly eut un petit rire. Quatre mois plus tôt, lorsqu'elle avait mis Jake à la porte, elle n'aurait pu enfiler une toilette aussi moulante. Mais leur rupture l'avait rendue si malheureuse qu'elle avait perdu l'appétit et maigri de cinq bons kilos sans même s'en rendre compte.

A quelque chose malheur était bon ! Car à présent, ses joues s'étaient légèrement creusées, faisant ressortir la belle ossature de son visage. Sa silhouette s'était affinée, acquérant plus d'allure et de souplesse. Elle se savait superbe. Eût-elle douté de sa séduction, d'ailleurs, que les regards suggestifs des hommes présents l'auraient aussitôt rassurée !

Marianne, qui était coiffeuse-esthéticienne, l'avait aidée à parachever sa métamorphose : elle avait coupé la superbe chevelure blonde que Kelly avait toujours portée lâchée sur ses épaules, parce que cela plaisait à Jake. Maintenant, elle n'avait plus que des mèches courtes et bouclées aux reflets blond vénitien, qui encadraient joliment son visage et lui donnaient un air mutin. Toujours sur le conseil de Marianne, elle avait renoncé à son eau de toilette aux senteurs fleuries pour porter un parfum ambré, aux notes orientales, follement sensuel.

Quelque peu choquée par cette transformation radicale, en se découvrant devant la glace, Kelly s'était d'abord écriée :

— Ce n'est pas moi !

— Si tu oses t'accepter avec naturel, avait assuré Marianne, ce sera toi. De l'audace, que diable !

Kelly avait senti, en tout cas, que la coiffure, le parfum et la tunique noire formaient un tout réussi. Elle n'était pas sûre que cela traduisait sa personnalité. Mais c'était grisant de changer de rôle !

Cette soirée marquait le début de sa nouvelle vie. Elle était redevenue célibataire, sous son nom de jeune fille, et elle menait à présent son existence sans être à la traîne d'un homme incapable de lui rendre son amour.

Maintenant, elle avait l'impression d'avoir recouvré son indépendance d'esprit, d'être différente. Et il lui semblait particulièrement agréable d'être recherchée par les hommes, après avoir si longtemps été celle qui s'efforçait — vainement — de séduire Jake l'indifférent...

Carl surgit auprès d'elle et, habilement, l'entraîna sur la piste de danse.

— Mmm, murmura-t-il en humant l'odeur de son parfum, ce que tu sens bon ! Et tu es belle à damner un saint !

— A combien de femmes as-tu déjà sorti cette phrase ce soir ? répliqua-t-elle en riant.

Il prit un air offusqué.

— Comment, je me jette à tes pieds pour t'avouer ma flamme et tu me repousses ? dit-il en laissant errer ses mains sur la taille et les hanches de Kelly.

— Bas les pattes, gros vilain ! protesta-t-elle, lui donnant une légère poussée pour le faire reculer.

Elle avait de la sympathie pour Carl, mais elle ne cernait pas encore très bien sa personnalité.

— C'est bon, je renonce. Pour le moment, fit-il. Tu sais que Marianne s'est mis en tête de me marier.

— Elle parie sur le mauvais cheval, rétorqua Kelly. Pour moi, la vie de couple, c'est fini ! Je ne veux plus de mari.

— Il était si pénible que ça ?

— Franchement, je ne saurais te répondre. Je ne me souviens même plus de la tête qu'il avait !

— Bravo ! Un amant, c'est tellement plus excitant, murmura Carl contre son oreille.

— Possible, mais ce ne sera pas toi.

Feignant d'être scandalisé, il demanda :

— Pourquoi ?

— Tu es mon directeur d'études. Ce ne serait pas convenable.

— Tu seras renvoyée de ma classe dès demain.

Là-dessus, ils éclatèrent de rire en chœur. Carl l'attira plus étroitement contre lui, effleurant son oreille, puis sa bouche, avec ses lèvres. Elle lui rendit son baiser, séduite par sa tendresse légère.

Le triomphe de Carl fut de courte durée. Déjà, Frank, un étudiant de l'âge de Kelly, lui dérobait sa cavalière pour l'entraîner à son tour dans une danse endiablée à travers le salon.

— Sympa, ton appartement ! cria Frank par-dessus la musique, pour se faire entendre.

— Oui, hein ? lui répondit-elle sur le même ton. Merci pour le cadeau, au fait !

Il lui avait offert, à l'occasion de cette pendaison de crémaillère, des lithographies en noir et blanc audacieuses et modernes, qui convenaient bien au décor.

— Alors, tu es contente d'avoir recouvré ta liberté ? poursuivit-il.

— Si j'avais su que c'était si agréable, je l'aurais reprise bien plus tôt !

— Harmon, c'est ton nom de jeune fille ?

— Oui.

— Et ton mari ? Qui était-ce ?

— Aucune importance, soutint Kelly, débitant la phrase rituelle qui l'avait aidée à tenir le coup aux mauvais moments. Il fait partie du passé.

Une fois la danse achevée, ils rejoignirent le buffet pour prendre un verre. Très vite, Frank entraîna une autre cavalière, tandis que Kelly savourait le jus d'orange qu'elle s'était servi. Marianne vint se poster près d'elle.

— Tu es une sacrée cachottière !

— De quoi parles-tu ?

— Du type superbe qui vient d'entrer. Impossible de le rater : il a un regard à damner une sainte et il le sait...

— Je ne connais personne qui corresponde à cette description et je le regrette, répondit Kelly. Où est-il ?

— Là-bas. Sa tête me dit quelque chose. Bon sang, où l'ai-je vu ?

Kelly resta un instant silencieuse, en état de choc. Puis elle lâcha :

— A la télé. Et je ne l'ai pas invité.

— Eh bien, je me ferai un plaisir de t'en débarrasser. Franchement, on ne devrait pas laisser un type pareil en liberté. C'est un danger pour la gent féminine ! Je veux tout savoir sur lui. Et pour commencer, est-ce qu'il est marié ?

Kelly, qui s'était ressaisie, laissa tomber :

— Il ne l'est plus depuis ce matin.

— Tu veux dire que... que c'est... ?

— Mon ex, oui.

— Il était à toi et tu l'as laissé filer ? s'exclama Marianne.

Kelly observa Jake Lindley, en s'efforçant de le voir avec les yeux de son amie. Le regard de velours, l'assurance... Marianne ne se trompait pas. Jake n'y était pour rien : les femmes étaient réellement toutes à ses pieds, et la fausse modestie n'avait jamais été son genre. La vraie non plus, d'ailleurs. A trente-deux ans, il avait réussi une brillante carrière de journaliste grâce à son professionnalisme, son punch, sa personnalité pleine de caractère et sa beauté renversante, et il en était légitimement fier.

Mais avait-il été sien un jour, véritablement ? Elle oui, elle lui avait appartenu, elle s'était donnée à lui dans tous les sens du terme. Cependant, tout au fond de son cœur, elle n'avait jamais eu le sentiment d'avoir une importance vitale pour Jake. Elle ne l'avait pas « laissé filer » : il s'était absenté depuis longtemps de tout ce qui aurait dû compter dans leur vie. Elle avait seulement entériné ce fait.

— Tu ne m'en voudras pas si je tente ma chance ? murmura Marianne.

— Ne te gêne surtout pas, répondit Kelly.

Oh, c'était si bon de pouvoir s'exprimer ainsi ! D'assister tranquillement à une scène de ce genre sans éprouver de jalousie !

— Viens, ajouta-t-elle, je vais te présenter.

Alors qu'elles se frayaient passage parmi la petite foule, elle tenta de recouvrer entièrement son calme. Elle avait ressenti un choc en voyant Jake car elle ne l'attendait pas. Elle était un peu contrariée qu'il eût forcé sa porte. Mais à part ça, sa présence ne lui faisait ni chaud ni froid...

— Jake, quel plaisir de te voir ! lui lança-t-elle avec décontraction.

Il lui décocha un sourire irrésistible.

— Désolé, je ne crois pas qu'on se conn... *Kelly* ?

Elle ressentit une jubilation aiguë en le voyant réellement stupéfait par sa transformation. Car il était médusé, ça oui !

— Je te présente Marianne. Marianne, voici mon ex.

— S'il avait été mon mari, je ne l'aurais jamais laissé devenir mon ex, lança en riant Marianne, tout en serrant la main que Jake lui tendait.

— Kelly m'a tout bonnement laissé tomber comme un objet de rebut, soupira-t-il en posant un regard chaleureux sur Marianne. Je ne lui servais plus à rien, alors...

— Franchement, tu pourrais trouver mieux que ça comme réplique ! ironisa Kelly.

— Celle-ci fera l'affaire, coupa précipitamment Marianne. Si vous voulez pleurer sur mon épaule, Jake...

Elle s'éloigna avec lui et Kelly les suivit du regard, avec un sourire un peu forcé. Elle aurait dû se douter que Jake ne resterait pas désarçonné bien longtemps. Quels que fussent les lieux ou les circonstances, il se sentait vite à son aise, et les gens l'accueillaient comme s'ils n'avaient attendu que lui. En cet instant, par exemple, il était le seul à n'être pas habillé pour la soirée. Il portait le jean usé et le veston qu'il mettait toujours pour voyager. Pourtant, sa tenue ne paraissait pas négligée. C'étaient les autres qui semblaient endimanchés !

Il avait la chevelure un peu en bataille, une légère barbe bleuissait son menton, et sans doute débarquait-il de quelque avion après un long vol. Un voyage tendu et épuisant, probablement, qui l'avait mis sur les nerfs. Mais elle savait qu'elle était la seule à repérer sa tension intérieure.

Marianne l'avait refoulé dans un angle, l'isolant de toutes ses éventuelles rivales et, déjà, ils semblaient s'entendre à merveille. Kelly voulut se détourner, mais elle se contraignit cependant à observer le duo. Quoi que fît Jake, cela ne pouvait plus la blesser, désormais. D'ailleurs, elle ne manquait pas de soupirants, elle aussi, et elle était résolue à leur faire honneur !

Elle se donna pour but de s'amuser ferme, et ce ne fut pas avant une heure avancée qu'elle se retrouva de nouveau nez à nez avec Jake.

— Qu'est-ce que tu fabriques ici ? lui demanda-t-elle.

— Tu t'es déclarée enchantée de me voir, non ?

— Je mentais.

— Ah, ça fait plaisir ! protesta-t-il. J'ai pris un avion plus tôt afin d'être de la fête et voilà comment je suis accueilli !

— Je ne t'ai pas invité. Tu mériterais d'être arrêté pour t'être introduit dans cette maison sans autorisation. Je ne veux pas de toi ici.

— Pourquoi ? fit-il en homme sincèrement blessé. C'est aussi mon divorce que l'on fête.

— C'est ma pendaison de crémaillère. C'est ma nouvelle maison.

— Ah ? Ça fait trois mois que tu as emménagé.

— Il m'a fallu du temps pour l'arranger, improvisa-t-elle. Et puis c'est aussi une sorte de fête de Noël...

— Noël a lieu le mois prochain. Notre divorce date d'aujourd'hui.

— Ça alors, tu as remarqué ? ironisa-t-elle.

— Pas du tout, je pensais qu'il serait prononcé la semaine prochaine seulement et je... Bref, peu importe. Avoue que c'est le fait d'être débarrassée de moi que tu célèbres.

— Et comment !

Il lui décocha un sourire en coin.

— Pas besoin d'y mettre autant d'ostentation. Tu aurais pu dire tout simplement : « Jake, disparais ! »

— Je l'ai fait, soutint-elle.

En pure perte. Il avait décidé de tourner l'affaire en dérision, ainsi qu'il le faisait souvent lorsque quelque chose l'affectait plus qu'il ne voulait l'admettre. Pourtant, elle ne voyait vraiment pas pourquoi il était contrarié. Ne lui avait-elle pas accordé la liberté qu'il avait toujours désirée en secret ?

— Tu aurais pu me prévenir, chérie, poursuivit-il. J'aurais pu sauter du haut d'un pont, ou m'évanouir dans la jungle. La disparition instantanée, c'est ma spécialité.

— Tu es impossible ! s'écria-t-elle, exaspérée.

— Evidemment. C'est même pour ça que tu as divorcé.

— Ça, et d'autres raisons.

— Et pour ça que tu m'as épousé.

— Tirons un trait là-dessus.

— Il n'est pas si facile que ça de tirer certains traits, dit Jake.

Et, allez savoir pourquoi, il y avait vraiment de la colère dans sa voix. Elle dit précipitamment :

— Arrête. Tu as déjà gâché ma vie et j'ai réussi à m'échapper. Tu ne recommenceras pas une autre fois.

— C'est tout ce que notre mariage était pour toi ? Un gâchis ? Et notre divorce se résume à une libération, c'est ça ?

— Ça vaut aussi bien pour toi que pour moi, dit Kelly en se ressaisissant. Pense à ce que tu vas pouvoir faire de ta liberté, maintenant, avec toutes ces femmes voluptueuses qui te tournent autour.

— Je suis toujours revenu vers toi, dit-il à voix basse.

— Au bout du compte, oui. Et j'aurais dû t'en remercier, j'imagine ?

— Ce n'est pas ce qu...

Il s'interrompit, agacé, alors que de nouveaux arrivants venaient interrompre leur échange. Une jeune fille embrassa Kelly et lui remit un paquet.

— De la part d'Harry. Il est vraiment désolé de n'avoir pu

rentrer à temps mais il t'envoie ça et t'appellera dans quelques jours. Tu lui manques terriblement.

— Il me manque aussi, dit Kelly.

Elle déballa le paquet, qui contenait une statuette en albâtre, exquise et visiblement coûteuse.

— Oh, c'est ravissant ! fit-elle.

D'autres nouveaux venus se présentèrent.

— Mademoiselle Harmon..., commença un jeune homme.

— Appelez-moi Kelly, je vous en prie.

— Kelly, désolé d'être en retard...

Elle prononça les mots qu'il fallait, s'occupa de ses invités. Jake vida son verre et, un instant plus tard, Kelly le vit danser langoureusement avec Marianne. Elle l'ignora. L'époque où elle se tenait à l'écart tandis que Jake occupait le devant de la scène était révolue.

Aux premières heures du jour, les invités commencèrent à rentrer chez eux. Carl et Frank, qui avaient entassé les assiettes dans l'évier, se disputaient l'honneur de rester pour faire la vaisselle, sous l'œil amusé de Kelly. Carl s'avança vers elle, l'enlaça et inclina la tête en lui murmurant :

— Dis-lui de s'en aller. Nous ferons la vaisselle ensemble et après...

— Laisse-la tranquille ! intervint Frank en le saisissant par les cheveux à l'instant où il allait, d'un geste volontairement théâtral, embrasser Kelly dans le cou. Elle est à moi !

Ils continuèrent à la tirer ainsi tandis qu'elle riait, divertie par leur manège, et qu'ils se lançaient des regards faussement noirs.

— A ta place, je ne confierais ma vaisselle ni à l'un ni à l'autre, déclara une voix. Débarrassez le plancher, vous deux.

Levant les yeux, Kelly vit, sur le seuil, Jake qui souriait.

— Je peux donner mes ordres moi-même, protesta-t-elle.

— Eh bien, alors, fais-le.

— Quand je l'aurai décidé.

Jake n'eut qu'un imperceptible mouvement du menton. Mais Carl et Frank le virent et ce fut suffisant pour qu'ils déguerpissent vers la porte.

— Hé ! Revenez ! leur lança Kelly. Il n'a plus aucun droit depuis ce matin !

— Tu n'as pas besoin d'eux, dit Jake, puisque je suis là.

— Merci, mais je me passe de tes services !

— Salut, les gars ! lança Jake, sans une once de remords.

Muette d'indignation, Kelly regarda disparaître ses deux admirateurs, « débarrassant le plancher » comme si Jake était maître des lieux. A la porte, Carl se retourna pour lui envoyer un baiser, et haussa les épaules, l'air de dire : « Que veux-tu y faire ? »

Et elle se retrouva seule avec Jake.

— Tu ne manques pas de culot ! De quel droit chasses-tu ces gens de chez moi ? Pour qui te prends-tu ?

— Il y a quelques jours, j'aurais su te répondre. Mais quand je découvre, en débarquant chez moi pour mon anniversaire de mariage, que ma femme plastronne parce que l'anniversaire en question est annulé...

— N'essaie pas de me faire croire que tu ne t'attendais pas à ce divorce !

— Disons que j'ai été surpris que tu ailles jusqu'au bout.

— Je vois. Tu pensais que je n'aurais pas assez de cran pour ça, hein ?

— Je ne pensais pas que tu serais assez stupide ! Ou assez bornée !

— Arrête de débiter des inepties. Notre divorce était inévitable. En couchant avec Olympia Statton, tu as toi-même mis un terme définitif à notre mariage.

— Bon sang ! explosa Jake. Combien de fois faudra-t-il te le répéter ? Je n'ai pas couché avec Olympia !

— Ben voyons. Tu as seulement fait un petit détour du côté de sa chambre d'hôtel à Paris à 3 heures du matin. Pour t'en aller une heure plus tard.

— Je n'ai jamais nié que j'étais entré dans sa chambre...

— Ni pourquoi !

— Soit, je n'y suis pas allé pour de bonnes raisons. Mais j'ai changé d'avis aussitôt. Je ne voulais pas me sauver comme un gamin qui a fait une bêtise, alors j'ai bu un verre et bavardé un peu. Et puis je lui ai dit que je ne me sentais pas bien et je suis parti. Comment pouvais-je deviner que c'était un piège et que toute l'équipe m'avait suivi à la trace ?

— Heureusement pour moi.

— Malheureusement pour nous. Je n'ai pas couché avec Olympia mais ils ont cru que je l'avais fait, et c'est à eux que tu as prêté foi, pas à moi. Bon sang ! Même Olympia t'a affirmé que je ne l'avais pas touchée, et il a fallu que tu la traites de menteuse !

« Elle ne désirait que ça », pensa Kelly. Certes, Olympia avait nié. Mais d'une façon qui revenait à un aveu, agitant sa longue chevelure blonde autour de son visage aux traits délicats d'un air de dire : « Tu ne t'imagines quand même pas qu'un homme pourrait me résister ? »

Et en effet, Kelly n'avait pas été assez sotte pour croire les mensonges de Jake. Comment aurait-il pu se retrouver seul en présence d'un corps aussi séduisant, et à demi dénudé, sans amener les choses à leur conclusion inévitable ?

— Olympia a dit ce que tu voulais qu'elle dise. D'ailleurs, ensuite, tu as avoué. Tu ne l'as tout de même pas oublié ?

— Je n'ai jamais dit que j'avais couché avec Olympia, s'empressa de répliquer Jake. Dans la déclaration officielle de divorce, j'ai admis un « adultère avec une femme inconnue... »

— Pour que le nom d'Olympia ne soit pas souillé, ironisa-t-elle. Tu es un véritable chevalier des temps modernes, Jake.

— C'est pour toi que j'ai fait ça, pas pour elle...

— Tu es trop bon !

— Tu étais déterminée à obtenir ce divorce, de toute façon. Olympia n'était qu'un prétexte pour te débarrasser de moi. Alors, je t'ai facilité les choses. S'il n'y avait pas eu Olympia, tu aurais trouvé un autre motif.

— Une autre femme, tu veux dire.

— Ou n'importe quel alibi né de ton imagination.

— Laisse tomber, Jake. C'est du passé, tout ça.

— Ben voyons ! Tu as voulu croire ce qu'il te convenait de croire et tu es allée de l'avant.

— « Voulu croire » ? s'indigna-t-elle. Si tu peux penser une seule seconde qu'il me plaisait d'imaginer l'homme que j'aimais en train de me tromper, alors tu es dingue ! J'ai dû encaisser la vérité, voilà tout. Après avoir refusé d'admettre les faits pendant des années.

— Les faits ? Quels faits ? explosa-t-il. Es-tu en train de prétendre que je t'avais déjà été infidèle ?

— Je me suis souvent posé la question ! Ce dont je suis sûre, c'est que j'ai passé mon temps à t'attendre dans mon coin pendant que tu sillonnais le monde pour le bénéfice d'Olympia, qui t'expédiait toujours en reportage lorsque nous nous apprêtions à fêter un anniversaire ou autre.

— Olympia est ma productrice, elle m'a confié des reportages importants parce qu'elle avait foi en moi. Si j'ai réussi, c'est pratiquement grâce à elle et... Bon sang, qu'est-ce que je raconte ? fit soudain Jack, jurant à mi-voix. C'est envers toi que j'ai une dette, car c'est parce que tu m'as soutenu financièrement du temps des vaches maigres que j'ai pu parier sur cette carrière. Je ne l'ai pas oublié.

— Si, tu l'as oublié, rétorqua-t-elle, mais avec calme cette fois, car sa colère était retombée. Et pourquoi en aurait-il été autrement ? C'était il y a longtemps. La vie continue, le passé est le passé.

— Kelly...

— Et le présent, c'est elle.

— Kelly, je t'en prie...

— Notre divorce n'a fait qu'entériner ce fait. Bon, maintenant, si tu veux bien, je vais finir de mettre la vaisselle dans l'évier.

2

Pendant les minutes suivantes, Jake l'aida à débarrasser et elle renonça à lui faire quitter les lieux. Elle lava les plats tandis qu'il se chargeait d'essuyer. Puis il finit par observer :

— Je ne sais pas où ranger tout ça, ici.

— Laisse tomber et va t'asseoir pendant que je fais du café.

Un instant plus tard, quand elle apporta la boisson fumante, elle le trouva affalé sur son canapé, dormant à poings fermés. C'était un spectacle familier. Combien de fois l'avait-elle attendu avec impatience, pour le voir s'effondrer sur un lit, terrassé par le décalage horaire, quelques instants après avoir franchi le seuil ?

Il remua en entendant tinter les tasses et se redressa en sursaut, se frottant les yeux.

— Le voyage a été long ?

— Dix heures de vol, je suis éreinté.

Il se leva en bâillant et se mit à errer à travers l'appartement, livrant des commentaires :

— C'est joli, ici. Pas mal, comme quartier. Il y a des boutiques tout près, un parc, tu n'es pas loin de la fac...

Il ouvrit une porte, lorgnant dans sa chambre.

— Hé ! C'est chez moi, ici ! fit-elle, protestant contre son intrusion.

— Désolé, c'était juste pour jeter un coup d'œil.

Comme si c'était une excuse !

— De toute façon, j'ai déjà vu ta chambre, reprit-il en avançant encore pour contempler son grand lit. Tout le monde y déposait son manteau.

— Sors de là, ordonna-t-elle.

— Et cette porte, là ? Ça donne sur quoi ? Laisse-moi découvrir tes secrets les plus sombres.

Il poussa la porte de la seconde chambre, plus petite et encombrée de caisses.

— Je n'habite pas ici depuis longtemps, alors j'ai mis là les choses que je n'ai pas encore réussi à caser, expliqua-t-elle. C'est provisoire.

Se laissant entraîner de nouveau vers le salon, il observa :

— Ça ne te ressemble pas, de laisser traîner des cartons.

— Je n'ai plus les mêmes priorités qu'avant, j'imagine. Je suis trop occupée désormais pour m'acharner au rangement.

Jake s'assit sur le divan et, presque aussitôt, délogea de derrière son dos quelque chose qui le gênait : un livre.

— Hé ! Qu'est-ce que c'est que ça ? fit-il, déchiffrant le titre : *Changer de vie, au lit et ailleurs !*

— C'est Marianne qui me l'a offert, expliqua Kelly en pouffant. C'est un de ces trucs New Age. Juste un gag.

— Un gag ? Et tous ces signets entre les pages, c'est pour indiquer les passages les plus amusants, je présume ?

— Marianne en a placé certains, et moi d'autres.

— Lesquels ?

— Devine. Tu l'as rencontrée tout à l'heure et, vu la façon dont vous dansiez, tous les deux, vous ne devez plus avoir de secrets l'un pour l'autre, maintenant. Tu aurais dû partir avec elle, d'ailleurs. Elle ne t'a pas donné son numéro ? Parce que sinon, je peux te le...

— J'aimerais organiser ma vie sentimentale moi-même, si tu permets ! Ça signifie quoi, ça, hein ? continua Jake en indiquant un chapitre coché, qui s'intitulait : « S'offrir enfin un homme-objet. » C'est elle qui a souligné ça ?

— Non, elle a eu son content d'hommes-objets. Si elle en avait encore voulu un, elle ne se serait pas intéressée à toi. Voyons, Jake. Soyons francs. Tu n'as plus l'âge de jouer les gigolos. A trente-huit ans, tu...

— Trente-deux, tu le sais parfaitement.

— Ah ? J'aurais cru... Enfin, en tout cas, tu n'es plus de la première jeunesse et...

— C'est bon, c'est bon, fit-il, admettant de mauvaise grâce qu'elle se moque de lui. Donc, c'est toi qui as coché ce chapitre ?

— Bien sûr.

— Tu as de jolies lectures, madame Lindley !

— Mlle Harmon, rectifia-t-elle. Quant à mes lectures, tu n'as aucun droit de regard dessus.

Il se mit à lire à voix haute :

— « Puisque vous changez, ne le faites pas à moitié. Savourez votre sentiment de libération en vous débarrassant de vos biens indésirables... »

Il marqua un arrêt et s'enquit :

— Les maris en font partie, je suppose ?

— Arrête de faire l'empêcheur de tourner en rond. Tu t'ennuyais mortellement avec moi. Tu es furieux uniquement parce que j'ai pris l'initiative de la séparation. Enfin, si l'on peut dire, car en couchant avec Olympia tu...

— Cesse de parler d'elle, coupa Jake d'un ton qui ne présageait rien de bon.

— OK, j'ai rien dit. Rends-moi mon bouquin.

— Minute, je n'ai pas fini. Où en étais-je ? Ah, oui. «... biens indésirables. Remplacez-les par quelque chose de radicalement différent. Un changement de partenaire opérera des merveilles. Si le fait de faire l'amour avec le même homme pendant des années vous a lassée... »

De nouveau, Jake marqua un arrêt pour commenter :

— Ah, nous y voilà ! Je le disais bien !

Et il continua :

—... « choisissez-lui un successeur plus jeune. Il apportera à vos ébats fraîcheur, nouveauté, force et vigueur, ainsi que le sens de l'aventure. »

Reposant le livre sur la table, il laissa tomber :

— Tu dois être plus âgée que je ne l'avais cru. Je ne pensais pas que tu avais déjà l'âge de te payer un gigolo.

— Ça prouve que tu me connais bien mal, le taquina-t-elle,

laissant errer ses mains sur sa combinaison moulante en satin noir. Là-dessous, je suis aussi molle et fripée qu'un vieux sac de pommes de terre.

— Laisse-moi constater ça par moi-même.

— Tu en as eu l'occasion cent fois, dit-elle, repoussant sa main.

— Pas depuis ta métamorphose !

— Eh bien tant pis pour toi. Contente-toi d'un regard tout extérieur, car tu n'auras jamais plus droit à autre chose.

— Tu veux parier ? demanda-t-il, le regard brillant.

— Jake ! Tu me crois tombée de la dernière pluie ou quoi ? Garde tes distances.

— Très bien. Revenons à ce qui nous occupe. Le gigolo.

— Je n'ai pas de gigolo. Pas encore. Ce sont uniquement des projets d'avenir.

Rouvrant le livre pour y trouver un nouveau sujet d'indignation, il lança :

— Et ça, alors, qu'est-ce que ça signifie, hein ? « Si vous êtes lasse de votre ancien moi, changez de personnalité, essayez-en même plusieurs. » Ah, bravo ! Et quel est ton moi d'aujourd'hui ? Comment es-tu censée t'y retrouver, dans toutes ces personnalités ?

— Facile. Il suffit de donner un nom à chacune.

— Effectivement. Je vois que tu as inscrit une liste dans la marge. « Yvonne... »

— La fille sportive et dégagée.

— Helena...

— Une rêveuse, une sentimentale, précisa Kelly, qui s'amusait ferme. Vie intérieure intense, imagination débridée.

— Carlotta ?

— Une aventurière du sexe. Toujours prête à de nouvelles expériences.

— Et les hommes s'y retrouvent comment ?

— Pas de problème. Il suffit de réserver une personnalité donnée à un homme donné.

Jake sirota son café, sans la regarder. Puis, brusquement, il grommela :

— Bon, avec lequel tu couches ?

— Pardon ?

— Carl ou Frank ? Ou ce mystérieux Harry à qui tu « manques terriblement » ?

— Mêle-toi de tes affaires !

— A moins que ce ne soit un de ces types qui te déshabillaient du regard, ce soir ? Pas besoin de beaucoup d'imagination pour ça, remarque, vu ta tenue.

— Voilà que tu m'insultes, maintenant !

— Pas du tout ! J'aime qu'une femme soit à l'aise avec son corps. Quand on possède une silhouette comme la tienne, autant l'afficher. Et tu le fais diablement bien ! Je n'ai rien contre. Tu as renoncé à bien des choses en m'épousant, je ne l'ignore pas. Je te reconnais le droit de t'amuser un peu.

— De toute façon, tu n'as plus le pouvoir de me l'interdire !

— Depuis 10 h 30 ce matin, je sais.

— Depuis bien plus longtemps que ça. En fait, depuis que… Oh, non, on ne va pas revenir là-dessus. On va encore se disputer, et en pure perte, en plus.

— Donc, tu ne réponds pas à ma question ?

— Quelle question ?

— Avec qui partages-tu ton lit ?

Se détournant légèrement vers lui, elle répéta en souriant :

— Occupe-toi de tes affaires, Jake.

— Je n'ai pas encore perdu l'habitude de considérer que ce qui te concerne me regarde aussi.

— Tu t'y feras, décréta-t-elle. Les choses ont changé.

Il laissa errer un doigt sur la chair nue de son épaule, le regard braqué sur sa poitrine ronde, soulignée par le tissu moulant.

— Diablement changé, murmura-t-il. Je pourrais devenir jaloux.

Une lueur indéniablement admirative brillait dans ses yeux et, un bref instant, l'ancienne Kelly, celle qui rayonnait au moindre intérêt qu'il pouvait lui manifester, refit surface. La nouvelle Kelly lui imposa silence. Elle connaissait Jake à fond, aucune de ses manœuvres ne lui échappait.

— Tu perds ton temps, affirma-t-elle.

— C'est bien sûr ?

— Certain.

— Alors, j'ai deviné, il s'agit de l'un d'eux ?

— Là encore, tu perds ton temps.

Il retira sa main.

— Pour avoir changé, tu as changé, murmura-t-il. Tu me disais tout, avant.

— C'était du temps où je n'avais rien d'intéressant à raconter. Du temps où je me creusais la cervelle pour trouver quelque chose à te dire au sujet de la maison ou de mon travail. Du temps où tu passais à la télé depuis des contrées lointaines et où, dans mon coin, je pensais : « Seigneur ! Et moi qui lui ai parlé de ma dispute avec le laitier ! »

— Peut-être que j'aimais ça, t'entendre parler du laitier. C'était concret, ça m'ancrait dans la vraie vie, ça m'aidait à garder les pieds sur terre.

— Eh bien, j'en ai peut-être eu assez d'être ton « ancrage dans le concret » et rien de plus, pendant que toi tu sillonnais le monde.

— Je ne t'ai même pas reconnue, ce soir, se plaignit-il. J'avais quitté une bibliothécaire et je retrouve une bombe, « mère au foyer mais sexy », comme ils disent dans ton bouquin.

— Mère au foyer, jamais, dit-elle très vite.

Il fronça les sourcils, puis comprit.

— Excuse-moi, soupira-t-il. Ça m'a échappé. Je ne me rendais pas compte que ça te faisait toujours aussi mal, après tout ce temps.

— C'est vrai, ça date d'il y a sept ans, répondit-elle d'une voix tendue. J'aurais dû tout oublier, comme toi.

— Tu es injuste. Je n'ai pas oublié que nous avons failli avoir un enfant. Un enfant que je désirais profondément.

— Oui, assez pour m'épouser parce que j'étais enceinte, énonça doucement Kelly.

Faisant peut-être preuve de sagesse, Jake ne répondit pas.

— Quand j'ai dit que tu étais une « bombe », je le pensais vraiment dit-il. Ce soir, on ne voyait que toi dans cette pièce. Je devrais peut-être prendre un numéro pour avoir ma chance après Carl, Frank et tous les autres.

— Non. Tu étais en tête de liste mais ton tour est passé. C'est fini.

— Comment cela peut-il être fini, après tout ce que nous avons représenté l'un pour l'autre pendant huit ans ?

— Allons, allons, ne te laisse pas aller au sentimentalisme. Tu as compté pour moi, mais l'inverse n'était pas vrai.

— C'est faux.

— Pas du tout. Jake, c'est sans doute notre dernière entrevue. Alors, soyons entièrement honnêtes, pour une fois. Mettons cartes sur table avant de continuer chacun de notre côté. Tu m'as épousée parce que j'étais enceinte et que tu voulais te conduire en gentleman.

— Il y avait tout de même autre chose que ça...

— C'est juste, tu désirais réellement un enfant, tu avais hâte d'être père. Et si j'avais eu ce bébé, nous aurions peut-être été heureux. Mais j'ai fait une fausse couche à quatre mois et je ne suis plus jamais tombée enceinte par la suite.

— Ce n'est pas faute d'avoir essayé.

— Oui. Je suppose que c'était ma seule chance d'avoir un enfant et qu'à présent c'est fini. Et tu tiens toujours à être père, n'est-ce pas ?

— Ce serait bien, admit-il après un silence. Mais ce n'est peut-être pas destiné à se réaliser.

— Pour nous deux, non. Mais ta prochaine épouse te donnera tous les enfants que tu voudras.

— Ne parle pas de ma « prochaine épouse ». Nous ne sommes même pas divorcés depuis vingt-quatre heures et tu veux déjà me remarier !

— Je dis simplement que nous allons de l'avant, tous les deux, et que c'est une bonne chose.

— Et c'est quoi, pour toi, aller de l'avant ?

— Etudier l'archéologie.

— Et tu passeras tes vacances sur des terrains de fouilles avec Carl. Bravo. Ça laissera les autres sur leur faim.

Kelly haussa à peine les sourcils. Jake tenta de déchiffrer son expression, sans y parvenir. C'était nouveau pour lui.

— Tu t'amuses, hein ? fit-il.

— Tu as reconnu tout à l'heure que j'en avais le droit.

— Sois prudente malgré tout. J'ai des doutes sur certains des hommes que j'ai vus ici ce soir.

— Moi, j'ai des doutes sur un seul.

— Tu as acquis un sacré sens de la repartie ! Sauf quand tu ne réponds pas du tout. Je t'ai envoyé des fax, des e-mails, des lettres… sans aucun résultat.

— J'ai répondu, au début. J'ai arrêté lorsque j'ai constaté que tu ne tenais aucun compte de ce que j'écrivais.

— Parce que j'étais fou furieux de voir que tu refusais mon soutien financier. Tu as abandonné tes études pour m'aider dans ma carrière. Tu as le droit de disposer d'une large part de ce que je possède. Ton avocat a dû t'en parler, d'ailleurs !

— Oh, rassure-toi, il est aussi furieux que toi.

— Je lui avais dit que je t'accorderais tout ce que tu me demanderais. Et tu l'as forcé à répondre : « rien du tout ». Ah, chapeau ! Je ne parlerai pas du fichu travail que tu as pris, après tous les jobs sans avenir que tu as acceptés pour m'aider ! Comment pourras-tu préparer convenablement ton diplôme si tu t'épuises par ailleurs au boulot ? Tu m'as soutenu pendant les années difficiles. Tu pourrais au moins me permettre de payer tes études.

— Pourquoi le devrais-je ?

— Parce que je te dois bien ça, dit Jake avec colère. Et que je tiens à payer mes dettes.

Kelly le dévisagea avec calme.

— Si notre mariage est une dette à payer à tes yeux, alors nous sommes encore plus éloignés l'un de l'autre que je le pensais. Tu ne comprendras donc jamais rien ?

Il secoua la tête. Non, il ne comprenait pas ! Et il était furieux, contre elle et contre lui-même. Il ne voulait pas « payer une dette ». Seulement lui exprimer sa profonde gratitude. Mais il n'avait pas su se faire comprendre, une fois de plus. Devant une caméra de télévision, il était à l'aise ; les mots lui venaient tout seuls. Avec cette femme, il ne les trouvait pas, et il était maladroit.

— Eh bien, explique-moi, murmura-t-il, les mâchoires serrées.

— Ce que j'ai fait, je l'ai fait par amour. Nous formions une équipe, nous nous le sommes assez répété, non ?

— Bien sûr. Mais ce mot-là n'a jamais eu grand sens pour toi, de toute évidence.

— Moi, j'aidais l'homme que j'aimais, c'est tout. Toi, tu n'avais pas la même vision de notre couple.

— Je t'ai fait subir une injustice, persista-t-il. J'essaie de la réparer.

— On ne peut pas revenir en arrière. Ce qui a eu lieu a eu lieu, tu n'y peux rien changer. Le passé est bien mort.

Son tempérament combatif le poussait à se rebeller contre ce point de vue. Mais la mélancolie qui perçait dans cette expression, « le passé est bien mort », le réduisit au silence.

Les subtilités de Kelly lui échappaient. Il ne savait appréhender que les faits. Il s'y était toujours raccroché pour esquiver les discussions et, au bout d'un certain temps, elle avait renoncé à approfondir quoi que ce fût avec lui. A l'époque, il en avait été soulagé.

— A quoi bon discuter ? soupira-t-elle.

— J'en ai peut-être envie, moi, argua-t-il.

— Allons donc. Tu as toujours détesté ça, Jake. Tout ce que tu voulais, c'était que je me taise et que je t'approuve.

— A t'entendre, j'étais une sorte de monstre, dit-il, réellement atterré.

— Pas du tout, murmura-t-elle avec un soupçon de nostalgie. Tu étais un homme comme tant d'autres : sûr d'avoir raison.

— C'est ce que tu pensais de moi depuis le début ?

— Non. Mais à la fin, nous ne formions plus vraiment un couple, n'est-ce pas ? dit-elle en se levant pour porter les tasses dans la cuisine.

D'un geste, elle l'empêcha de la suivre pour lui donner un coup de main.

Elle avait besoin de prendre ses distances avec lui. Le tour que prenait la conversation la déstabilisait. Elle n'aurait pas dû parler de couple et d'amour avec Jake ; cela éveillait des souvenirs qu'il valait mieux laisser enfouis.

« Mais est-ce que je désire réellement oublier ? se demanda-t-elle. Pourrai-je effacer ces huit ans écoulés ? Ils m'ont dépouillée de bien des choses, mais m'ont tellement apporté aussi ! »

Elle se remémora ses dix-sept ans... Elle était alors une lycéenne un peu trop enrobée, timide et solitaire, qui ne savait pas vraiment s'amuser. Elle travaillait dur dans l'espoir d'échapper à la petite ville provinciale où elle avait grandi, et à sa mère célibataire, à qui elle pesait. Mildred Harmon avait à peine dépassé la trentaine et affirmait avec conviction qu'elle avait encore « la vie devant elle ».

Kelly projetait de faire des études universitaires. Cependant, durant sa dernière année de lycée, elle avait assisté à une réunion d'information sur la carrière journalistique. Elle s'attendait à entendre Harry Buckworth, le directeur du journal local, qu'elle connaissait un peu. Mais Harry, retenu au lit par une forte grippe, avait envoyé à sa place Jake, au journal depuis un an.

Et, en un instant, tout avait été dit. A vingt-quatre ans, Jake, avec sa haute taille, sa silhouette athlétique moulée dans un jean, sa beauté et son aisance, lui était apparu comme une sorte de dieu. Il parlait si bien, avec tant de passion ! Et comme il riait ! Rien que pour cela, elle en serait tombée amoureuse.

En rentrant chez elle, rêveuse et éblouie, ne songeant qu'à essayer de le revoir, elle avait heurté quelqu'un sans le vouloir. C'était Jake.

Il lui avait offert un milk-shake au café du coin, l'avait écoutée parler. Elle ne se souvenait pas de ce qu'elle avait pu dire. Mais lorsqu'ils s'étaient quittés, la soirée était plus qu'entamée, et elle appréhendait l'accueil qu'on lui ferait à la maison, ne sachant comment expliquer son absence. En fin de compte, elle n'avait trouvé qu'un mot de sa mère, sortie avec son dernier petit ami en date, qui lui disait de se réchauffer un plat surgelé au micro-ondes.

Ensuite, Jake et elle s'étaient souvent croisés, comme par hasard, et retrouvés au café. Parfois, il l'aidait dans ses devoirs, la guidait pour faire des recherches sur Internet, l'écoutait développer ses idées. Auprès de lui, elle se sentait très « adulte ».

Une fois qu'il l'avait raccompagnée jusque chez elle, Mildred, postée derrière les rideaux, leur avait fait signe d'entrer. Elle avait observé songeusement Jake et, après son départ, avait dit à Kelly :

— Fais attention à ce garçon. Tu deviens jolie fille.

Deux semaines plus tard, le jour de son dix-huitième anniversaire, il lui donna enfin un baiser, et elle se sentit au septième ciel.

— J'attendais que tu aies l'âge, lui dit-il.

Mildred, apparemment persuadée d'avoir fait son devoir

maternel, était souvent de sortie, et Kelly put se laisser aller à savourer son bonheur.

Et puis Jake perdit son travail.

— J'étais obligé de le renvoyer, dit Harry lorsqu'elle lui demanda des explications. Il travaille dur, ça, je le reconnais. Mais c'est un entêté de première.

— Un bon journaliste se doit d'avoir des opinions et de les défendre !

— C'est bien joli, les opinions, mais à condition de tenir compte de celles des autres ! Je lui avais confié un reportage important, en lui donnant des directives sur la façon de mener l'affaire. Mais il a fallu qu'il n'en fasse qu'à sa tête ! Quand je suis rentré après une journée de voyage, le journal était quasiment bouclé et s'il avait paru en l'état, cela nous aurait aliéné notre plus important annonceur…

— Pff ! Les publicistes ! rétorqua dédaigneusement Kelly.

— Ça, c'est du Jake tout craché, fit Harry. Il est effronté, irréfléchi, et il a une trop grande gueule.

« C'est on ne peut plus vrai », s'avoua Kelly, debout dans sa cuisine, huit ans plus tard. Jake avait des opinions bien arrêtées, un culot monstre, une assurance inébranlable. Bref, il était impossible. Quand on le mettait devant une caméra, tout cela se muait en charisme extraordinaire. Mais qui aurait pu s'en douter, alors ?

Elle se contraignit à revenir au présent, à la réalité. Il était temps de tourner la page et de raccompagner Jake sur le seuil. Elle retourna dans le salon, les mots au bord des lèvres. Mais ils ne sortirent pas.

Jake était effondré sur le canapé, à l'endroit où elle l'avait laissé, plongé dans un profond sommeil, comme toujours après un reportage épuisant.

3

Réprimant un soupir, elle alla prendre une couverture et l'en enveloppa doucement, puis elle éteignit et gagna sa chambre. Elle avait à peine refermé sa porte qu'un grand bruit sourd l'amena à la rouvrir. Dans la lumière tamisée diffusée par sa lampe de chevet, elle aperçut Jake sur le sol.

— Bon sang, qu'est-ce qui se passe ?

— Tu es tombé du canapé en te retournant.

Il bâilla, se frotta les yeux. Elle vint arranger les coussins et, quand il se fut de nouveau hissé dessus, elle se mit en devoir de lui ôter ses chaussures. Puis elle lui allongea les jambes et rabattit la couverture.

— Tu vas me border ? demanda-t-il avec un sourire.

Dans la pénombre, elle ne distinguait que la lueur malicieuse de son regard. Acceptant le jeu, elle déclara d'un ton maternel :

— Oui, alors sois sage.

— Je suis toujours sage.

— Bien sûr. Dors bien.

Au même instant, elle sentit deux mains viriles qui lui enlaçaient la taille.

— Je n'ai pas droit à un petit bisou de bonne nuit ?

— Non, dit-elle alors qu'il l'attirait déjà vers lui. Jake, ce n'est pas bonne nuit, c'est adieu.

— Un baiser d'adieu, alors.

Comme il l'attirait plus près encore, elle pensa que cela ne représentait guère un danger. Elle était immunisée contre les baisers de Jake, à présent, et c'était le moment de le prouver.

En sentant sa bouche contre la sienne, cependant, elle reçut un choc. Etrangement, ces lèvres qu'elle connaissait si bien avaient quelque chose qui ne lui était plus familier. Il y avait si longtemps qu'il ne l'avait embrassée ! A présent, elle retrouvait dans sa caresse la fermeté et la douceur de leurs premiers baisers, avant que tout ne parte à vau-l'eau entre eux, et elle avait envie de les savourer un peu, comme un cadeau à retardement...

Ils s'embrassèrent comme deux étrangers explorant un nouveau territoire, intrigués, prêts à être surpris, à épouser toutes les exigences du désir. Jake se montrait passionné, ardent, et elle se sentait sur le point de céder à son étreinte...

A ce moment précis, un souvenir indésirable s'insinua dans sa mémoire. Craig... Un journaliste qui avait volé un scoop à Jake. Jake lui avait tiré son chapeau. Puis, la semaine suivante, il avait mis la main sur un scoop plus sensationnel encore, qui avait renvoyé Craig aux oubliettes.

— Je ne suis pas bon perdant, avait-il expliqué.

En divorçant, en le rejetant aux yeux de tous, Kelly l'avait placé en position de perdant. Il n'allait sûrement pas la laisser partir pour de bon sans tenter quelque chose pour renverser la situation à son avantage. C'était donc le moment de se montrer forte. Tout de suite. Incessamment. Bientôt... Il y avait, dans le baiser de Jake, dans la caresse de sa langue, quelque chose qui l'incitait à ne pas jouer les rabat-joie et à savourer l'instant sans arrière-pensée. Quelque chose qui la retenait captive, subjuguée. Et, tout à coup, elle s'ouvrit entièrement au plaisir qui s'offrait à elle.

Il était trop tard pour la prudence, pensa-t-elle en prenant l'initiative, grisée de sentir l'étonnement de Jake. Après un instant de passion mutuelle, il l'écarta doucement de lui, la contemplant d'un air interrogateur.

— Mmm, fit-il. Yvonne ? Helena ?

— Carlotta, dit-elle avec intrépidité.

— Ah ! C'est justement ce que j'espérais. Elle a l'air diablement intéressante...

— Encore plus que tu ne l'imagines, même si elle ne met pas n'importe qui dans le secret.

— « Toujours partante pour une nouvelle expérience », cita Jake, reprenant la description qu'elle avait faite de Carlotta, plus tôt dans la soirée.

— Prête à tout, confirma Kelly.

Jake la prit au mot, laissant errer ses mains sur son corps moulé de satin noir, répondant à l'invite implicite de la tenue : une femme ne s'habillait ainsi que pour se faire dévêtir... Et cela lui convenait, du moment qu'il était l'homme élu pour lui complaire.

Le souffle suspendu, Kelly le laissait redécouvrir son corps. Ils avaient bien souvent fait l'amour et, pourtant, elle avait l'impression que c'était la première fois. Elle sentait qu'il se comportait comme avec une autre femme ; en la voyant sous un autre jour, il se comportait différemment lui aussi.

La première caresse de sa langue sur la peau nue de ses seins fut si légère et subtile qu'elle la perçut à peine. Puis elle se fit plus insistante, plus avide, et Kelly se cambra pour mieux s'offrir, laissant échapper un long gémissement de volupté.

— Que veux-tu ? murmura Jake.

— Tu sais bien ce que je veux.

— Dis-le quand même.

— Je veux... tout.

Il la souleva pour l'emporter jusqu'à sa chambre. Bientôt, il l'eut entièrement dépouillée de la combinaison de satin, et il ôta ses propres vêtements à gestes rapides. Elle vit qu'il était excité, qu'il la voulait au-delà de toute raison, et ne fut pas surprise de le sentir presque aussitôt en elle. Instantanément, elle épousa ses mouvements vigoureux et rythmés. Il y avait si longtemps... En cet instant, elle s'avoua enfin la violence du désir qu'elle nourrissait encore pour lui. Elle se laissa aller avec délices, lui rendant plaisir pour plaisir, en affamée de passion, jusqu'à la complétude ultime.

Ce fut une sensation si intense qu'un instant, elle en demeura comme étourdie. Son cœur battait follement, et elle attendit que son corps s'apaise peu à peu, dans une sorte d'état second qui tenait du rêve éveillé. Elle avait la sensation d'être ailleurs, de s'observer à distance, se demandant si la femme qui venait de se révéler en elle était bien l'ennuyeuse petite Kelly, qui avait perdu son mari parce qu'elle n'apportait aucun piment dans sa vie.

Lorsqu'elle rouvrit les yeux, elle s'aperçut que Jake s'était levé et se tenait, nu, devant la fenêtre. Elle se sentit brièvement rejetée puis, percevant la tension de son corps viril, elle réalisa qu'elle se trompait, qu'il y avait autre chose. Le front de Jake reposait contre le montant et elle voyait, de là où elle se trouvait, qu'il avait le regard vague d'un homme perdu dans ses propres pensées.

En soi, c'était étrange. Jake n'avait jamais eu tendance à l'introspection. Sa principale préoccupation, c'était le monde extérieur, et il n'était pas du genre à s'analyser, se disséquer, s'interroger sans fin sur lui-même. Si elle ne l'avait pas su intrépide, elle aurait pu croire qu'il avait peur de se connaître à fond...

Mais elle n'avait pas envie de s'appesantir là-dessus. Maintenant, c'était elle qui repoussait les questionnements pour ne songer qu'à la volupté des sens. Et elle venait d'éprouver le plaisir le plus intense de toute sa vie de femme. Elle poussa un petit soupir de satisfaction, jouissant de la vue du corps long et ferme, élégamment musclé, de Jake, sans refouler les pensées torrides qu'il évoquait. L'ancienne Kelly, la lycéenne énamourée, avait disparu, et c'était en femme qu'elle contemplait ce beau spécimen viril. Oui, sur le plan de la masculinité, Jake triomphait aisément de tous les tests, pensa-t-elle avec un sourire.

Et elle en avait d'autres en réserve pour lui. Il ne s'agissait plus d'amour, mais de plaisir pur. La sensualité pour la sensualité.

Se glissant silencieusement hors du lit, elle le rejoignit. Quand elle fut juste derrière lui, elle lui toucha doucement l'épaule mais, s'il redressa la tête, il ne la regarda pas. Elle effleura son dos, atteignit le creux de ses reins, marqua un temps d'arrêt, puis s'enhardit vers son ventre, faisant aller et venir sa main. Il se détourna à demi, mais elle le retint.

— Non, murmura-t-elle. Je te dirai quand.

Elle continua sa caresse, triomphant de le sentir déjà prêt pour elle, tandis qu'il murmurait :

— Je croyais que tu dormais.

— Le crois-tu toujours ? souffla-t-elle en se plaquant contre son dos.

— Je ne sais pas que penser. Peut-être es-tu un fantôme.

— Est-ce qu'un fantôme ferait ça ? s'enquit-elle en caressant son corps viril partout où elle le savait sensible. Ou ça ?

— Qu'est-ce que tu fabriques ? murmura-t-il d'une voix rauque.

— Je te prouve que je suis réelle. Très, très, très physique, même.

— Ça oui ! Aucune des femmes que je connais ne ferait ça, souffla-t-il en savourant ses attouchements.

— Précisément. Aucune femme de ta connaissance, admit-elle, ravie du jeu délicieux qu'ils avaient entamé.

Cette nuit, ils n'avaient ni passé ni futur. Ils venaient de nulle part et, demain, ils s'évanouiraient comme s'ils n'avaient jamais existé. Mais maintenant, ils étaient bien là, brûlants de désir, et c'était magique.

Jake ne tarda pas à pivoter sur lui-même, à prendre l'initiative.

— Prête à tout ? murmura-t-il contre ses lèvres.

— Je crois pouvoir te surprendre un peu.

Cependant, c'était lui qui la surprenait, à présent, et elle adorait ça. Pendant leur vie de couple, Jake avait toujours été un amant tendre et attentionné. Cette fois pourtant, il n'y avait plus rien de tendre dans son étreinte et ce fut presque brutalement qu'il la repoussa sur le lit, lui écartant les cuisses pour la prendre avec un emportement violent. Passé le premier choc, elle lui répondit avec ardeur, nouant ses jambes autour de lui, le sollicitant avec une passion égale à la sienne. Puis leurs mouvements se firent plus doux, plus sensuels…

Elle avait cru se connaître : pudique, paisible, nullement flamboyante ou aventurière. Et voilà qu'elle se découvrait emportée, débridée même, comme si sa sensualité, enfin révélée, cherchait à prendre une éclatante revanche.

Quand leur élan se fut apaisé, Jake alluma la lampe de chevet.

— Je veux te regarder.

Elle se redressa, se tournant de côté et d'autre sans fausse pudeur pour bien s'offrir à son regard, et demanda avec espièglerie :

— C'est bien ce que tu voulais ?

— Mieux encore. Tu me provoques, ma parole !

Son regard brillait, et elle fut intriguée par l'éclat inaccoutumé de ses yeux. Mutine, elle le renversa sur le dos et le chevaucha, jouissant de son air à la fois troublé et surpris.

— Détends-toi et savoure ! lui lança-t-elle.

— J'aimerais savoir où tu as appris tout ça, murmura-t-il d'une voix quelque peu haletante.

— Ça ne te regarde pas, lui souffla-t-elle.

C'était fou ce qu'on pouvait découvrir dans les livres, de nos jours, pensa-t-elle. Mais elle n'allait certes pas le dire à Jake. Quelle délicieuse excitation de le sentir en elle de cette façon-là, si nouvelle, et de constater que, cette fois, Jake la trouvait vraiment imprévisible... Oui, c'était grisant de liberté et de volupté, songea-t-elle en s'abattant sur lui, souriante et repue.

Après une nuit pareille, elle allait enfin pouvoir le laisser partir.

Dans la chambre éclairée par le jour, Kelly se redressa, pleinement éveillée, et furieuse contre elle-même. Seigneur, qu'avait-elle donc fait ? Elle aurait dû se douter que Jake tenterait quelque chose ; que, piqué par leur divorce, il chercherait à toute force à prouver qu'il pouvait encore la mettre dans son lit. A présent, elle n'était plus qu'un trophée, tels ces scalps que les Indiens passaient à leur ceinture !

Bien sûr, ç'avait été merveilleux, grisant, inoubliable. Oui, cette nuit, il l'avait vue sous un tout nouveau jour, en femme désirée par d'autres hommes. Et, en prédateur qu'il était, il avait combattu pour avoir la suprématie sur eux. Mais maintenant ? Satisfait, il n'avait plus qu'à disparaître...

Elle se faufila hors du lit, passa une robe de chambre et alla s'activer dans la cuisine, tout en guettant, malgré elle, le bruit de ses pas quand il viendrait la rejoindre.

— Le petit déjeuner est bientôt prêt, lui dit-elle quand il apparut enfin.

Elle lui glissa une tasse de café fumant dans la main.

— Comment te sens-tu ? demanda-t-il prudemment.

— Merveilleusement bien. J'avais peur d'avoir une bonne gueule de bois, après la soirée d'hier, mais non, je suis en forme.

— Je n'ai pas l'impression que tu aies bu tant que ça.

— J'étais un peu pompette, mentit-elle.

— Tu as changé, alors. Tu ne prenais jamais beaucoup d'alcool, avant.

— Je n'avais pas non plus d'aventures d'un soir. Mais j'ai fait une exception pour toi, en souvenir du bon vieux temps.

— C'est gentil de ta part, grommela-t-il.

— Tu me devais bien ça, après avoir renvoyé Frank et Carl avant que j'aie pu choisir entre eux.

Jake eut un soupir étranglé.

— Ne parle pas comme ça, dit-il.

— Hé, ne fais pas cette tête. C'était formidable. Une façon épatante de mettre fin à notre mariage.

Une pensée épouvantable la traversa et elle s'enquit :

— Jake, ça t'a plu, n'est-ce pas ?

— Et même mieux que ça, admit-il à voix basse. Je ne savais pas que tu avais… appris tant de choses.

Il semblait vouloir lire en elle mais elle se déroba à son inquisition silencieuse avec un sourire paisible, en parfait désaccord avec les battements précipités de son cœur.

— Tu as raison, dit-il enfin, tu es une autre femme. Je ne l'avais pas compris. Ta vie t'appartient, à présent. Tu as repris ta liberté pour t'accomplir à ta guise.

— C'est bien pour nous deux, souligna-t-elle.

— Oui. C'est juste que…

Tendue, elle attendit ce qui allait suivre. Il semblait chercher ses mots, et elle les guettait… Tout à coup, il changea de visage en voyant quelque chose derrière elle, et l'expression qui l'intriguait tant fit place à un air effaré.

— Oh, bon sang ! s'exclama-t-il, le regard braqué sur le réveil. Tu as vu l'heure ?

— Il est juste un peu plus de 10 heures. Pourquoi ?

— Il faut que je saute dans un taxi pour attraper le vol de midi, sinon je n'ai plus qu'à tirer un trait sur ma carrière.

Un instant plus tard, il partait, sans lui avoir livré ce qu'il avait voulu dire.

— Salut, lui lança-t-il avec un bref baiser sur la joue. Il y a un cadeau pour toi sur le lit. Pour Noël et la pendaison de crémaillère.

Le présent était une montre en platine ornée de petits diamants, le genre d'objet qu'un homme pressé peut acheter dans une boutique d'aéroport, entre deux vols. Elle était habituée à de tels cadeaux de sa part, car il lui en avait rapporté à chaque retour du bout du monde.

Jamais elle ne lui avait avoué à quel point elle se sentait seule sans lui. Peut-on se plaindre à un homme qui vous rapporte sans cesse des bijoux coûteux ? D'ailleurs, elle se sentait presque aussi seule lorsqu'il était près d'elle.

Cette fois, pourtant, c'était différent, puisqu'il n'était nullement tenu de lui offrir quoi que ce fût, et ce geste la toucha. Elle regarda en souriant autour d'elle. Et soudain, face au vide qui l'entourait, elle sentit aussi un grand vide dans son cœur, un vide effrayant et impossible à combler.

4

En se réinscrivant à l'université, Kelly avait craint de se sentir un peu rouillée. Mais, contrairement à son attente, les cours lui avaient paru faciles à suivre et passionnants. Les professeurs appréciaient son travail, et elle éveillait autour d'elle beaucoup de sympathie. C'était un peu comme si elle avait enfin droit à la vie idéale d'étudiante dont elle avait rêvé autrefois.

Le problème, c'était de faire face au coût de ces études. Elle avait fait un emprunt bancaire pour couvrir les frais principaux, et travaillait trois soirs par semaine dans un petit restaurant. Cela se révélait plus fatigant que prévu.

Peut-être aurait-elle dû accepter la proposition de Jake, plutôt que d'avoir à subir, à la fin d'une journée de cours éreintante, l'odeur de graillon qui émanait des cuisines et qui lui donnait la nausée. Elle n'éprouvait rien de tel, au début. Mais depuis sa nuit si particulière avec Jake, elle avait curieusement changé d'humeur. Elle était devenue irritable, et même prompte à s'échauffer.

Elle n'avait pas de nouvelles de Jake et s'en réjouissait : cela l'aiderait à tourner entièrement la page.

Pourtant, ce n'était pas si facile. Ce qui s'était produit entre eux, loin d'avoir le caractère d'un adieu, avait tout d'une redécouverte. C'était le type d'échange sensuel qu'on avait au début d'une rencontre, comme pour explorer les possibles, jalonner l'avenir. Quelle absurdité de faire l'amour de cette façon alors que tout était fini !

Oui, c'était absurde, risible, inepte, se répétait-elle à l'envi, comme pour tenter de juguler la nostalgie aiguë qui la tourmentait.

Elle savait que Jake était rentré, quelle qu'ait pu être sa destination, car elle avait vu une photo de lui dans un journal, prise au cours d'une soirée glamour donnée en son honneur. Olympia était pendue à son bras, rayonnante, superbe.

Sinon, elle pouvait aussi le voir au journal télévisé, ainsi qu'elle l'avait fait des années durant...

Un soir qu'elle regardait justement les nouvelles avant de se coucher, on annonça son intervention « en direct du théâtre des hostilités », comme d'habitude. Elle prêta à peine attention à ce qui se disait, réprimant un bâillement. Jake avait toujours adoré être dans le feu de l'action, fût-ce la plus dangereuse. Elle suivait cela de loin, à la maison, morte d'angoisse, et lui taisait ses inquiétudes lancinantes quand il rentrait. Il n'aimait pas parler de ces choses.

— Tout ça, c'est de la frime, de l'exagération, soutenait-il. Je rentre toujours sain et sauf, non ?

Et c'était vrai. A présent, elle trouvait vraiment agréable de ne plus avoir à se ronger les sangs, puisque leurs chemins s'étaient séparés. En tout cas, il avait fière allure à l'écran, reconnut-elle, avec son hâle d'homme d'action, sa chevelure brune légèrement ébouriffée par la brise tandis qu'il transmettait son commentaire des événements :

— Les deux camps sont plus éloignés que jamais de faire la paix...

Elle n'écoutait pas vraiment ce qu'il disait, concentrant son attention sur son visage. Quand donc ces petits plis étaient-ils apparus sur le front de Jake ? Les avait-il, lorsqu'ils s'étaient vus pour la dernière fois ? Elle n'aurait su dire, trop d'impressions et d'images se superposaient dans son souvenir...

— Sous le tir incessant des mitrailleuses, que vous pouvez entendre crépiter autour de moi...

La voix de Jake s'évanouit tout à coup et Kelly fut tirée de sa rêverie. Elle vit qu'il avait disparu de l'écran, que la caméra tournoyait en tous sens ; quelqu'un criait, et voilà que Jake était là, à terre, que des gens se ruaient vers lui, qu'un flot de sang se répandait entre ses doigts, crispés sur son estomac. Soudain, elle comprit qu'il avait été atteint par un coup de feu.

Il parlait encore en direction de la caméra, réussissant à sourire péniblement.

— Ils étaient plus près que je ne croyais, continua-t-il, tandis qu'on le soulevait et qu'on l'emportait loin du théâtre de la guerre.

Et il parla jusqu'à ce qu'il finisse par tomber évanoui. Dans le studio, chacun semblait sonné, personne ne pouvait dire ce qui s'était réellement passé. Prête à hurler de frustration et d'angoisse, Kelly souleva son téléphone. Elle le reposa presque aussitôt. Elle n'était plus la femme de Jake, elle n'avait plus le droit d'obtenir des informations.

Cependant, elle guetta l'écran, en état de choc, puis changea fébrilement de chaîne, à plusieurs reprises, attendant pendant plus d'une heure des précisions qui ne vinrent pas.

Alors, n'y pouvant plus tenir, elle téléphona au studio et demanda à parler à Dave Hadway, de la rédaction, qu'elle connaissait un peu. Mais il avait quitté la chaîne et ce fut Olivia Statton qu'elle eut au bout du fil.

— C'est Kelly, énonça-t-elle en s'efforçant de garder son calme. A-t-on des nouvelles de Jake ?

— On l'a emmené à l'hôpital local.

— C'est grave ?

— Désolée, mais nous ne livrons pas d'informations de ce genre au public.

— Comment ça, au public ? s'enflamma Kelly, perdant la tête. J'étais sa femme, et vous le savez pertinemment.

— Certes, mais vous avez choisi de demander le divorce, déclara Olivia d'un ton où perçait une satisfaction mauvaise. Navrée, mademoiselle Harmon, mais je ne peux parler de l'état de Jake qu'avec sa famille.

— Mais il n'en a pas ! s'exclama Kelly.

— Il a des amis qui se soucient de lui.

Là-dessus, Olivia raccrocha.

Kelly reposa le récepteur à son tour. Puis, dans un mouvement de rage qui ne lui ressemblait pas du tout, elle s'empara d'un vase proche et l'expédia à la volée contre le mur, le brisant en mille morceaux.

Elle resta plantée devant la télévision pendant plusieurs heures, attentive à capter la moindre nouvelle, tandis que l'on rediffusait sans cesse les images du coup de feu, de Jake qui tombait au sol, inexorablement, sous l'œil des caméras.

Elle finit par apprendre que Jake recevait des soins appropriés, mais que si son état était stabilisé, il se trouvait toujours dans une condition critique. Ce fut sur ces informations précaires qu'elle s'endormit d'épuisement.

Quand elle s'éveilla, la matinée était déjà très avancée, le chauffage s'était éteint, et elle se mit debout avec difficulté dans la pièce à présent glaciale. La tête lui tourna, l'obligeant à se rasseoir. Quand elle se sentit suffisamment remise de son malaise, elle ralluma le chauffage et alla se préparer du thé dans la cuisine. Mais elle ne parvint pas à manger, ensuite, les œufs au bacon qu'elle avait fait cuire. L'odeur la révulsait. En fait, tant qu'elle ne saurait pas que Jake était hors de danger, elle serait incapable de rien avaler, elle le sentait.

Se calant dans un fauteuil, elle s'en voulut de sa faiblesse. Qu'était donc devenue sa belle indifférence à l'égard de son ex ? Envolée !

Quelque chose d'autre la turlupinait : Olympia l'avait appelée « Mademoiselle Harmon ». Elle savait donc qu'elle avait repris sa liberté et, surtout, elle connaissait son nom de jeune fille. Et cela, une seule personne avait pu le lui apprendre…

Le lendemain, un hélicoptère emmena Jake hors du pays où il avait été blessé dans un grand hôpital italien, afin qu'il puisse subir une opération en vue d'extraire la balle. Puis il n'y eut plus d'autres bulletins.

Kelly tenta d'obtenir des nouvelles par des amis communs à Jake et elle, mais ils n'en savaient pas davantage. Elle ne put avoir d'autres informations qu'à la lecture d'un article dans un journal à scandale intitulé : « Jake Kindley, l'homme que je connais » et signé d'Olympia. Le papier mettait cette dernière en avant, insistant sur la profondeur de sa relation avec Jake, dont elle signalait le divorce récent. Il ne manquait qu'un faire-part de mariage, songea Kelly. Puisqu'ils étaient déjà amants...

Enfin, un ami journaliste lui signala que Jake lui avait téléphoné, lui demandant de lui apporter quelques livres dans l'hôpital londonien où il serait transféré à la fin de la semaine. Il était hors de danger, et on le renvoyait au pays pour achever sa convalescence.

L'hôpital n'était situé qu'à quelques kilomètres de chez Kelly et elle tenta de téléphoner à plusieurs reprises. Mais les appels étaient systématiquement détournés vers le service de presse de la chaîne de télévision qui employait Jake.

Frustrée de ne pas savoir s'il se remettait bien, se répétant à l'infini que de toute façon ce n'était plus son affaire, elle se mit pourtant en route pour l'hôpital, un après-midi, anticipant une fin de non-recevoir.

Contre toute attente, elle eut de la chance. La jeune réceptionniste, qui l'avait entrevue à la télévision le soir où l'on avait remis à Jake le prix du Meilleur Journaliste de l'année, la reconnut aussitôt, en dépit de sa nouvelle coupe de cheveux.

— Nous sommes divorcés, la prévint Kelly avec honnêteté.

— Je sais, je l'ai lu dans les journaux. Mais je n'aime pas l'autre, là, qui se prend pour la reine et donne des ordres à tout le monde, chuchota la jeune fille d'un ton de conspirateur. Troisième étage, chambre 303.

— Merci, murmura Kelly avec ferveur.

Et elle s'éclipsa sans demander son reste.

Parvenue au troisième, elle faillit rebrousser chemin. Olympia serait sûrement là, au chevet de Jake, et elle aurait l'air d'une intruse... Puis elle se ravisa, se disant que Jake pouvait bien la chasser s'il le désirait, mais qu'elle ne partirait pas sans l'avoir revu. Courageusement, elle poussa la porte de la chambre.

Il y avait une ribambelle de cartes postales au mur et des fleurs partout — en particulier un énorme bouquet de roses rouges qui volait la vedette à tous les autres. Pas difficile de deviner qui l'avait envoyé..., pensa Kelly.

Très vite, elle fut frappée par le calme étrange qui régnait dans la pièce. Il n'y avait ni livres ouverts sur le lit, ni radio ou télévision pour rompre le silence. Et le malade qui se trouvait là, regardant dans le vague, droit devant lui, semblait en proie à la lassitude la plus profonde. Non, ça ne pouvait être Jake, qui était la vie même. Jake, l'activiste impénitent !

Puis il tourna la tête, et elle sentit le souffle lui manquer. C'était bien Jake, et en même temps, ce n'était plus lui. Il avait la pâleur terreuse d'un homme qui a vu la mort de près. Ses joues étaient creusées, son regard sans vie, son expression celle d'un être qui a touché le fond du désespoir.

« Comment peut-on changer ainsi en si peu de temps ? » s'interrogea-t-elle. Seigneur, elle aurait donné n'importe quoi pour qu'il redevînt lui-même ! Elle guetta sur son visage un signe de reconnaissance, mais nulle lueur ne vint éclairer son regard. Enfin, il dit très bas :

— C'est toi ?

Elle s'élança, s'inclinant vers lui.

— Oui, Jake, c'est moi. Tu me reconnais ?

A ces mots, il eut un faible sourire.

— Pas de souci, murmura-t-il, ils m'ont atteint à l'estomac, pas à la tête. Je ne suis pas plus fou qu'avant. C'est bon de te voir, Kelly. J'étais sûr que tu viendrais.

Cette déclaration toute simple la bouleversa. Elle aurait dû accourir sans tarder, être là depuis longtemps. Attirant une chaise à elle, elle s'assit près du lit et prit la main de Jake entre les siennes, remuée de la sentir si maigre entre ses doigts.

— Je serais venue beaucoup plus tôt mais tu es devenu plus difficile à approcher qu'un porc-épic, ces temps-ci. Si j'ai pu parvenir jusqu'ici, c'est uniquement parce que la petite de la réception nous avait vus ensemble à la télé. Est-ce qu'Olympia va rappliquer avec une nuée de photographes pour nous confondre ?

Il eut un faible sourire.

— Tu as lu son papier ? Grotesque, non ? Enfin, je ne la blâme pas d'avoir voulu se faire un peu de pub. Elle est en pleine ascension, elle ne va pas tarder à être au top.

Jake admirait les gens qui savaient se hisser au sommet dans leur métier, se rappela Kelly. Ceux qui avaient une existence « à moteur turbo », comme il disait : glamour, excitante, accomplie. Pour sa part, Kelly se jugeait très en dessous de cette catégorie…

— Olympia ne viendra pas, précisa-t-il, elle est en stage de management.

Ainsi, pensa Kelly, Olympia ne se contentait pas d'être productrice de télévision. Elle visait plus haut encore : sans doute espérait-elle fonder et diriger un empire médiatique dont Jake serait le fer de lance…

— Tu dois avoir hâte de reprendre le boulot, lui dit-elle.

— Pourquoi penses-tu ça ?

— Tu n'as jamais été le convalescent idéal. Toujours prêt à quitter le lit plus tôt que prévu.

— On m'encourage à marcher un peu chaque jour. Pas facile. Ils m'ont filé un de ces machins à quatre pieds dont on se sert pour s'aider mais j'ai refusé. L'ennui, c'est qu'une fois debout, j'ai chancelé, et c'est une infirmière deux fois plus petite que moi qui m'a sauvé. Le Dr Ainsley, un chirurgien hors pair mais à peu près aussi aimable qu'un piranha, m'a fait la leçon et j'ai dû l'écouter.

— Aurais-tu enfin trouvé quelqu'un capable de t'inculquer un peu de bon sens ? fit tendrement Kelly.

— Bien obligé d'obéir. Mes jambes ne me portent pas.

— Tu te sens largué, alors ?

— Un peu. Olympia m'a passé quelques coups de fil pour me tenir au courant mais…

— Jake, tu n'as pas à te justifier auprès de moi, coupa-t-elle très vite. Ta vie privée t'appartient.

Il y eut un temps de silence, puis il retira sa main d'entre les siennes, comme s'il était atteint.

— Oui, bien sûr.

Une fois de plus, elle songea : « Est-ce bien lui ? Il n'était pas comme ça, avant… »

— Je vois qu'on pense à toi, observa-t-elle en désignant les nombreuses cartes postales affichées au mur.

— Les gens du studio m'envoient des blagues osées presque chaque jour. C'est embêtant, parce qu'elles sont souvent très drôles et que ça me fait mal, quand je ris. Les téléspectateurs aussi m'adressent des cartes. J'essaie de leur répondre mais...

Il haussa les épaules, puis dit soudain en rabattant les couvertures :

— Sortons d'ici. Je t'offre un thé à la cafétéria.

— Tu as le droit ?

— Bien sûr. Il faut que je fasse de l'exercice chaque jour. Je suis déjà sorti un peu, mais je suis revenu au lit presque tout de suite, j'étais fatigué.

Kelly sentit s'accroître son malaise. Jake avait toujours horreur de se faire dorloter ! Alors que là, il la laissa docilement lui passer sa robe de chambre, et lui demanda même si elle voulait bien lui mettre ses pantoufles, comme il lui était pénible de se baisser. Elle regarda autour d'elle, en quête du déambulateur dont il avait parlé, et ne vit qu'une chaise roulante.

— Tu veux monter là-dessus ? s'enquit-elle.

— Au diable cet engin ! Je peux marcher, soutint-il, laissant enfin s'exprimer un peu l'ancien Jake.

Il glissa son bras sous le sien et ils se mirent en route. Qu'il avait donc maigri ! pensa-t-elle avec un pincement au cœur. En fait, il était même devenu frêle, fragile.

Il lui parla gaiement du Dr Ainsley, qu'il décrivait comme un véritable dragon, mais elle vit bien qu'il n'était guère vaillant. Il avait la démarche plutôt chancelante et fut visiblement heureux d'atteindre enfin la cafétéria, où il se laissa tomber sur une chaise tandis qu'elle allait chercher leurs boissons.

Elle apprit à cette occasion qu'on l'avait d'abord nourri par sonde et qu'à présent, il était autorisé à prendre essentiellement des aliments liquides. Elle lui commanda un lait aromatisé, en songeant à la façon dont il lampait cavalièrement, autrefois, un bon verre de whisky. Quand elle revint, il flirtait avec la jolie serveuse, et cette vision lui remonta le moral.

Tandis qu'ils sirotaient chacun leur milk-shake, Jake observa :

— On dirait un couple d'ados.

— Les ados ne boivent plus de lait-fraise, de nos jours.

— Oui, mais nous le faisions autrefois, tu te souviens ? Tu n'avais que dix-sept ans, nous ne buvions rien d'alcoolisé.

En pouffant, elle lui rappela alors la fois où, lors d'une de ces rencontres, elle lui avait longuement parlé d'un examen qu'elle venait de subir.

— A un moment donné, quand je me suis tournée vers toi, tu bâillais quasiment d'ennui.

— J'écoutais à peine, c'est vrai, mais pas par ennui. Je me disais que tu étais drôlement jolie.

— Et moi, je te trouvais très mûr, très adulte. Jusqu'au moment où tu as fait un grand bruit en aspirant avec ta paille.

— Comme ça ? demanda Jake, joignant la mimique à la parole.

Il acheva à grand bruit le contenu de son verre et elle l'imita, lui arrachant un grand sourire. Puis il parut remarquer quelque chose, en direction du seuil et, se retournant, elle découvrit un homme de haute taille, d'environ quarante ans, qui scrutait la salle. Un instant plus tard, il les avait rejoints.

— J'espérais bien vous trouver ici, dit le nouveau venu à Jake. Vous n'étiez pas dans votre chambre.

— Kelly, je te présente le Dr Ainsley, énonça Jake.

En serrant la main du médecin, Kelly songeait à la description que Jake lui avait faite de ce dernier. Elle comprit aussitôt que son ex-mari avait exagéré : s'il possédait un menton obstiné, le chirurgien avait un visage agréable et un regard amical et chaleureux.

— Je sais tout à votre sujet, lui dit-il avec un large sourire. Anna, notre réceptionniste, s'est empressée de faire part à tout le monde de votre visite.

Kelly garda un silence prudent, tout en se demandant ce que la jeune hôtesse avait pu raconter à son sujet. Jake et elle se disputèrent l'honneur d'aller lui chercher un café, mais le Dr Ainsley, posant une main sur le bras de la jeune femme, déclara :

— Laissez-le s'en charger, l'exercice lui fera du bien.

Dès que Jake se fut éloigné, il ajouta précipitamment :

— Je voulais vous parler seul à seule.

— Comment va-t-il, en réalité ?

— Il se remet, mais pas aussi vite qu'il le devrait. Comme s'il n'arrivait pas à exiger de lui-même un tel effort.

— Il a toujours été si fort, pourtant ! Si sûr de lui, si macho...

— Ce sont souvent ces hommes-là qui flanchent le plus dans une situation pareille. Habitués à tout contrôler, ils ne supportent pas de ne plus avoir la maîtrise des choses, et d'eux-mêmes. Psychologiquement, il est en état de choc : il n'admet pas de ne pas pouvoir sortir de sa situation par un simple effort de volonté.

— Il m'a raconté qu'il avait voulu marcher tout seul trop tôt.

— Ça a été un tournant capital. Il pensait pouvoir recommencer très vite à vivre à cent à l'heure. En découvrant qu'il n'en était rien, il s'est effondré. Il va avoir besoin qu'on veille sur lui de près.

Kelly se crut obligée de souligner :

— Je ne suis plus sa femme, docteur.

Il changea de visage.

— Mais je croyais...

— Nous avons divorcé voici quelques semaines. Croyez-vous que j'aurais mis tant de temps à venir le voir, sinon ?

— Bien sûr que non. Désolé. Cela dit, vous êtes tout de même là.

— Quand on a l'habitude de se soucier de quelqu'un, on ne la perd pas du jour au lendemain.

— A ce que j'ai compris, il n'a aucune famille.

— Ni frères ni sœurs. Et ses parents sont morts.

— Il n'a que vous, alors.

— Et Olympia Statton.

— Oh, oui ! La grande blonde tout en fourrures ?

— Exactement, fit Kelly en réprimant un léger rire.

— Elle est venue une fois ou deux, en ayant grand soin de se faire suivre par des cameramen. On ne peut pas dire qu'elle soit au chevet de Jake. D'ailleurs, ce n'est pas d'une maîtresse qu'il a besoin. Mais plutôt d'une mère ou d'une sœur.

— Très bien. Je viendrai aussi souvent que possible.

Jake revenait, la tasse de café à la main. Le bref voyage semblait l'avoir fatigué. Il se frappa soudain le front en s'écriant :

— Zut, j'ai pris le sucre mais pas de cuiller !

— Assieds-toi, j'y vais, dit Kelly en se levant tandis qu'il reprenait place sur sa chaise. Et pas de discussion.

Il lui adressa un sourire où elle crut lire de la reconnaissance, et elle s'esquiva pour revenir bientôt. Au moment où elle approchait, cependant, elle eut soudain l'impression que tout tournoyait autour d'elle ; elle parvint in extremis à s'asseoir en s'agrippant au rebord de la table.

— Qu'est-ce qu'il y a ? s'enquit Jake avec inquiétude.

— Rien, je...

Elle ferma les paupières, car le décor vacillait devant elle.

— J'ai cru que tu allais t'évanouir, reprit Jake.

— Sûrement pas ! protesta-t-elle en se ressaisissant. Je suis un peu fatiguée, c'est tout.

— Si tu continues à travailler au restaurant tout en suivant des cours, c'est forcé. Elle a mauvaise mine, n'est-ce pas, docteur ?

— Pas vraiment, observa le médecin. Ce sont les néons. L'éclairage est mauvais, il donne un teint jaune à tout le monde.

Kelly pensa qu'il manquait singulièrement de perspicacité, car en réalité, elle ne se sentait pas bien du tout.

— Je reviens tout de suite, fit-elle précipitamment.

Elle s'esquiva aux toilettes en toute hâte mais, une fois là-bas, elle constata que ses nausées s'étaient déjà dissipées. Avec lassitude, elle se laissa tomber un instant sur une chaise. Quand elle quitta les lieux, les deux hommes l'attendaient au-dehors.

— Ça va ? s'inquiéta Jake.

— Elle va très bien, assura le Dr Ainsley. Regardez, elle a déjà repris des couleurs. C'est plutôt vous qui me donnez du souci. Allons, il faut que vous retourniez vous coucher.

Il fit signe qu'on amène une chaise roulante, puis retourna avec eux jusqu'à la chambre de Jake. Il accorda cinq minutes de visite supplémentaires à Kelly et s'éclipsa.

— Laisse tomber ce fichu boulot, dit Jake tout en se mettant précautionneusement au lit. Je connais ta position à ce sujet, mais nous ne sommes pas des ennemis, tout de même.

— Serais-je venue, si nous l'étions ?

— Alors, permets-moi de t'aider. Au moins de te faire un prêt...

— Nous reparlerons de ça demain, déclara Kelly.

Pour le moment, elle éprouvait le besoin de se retrouver seule et de réfléchir.

— Très bien, à demain, alors, concéda Jake.

Il lui saisit soudain les mains, les serrant entre les siennes, et lâcha :

— Tu viendras, n'est-ce pas ?
— C'est promis, assura-t-elle.
Puis, après une hésitation, elle l'embrassa sur la joue et partit.
Dehors, dans le couloir, le Dr Ainsley l'attendait.
— Nous devons parler, lui dit-il.

5

— Vous vous trompez, déclara Kelly d'un ton de défi. Je ne suis pas enceinte.

Elle se trouvait face au Dr Ainsley, dans son cabinet de consultation. Il l'y avait entraînée d'autorité, lui logeant d'abord une tasse de thé chaud au creux de la main avant de lâcher la nouvelle.

— Je n'en suis pas sûr à cent pour cent, bien sûr, répondit-il. Mais nous autres médecins, nous développons une sorte de sixième sens. Mon instinct me dit que vous attendez un bébé.

— C'est impossible, voyons.

— Comment cela ? s'enquit-il le plus délicatement qu'il put. N'y a-t-il eu personne qui... Ce serait compréhensible, puisque vous avez repris votre liberté.

— Je l'ai fêtée, effectivement, admit-elle. Avec mon ex-mari ! Mais vous ne comprenez pas, docteur. J'ai fait une fausse couche voici des années. Et depuis, nous avons eu beau essayer, nous n'avons pas réussi à faire un enfant. J'ai peine à croire que j'aie pu tomber enceinte la seule fois où j'ai fait l'amour sans souhaiter un bébé...

— Mais c'est précisément pour ça que ça s'est produit ! C'est classique. Ecoutez, reprit le chirurgien en prenant quelque chose dans un placard, voici un test de grossesse, et il y a une salle de bains à côté. Nous reprendrons cette discussion dans quelques minutes, si vous voulez bien.

Un instant plus tard, Kelly dut s'avouer que son propre

instinct, qui lui soufflait à elle aussi que le médecin voyait juste, n'avait pas menti.

— J'aurais dû vous croire sur parole, admit-elle en montrant le test au médecin. Oh, mon Dieu, ce n'est pas possible ! Nous avons divorcé, Jake et moi. C'est fini entre nous.

— Vous pensez que cette nouvelle ne lui fera pas plaisir ?

— Il ne faut pas qu'il sache. Il a changé de vie. Et moi aussi.

— Vraiment ? s'enquit le Dr Ainsley en haussant les sourcils.

— Oui. Même si je ne faisais pas encore une fausse couche... Oh, je vous en prie, promettez-moi de ne rien lui dire !

— Bien évidemment. Mais n'oubliez pas qu'il vient d'assister à une petite scène qui pourrait lui mettre la puce à l'oreille.

— Je ne crois pas. Jake a un œil de lynx pour tout ce qui touche à son travail. Mais en ce qui concerne les gens, il est loin d'être aussi perspicace...

Ce soir-là, chez elle, Kelly s'efforça en vain de se concentrer sur son manuel d'archéologie. Comment aurait-elle pu se soucier d'architecture ancienne alors que sa propre existence était chamboulée de fond en comble ?

Enceinte, elle était enceinte ! Elle allait avoir un enfant alors qu'elle ne l'espérait plus. Et un enfant de Jake, de surcroît, alors qu'ils étaient à présent séparés. Oh, cruelle ironie du destin !

Soudain, elle se remémora ses dix-huit ans, et le jour où elle avait déclaré à sa mère — avec le même aplomb que lorsqu'elle s'était adressée au Dr Ainsley — qu'elle « ne pouvait pas être enceinte ».

— Bien sûr que si ! s'était écriée Mildred, exaspérée. Je l'ai bien été à seize ans, moi ! J'imagine que l'enfant est de Jake ?

— Evidemment. Je l'aime.

Jake, lui, avait réagi tout différemment. A sa grande surprise, il s'était montré ravi, heureux à l'idée d'être père. Et, avant même de savoir comment, elle s'était retrouvée dans la peau d'une jeune mariée.

Mildred, laconique et pragmatique, s'était contentée de

regretter que, malgré ses notes brillantes, Kelly eût été obligée de renoncer à ses études.

— Tu es insensée, ma fille. Enfin... J'avais mis un peu d'argent de côté pour t'aider à payer ton université, mais tu vas en avoir besoin tout de suite.

Elle lui avait remis un chèque généreux, auquel Kelly n'avait pas accordé plus d'importance que nécessaire : sa mère se contentait de soulager ainsi sa mauvaise conscience. D'ailleurs, une semaine après le mariage, Mildred était partie avec un conducteur de poids lourds, disparaissant de sa vie.

A l'époque, trop heureuse avec Jake, Kelly ne s'en soucia guère. Ils s'installèrent dans un petit deux pièces de location et, tandis qu'il rédigeait des piges, elle lutta contre les nausées et les sautes d'humeur de la grossesse. D'ailleurs, Jake savait toujours la tirer de ses idées noires et elle flottait en plein bonheur. Elle était follement amoureuse et reconnaissante à Jake de l'avoir épousée, même si elle soupçonnait que c'était essentiellement à cause de l'enfant.

Il lui parla de son enfance solitaire, sans frères et sœurs.

— On déménageait souvent à cause du travail de papa, et je ne pouvais jamais me faire d'amis. J'espérais tout le temps que mes parents auraient d'autres enfants pour ne plus être seul, mais ça n'arrivait pas. Et puis, quand j'ai eu quatorze ans, ils sont morts.

— Alors, tu es content d'avoir bientôt un compagnon de jeux, c'est ça ? le taquina-t-elle.

— Et comment ! répliqua-t-il en souriant.

Aujourd'hui, elle était de nouveau enceinte de Jake, sans plus l'avoir planifié et voulu que la première fois. Au tout début de sa « nouvelle vie », elle se retrouvait propulsée dans l'ancienne !

Mais elle refusait de récrire l'histoire de la même façon.

— Cette fois, pas question que Jake m'épouse pour se comporter en gentleman ! murmura-t-elle. Je peux me débrouiller seule. Je veillerai sur moi et sur mon enfant sans son aide.

« Mon enfant... » Cela avait quelque chose de mélancolique. Elle aurait dû pouvoir dire « le nôtre... » Tant de choses lui manqueraient ! Elle aurait tant aimé annoncer à Jake sa paternité, par exemple, et voir ses yeux briller de joie...

Il fallait oublier tout cela, car Jake ne voulait pas réellement d'elle. Il avait désiré la « nouvelle Kelly », la créature ensorcelante de la soirée, mais celle-ci n'était qu'une sorte de mirage. Et d'ailleurs, elle n'allait pas tarder à perdre sa silhouette de rêve...

Et si elle faisait une autre fausse couche ? Cela aussi, elle devrait l'affronter toute seule. Et c'était mieux ainsi.

— Je ne suis même pas obligée de lui dire que j'attends un enfant, continua-t-elle à murmurer pour elle-même. Je lui dirai que je suis accaparée par mon travail et ne retournerai pas le voir. Il fera sa vie avec Olympia et moi, je...

Un sourire à la fois tendre et triomphant naquit soudain sur son visage, alors qu'elle prenait enfin vraiment conscience de ce qui l'attendait : elle allait avoir l'enfant de Jake, celui qu'elle avait espéré pendant tant d'années ! Ça oui, c'était un beau début pour une nouvelle vie !

Le lendemain, elle trouva Jake assis sur une chaise auprès de la fenêtre. Il semblait en meilleure forme mais tendu, ce qui rendit la conversation difficile.

— Le médecin pense que tu vas mieux ? s'enquit-elle.

— Je fais des progrès.

— Bien.

— Et toi ?

— J'ai obtenu une bonne note à mon dernier partiel.

— Et le boulot ?

— Ça va, pas de problème.

— Oui, mais jusqu'à quand ? demanda-t-il avec lenteur.

Elle crut que le temps venait de s'arrêter.

— Ce... c'est-à-dire ? balbutia-t-elle.

— Tu es enceinte, n'est-ce pas ?

— Comment ? Oh, Jake, voyons, tout ça pour un petit malaise...

— A 15 heures pile.

— Je ne comprends pas.

— C'est à cette heure-là que ça s'est produit la dernière fois. Pile à 15 heures.

Elle le dévisagea d'un air interdit.

— Tu n'as pas pu retenir ça.

— On devait prendre le car à 15 h 10, on se dépêchait, et quand on est arrivés à la gare routière, j'ai dit : « Il n'est que 15 heures. » Là, je me suis retourné, et tu étais verte.

— Eh bien... ce n'est qu'une coïncidence.

— Tu es enceinte.

Bon sang, si elle s'était attendue à ça !

— Et après ? fit-elle d'un ton de défi.

— Je me suis dit que tu voudrais peut-être m'en faire part, énonça Jake en regardant au-delà de la fenêtre.

— Pourquoi ?

Il soupira avant de répondre à voix basse :

— Oh, pour rien.

— Jake, plaida-t-elle désespérément, tenons-nous-en à ce que nous avions décidé : restons amis, mais sans attaches.

— Très bien. Alors, à titre d'ami, dis-moi ce qui va se passer maintenant. Comptes-tu épouser le père ?

— Cela ne te regarde pas.

— Dis-le, insista-t-il.

— Non.

— Tu vas vivre avec lui, alors ?

— Non plus.

— C'est ta décision ou la sienne ?

— La mienne.

— Qui est-ce ?

— Jake, je t'avertis que...

— Est-ce que tu sais qui c'est, au moins ?

— Hein ? Pardon ?

— Eh bien, soyons francs, tu semblais n'avoir que l'embarras du choix la dernière fois que je t'ai vue... Kelly !

Il parlait dans le vide, elle avait quitté la pièce en trombe.

Kelly reprit le chemin de son appartement en courant presque, sous l'emprise de la colère. Elle finit par s'arrêter dans un parc, et s'installa sur un banc devant une petite mare à canards. Dire qu'elle s'était crue maîtresse de la situation ! Et au premier écueil, elle avait fait naufrage.

Elle avait accompli quelques progrès, tout de même, puisqu'elle n'était pas en larmes en cet instant, alors qu'autrefois elle aurait pleuré sans discontinuer. Là, elle avait plutôt envie d'étrangler Jake ! Comment osait-il la prendre pour une Marie-couche-toi-là ? Même si elle avait tout fait pour lui donner cette impression...

Elle vit passer une mère cane, suivie de six canetons empressés, et ce spectacle l'attendrit, lui arrachant un sourire. Elle se calma rapidement et, ayant réussi à ordonner un peu ses idées, elle songea que c'était peut-être une chance que Jake la crût enceinte de quelqu'un d'autre... Elle aimait mieux cela que de lui laisser deviner qu'il était le seul homme de sa vie. C'était, de toute façon, plus simple pour elle, pensa-t-elle en reprenant courage.

Quand elle rejoignit son appartement, la sonnerie du téléphone retentissait dans le séjour.

— Désolé, s'excusa Jake dès qu'elle décrocha. Je ne voulais pas dire ça. C'est juste que... Enfin, peux-tu revenir ici ?

— Non, mais je viendrai demain.

— C'est promis ? insista-t-il d'une voix anxieuse.

— Juré.

Le lendemain, lorsqu'elle arriva, il était occupé à rédiger des lettres. Mais il repoussa le tout pour l'accueillir avec chaleur. Il avait meilleure mine, sa voix était plus forte.

— Comment te sens-tu ? s'enquit-il.

— Très bien.

— Tu as vu un médecin ?

— Non.

— Mais pourquoi, bon sang ? fit-il en la scrutant d'un air soupçonneux. Tu n'as pas encore pris de décision ?

Comprenant aussitôt, elle répondit :

— Si. Je vais garder cet enfant. Je le veux.

Il parut se détendre légèrement.

— Alors, tu dois prendre soin de toi comme il convient. Il va falloir que tu acceptes l'argent que je t'offre, finalement.

Aussitôt tendue, elle répliqua :
— Je ne suis obligée à rien, Jake.
— C'est une question de simple bon sens. Tu ne peux pas travailler et poursuivre des études en même temps si tu es enceinte. Tu ne dois pas prendre de risques.
— Soit. Je ferai attention.
— Mais sans mon aide, c'est ça ? Eh bien, me voilà fixé.
— J'ignore ce que tu veux dire par là...
— Oh, si, tu le sais très bien.
— Jake, soyons bien clairs : rien n'a changé entre nous. C'est moi qui vais avoir un enfant, pas toi.
Il lui sembla le voir pâlir, mais elle n'en aurait pas juré. Il s'exprima avec calme, en tout cas :
— Tu as déjà souligné ce fait. Cependant, je t'ai pourtant dit que j'avais une dette à ton égard et que j'aimerais te venir en aide.
Au lieu de répondre, elle croisa les bras d'un air boudeur. Jake se rembrunit.
— Que se passera-t-il, hein, une fois que l'enfant sera né ? Y as-tu pensé, espèce d'insensée ? Tu n'as pas de quoi vivre. Tu dois me permettre de subvenir à tes besoins.
— Cesse de me donner des ordres, à la fin. Ce n'est plus de mise !
— Je ne t'ai jamais donné d'ordres.
— Ben voyons !
— Jamais ! cria-t-il.
— Evidemment. A quoi bon, puisque je faisais tout ce que tu voulais sans même que tu le demandes ?
Il la dévisagea, interdit.
— A t'entendre, j'étais un tyran.
— Non, soupira-t-elle. Tu ne tenais tout simplement jamais compte de ma volonté et de mes désirs. Et en ça, je suis au moins aussi fautive que toi, parce que je n'ai jamais cherché à remettre en cause cet état de fait, et à te faire réfléchir. Je te cédais toujours trop facilement.
— Tu recommences déjà, observa-t-il.
— Comment ça ?
— Tu t'empresses d'endosser la culpabilité. Tu ne devrais pas.
— Exact.

— Tu devrais te rebeller, ne pas me permettre de m'imposer.

— Certes, et je ne le ferai plus.

— Sauf en ce qui concerne l'argent, parce que j'ai raison.

Kelly poussa un grand soupir.

— C'est à moi qu'il appartient de décider, souligna-t-elle.

— Alors, que comptes-tu faire pour vivre ? A moins que tu n'aies décidé quelque idiotie ? Renoncer à tes études, par exemple !

— Je ne sais pas ce que je ferai ! s'exclama-t-elle, exaspérée. Je trouverai un moyen de gagner plus d'argent.

— Lequel ?

— Je ne sais pas. Je prendrai un locataire ! Je trouverai bien quelque chose. Mais sois sûr que je ne te demanderai pas la permission !

— Kelly... Kelly ! Où vas-tu ? Reviens !

Le Dr Ainsley rejoignit Kelly à la cafétéria quelques minutes plus tard.

— Bravo ! fit-il. C'était le meilleur spectacle auquel nous ayons eu droit depuis longtemps.

— Je suppose que tout le monde a entendu, soupira-t-elle.

— Eh bien, vous ne parliez pas précisément à voix basse. Joli numéro ! Et vous avez fait le plus grand bien à mon patient. Je ne l'avais jamais vu aussi en forme depuis son arrivée ici.

— On se disputait au sujet de ma grossesse. Vous ne lui avez tout de même pas dit qu...

— Hé, je plaide non coupable ! J'étais sûr qu'il avait tout deviné à l'instant où il vous a vue pâlir, l'autre jour. Tiens, tiens... Regardez qui est là ! enchaîna le Dr Ainsley en élevant la voix. Félicitations, Jake. Après vous être si bien époumoné, vous êtes à peine essoufflé !

— C'est grâce au régime de beignets graisseux qu'on me fait suivre, ironisa Jake. Kelly, après ton départ, j'ai réalisé que tu avais eu un trait de génie.

— Ah oui ? Lequel ?

— Tu as parlé de prendre un colocataire.

— Et ?

— Le voilà en chair et en os devant toi. Il me faut un port d'attache quand je sortirai d'ici, et mon loyer te permettra de lâcher ce sale boulot et de... Ne secoue pas la tête comme ça. Ce que je dis est frappé au coin du bon sens.

— Bien au contraire ! Se retrouver sous le même toit alors que nous venons de nous débarrasser mutuellement l'un de l'autre... Sois réaliste, c'est absurde !

— Il me semble, intervint le Dr Ainsley, que vous négligez quelque chose.

— Quoi ? demandèrent-ils en chœur en se tournant vers lui.

— Henri VIII.

— Ne l'écoute pas, dit Jake à Kelly. C'est l'effet de tous ces anesthésiques qu'il respire.

— Henri VIII et Anne de Clèves, poursuivit le Dr Ainsley sans se troubler. C'était sa quatrième femme. Ils se sont séparés à l'amiable et sont demeurés les meilleurs amis du monde. Vous me les rappelez. Vous avez passé huit ans ensemble, vous vous comprenez, vous vous connaissez bien. Je ne vous parle pas d'amour, là. Mais que vous le vouliez ou non, il y a entre vous un lien, une connivence... Qu'y a-t-il de si drôle ? s'interrompit-il en voyant Kelly éclater de rire.

— Excusez-moi, pouffa-t-elle. C'est juste que j'imaginais Jake en Henri VIII. Vous savez, les petites culottes bouffantes... Cela dit, pour ce qui est de la mentalité autoritaire, il fait l'affaire.

— Je serai un locataire irréprochable, jura Jake.

— Je n'en doute pas, mais pas chez moi. Ecoutez, vous deux, vous êtes bien gentils, mais je refuse.

— Kelly ! protestèrent-ils de concert.

— Vous déraisonnez. Alors, si vous permettez, je m'en vais avant que la contagion ne me gagne !

Ce soir-là, alors qu'elle s'efforçait de travailler à un exposé, et que les lignes dansaient devant ses yeux sous l'effet de la fatigue, elle sut qu'il lui fallait quitter son travail, et qu'elle avait eu raison de songer à prendre un locataire. Mais ce ne serait pas Jake. Ça, jamais.

Elle ne retourna pas le voir à l'hôpital avant plusieurs jours. Lorsque enfin elle se décida, le Dr Ainsley l'intercepta avant qu'elle eût gagné la chambre de Jake et la prit à part.

Il tenait à lui apprendre que, deux jours plus tôt, Jake avait quitté l'hôpital en signant une décharge, sans qu'il ait pu l'en empêcher.

— Ce n'est pas une prison, ici, souligna-t-il. Je n'ai pu lui faire entendre raison.

— Mais pourquoi ne m'avez-vous pas avertie ?

— Je ne savais comment vous joindre. Et vous n'êtes pas une proche parente. Cette nuit, sa voisine, l'entendant gémir, a appelé une ambulance. Rien de grave, heureusement. Seulement, je redoute qu'il veuille de nouveau s'en aller d'ici.

— Il a besoin de soins, pourtant, non ?

— Oui, mais rien qui nécessite une hospitalisation. Il suffirait qu'il se nourrisse convenablement et qu'il se repose. Une infirmière passerait le voir chaque jour. En fait, je l'aurais déjà renvoyé chez lui s'il ne vivait pas dans un tel isolement. Mais il n'a aucune famille, à ce que vous m'avez dit. C'est drôle, aussi célèbre soit-il, il est étrangement seul.

Jake était au lit. Visiblement, sa tentative « d'évasion » l'avait épuisé. Kelly se contenta d'abord d'aller s'asseoir auprès de lui, et de lui tenir la main. Au bout d'un moment, il dit :

— J'ai été stupide.

— Rien de nouveau là-dedans, répondit-elle d'une voix qu'elle voulait légère.

Elle avait le cœur serré, en le voyant si pâle et si abattu.

— Qu'est-ce qui t'a pris, bon sang ?

— Je n'en pouvais plus d'être ici, fit-il en haussant les épaules. Tu me vois faire mon nid dans un endroit pareil ? Je sais que tu ne veux plus entendre parler de moi, et tu as raison. Je me suis laissé prendre aux beaux discours du chirurgien à propos de notre complicité et du reste, mais tu as bien fait de refuser ma suggestion. Si tu n'es pas d'accord, ça ne marchera pas.

Se sentant sur le point de céder, elle fit une tentative désespérée :

— C'est Olympia qui devrait veiller sur toi, Jake.

— Elle travaille vingt-quatre heures sur vingt-quatre. Et puis, pour le moment, je n'ai pas assez d'énergie pour avoir affaire à elle.

— Tout de même, elle ne s'attend sûrement pas à ce que tu... enfin, tu es en convalescence...

— Ce n'est pas de ça que je voulais parler, si bizarre que ça puisse te paraître. Mais franchement, rien que de penser à elle, ça me fatigue.

— Toi, Jake Lindley, le tombeur de ces dames ?

— Eh oui, fit-il sans se laisser dérider par sa plaisanterie.

— Oh, Jake, que vais-je bien pouvoir faire ? soupira-t-elle.

— Ce que tu voudras. A toi de voir.

— Ne recommence pas ! s'indigna-t-elle. Tu t'y es toujours pris de cette manière pour parvenir à tes fins !

— Rien de nouveau, alors, répondit-il, faisant écho à ses propres paroles.

— Mais c'est bien fini, tout ça. De plus, tu sais bien que ma chambre d'amis n'est pas terminée.

— J'y ai pensé, dit-il en lui fourrant dans la main un bout de papier qu'il tira de sa table de nuit. Ça devrait te permettre de payer les meubles et les ouvriers.

— Mais c'est un chèque beaucoup trop gros ! protesta-t-elle, effarée.

— Eh bien, considère qu'il comporte aussi le premier mois de loyer, si tu y tiens. Kelly, je t'en prie, dit Jake avec une brusque grimace, comme s'il avait mal, permets-moi de faire quelque chose pour toi. S'il te plaît.

Il avait achevé sa phrase d'une voix rauque qui la prit de court. D'ordinaire, quand il cherchait à obtenir ce qu'il voulait, il jouait son numéro de tombeur. Elle eut beau se dire qu'il essayait de la rouler dans la farine, elle remarqua dans son regard une sorte d'angoisse qu'elle n'avait jamais vue auparavant et pensa aux propos du Dr Ainsley : « Pour quelqu'un d'aussi célèbre, il est étrangement seul. »

— Très bien, énonça-t-elle lentement. J'accepte que tu sois mon locataire jusqu'à ce que tu sois remis.

— Je ne serai pas ton locataire, je serai ton frérot. Bon, soyons pragmatiques. Tu as donné ta démission au restaurant ?

— Non, pas enc…

— Fais-le, alors, dit-il en soulevant le téléphone.

Et, un instant plus tard, elle était délivrée de ses obligations au restaurant sans même avoir mécontenté le patron : la nièce de celui-ci avait besoin d'un travail. Tout s'emboîtait comme sous l'effet du destin. Sauf que le destin, en l'occurrence, avait les traits de Jake !

6

Jake ne fut pas autorisé à quitter sa chambre avant une bonne semaine, le temps de se remettre des conséquences de son « incartade ». Entre-temps, Kelly avait fait préparer la chambre d'amis, ce qui avait pas mal écorné le chèque mais lui laissait amplement de quoi se débrouiller financièrement. Quand elle voulut remercier Jake, à l'hôpital, il changea de sujet.

Cherchant alors à se montrer pratique, elle lui proposa d'aller prendre ses affaires chez lui — secrètement désireuse de voir son nouvel appartement, puisqu'ils avaient tous deux déserté leur maison commune au moment du divorce. Mais il lui assura qu'il avait déjà pris des dispositions pour cela et, songeant qu'il avait naturellement confié cette tâche à Olympia, Kelly se sentit bête. Trouvant un prétexte pour le laisser seul, elle le quitta.

La veille du jour où il devait emménager chez elle, tandis qu'elle achevait la lecture d'un ouvrage d'archéologie qu'elle n'aurait pas le temps de terminer le lendemain, on sonna à sa porte. Ce fut Olympia qu'elle découvrit sur le seuil. Elle était superbe, comme toujours, et embrassa Kelly avec un grand sourire.

— Kelly, ma chère, vous ne m'en voulez pas d'être passée, n'est-ce pas ?

— Pas du tout, mentit Kelly.

— J'ai été si contente d'apprendre que vous donniez un coup de main à Jake. C'est merveilleux de voir que ses anciens amis ne l'oublient pas. Je peux vous considérer comme une vieille amie de Jake, je suppose ?

— Pas aussi vieille que d'autres, répliqua Kelly avec un soupçon de malice, car Olympia avait cinq ans de plus qu'elle.

Elle brûlait d'envie de la flanquer dehors, mais Olympia était déjà à l'intérieur, faisant connaissance avec les lieux comme s'ils lui appartenaient, et inspectant la chambre qui serait celle de Jake.

— Charmant, dit-elle d'un ton neutre, bien que je sois un peu surprise de... enfin, aucune importance.

— Vous êtes surprise que Jake ait voulu s'installer chez moi ?

— Si vous tenez à le formuler de cette manière. Jake n'aurait sans doute pas choisi cette solution, s'il avait pu faire autrement, mais n'épiloguons pas là-dessus. Nous savons, vous et moi, qu'il répugne à blesser les gens.

— Quand il en tient compte, observa Kelly avec une ironie bienveillante. Jake a bon cœur et il tient à bien faire. Mais il lui arrive souvent de piétiner les sentiments des autres, en fait, et il s'en excuse sans même savoir de quoi il retourne. Vous finirez par le découvrir.

— Oh, il est peut-être comme ça avec certaines personnes, mais pour ma part... Enfin, vous n'avez sûrement pas envie d'entendre parler de ça.

— Non, répliqua Kelly, car je ne vous croirais pas. Il faut prendre Jake comme il est, il restera toujours le même.

— Un homme peut changer... quand il est amoureux.

— Oh, je vous en prie ! s'exclama Kelly, agacée. Inutile de jouer la comédie, vous n'êtes pas devant les caméras.

Si elle s'exprimait avec autant de vivacité, c'était en fait pour tenter de juguler la peine lancinante que lui causaient les propos de cette femme trop séduisante.

— Très bien, déclara Olympia avec hauteur, disons les choses carrément. Il ne sert à rien de se raccrocher au passé. Désolée, ma chère, mais c'est la vérité, si douloureuse qu'elle soit.

— Vous semblez oublier que c'est moi qui ai demandé le divorce !

— Et pour cause. C'était la seule attitude digne, puisqu'il était évident qu'il en aimait une autre.

— Ce que vous avez pourtant nié.

— Evidemment. Je ne tenais pas à faire l'objet de racontars, et Jake non plus. Cependant, quoi qu'il ait inventé pour me protéger, la vérité demeure ce qu'elle est. Laissez-le tranquille, Kelly. Si votre mariage a capoté, c'est parce qu'il voulait sa liberté.

Kelly eut un léger hoquet étranglé. Dans l'amertume et l'émotion que provoquait cet échange, elle n'avait qu'une pensée claire : Dieu merci, elle n'avait pas dit à Jake que l'enfant qu'elle attendait était de lui !

— Vous m'autoriserez certainement à venir le voir ? continua insidieusement Olympia. Ou avez-vous l'intention de vous barricader ici et de mettre des chiens de garde devant le seuil ?

Refusant de se laisser entraîner sur le terrain de la provocation, Kelly déclara :

— Il n'y a qu'un seul chien dans cet immeuble : le caniche de mon voisin, qui est très vieux et passe ton temps à dormir. Venez aussi souvent et aussi longtemps que vous voudrez. Tâchez seulement de ne pas me déranger dans mon travail.

— Oh, c'est vrai, vous êtes retournée en classe.

— A l'université, rectifia Kelly. Je prépare un diplôme.

— Jake m'a dit ça. C'est fou ce qu'on peut suivre comme cours, de nos jours, n'est-ce pas ? Il y en a même sur les feuilletons télé, paraît-il.

— Je l'ignore. J'étudie l'archéologie et j'étais justement en train de lire un ouvrage très intéressant sur les pratiques funéraires antiques. Il y est notamment question d'un roi qui endormait ses concubines en surnombre en droguant leur vin. Quand elles sortaient de leur léthargie, elles se retrouvaient dans un sarcophage, entourées de bandelettes. On les entendait crier des jours durant dans leur tombe, paraît-il. C'est ingénieux, non, comme façon de se débarrasser des gens ? Puis-je vous offrir un verre de vin ?

Olympia déclina l'offre et s'esquiva.

Carl permit à Kelly de ne pas assister à son dernier cours du lendemain, afin qu'elle puisse accueillir Jake.

— Je te passerai mes notes et nous en discuterons d'ici un jour ou deux en déjeunant ensemble, lui dit-il avec décontraction.

Mais il ajouta d'un air plus soucieux :

— Es-tu bien sûre de pouvoir t'occuper d'un malade, dans ton état ?

— Tout le monde est au courant, ou quoi ? demanda-t-elle avec effarement.

— Je ne crois pas. Mais en ce qui me concerne, j'ai l'œil pour ce genre de chose. J'ai vu naître mes sœurs, et les enfants de mes sœurs, et je leur ai souvent servi de baby-sitter. J'adore les enfants et je me débrouille comme un chef avec eux. Alors, déclara-t-il solennellement, si tu as besoin d'oncle Carl, n'hésite pas. Non, sérieusement, acheva-t-il de sa voix coutumière, si tu dois t'absenter de temps à autre, je comprendrai.

— Merci, mais j'espère ne pas avoir à le faire. Je ne veux pas que ma grossesse change quoi que ce soit à ma vie de tous les jours. Hé, pourquoi est-ce que tu ris comme ça ?

— Ne pas changer quoi que ce soit ? Eh bien, tu en as des choses à apprendre s'esclaffa-t-il. Allez, sauve-toi d'ici !

Le jour de la sortie d'hôpital de Jake, Kelly reçut un coup de fil du Dr Ainsley.

— L'ambulance ne va pas tarder à arriver, lui annonça-t-il.

— Je suis ennuyée : l'ascenseur ne marche pas et j'habite au troisième.

— Soyez tranquille, les infirmiers le monteront en chaise roulante. Je vous appelais simplement pour vous mettre en garde : je ne serais pas surpris qu'il fasse bientôt une dépression. Jusqu'ici, il était en état de choc et il ne supportait pas l'hôpital. Donc, en se retrouvant dans un environnement normal, il va se sentir mieux et, comme lui d'ailleurs, vous serez convaincue que tout va bien. C'est là qu'est le danger. Si je ne me trompe pas sur son tempérament, ça frappera sans crier gare et il aura besoin de vous plus que jamais.

— Il n'a jamais eu besoin de moi, ni de quiconque. De plus, vous vous trompez sur Jake : il a un sacré tempérament. C'est quelqu'un de très fort.

— Ce sont ces gens-là qui craquent le plus spectaculairement, l'avertit le Dr Ainsley en raccrochant.

Kelly avala une tasse de thé en s'efforçant de clarifier ses idées. Dans quelques instants, elle ferait appartement commun avec Jake, tandis qu'elle portait son enfant. En apparence, ce serait comme si leur divorce n'avait jamais été prononcé. C'était justement cette sensation qu'elle devait combattre, en se remémorant sa véritable situation : elle était divorcée, le bébé n'était pas près de naître, et elle n'était plus amoureuse de Jake. Si son cœur battait un peu fort à l'approche de son arrivée, c'était parce qu'elle appréhendait ce qui l'attendait, voilà tout.

En jetant un coup d'œil par la fenêtre, elle vit que l'ambulance venait de se garer en bas et, ayant couru s'assurer que tout était en ordre dans la chambre, elle guetta ensuite le tintement de la sonnette d'entrée.

Il ne vint pas. Pourtant, l'ambulance était toujours le long du trottoir. Intriguée, elle ouvrit sa porte, à temps pour voir Jake achever de grimper lentement l'escalier sur ses deux jambes. Un infirmier et une infirmière suivaient, s'efforçant de lui venir en aide malgré ses constantes rebuffades.

— Je peux me débrouiller ! Ne me touchez pas !

En voyant sa pâleur mortelle, et la sueur qui dégoulinait de son front, Kelly oublia les quelques mots qu'elle avait préparés pour l'accueillir et hurla :

— Tu as perdu la tête, ma parole ! Mais tu es dingue !

— Je l'ai toujours été, tu devrais le savoir ! lui répliqua-t-il.

— Oh, bon sang ! Où est ta chaise roulante ?

— Ici, intervint l'infirmière en montrant l'objet. Il n'y a pas eu moyen de le faire monter dessus.

— Eh bien, il va obéir illico, déclara fermement Kelly.

— Sûrement pas, rétorqua Jake en atteignant la dernière marche. Tu vois ? Je m'en sors très bien.

Il y eut encore un ou deux échanges obstinés, puis, enfin, elle se retrouva seule dans le salon avec Jake, qui avait réussi à s'installer sur le canapé et la regardait de cet air d'attente penaud qu'elle ne lui connaissait que trop bien. Il réagissait toujours ainsi quand il avait commis quelque folie et comptait sur son charme pour se faire pardonner. Eh bien, ça ne se passerait pas comme ça !

— Il a fallu que tu fasses ton petit numéro, hein ? lui dit-elle sans indulgence.

— Je voulais seulement leur montrer que je pouvais monter l'escalier.

— Ce qui est faux, de toute évidence. Mais c'est plus fort que toi, il faut toujours que tu agisses en dépit du bon sens ! s'écria-t-elle, sur sa lancée.

— Ecoute, je sais que je n'aurais pas dû, mais…

— Il n'y a pas de mais ! J'en ai assez à la fin ! Monsieur refuse d'admettre qu'il est comme tout le monde ! Ah, on peut s'extasier sur ta réussite. En réalité, tu n'as pas plus de cervelle qu'un moineau. Tu mériterais d'être mort !

A peine eut-elle prononcé ces mots qu'elle s'interrompit, horrifiée de les avoir proférés.

— J'ai failli l'être, fit valoir Jake.

— Oh, Jake, je ne voulais pas dire ça. C'est juste que… que…

— Ce n'est pas grave, tu n'as pas réfléchi. Bienvenue au club des étourdis, dit-il avec un sourire.

— Mon Dieu, c'était effroyable, non ?

— Si effroyable que ça en devient drôle. Si je pouvais, je me tordrais de rire. Allons, oublie ça.

— Merci, dit-elle, sincèrement reconnaissante de le voir si compréhensif. Bon, maintenant, tu vas aller te mettre au lit et m'autoriser à te dorloter un peu. Ou bien es-tu trop macho pour admettre que tu as besoin de repos ?

— Pas du tout.

Elle prit son bagage et l'emporta dans la chambre, tandis que Jake lui emboîtait le pas. Il s'assit sur le bord du lit et prit sa main dans la sienne.

— Désolé, Kelly, déclara-t-il d'un air sérieux. Si tu crains que je te pose trop de problèmes, je veux bien retourner à l'hôpital.

— Pff ! Tu as entendu ce qu'a dit l'infirmière ? Ils ne veulent plus de toi, là-bas ! Tu peux rester, mais à condition d'être sage.

— Oui, maîtresse, dit Jake en relâchant sa main.

— Je vais défaire ton bagage.

— Non, merci, ça, je peux m'en occuper tout seul. Je ne veux pas te causer plus de soucis que nécessaire.

— Très bien.

Elle quitta la pièce en vitesse, pour lui cacher qu'elle avait envie de pleurer.

Durant quelque temps, elle ne vit guère Jake. Il dormait pendant de longues heures et, souvent, il s'éveillait tout juste à l'instant où elle-même partait en cours. Au début, elle lui préparait du thé. Mais il insista pour s'en charger lui-même.

Elle assista à la première visite de l'infirmière de jour, une femme d'âge mûr au caractère agréable, prénommée Emily, qui aidait Jake à se préparer et à se mettre à l'aise, s'assurait qu'il prenait ses médicaments et lui tenait compagnie le temps d'un café.

— Pourquoi dort-il autant ? lui demanda Kelly. Il semblait plus alerte, à l'hôpital. C'est à cause de l'effort de l'autre jour ?

— En partie, oui. Il récupère. Et puis il devait être passablement à cran. Il parvient mieux à se détendre, maintenant.

Kelly lui donna une clé de l'appartement pour qu'elle puisse entrer si Jake était endormi à poings fermés à son arrivée, ce qui était souvent le cas. Peu à peu, il reprit plus de vitalité. Le soir, ils dînaient ensemble, mais il retournait aussitôt après dans sa chambre, et elle avait le sentiment qu'il maintenait à dessein une certaine distance entre eux.

Elle ne tarda pas à s'apercevoir que, sans l'argent de Jake, elle n'aurait pas réussi à joindre les deux bouts. S'ils n'abordaient jamais ce sujet, il menait contre elle une bataille insidieuse, la poussant à accepter de plus en plus d'argent. Malgré les protestations de Kelly, il arrivait presque toujours à ses fins.

Autrefois, il ne semblait jamais avoir conscience de ce qu'elle désirait ou ressentait. A présent, au contraire, il devinait ses moindres besoins avant même qu'elle les exprime. Un jour, elle trouva dans la cuisine, en rentrant, un micro-ondes dernier cri qu'il avait acheté par téléphone et fait livrer dans l'après-midi. Il prétendit que cela lui serait personnellement utile, puisque son estomac malade pouvait maintenant digérer quelques mets plus consistants. Et Kelly ne tarda pas à être ravie d'avoir l'appareil, qui lui faisait gagner un temps considérable. Jake remportait donc la première manche.

Ce fut une visite d'Olympia qui entama la seconde. La blonde vaporeuse se montra tout juste polie avec Kelly, puis elle disparut dans la chambre de Jake, où elle s'attarda la majeure partie de l'après-midi. Quand elle émergea de la pièce, il était déjà endormi. Olympia recommanda à Kelly de ne pas le déranger, pimentant sa tirade d'une remarque au sujet de « ce pauvre Jake terré dans un trou à rats ».

Domptant sa fureur, Kelly attendit qu'on eût emmené Jake en ambulance à l'hôpital pour son check-up, le lendemain, et passa à l'action. Quand il rentra le soir, elle l'avait installé dans sa propre chambre et occupait pour sa part la plus petite. Il voulut protester, mais elle le fit taire d'un seul regard.

Il répliqua en doublant le loyer qu'il lui versait, expédiant directement le chèque à son agence bancaire par l'intermédiaire d'Emily. Si bien qu'elle n'en fut avertie que quelques jours plus tard. Comme elle était alors à découvert, elle fut contrainte d'accepter. Un point de plus pour Jake.

Bien sûr, à chaque sujet de discorde, ils discutaient. Mais cela, elle était capable de l'encaisser. C'était lorsque tout se déroulait en douceur qu'elle perdait pied.

En apparence, ils s'étaient accoutumés à leur étrange routine quotidienne. Ils entretenaient sans peine la conversation et pourtant, chaque fois, c'était un effort. Tout simplement parce qu'ils n'avaient pas trouvé le ton juste dans leurs relations et que, dans ces conditions, ils ne pouvaient être réellement détendus.

Kelly n'osait pas se chamailler avec lui de peur de prononcer des paroles impardonnables. Jake semblait avoir oublié les mots malheureux qu'elle avait eus le premier jour mais elle continuait à se sentir coupable. Elle n'avait donc pas d'autre option que de lui manifester une politesse prudente, ce qu'elle trouvait affreux.

Jake passait le temps en s'efforçant de répondre à la volumineuse correspondance qu'il recevait depuis sa blessure. Elle sentait que cela lui posait des problèmes; mais elle ne s'en souciait pas particulièrement, jusqu'au jour où, alors qu'elle était dans la cuisine, elle remarqua que la dentelle noire d'un soutien-gorge dépassait d'une enveloppe qui se trouvait sur la table.

Intriguée, elle l'examina de plus près. Au même moment, Jake la rejoignit dans la pièce.

— Elle est bien pourvue, non ? fit-elle en considérant la taille des bonnets.

— Je suppose, grommela Jake.

Kelly jeta un coup d'œil sur le contenu de la missive et s'écria :

— Quoi ? C'est ce qu'elle veut que tu lui fasses ? Eh bien, tu ne vas pas t'ennuyer !

— Arrête, tu veux ? D'ailleurs, qui t'a permis de lire ça ?

— Je me demandais pourquoi tu te donnais tant de peine à répondre au courrier de tes fans, c'est tout. Remarque, ça ne m'étonne pas : tu as toujours eu une ribambelle d'admiratrices. Un sourire de toi, une plaisanterie, et elles te prennent toutes pour un type adorable.

— Je te prie de garder tes sarcasmes pour toi. Je sais très bien me dépêtrer de ces filles-là.

— Si tu me faisais une tasse de thé, pendant que je lis ces lettres enflammées et parfumées ?

Quand il déposa deux gobelets de thé fumants sur la table, et la vit plongée dans sa lecture sans s'en scandaliser, il retrouva son sens de l'humour.

— Tu n'imagineras jamais ce qui l'excite, celle-là, dit-il en lui désignant des feuillets roses.

— Toi, pardi, fit Kelly.

— Mais dans certaines circonstances seulement, précisa-t-il en désignant une phrase en particulier. Il n'y a pas de beurre de cacahuète dans cette maison, n'est-ce pas ?

— Je veux bien aller t'en chercher une tonne si cela peut hâter ta guérison !

— Rien de ce que ces dames proposent ne pourrait me rendre la santé, soupira Jake, l'air épuisé. C'est plutôt du genre éreintant !

— Dans ta condition actuelle, peut-être. Mais d'ici quelque temps, je crois que tu pourrais même satisfaire celle-ci, lança Kelly, brandissant en riant une autre lettre. Comment se surnomme-t-elle, déjà ? Ah oui, la Passionnée de Kensington !

— Donne ça ! s'écria Jake, lui arrachant les feuillets. Ce n'est pas une lecture pour les petites filles.

Il se passa la main dans les cheveux, et soupira :

— C'est pire qu'avant.

— Je suppose qu'elles te trouvent encore plus excitant depuis que tu es un héros. Comment leur réponds-tu ?

— Avec la plus grande difficulté, grommela-t-il.

— J'imagine ça. « Madame, étant donné le coût élevé du beurre de cacahuète... »

— Tu trouves ça drôle, toi !

— Hilarant ! Toi, un étalon !

— Ça te fera moins rire lorsque ces demoiselles se présenteront à ta porte pour me réclamer !

— Pas de problème. Je leur révélerai que tu as les genoux cagneux.

— Je n'ai pas les genoux cagneux !

— Si, on dirait des castagnettes ! répliqua-t-elle.

Elle était si heureuse de le voir animé, bien vivant ! Autant continuer sur cette voie, songea-t-elle, cela lui ferait du bien.

— Enfin, non, je m'excuse, dit-elle d'un ton contrit. Tu n'as pas les genoux cagneux.

— Ah, tout de même. Merci de le reconnaître.

— Ce sont tes jambes qui ne vont pas. Elles sont osseuses.

— Mes jambes sont très bien.

— Ah oui ? Alors, pourquoi est-ce qu'on ne te voit jamais en short quand tu es en reportage dans un pays chaud ? Parce que tu as peur de réduire ton fan-club à une peau de chagrin. Qu'en pense Olympia ?

— Je ne discute pas de mes genoux avec elle.

— Pourquoi ? Ils la rebutent ?

— Pas du tout.

— Elle les a bien vus, tu es sûr ?

— Oui.

— Et elle ne t'a rien dit ?

— Non.

— Eh bien, pour une fois, elle fait preuve d'indulgence.

Elle vit alors qu'il avait compris son manège et qu'il la contemplait avec affection.

— Tu es impossible ! lui dit-il avec un large sourire.

— Tu crois ?

— Comme si je ne te connaissais pas !

— Ça t'en a pris, du temps ! commenta-t-elle.

Jake faillit observer que c'était bien la première fois qu'il la voyait d'humeur aussi enjouée, mais il changea d'avis, annonçant qu'il allait se coucher.

Il revint quelques instants plus tard pour récupérer sa correspondance d'un air digne, lui arrachant des mains les feuillets parfumés qu'elle était en train de déchiffrer. Elle le suivit jusqu'à sa porte en déclarant :

— En fait, c'est fascinant, tu sais.

Il lui claqua le battant au nez.

— Heureux d'avoir pu te faire rire ! cria-t-il de l'autre côté.

— Non, je t'assure. Ça mériterait une étude sociologique. Carl fait de la socio, il adorerait enquêter là-dessus.

Jake rouvrit la porte.

— Si tu dis un seul mot de ce que tu as lu à Carl ou à qui que ce soit d'autre, menaça-t-il, je t'étripe.

— Mais c'est un scientifique, objecta-t-elle. Il n'a pas du tout l'esprit mal tourné.

— Foutaises ! Il ne songeait qu'à se moquer de moi ! Alors, tu dois me jurer que...

— Bon, c'est bon, je jure, soupira-t-elle. Rabat-joie, va !

— Kelly...

— C'est bon, va te coucher.

La joute s'arrêta là. Mais, le lendemain, elle eut le plaisir de le surprendre en robe de chambre devant la glace, en train d'examiner ses genoux.

— Tu jauges tes atouts ? lui lança-t-elle.

— Je vérifie. Mes genoux sont très bien.

— Bien sûr. Ils sont superbes, je les ai toujours adorés.

— Mais tu as dit que...

— Et depuis quand est-ce que tu crois tout ce que je te dis ? lui fit-elle avec le plus doux des sourires.

7

Carl n'avait pas menti en prétendant qu'il était expert en grossesses. A l'université, il se joignait souvent à Kelly pour le déjeuner et lui donnait des conseils. Ils discutaient de sa condition de femme enceinte, se rapprochant étroitement dans leur enthousiasme, et elle sentait qu'on spéculait pas mal à leur sujet — d'autant plus que Carl avait un physique de star de cinéma. En réalité, cependant, il lui apportait un soutien de grand frère dont elle lui était reconnaissante.

Parfois, il la ramenait en voiture à la maison, lui portait ses livres, et entrait prendre une tasse de thé. Jake leur tenait quelquefois compagnie. Mais en général, il se retirait dans sa chambre. Et il ne faisait jamais mention de Carl lorsqu'il était seul avec Kelly.

Il y avait un autre sujet qu'ils n'abordaient jamais ensemble : Kelly était au quatrième mois de sa grossesse, époque où, la première fois, elle avait fait sa fausse couche.

Le matin, dès qu'elle s'éveillait, elle était à l'écoute de son corps, guettant tout signe, toute douleur inhabituels. C'était seulement une fois rassurée qu'elle parvenait à se détendre et à commencer la journée.

La santé de Jake donnait enfin lieu de se réjouir. A mesure qu'il reprenait des forces, il commençait à s'aventurer dans les boutiques du quartier, et se promenait parfois dans le petit parc proche. Il leur arrivait aussi de s'y rendre ensemble, bras dessus bras dessous, sans guère parler. Kelly avait toujours le sentiment de soutenir Jake et elle fut amusée de découvrir, un soir, qu'il pensait de son côté lui apporter son soutien.

— Mais je me sens bien, protesta-t-elle. Je n'ai aucun souci, je t'assure.

Au bout d'un temps de silence, il affirma :

— Tu mens. Tu as très peur.

— Qu'en sais-tu ?

— Je le sais parce que tu ne tricotes rien. La dernière fois, tu as tricoté de la layette dès le premier jour où tu as su que tu étais enceinte. Il y avait des aiguilles et des patrons partout.

Elle sourit.

— Tu te plaignais de te prendre les pieds dans les pelotes de laine.

— Oui, mais j'étais content aussi. Je n'oublierai jamais le jour où tu as achevé ta première paire de chaussons de naissance. Tu étais fière comme tout.

— Jusqu'au moment où je me suis aperçue que je m'étais trompée dans le motif et qu'en plus, ils n'étaient pas symétriques !

— Et tu as fondu en larmes. Je ne savais pas quoi faire.

— Tu t'es montré très pragmatique, lui rappela-t-elle. Tu m'as dit qu'il suffisait que je tricote un chausson pareil au plus petit et un autre au plus grand, et que j'obtiendrais deux paires. C'était astucieux. Je ne comprends pas pourquoi je t'ai expédié une girafe en caoutchouc à la figure.

— Le jouet en question était un éléphant, soutint Jake. On l'avait baptisé Dolph. Je m'en souviens très bien, parce que, après, j'av... il avait la trompe toute tordue.

Ils éclatèrent de rire en chœur. Puis Kelly assura :

— Cette fois, tout se passera très bien, j'en suis sûre. Carl m'a dit qu'une de ses sœurs a commencé par faire une fausse couche et qu'après, elle a eu trois beaux enfants.

Le sourire de Jake s'effaça.

— Tu parles de ces choses avec Carl ?

— Oui, pourquoi pas ?

— Bien sûr, dit-il précipitamment. C'est juste que ça me paraît bizarre que tu en discutes avec un de tes professeurs.

Elle s'apprêtait à expliquer que Carl avait une ribambelle de neveux et qu'il s'y connaissait, mais déjà Jake reprenait à voix basse :

— On devrait peut-être rentrer.

Un jour qu'elle était rentrée plus tôt de l'université, Jake vint aussitôt la voir dans le salon et lui demanda si elle se sentait bien. Elle assura que oui.

— Tu en es certaine ? Tu ne rentres pas si tôt, d'habitude.

— Oh, les derniers cours ont été supprimés, c'est tout.

— C'est vrai ?

Emue par son inquiétude, elle lui assura :

— Il n'y a aucun signe de fausse couche possible, rassure-toi.

— Mais l'époque correspond à peu près, non ?...

Il s'interrompit. Il ne pouvait lui demander depuis quand elle était enceinte. Si l'enfant avait été conçu le soir de la fête, on approchait bel et bien de la période cruciale. Il s'était à demi convaincu, de façon plus ou moins fallacieuse, que l'enfant était de lui mais, comme elle ne le lui avait jamais confirmé, il ne voulait pas lui poser la question, par fierté.

Elle aurait pu concevoir cet enfant avant la soirée, bien sûr. Cependant, aurait-elle couché avec lui, s'il y avait eu un autre homme dans sa vie ? Avait-elle changé à ce point-là ? A cette idée, il ressentait un étrange pincement au cœur.

— Je ne veux pas que tu souffres encore, dit-il presque rudement, c'est tout. N'en faisons pas un plat.

— Non, approuva-t-elle. Puisque je vais bien.

— Repose-toi pendant que je prépare à manger.

Elle obéit tandis qu'il s'occupait du repas, même si elle se sentait parfaitement bien. Les yeux clos, elle prêta l'oreille aux divers bruits provenant de la cuisine. C'était agréable. Elle commençait à somnoler quand elle entendit Jake jurer :

— Ah, zut ! Plus de lait !

Puis la porte d'entrée claqua. Elle allait s'endormir pour de bon lorsque la sonnerie du portable de Jake se fit entendre. Elle répondit, et obtint Olympia au bout du fil.

— Il est sorti pour le moment, lui dit-elle. Je peux prendre un message ?

— Oui. Confirmez-lui que c'est ce soir, à 20 h 30, chez moi.

Là-dessus, Olympia raccrocha.

Lorsque Jake rentra, un instant plus tard, Kelly était occupée à déballer ses livres.

— N'oublie pas que tu as rendez-vous avec Oympia, tout à l'heure.

— Ah ?

— Elle a téléphoné pour te rappeler que c'était à 20 h 30 chez elle.

Jake la dévisagea d'un air interdit.

— Je n'ai pris aucun rendez-vous avec elle.

— Eh bien, il semble que tu en aies un, maintenant.

— Tu n'avais pas le droit d'accepter à ma place ! fit-il, scandalisé.

— Tu avais déjà dit oui, à en croire Olympia, répliqua-t-elle.

Poussée par Dieu sait quel démon, elle ajouta :

— Elle s'est inquiétée de ta santé, elle tenait à savoir si tu avais repris des forces. Je lui ai dit que je le croyais, mais que je ne pouvais pas en jurer.

— Tu viens juste d'inventer tout ça.

— Tu crois ?

— Kelly, un de ces jours je vais te tordre le cou !

— Pourquoi t'énerves-tu comme ça ? Il n'y a pas lieu de le faire. Tout ça m'est égal. Nous sommes libres, maintenant.

Il faillit lui hurler : « Tu attends mon enfant ! Tu devrais t'en soucier, au contraire, au lieu de me prendre des rendez-vous avec d'autres femmes ! » Mais il resta silencieux.

Au bout d'un temps, il grommela :

— Je n'irai pas. Il pourrait t'arriver quelque chose. Je refuse de te laisser seule.

— Tu viens pourtant de le faire.

— Juste pour dix minutes, le temps d'acheter du lait.

— Ecoute, c'est absurde. Je vais très bien.

— Je ne sortirai pas, bon sang !

— Bon, ça va, inutile de crier.

— Si je ne crie pas, tu n'entends jamais rien, Kelly !

Exaspérée, elle rétorqua :

— C'est un peu fort de la part d'un homme qui est passé maître dans l'art de faire la sourde oreille.

— Je refuse de discuter. Je vais rappeler Olympia pour annuler, c'est tout. Et inutile d'ajouter quoi que ce soit, puisque je suis le roi de la sourde oreille, vu ?

Kelly le foudroya du regard tandis qu'il passait l'appel. Elle ne savait pas très bien pourquoi elle s'était échauffée ainsi. Peut-être cherchait-elle à se dérober au plaisir que lui causait sa sollicitude. Elle se sentait en terrain plus sûr quand ils se disputaient.

— Ah, zut ! Elle a éteint son portable ! pesta Jake.

Il tenta de joindre Olympia au studio, mais en vain. Il demanda qu'on la prévienne de le rappeler de toute urgence, en lui spécifiant qu'il y avait un contretemps pour la soirée. Tandis qu'il retournait dans la cuisine, Kelly le suivit en insistant pour qu'il sorte, soutenant qu'elle avait un devoir à rédiger sur l'Egypte ancienne et qu'elle voulait être tranquille.

— Inutile de t'obstiner, puisque j'ai annulé, soutint-il.

— Tu n'as pas annulé. Tu n'as pas eu Olympia.

— Elle comprendra dès qu'elle aura mon message.

— Ça m'étonnerait qu'elle l'ait.

— Et pourquoi ça ?

« Parce qu'elle ne veut pas qu'on le lui transmette, faillit dire Kelly. Pourquoi crois-tu qu'elle a éteint son portable ? » Décidément, les hommes manquaient de subtilité, pensa-t-elle avec exaspération. Elle préféra pourtant garder le silence. Elle faisait peut-être erreur. Il était possible qu'Olympia soit une femme honnête, sincèrement amoureuse de Jake, et désirant pour lui ce qu'il y avait de mieux.

« Tu parles ! » pensa-t-elle un instant après alors que les minutes s'écoulaient et qu'aucun appel ne venait. Voyant que Jake guettait sa montre avec une impatience grandissante, elle finit par lui enjoindre de partir, de la laisser finir son devoir tranquille.

— Habille-toi et vas-y, bon sang ! Et fais ce qu'il faut pour satisfaire Olympia !

— C'est immoral, ce que tu suggères là !

— Je pensais seulement à une invitation à dîner, fit Kelly, l'air innocent.

— Il n'est pas question que je te laisse seule.

— Si j'ai besoin de compagnie, je peux toujours faire appel à Carl.

— Pourquoi Carl ?

— C'est un bon ami.

— Ce ne serait pas à cause de lui que tu cherches à te débarrasser de moi ?

— Oh, bon sang ! Je veux me débarrasser de toi parce que tu ne tiens plus en place.

— Très bien, très bien, ne t'énerve pas, ça pourrait être mauvais pour le bébé.

Pendant une heure environ, ils conclurent une sorte de trêve, même si Jake demeurait nerveux. Finalement, au grand soulagement de Kelly, le téléphone sonna. Elle devina qu'il s'agissait d'Olympia, et qu'elle était mécontente.

— Mais j'ai essayé de te joindre, dit Jake. J'ai laissé un message à ton intention. Non, ce n'est pas moi qui suis malade. C'est Kelly…

D'un mouvement preste, Kelly lui subtilisa l'appareil et dit dans le combiné :

— Olympia, c'est moi. Désolée d'avoir gâché votre soirée. Vous ne voulez pas venir ici ? Je ne vais pas tarder à sortir.

— Pas question, grommela Jake. Si Carl veut te voir, il n'a qu'à passer.

— Excellente idée ! Tu as du génie, Jake !

— Hé, vous êtes toujours là ? lança la voix glaciale d'Olympia à l'autre bout du fil.

Elle n'était pas accoutumée à être mise sur la touche.

— Bien sûr, lui dit Kelly. J'ai dit à Jake que vous veniez. Il a hâte que vous soyez là.

Là-dessus, elle raccrocha et appela Carl sans hésiter. Un instant plus tard, il était en route pour les rejoindre. Jake était furieux.

— A quoi joues-tu, Kelly ? fit-il.

— Il m'a semblé que tu serais heureux de passer une soirée avec ta petite amie.

— Ici ? Avec toi et Carl ? Joli quatuor !

— Nous sortirons pour vous laisser votre intimité, rassure-toi.

— Je n'ai peut-être aucune envie de rester seul ici avec Olympia.

— Pourquoi ? Vous vous êtes disputés ?

— Non, mais…

— J'essaie seulement de me comporter en amie.

— C'est ça, grommela Jake, bien sûr.

Et à dater de cet instant, ce fut la dégringolade. Olympia débarqua une demi-heure plus tard, parée comme une déesse. Kelly s'éclipsa dans sa chambre — pour travailler, précisa-t-elle — et, dès qu'elle eut disparu, Olympia se pendit au cou de Jake.

— Tu es un véritable saint, murmura-t-elle contre sa bouche.

Il se dégagea aussitôt, en jetant un regard expressif du côté de la porte de Kelly.

— Oui, c'est juste, admit Olympia. Mon pauvre chou, ce doit être difficile pour toi.

— C'est plus dur pour Kelly, s'obstina Jake. Elle croyait s'être débarrassée de moi.

La mine d'Olympia en disait long sur ce qu'elle pensait à ce sujet, mais elle préféra ne pas insister, et questionna plutôt Jake sur sa santé. Il se hâta de la rassurer, expliquant qu'il avait juste encore quelques problèmes, qu'il ne supportait toujours pas certains aliments.

Il se garda de lui dire qu'il se réveillait plein d'énergie, prêt à repartir de plus belle au travail, mais se sentait vidé dès midi. « Comme une baignoire pleine dont on lâche la bonde d'un seul coup », avait-il expliqué à Kelly. Il s'efforça de détourner l'attention d'Olympia vers un autre sujet de conversation — ce n'était pas une femme à qui l'on pouvait avouer une faiblesse.

Cependant, Kelly étant sortie de sa chambre, Olympia entreprit de la questionner à son tour sur Jake, de façon approfondie, s'inquiétant du traitement qu'il suivait et de quantité d'autres choses. Kelly répondit tranquillement, et finit même par observer avec un petit rire :

— Mon Dieu, Olympia, cessez de vous faire autant de bile. Je vous assure que je veille attentivement sur Jake. A vous entendre, on vous prendrait pour sa mère.

Olympia était trop fine mouche pour répliquer, mais Jake

adressa à Kelly un regard reconnaissant et approbateur. La sonnette de la porte, tintant à ce moment-là, mit provisoirement fin à cette conversation gênante. Carl fit son entrée, beau à en tomber par terre et tout sourires, serrant Kelly entre ses bras. Elle lui rendit son étreinte en riant.

— Qui est-ce ? murmura Olympia.

— Le professeur Carl Franton, de l'université de Kelly, souffla Jake en insistant sur le mot « professeur ».

— Est-il le père de... ?

— C'est probable.

— Mais alors, pourqu...

— Laisse tomber, Olympia. Je ne me mêle pas de la vie privée de Kelly.

— Mais est-ce qu'il ne devrait pas sav...

— J'ai dit : laisse tomber.

— Très bien. Parlons de nous deux. J'ai un tas de projets...

Jake tenta de se concentrer sur les propos d'Olympia, ce qui n'était guère facile, puisqu'il s'efforçait en même temps de suivre la conversation du deuxième duo. Carl avait apporté un livre de pédiatrie qu'il consultait avec Kelly, et tous deux échangeaient des commentaires ponctués de rires.

Du coin de l'œil, il vit que Kelly allait dans la cuisine et, improvisant un prétexte auprès d'Olympia, il l'y rejoignit.

— Qu'est-ce qui t'arrive ? lui demanda-t-elle en le voyant. Tu es plus raide qu'une momie. Tu ne peux pas traiter Olympia de cette manière. Elle est importante pour ta carrière.

— Ma carrière ne dépend peut-être pas d'elle.

— En tout cas, tu dois éviter de te fermer des portes. Montre-toi un peu plus jovial, que diable. La soirée ne va quand même pas continuer comme ça !

— C'est toi qui as organisé cette charmante petite réunion, je te rappelle. Et ce n'était pas une idée de génie, si je puis me permettre !

— Ne t'énerve pas comme ça, c'est mauvais pour toi.

— Et toi, arrête de me dire ce que je dois faire.

— Ça fait partie de mon devoir, répliqua Kelly, qui ajouta

pour faire bonne mesure : je suis sûre qu'Henri VIII n'a jamais posé autant de problèmes à Anne de Clèves.

— Si elle te ressemblait, je suis surpris qu'il ne l'ait pas fait décapiter comme ses autres épouses !

— Merci du compliment, s'insurgea Kelly. Alors que je fais de mon mieux pour toi !

— Oh, bon sang, c'était juste pour blaguer. Pas fameux, comme plaisanterie, je te l'accorde. Hé, ne pleure pas. Je sais bien que c'est plus ou moins normal, dans ton état, mais je t'en prie, Kelly, ne pleure pas. Ne pleure pas, voyons, fit Jake en la serrant dans ses bras.

— Benêt, va ! Je ne pleure pas !

— Quoi ?

Kelly redressa la tête. Ses yeux secs brillaient d'une lueur espiègle.

— Je t'ai bien eu, pas vrai ?

— Oh, nom d'une pipe ! Je vais t'étran...

— Halte-là ! Tu oublies mon état !

Jake sourit jusqu'aux oreilles, quoiqu'un peu à contrecœur.

— Tu es impossible !

— Cette soirée est une erreur, avoua-t-elle. Si tu proposais qu'on sorte prendre un verre ?

— Bonne idée, je m'en charge.

Olympia accepta la suggestion avec un soulagement visible. Jake l'aida à enfiler son manteau, et il allait faire de même avec Kelly lorsqu'il s'avisa qu'elle avait disparu avec Carl. Il ne tarda pas à découvrir qu'ils étaient plongés dans une vive discussion, dans la cuisine.

— Mais pas du tout, disait Carl. Je n'ai pas cessé de le répéter en cours mais tu n'as pas saisi. Les pyramides...

Jake toussota sur le seuil et leur demanda froidement :

— Alors, vous venez, tous les deux ?

— Bien sûr, répondit gaiement Carl. Vous savez, votre chère épouse a de drôles de conceptions...

— Ce n'est pas ma femme, rectifia Jake.

— Juste, rayonna Carl.

Il semblait tellement ravi que Jake eut bonne envie de lui expédier son poing dans la figure.

— Navrée, fit Kelly. Quand on est lancés, tous les deux, il n'y a pas moyen de nous arrêter.

— Vous ne devez pas vous ennuyer, commenta Olympia, surgissant à côté de Jake. Vous pouvez continuer votre petite discussion, si vous voulez. Vous nous rejoindrez quand vous vous serez mis d'accord sur les pyramides.

— Génial ! s'exclama Kelly. Allez-y, on viendra après.

Et Jake eut beau vouloir l'entraîner, elle ne se laissa pas faire. Il finit par grommeler qu'il emmenait Olympia au Red Lion et partit avec elle, non sans jeter un regard noir à Carl et Kelly, s'animant déjà à propos d'un paragraphe du livre de cours. Leur occupation avait beau être des plus innocentes, elle le contrariait vivement.

Le Red Lion était un petit pub convivial et enfumé, pas du tout le genre d'endroit dont Olympia avait l'habitude. Jake dénicha une table dans un angle, pas trop près des enceintes de la stéréo ; la musique arrachait des grimaces à sa compagne.

— Tu te rends compte que c'est la première fois qu'on se voit en dehors de l'appartement ? lui dit-elle d'un ton faussement enjoué. C'est charmant, ici. Pas très sophistiqué, mais si typique...

— La sophistication n'a jamais été mon genre, lui dit-il. Cet endroit est luxueux, par comparaison avec certains endroits que j'ai fréquentés pour le travail.

— Tu n'as pourtant pas oublié Paris, tout de même ? Ce merveilleux restaurant où nous avons dîné, près de la tour Eiffel ? C'était une soirée spéciale, n'est-ce pas ?

Jake se sentit mal à l'aise. Il s'était d'ailleurs déjà senti mal à l'aise le soir du dîner à Paris.

— Après, tu es monté dans ma chambre, lui rappela Olympia.

— Et j'étais si soûl que je n'ai pas pu aller jusqu'au bout.

— Je n'en ai eu que plus d'estime pour toi. Tu étais un homme marié, tu respectais cet engagement. Mais maintenant, dit Olympia en lui touchant le bras et en plongeant son regard dans le sien avec un sourire éloquent, c'est différent...

— Oui, il y a eu de sacrés changements, admit-il d'un air sombre.

Et il consulta sa montre, se demandant ce que fabriquait Kelly. L'intensité de la musique ayant redoublé, Olympia regarda autour d'elle avec dédain.

— Si on allait ailleurs ? Il y a sûrement un endroit plus agréable pas loin, non ?

— Je reste ici, s'obstina Jake. J'ai dit à Kelly qu'on serait là.

— Oh, chéri, murmura Olympia en lui pressant la main, tu ne t'imagines tout de même pas qu'ils vont venir, n'est-ce pas ?

— Que veux-tu dire ?

— Eh bien, les gens se laissent captiver quelquefois, lorsqu'ils discutent de choses aussi intéressantes que... les pyramides. Soyons francs, il y a tout un tas de choses qu'ils ne pourraient pas se dire en ta présence.

— Mais c'est Kelly qui..., commença Jake.

Puis il s'arrêta tout net.

— Kelly qui a suggéré de sortir prendre un pot puis battu en retraite une fois que tu as eu dit oui ? s'enquit Olympia.

— Oui, bon sang !

— Tu ne peux guère l'en blâmer. Entre Carl et toi, elle se trouvait un peu coincée, si je puis me permettre.

— Comment ça ? Qu'est-ce que tu veux dire par là ?

— Eh bien, comment se fait-il qu'elle ne vive pas avec lui ? Ils s'entendent visiblement très bien, et tu as dit toi-même qu'il était le père...

— J'ai dit que c'était une possibilité.

— Il y a d'autres candidats ?

Jake se mordit la lèvre, furieux d'avoir trop parlé. Il refusait d'avouer à Olympia qu'après avoir refusé d'entrer dans son lit, il avait couché avec son ex-femme, et sans doute engendré son enfant.

— Je t'ai déjà dit de laisser tomber, déclara-t-il. Nous sommes comme frère et sœur, Kelly et moi, maintenant. Sur certains sujets, je ne lui pose pas de questions, car ce n'est plus mon affaire.

« Par exemple, pensa-t-il, m'a-t-elle délibérément expédié dehors pour pouvoir être seule avec Carl ? » Un mari pouvait demander ces choses-là. Mais lui, à présent, de quel droit l'aurait-il fait ?

La conversation traîna encore une demi-heure, puis il put enfin décemment dire bonsoir à Olympia et l'accompagner jusqu'à un taxi. Elle l'embrassa tendrement, comme pour lui signifier qu'elle le comprenait. Cela ne fit que l'agacer davantage.

Quand il pénétra dans l'appartement, les lumières étaient encore allumées, bien que le salon fût désert. Il finit par percevoir de petits rires étouffés dans la chambre close de Kelly. Il entendit la voix de Carl, puis Kelly qui répondait avec un rire doux :

— C'est délicieux. Oh, oui, j'aime bien ça.

— Tant mieux, répondit Carl. Du moment que tu es contente, c'est tout ce qui compte. C'est l'une des grandes joies d'être parent.

Jake se figea, guettant d'autres paroles qui l'aideraient à saisir le sens de celles-là. Mais leurs voix se muèrent en un murmure inaudible et, honteux d'avoir voulu écouter aux portes, il alla se mettre au lit. Longtemps, il guetta le départ de Carl, mais il finit par sombrer malgré lui dans le sommeil et n'entendit pas la porte se refermer sur le professeur.

8

Sans savoir pourquoi, Jake s'éveilla en sursaut une heure à peine après s'être endormi. Il vit, dans l'appartement silencieux et désert, que la porte de Kelly était entrouverte. Il alla jeter un coup d'œil, mais la jeune femme n'était pas dans sa chambre.

Il alluma, constata que les draps n'étaient pas défaits. Un registre d'échantillons de papiers peints et des feuillets couverts de notes gisaient sur la courtepointe. Mais de Kelly, point de trace.

Sans savoir pourquoi, il alla regarder par la fenêtre, qui donnait sur le petit parc où ils avaient fait halte quelques jours plus tôt. On apercevait le coin de jeu des enfants et, sur le manège de bois, une personne était assise, tournant sans but dans la pénombre, blottie dans une veste chaude, l'air perdu. Au bout d'un moment, il identifia Kelly. Un instant plus tard, vêtu de pied en cap, il descendait l'escalier.

Kelly ne parut pas s'étonner de son apparition soudaine et il se demanda même si elle l'avait vu à la fenêtre. Il grimpa à côté d'elle sur le petit banc qu'elle avait élu ; elle sourit et, en silence, glissa sa main sous son bras.

— Eh bien ? demanda enfin Jake. Avez-vous décidé de la décoration de la chambre du bébé ? C'est de ça que vous discutiez, non ?

Elle eut un rire bref.

— Oui. Nous hésitons entre un papier orné de pingouins et un autre avec des nounours.

— Personnellement, je préfère les petits tigres.

— Ah. Carl vote pour les pingouins.

— Si c'est ce qu'il veut, lâcha Jake un peu sèchement. Il compte se charger aussi de la déco ?

— Il en a parlé.

— Je suis assez fort pour faire un peu de peinture, tu sais.

— Pas question, trancha-t-elle. Tu es convalescent pour un bon moment encore. Laisse Carl s'en occuper. De toute façon, il n'y a pas le feu.

Si Jake avait réellement été son frère, il lui aurait demandé quelle chambre elle destinait au bébé. Sans doute la petite, où elle dormait à présent. Elle aurait donc besoin de récupérer celle qu'il occupait. Elle devait avoir hâte qu'il s'en aille... Il chercha le moyen de tourner la question au mieux, puis renonça à la poser et, d'une poussée du pied, activa la vitesse du manège.

— Il y avait un truc comme ça là où nous habitions, au début, dit-il après un moment de silence.

— Je m'en souviens. J'imaginais que j'y emmènerais notre enfant, un jour.

Jake lui serra la main, tandis que la roue tournait, tournait encore, faisant défiler le parc encore et encore devant leurs yeux.

— Je regrette de ne pas avoir été là, murmura-t-il, pensant à sa fausse couche.

Elle comprit aussitôt.

— Ce n'était pas ta faute. Tu avais un reportage important et tu avais tellement travaillé pour l'obtenir...

— On n'avait plus de sous, l'argent de ta mère était épuisé, se rappela Jake. J'avais tellement honte que j'aurais fait n'importe quoi pour gagner de quoi vivre. Je n'avais pas très envie de partir à l'étranger, en fait. Mais tu semblais en bonne forme...

— Personne n'aurait pu prédire ce qui s'est passé, assura Kelly. En fait, je me sentais très bien, ce jour-là, et tout à coup...

Elle s'interrompit.

— Continue, murmura Jake.

— Non, aucune importance.

— Pourquoi ne veux-tu pas m'en parler ? demanda-t-il, profondément blessé de la voir se fermer ainsi.

Kelly expliqua sans rancœur :

— Tu m'as toujours dit qu'il était inutile de ruminer cela. Que nous en parlerions le jour où je serais de nouveau enceinte, et où ça ne me ferait pas souffrir.

— C'était par commodité personnelle, admit-il rudement. Je ne supportais pas d'aborder ce sujet. Alors, j'ai adopté cette attitude. Pur égoïsme de ma part. Tu ne l'avais pas compris ?

Elle posa sa tête sur son épaule en disant :

— Je ne me souviens pas de ça.

Rapprochant sa tête de la sienne, Jake souffla doucement :

— Kelly, je suis désolé. Pour tout.

— Ne le sois pas. Tu avais raison, ça ne sert à rien de ressasser. Il faut aller de l'avant. Qui vivra verra, de toute façon. Si je suis toujours enceinte mardi prochain…

— Tais-toi ! Bien sûr que tu le seras. Je te promets que tu n'as pas à t'inquiéter.

Elle lui flanqua une petite tape sur l'épaule.

— Tu n'en sais rien, tu n'as aucune connaissance en obstétrique. J'aimerais bien savoir pourquoi je te crois. Comment se fait-il que j'aie foi en tes paroles alors que tu parles au hasard et que je le sais ?

— Parce que c'est ma spécialité, commenta Jake, ironique. Le baratin, c'est là-dessus que j'ai bâti ma carrière ; j'ai seulement voulu m'en servir pour la bonne cause, pour une fois. Cela dit, je suis réellement certain que ta grossesse va bien se dérouler, insista-t-il en l'entourant de ses bras pour donner plus de poids à ses paroles. Tu pourras avoir tout ce que tu voulais la première fois. Tu retrouveras ce que tu as perdu.

Il comprit aussitôt qu'il venait de commettre une gaffe. Kelly se raidit et s'écarta de lui.

— Qu'est-ce qu'il y a ? fit-il anxieusement.

— Tu ne comprends rien. Je ne pourrai jamais ravoir ce que j'ai perdu. Cet enfant est mort, à jamais.

— Mais tu as celui-ci…

— C'est un deuxième enfant. Pas un remplacement du premier. Cette petite fille, ce sera toujours mon premier bébé, aussi longtemps que je vivrai.

— Oh, c'est vrai, tu disais toujours que c'était une fille.

— C'en était une, persista Kelly. Pour moi, c'était une véritable personne, même si elle n'est jamais née. Elle était bien réelle, et elle est morte avant que je puisse la connaître. Pendant ma fausse couche, j'ai essayé de lui parler, de lui dire de tenir bon parce que j'étais sa maman et que je l'aimais. Mais il était trop tard. Je lui ai juré que je l'aimerais toujours. Je ne sais pas si elle m'a entendue...

La voix de Kelly était grosse de sanglots, à présent, et Jake soutint farouchement :

— Bien sûr que oui ! Elle a sûrement senti ce que tu disais. Elle a su. Tu dois le croire.

— J'essaie. Merci de m'avoir dit ça.

« J'aurais dû te le dire alors, pensa-t-il, mais je ne savais rien. »

Il aurait aimé lui demander si elle avait assuré à leur fille qu'il l'aimait aussi, mais il n'en avait plus le droit. Et il avait peur que Kelly, avec son honnêteté foncière, ne lui livre une réponse qu'il aurait du mal à entendre.

— Si ça tourne mal, ajouta-t-il avec hésitation, tu ne seras pas seule. Ton grand frère est avec toi.

Il la serra entre ses bras, et elle murmura d'un ton réconforté :

— Oui. J'ai toujours désiré avoir un frère. Peut-être parce que je n'avais pas de père. Je rêvais d'avoir quelqu'un à qui parler, quelqu'un qui serait fort, et aussi qui serait content de m'avoir. Parce que, pour ma mère, je n'étais qu'un fardeau.

Elle serra Jake contre elle en ajoutant :

— Qui aurait pu prédire qu'un jour, ce serait toi ?

Il commenta d'un air sombre :

— Je crains de n'être pas meilleur comme frère que comme mari.

— Tu es descendu me retrouver, ce soir. Tu es là, tu me réconfortes. Et puis il ne faut pas revenir sur le passé. Ça n'a plus d'importance.

— Je suppose.

Jake déposa un baiser sur les cheveux de Kelly, et murmura encore :

— Je suis navré... Kelly, Kelly, je regrette tellement...

— Tu ne dois pas réagir comme ça. Tu m'as rendue très heureuse. Souvent.

— Mais pas tout le temps.

— Le bonheur tout le temps, ça n'existe pas, dit-elle avec sagesse. Nous ne devrions pas aspirer à ça.

— Sans doute, soupira Jake. Mais c'était bien quelquefois, n'est-ce pas ?

— Oh, oui ! C'était ce qu'il y avait de mieux au monde, s'écria-t-elle doucement avec un sourire radieux.

Le souffle suspendu, Jake posa les lèvres sur son front, l'embrassant en frère — puisque c'était là son rôle — et ils restèrent bienheureusement blottis l'un contre l'autre jusqu'à ce qu'une voix forte les fît sursauter.

— Je ferme ! criait un homme en uniforme planté à quelques pas. Il va falloir que vous alliez faire votre cour ailleurs !

Jake aurait volontiers étranglé le gardien, mais Kelly éclata de rire.

— On y va, on y va, dit Jake, retrouvant sa bonne humeur. Pff ! « Faire votre cour... » Si je lui disais la vérité, il ne me croirait pas.

— Personne ne le croirait, approuva-t-elle. Il faut être fou pour comprendre un truc comme ça.

Alors qu'ils rentraient lentement, sous les lumières qui s'éteignaient une à une, il dit d'un ton rêveur :

— C'était bon d'être fous tous les deux ensemble.

— Délicieux...

— Allons, dépêchons. Il fait trop froid dehors pour toi.

— Pour toi aussi. C'est moi qui suis censée veiller sur toi !

— J'ai l'impression qu'on va devoir veiller l'un sur l'autre.

— Pendant quelque temps.

— Oui... pendant quelque temps.

« Mardi prochain », avait dit Kelly, et c'était vraiment la date butoir dans son esprit. Elle comptait les jours qui l'en séparaient...

Le lundi soir, elle travailla tard, plongée dans ses manuels bien que les mots dansassent devant ses yeux. Elle était consciente de retarder l'heure de se mettre au lit, de crainte de voir redoubler son angoisse une fois allongée dans le noir.

Elle voyait filtrer un rai de lumière sous la porte de Jake, et lui en voulait de ne pas venir la voir, lui parler. C'était pourtant à ça que servaient les grands frères, non ?

Puis elle se calma. C'était elle qui avait tout fait pour tenir Jake à distance. Elle lui avait même caché qu'elle passait une échographie le lendemain — sans trop savoir pourquoi.

Elle soupira, se reprochant de se dissimuler la vérité : si elle gardait le silence, c'était par fierté. Pour que Jake ne s'imagine pas qu'elle attendait de lui une plus forte implication dans sa grossesse, et pour ne pas le voir lui complaire poliment, dissimulant sous des dehors courtois sa réticence intérieure.

Finalement, elle finit par se réfugier dans sa chambre, après avoir jeté un dernier et vain regard d'espoir vers le rai de lumière.

Malgré sa discrétion, Jake perçut ses mouvements. S'il avait laissé la lampe allumée, c'était pour qu'elle sache qu'il ne dormait pas. Il s'attendait qu'elle vienne le solliciter d'une minute à l'autre, lui dire qu'elle avait besoin de lui. Peut-être même lui parlerait-elle de cette échographie qu'elle passait le lendemain, et dont il n'aurait rien su s'il n'était tombé sur une lettre qui traînait...

En entendant la porte de Kelly se fermer, il sut qu'il avait guetté et attendu en vain et, avec un léger soupir, éteignit sa lampe.

Le lendemain, à la réception de la maternité, tandis que l'hôtesse pianotait sur son ordinateur, Kelly regarda autour d'elle. Un élan de surprise et de bonheur la traversa.

— Jake ? Mais qu'est-ce que tu fais là ?

Il s'avança, l'air maladroit et mal à l'aise.

— J'ai pensé venir te tenir la main, grommela-t-il. Mais si tu ne veux pas de moi, je m'en vais.

Elle comprit à cet instant seulement qu'elle avait éperdument désiré sa présence. Elle fut si émue de voir qu'il l'avait deviné qu'elle sentit des larmes lui picoter les yeux.

— Non, reste, je t'en prie, reste.

Elle glissa sa main dans la sienne, comme pour le retenir auprès d'elle. Tandis qu'il la guidait vers une chaise, elle s'enquit :

— Mais comment as-tu su ?

— J'ai trouvé la lettre qui traînait. Je n'aurais pas dû la lire, je sais... Je m'excuse. Mais toi, tu aurais dû m'en parler.

— Oui, tu as raison. Pourquoi t'étais-tu planqué comme ça, au fond de la salle d'attente ?

— Je pensais que Carl t'accompagnerait peut-être.

— Non, il m'a juste déposée au coin de la rue. Il avait une réunion pour organiser sa prochaine campagne de fouilles. Il se rend sur un chantier en Italie, pendant les vacances de Pâques.

A cet instant, une infirmière fit signe à Kelly, qui la suivit dans une petite pièce contenant un lit et un gros appareil. En voyant Jake, l'infirmière s'enquit de son identité.

— C'est mon frère, répondit précipitamment Kelly.

Et il n'osa la contredire. Elle regardait avec hésitation le lit que lui désignait l'infirmière. Jake comprit ce qu'elle ressentait, et cela lui fit une drôle d'impression. Il avait aimé Kelly, et il avait été attentionné avec elle à sa façon. Mais ses pensées et ses sentiments intimes lui étaient toujours restés impénétrables, environnés de mystère.

Maintenant, c'était différent. Depuis ce coup de feu qui avait failli lui coûter la vie, il était plus ouvert au monde et à ce qui l'entourait. Il ressentait tout avec une étrange acuité, et en particulier il était plus réceptif à tout ce qui concernait Kelly. Comme si un voile lui était tombé des yeux, il lisait enfin en elle. Cette échographie allait confirmer ou infirmer ses inquiétudes, et elle avait peur de ce qu'elle risquait de découvrir.

Lui aussi, il avait peur. Car elle serait anéantie, si quelque chose n'allait pas. Elle aurait besoin de lui, et lui, il lui ferait défaut. Avait-il jamais été là quand il le fallait ?

Gentiment, il l'amena à s'allonger, et elle s'exécuta en lui adressant un sourire reconnaissant. Puis l'infirmière appliqua un gel sur le ventre de Kelly, et y promena une sorte de gros stylo.

Peu à peu, des ombres apparurent sur l'écran.

— Voici la tête, annonça l'infirmière.

Jake avait beau regarder avec attention, il ne distinguait rien. Il se tourna vers Kelly, qui elle avait les yeux braqués sur l'écran, l'air radieux. Il crut d'abord qu'elle avait oublié son existence, mais elle lui serra soudain la main, très fort, presque à lui faire mal. Cependant, pour rien au monde il n'aurait retiré ses doigts.

— Tu vois sa tête ? demanda-t-elle.

Et tout à coup, il vit. Ce qui n'était que confusion pour lui quelques secondes plus tôt devenait soudain très clair.

— Oui. Et je vois ses mains, ses pieds, souffla-t-il.

— Le cœur bat fermement, commenta l'infirmière. Si j'ai bien compris, mademoiselle Harmon, vous avez fait une fausse couche lors de votre dernière grossesse ?

— Oui. Mais je crois que ce bébé a passé le cap de la dernière fois.

— En tout cas, il est en pleine santé.

Jake et Kelly contemplèrent la pulsation régulière du cœur de l'enfant, qui était comme un message de vie et d'espoir. L'infirmière leur posa une question, mais ils ne l'entendirent ni l'un ni l'autre, et elle dut leur demander une seconde fois s'ils désiraient connaître le sexe de l'enfant.

— Non, merci, dit Kelly.

A l'instant même où Jake disait :

— Oui.

— Bon, très bien, concéda Kelly. C'est un garçon ou une fille ?

— Non, si tu ne veux pas savoir, c'est ta décision qui compte, intervint Jake. Cela ne me concerne pas vraiment.

Dans son désir de respecter la volonté de Kelly d'abord, il avait bien mal formulé sa phrase. Mais il était trop tard pour rattraper les mots. A voix basse, Kelly demanda :

— Quel est le sexe ?

— C'est un garçon.

Elle s'efforça de voir le visage de Jake, et crut y lire une brève expression de tristesse. Cependant, comme il fixait l'écran, elle n'aurait pu en jurer.

— Il n'arrête pas de se retourner, et de donner des coups de pied. Est-ce que ça fait mal ? s'enquit-il anxieusement.

— Je ne sens rien du tout, déclara Kelly.

C'était vrai, la petite créature qu'on voyait sur l'écran avait déjà sa propre vie, dans son propre monde, à l'abri du tumulte de l'extérieur. L'infirmière leur donna une image du bébé, dont Jake se chargea pendant que Kelly se rajustait. Kelly le lorgna à la dérobée, pour voir s'il regardait le cliché. Mais il se contenta de le loger en sécurité dans la poche de son veston.

Ils quittèrent l'hôpital en silence. Cependant, une fois dehors, Jake l'entraîna vers un centre commercial en déclarant :

— Suis-moi.

— Où va-t-on ?

— Fêter ça.

— Mais c'est un magasin de laine !

— C'est l'endroit idéal pour fêter un enfant, non ?

Là-dessus, tout excité, Jake entra avec elle dans la boutique, et acheta une incroyable quantité de laine et de modèles de layette.

— Hé, combien de temps crois-tu que j'aie pour tricoter tout ça ? protesta Kelly en riant.

Il parut réfléchir.

— Je pourrais peut-être m'y mettre aussi ? Après tout, conclut-il d'un ton provocateur, si tu arrives à tricoter, ça ne peut pas être bien difficile !

Elle lui donna une petite tape sur le bras, et fut toute retournée de le voir blêmir de douleur. Il prétendit cependant que ce n'était rien.

Ils quittèrent la boutique avec un sac gigantesque, que Jake tint à porter lui-même. Il avait recouvré sa bonne humeur, et Kelly, qui n'avait d'abord éprouvé que du soulagement à la suite de l'échographie, commença elle aussi à se laisser aller à sa joie. A un moment donné, elle trébucha, et Jake l'aida aussitôt à reprendre son équilibre.

— Hé, fit-il, attention, tu vas avoir un enfant.

— Tu viens seulement de t'en aviser ?

— C'est devenu concret, c'est tout.

— Bien sûr. Je vais avoir un bébé, Jake. Je vais avoir un bébé !

Elle se jeta à son cou et il laissa tomber la laine pour la serrer étroitement contre lui.

— Oui, tu vas avoir un bébé ! Je te l'avais bien dit !

Ils riaient tous les deux, à présent, fous de soulagement et de joie, se cramponnant l'un à l'autre dans un embrassement jubilatoire. Les passants leur jetaient un drôle de regard en passant, puis se rassuraient en les voyant rire. Serrée contre Jake, Kelly sentit battre son cœur. Elle pensa intensément à cet autre cœur qu'elle avait vu battre sur un écran, un moment plus tôt : celui de leur fils.

9

Les semaines suivantes furent les plus heureuses de l'existence de Kelly. Les cours étaient interrompus pour les vacances de Pâques, et elle pouvait rester à la maison toute la journée, occupée à lire et à tricoter, avec Jake pour compagnie.

Il n'avait pas touché aux aiguilles, préférant sagement laisser ce soin à l'experte en tricot. Mais il avait acheté au futur bébé un énorme nounours au pelage miel.

C'était la grossesse dont Kelly avait rêvé autrefois, avec auprès d'elle un homme attentif. Son seul regret était que Jake ne sût pas qu'il était le père du bébé. Parfois, elle se demandait pourquoi elle ne le lui disait pas franchement. Il se doutait sûrement que le petit était de lui, et il devait attendre qu'elle le lui confirme...

Mais il ne lui posait pas la question, et elle se demandait si la réponse avait une véritable importance pour lui. Il continuait à se comporter en grand frère, attentionné et réconfortant. Pourtant, il conservait une certaine distance et, elle avait beau guetter la moindre de ses réactions, elle ne parvenait pas à deviner s'il désirait avoir avec elle une autre relation que cette entente « fraternelle ».

Et, tant qu'elle n'était pas mieux éclairée sur ce qu'il pensait, elle ne voulait pas prendre le risque d'ajouter un tel poids sur les épaules d'un homme qui avait déjà un fardeau si lourd à porter.

Car il était loin d'être remis. Il ne reprenait pas du poids au rythme souhaité et il était toujours très pâle. Ses forces lui manquaient, de façon imprévisible. Cependant, il restait gai et assurait qu'il se sentait bien. Elle tenta de le persuader de voir un médecin, une fois, mais il refusa tout net, d'une façon qui lui rappela l'ancien Jake. Alors, elle n'insista pas.

Elle lui demanda cependant, un soir, de l'accompagner aux séances de préparation à l'accouchement, parce qu'il lui avait étourdiment promis de lui accorder tout ce qu'elle désirerait. Il protesta, mais tint parole.

Il arriva si furtivement, la première fois, qu'elle faillit rire de bon cœur. Il vit néanmoins que les autres hommes présents n'étaient pas plus vaillants que lui, derrière leurs épouses respectives, et il parut se détendre un peu. Ensuite, son tempérament de journaliste reprit le dessus et, sur le chemin du retour, il put aborder le sujet avec sa mauvaise foi coutumière.

— J'étais sûr que ce serait facile, lui dit-il à leur entrée dans l'appartement. Je me demande pourquoi tu ne voulais pas que j'y aille, au départ.

— Va plutôt mettre la bouilloire sur le feu avant que je me fâche ! lui répliqua-t-elle.

Il se mit à rire, puis s'exécuta gaiement en se frottant les mains. Elle l'observa avec tendresse. Jake était merveilleux, lorsqu'il était de cette humeur-là.

En homme qui connaît les humeurs et désirs d'une femme enceinte, il lui apporta une jatte de bananes écrasées et battues avec du lait — la passion du moment de Kelly.

— Offrande de paix, lui dit-il en riant.

— Merci ! Je vois que tu as retenu quelque chose du cours ! Un plat agréable et léger qui ne pèse pas sur l'estomac.

— N'est-ce pas ? fit-il, de plus en plus réjoui.

Ensuite, elle se laissa aller sur le canapé, tandis qu'il lui massait les pieds.

— Oh, c'est si bon, si bon, soupira-t-elle. Continue.

— Oui, chérie.

— Ah, je t'ai eu ! s'écria-t-elle triomphalement.

— Comment ça ?

— Tu avais juré de ne jamais dire « chérie ».

— Jamais de la vie.

— Mais si ! Au début, quand on sortait ensemble. Selon toi,

tu avais connu un homme qui ne savait dire à sa femme que : « Oui, chérie » et « Non, chérie ». Tu as prétendu que tu préférais mourir que de faire pareil. Et que c'était même une excellente raison pour ne pas te marier.

Elle avait pleuré toutes les larmes de son corps, cette nuit-là...

— Quand ai-je dit ça ?

— Un mois avant notre mariage.

— Ah ! Si tu essaies de prétendre que je t'ai épousée par force, tu te trompes. Bon, tu dois aller te coucher, maintenant. Tu as besoin de repos.

Il avait raison mais, ces temps-ci, elle avait parfois du mal à trouver le sommeil. Après avoir franchi les premières étapes de la grossesse, elle était délivrée des nausées et autres petits maux et se sentait en pleine forme. Elle en prit pleinement conscience un matin lorsque, à son lever, elle vit Jake sortir de la salle de bains, avec pour seul vêtement une serviette autour des reins.

Il était trop maigre encore, et avait perdu son hâle. Pourtant, il avait conservé le corps attirant dont elle avait gardé le souvenir, et elle éprouva soudain un désir si intense que cela lui coupa le souffle. Elle avait cru que sa grossesse la mettait à l'abri de tels émois, elle découvrait qu'elle s'était trompée.

En fait, elle avait l'impression d'être revenue au soir de la fête, cette nuit chaude et veloutée durant laquelle Jake et elle avaient fait l'amour sans contrainte, ne songeant qu'au plaisir. Elle se sentait défaillir au seul souvenir de cette nuit de volupté...

Quand il vit le regard qu'elle posait sur lui, il arqua un sourcil interrogateur et, brusquement, elle prit conscience de l'écart qui existait entre son désir et le physique que lui avait donné la grossesse. Comment Jake aurait-il pu avoir envie de sa silhouette alourdie ? Marmonnant vaguement, elle se hâta de s'esquiver. Mais pendant deux nuits d'affilée, elle ne dormit guère.

Elle s'essaya à lire, puis à arpenter le salon, puis à se confectionner un sandwich. Rien n'y fit. Chaque fois qu'elle fermait les yeux, elle voyait Jake venir vers elle, caresser son visage, l'embrasser doucement — préliminaires à l'amour...

— Est-ce que ça va ? lui demanda-t-il une nuit en la trouvant en train de siroter du thé dans le salon. Il est 3 heures du matin, tu devrais être couchée.

— J'avais soif.

— Mais tu fais ça toutes les nuits. Voyons, qu'est-ce qui se passe ? s'enquit-il gentiment.

— Rien, assura-t-elle.

« Je suis juste folle de désir pour toi, alors que je deviens de moins en moins désirable. »

— Allons, parle. Dis tout à ton grand frère.

Elle faillit éclater de rire. « On ne dit pas ces choses-là à un grand frère ! »

Voyant qu'elle ne répondait pas, il chercha à la distraire en lui racontant des histoires amusantes, tirées de sa vie de journaliste, qu'il dépouillait de leur dureté pour n'en retenir que l'aspect humoristique. Pour la première fois, elle eut confirmation d'une chose qu'elle avait toujours soupçonnée : il détestait l'avion, alors que, dans son métier, il était contraint de le prendre tout le temps.

— Et, bien entendu, Jake Lindley ne peut s'en ouvrir à personne, observa-t-elle gentiment.

— Jake Lindley se rit du danger. S'il disait qu'il a le cœur dans les talons quand on décolle, plus personne ne le prendrait au sérieux.

— Et c'est drôlement important, pour toi, qu'on te prenne au sérieux, hein ?

— Enormément. Je voulais… oh, bon sang, je ne sais même plus quoi. Tout ça me semble si loin. Est-ce que le passé te fait le même effet, à toi ?

— Oui, dit-elle aussitôt. Tout semble dériver, et je n'arrive pas à entrevoir où ça va.

Il lui jeta un regard aigu.

— Tu ne veux toujours pas me dire ce qui te tracasse ?

— Je ne peux pas. Honnêtement, je ne peux pas.

— Le dirais-tu à Carl ?

— Non.

— Alors, c'est sûrement sérieux. A qui pourrais-tu en parler ?

— A personne.

— Personne… C'est l'histoire de ta vie, j'imagine. Personne à qui te confier. Pas de père, pas de vraie mère…

— Elle a fait ce qu'elle a pu.

— Eh bien, ce n'était pas grand-chose ! Pourquoi n'a-t-elle pas cherché à te protéger contre moi ? N'importe quelle mère aurait senti que je n'étais pas le bon numéro, et tu n'avais que dix-huit ans. En fait, elle m'a facilité la tâche.

— Ne sois pas injuste. Elle n'a jamais tenté de me pousser à avorter. Elle m'a permis de t'épouser.

— Elle en était ravie, ça lui apportait sa liberté. Pourtant, tu n'as pas eu précisément un mariage de rêve, n'est-ce pas ?

— Tu ignores ce dont je rêvais, soutint-elle d'un ton léger.

— Je ne suis pas si aveugle qu'on le croit. Je me souviens qu'une fois, on était allés au mariage d'une de tes amies. C'était à l'église, elle avait une robe blanche, des demoiselles d'honneur… Je t'ai bien regardée, tu adorais ça. Tu aurais aimé avoir la même chose, n'est-ce pas ? Et au lieu de ça, tu as eu droit à une petite cérémonie vite expédiée, dans un bureau de mairie, avec une robe de tous les jours. Et pourtant, tu ne t'es jamais plainte.

— Je n'en avais pas envie. J'aurais aimé me marier à l'église, mais pas en grand tralala.

— Tu rêvais d'avoir un métier et tu ne l'as pas eu. Tu voulais un enfant, et tu ne l'as pas eu.

— Mais je…

— Kelly, sois franche : y a-t-il quelqu'un qui ait jamais pris soin de toi ? Je veux dire *vraiment* veillé sur toi, avec affection, en te plaçant au-dessus de tout ?

— Oui, bien sûr. Tu…

— Allons donc ! s'écria Jake. Tu sais pertinemment que je me suis accordé la priorité, du début à la fin.

— Je n'en crois rien.

— Eh bien, tu devrais. Je n'ai jamais…

— Jake, je t'en prie, arrête ! Ce n'est pas bon de revenir là-dessus.

— Je pensais que tu aimerais savoir que je pense pareil que toi à mon sujet.

— Je l'ai peut-être pensé autrefois, mais ce n'est plus le cas.

Nous nous entendons bien, en ce moment, il ne faut pas gâcher ça en revenant sur le passé.

Il haussa les épaules.

— Si tu y tiens. De toute façon, qu'est-ce que ça change, maintenant ?

Elle se leva, et il l'aida à gagner sa chambre en disant :

— En tout cas, il y a au moins un de tes désirs qui sera exaucé. Je suis heureux que tu aies ce bébé, Kelly. Vraiment heureux. Et je te promets de ne pas te gâcher ça.

— Merci, lui dit-elle d'une voix tendue. Bonne nuit, Jake.

Vite, vite, elle voulait se retrouver à l'abri de sa chambre, pour qu'il ne devine pas qu'elle était au bord des larmes. Si elle ne l'avait pas arrêté, il aurait détruit tous les souvenirs qu'elle conservait de leur mariage, pan par pan, plaçant sa propre conduite sous l'éclairage le plus défavorable. Elle avait toujours su qu'il n'éprouvait pas autant d'amour pour elle qu'elle en ressentait pour lui, et qu'il l'avait épousée pour la sécurité de leur enfant. Pourtant, elle avait aimé se persuader qu'il l'aimait tout de même un peu. Sans cela, les huit années qu'ils avaient passées ensemble auraient été réduites à néant. Elle avait failli le haïr, tout à l'heure, en le voyant se lancer dans cette entreprise de destruction.

Elle se rappela qu'elle s'était juré de ne jamais revenir sur le passé, et qu'elle ne devait plus se laisser prendre à de telles remémorations. C'était la sagesse même, songea-t-elle en se mettant au lit.

Jake aussi se coucha, lentement, à cause des douleurs sourdes qui le tourmentaient depuis quelques jours, mais aussi parce qu'il était déçu.

Oh, bon sang, qu'avait-il bien pu espérer ? Qu'elle lui tomberait dans les bras parce qu'il reconnaissait enfin ses erreurs passées ? Comme si elle ne savait pas mieux que lui qu'il avait été le plus égoïste des maris !

Pourtant, il s'était convaincu que la gentillesse de Kelly exprimait quelque chose de plus… Pure sottise de sa part. Elle ne l'avait même pas laissé finir. Sa « chère sœur » se raccrochait à lui par besoin d'un soutien, sans plus. Et il aurait dû s'en satisfaire, puisqu'il avait juré de lui donner tout ce dont elle avait besoin. Mais il avait le sentiment qu'elle venait de lui fermer une porte au nez.

C'était bon de revoir le visage amical de Carl dès le premier jour de la rentrée universitaire, songea Kelly. Bon de revoir les autres, quels qu'ils fussent. Car Jake lui avait gâché sa matinée dès l'instant où il s'était levé, de très mauvaise humeur, prenant de travers tout ce qu'elle disait. Il avait fini par lâcher :

— Ne rentre pas trop tard à la maison.

Là-dessus, elle s'était enflammée :

— Je rentrerai quand ça me plaira. Arrête de me traiter comme ça, tu m'étouffes.

— J'essaie seulement de veiller sur toi.

— Eh bien, moi, j'ai l'impression que tu veux me mettre en prison. Fais-ci, ne fais pas ça...

— Très bien, très bien ! Je te laisse tranquille, puisque c'est comme ça.

Et il avait levé les bras comme pour se protéger d'elle. Plus tard, elle se souviendrait de ce geste avec tourment.

A son grand désarroi, elle constata qu'elle était soulagée de lui échapper pour aller à l'université, où elle se sentait comme chez elle. Carl lui fit de grands signes avant de s'en aller à ses cours et, de son côté, elle renoua avec ses amis, prit des notes... A la fin de la journée, elle alla au pub avec une bande de copains.

Carl les rejoignit alors qu'elle commençait à désespérer de le voir et l'invita à manger une pizza en sa compagnie.

— Super. Je préviens Jake et on y va.

Mais elle n'obtint que le répondeur, et laissa un message à Jake pour le prévenir qu'elle arriverait tard.

— Il a dû faire un saut au chinois du coin, dit-elle à Carl. Allons-y.

Pendant le repas, il lui parla de son séjour en Italie, avec son éloquence coutumière. Captivée, elle ne vit pas le temps passer. Il y avait près de trois heures qu'ils bavardaient, lorsqu'elle consulta enfin sa montre.

— Jake va croire que je me suis fait enlever par des extra-terrestres, dit-elle en se hâtant de téléphoner de nouveau.

Pourtant, cette fois encore, elle tomba sur le répondeur.

— C'est bizarre, observa-t-elle. Il n'a pas pu rester dehors pendant tout ce temps.

— Pourquoi ? Il semblait aller bien, le soir où je suis venu. Maintenant, il doit se porter encore mieux, non ?

— En fait, non. Il paraît même plutôt fatigué...

Saisie soudain d'une pensée affreuse, elle déclara :

— Carl, il faut que je rentre tout de suite.

Il ne discuta pas. En fait, il se hâta de la raccompagner en voiture et, quand elle vit, du bas de la rue, que de la lumière brillait à sa fenêtre, son inquiétude s'aggrava. Carl la suivit dans le vestibule, en tentant de la rassurer, mais tout en lui donnant raison, elle marchait de plus en plus vite, courant presque lorsqu'elle sortit de l'ascenseur.

L'appartement était plongé dans le silence. On voyait de la lumière sous la porte de Jake et, quand elle la poussa doucement, elle fut passagèrement rassurée de le voir allongé sur le lit. Elle alla à lui et le toucha doucement à l'épaule, pour qu'il se tourne vers elle. Ce qu'elle vit la propulsa de nouveau jusqu'à Carl, resté dans le salon.

— Appelle une ambulance, et vite !

Et elle revint précipitamment sur ses pas.

Le visage de Jake était tout gris, comme la première fois qu'elle l'avait revu à l'hôpital. Il avait le regard intensément brillant de quelqu'un qui souffre, et ne sembla pas la reconnaître.

— Jake, Jake, sanglota-t-elle. Oh, pourquoi ne suis-je pas rentrée plus tôt ?

Elle prit sa main, qui était sèche et brûlante.

— Kelly ? murmura-t-il.

— Que t'est-il arrivé ?

Il remua péniblement les lèvres.

— Rien du tout. Ta journée de fac a été intéressante ?

— Je me fiche de la fac ! s'écria-t-elle avec véhémence. Maudit sois-tu de ne pas m'avoir dit que tu te sentais mal ! Tu n'étais pas bien ce matin, n'est-ce pas ?

— Pas très, avoua-t-il dans un murmure rauque. Je ne voulais pas... gâcher... ta rentrée...

— Tais-toi ! Tais-toi ! Comment as-tu pu être aussi stupide !

— C'est naturel, chez moi...

Elle s'en voulut. S'il avait agi en idiot, elle avait été plus idiote encore de se laisser abuser par la comédie qu'il lui avait jouée.

— Depuis combien de temps est-ce que tu te sens mal ? demanda-t-elle.

— Quelques semaines.

— Pourquoi n'as-tu rien dit ?

— On s'entendait si bien... rien que nous deux. Je ne voulais pas manquer ça.

— J'aurais dû m'apercevoir que ça ne tournait pas rond, ce matin, fit-elle avec amertume, mais je ne pensais qu'à ma petite personne...

— Mais c'est très bien comme ça, souffla-t-il en lui agrippant le poignet. C'est ce qu'il faut. Chacun son tour. On l'a décidé.

— Je me fiche de tout ça, s'écria-t-elle avec passion. Jake, je t'...

— Kelly, ils sont là, intervint Carl, sur le seuil.

Et tout à coup, les infirmiers prirent le relais, étendant Jake sur une civière, l'emmenant en ambulance. Le moment dangereux, où elle avait failli tout lâcher, était passé.

Elle accompagna Jake à l'hôpital, où elle ne fit qu'entrevoir le Dr Ainsley, qui se hâtait déjà au chevet de son patient. Carl, qui avait suivi l'ambulance, l'avait rejointe et lui tenait compagnie au moment où le chirurgien se présenta de nouveau, rassurant, sourire aux lèvres.

— Il fait une surinfection, annonça-t-il. Ce n'est pas très bon, mais ça ira dès que les antibiotiques auront fait leur effet. Ce qui m'étonne, c'est qu'il n'ait rien dit. Il y a un moment qu'il devait se sentir mal. Il aurait dû revenir nous voir beaucoup plus tôt.

— Vous lui avez demandé pourquoi ?

— Oui, mais je n'ai rien compris à la réponse qu'il a marmonnée. Il était question de Pâques, à ce que j'ai cru comprendre. De toute façon, il a trop de fièvre pour tenir des propos cohérents.

— Puis-je le voir ?

— Une minute seulement.

Elle gagna la chambre de Jake, qui semblait endormi, et s'installa près de lui en silence. Elle pouvait enfin se détendre un peu, et se pénétrer de la portée des incroyables paroles de Jake.

« On s'entendait si bien... rien que nous deux. »

S'il avait avoué plus tôt qu'il se sentait mal, il aurait passé la période des vacances à l'hôpital, et il aurait manqué ces semaines de douce complicité.

Jake ouvrit les yeux et murmura :

— Salut.

— Tu te sens mieux ? s'enquit-elle tendrement.

— Bien mieux. Tu es fâchée, hein ?

— Non, oublions ça. Je regrette, pour ce matin... enfin, hier matin, plutôt. Je n'aurais pas dû t'enguirlander, j'aurais dû comprendre que tu n'étais pas en forme. Tu comptais te décider à en parler quand, bon sang ?

— Je pensais appeler l'hôpital après ton départ mais je me suis endormi. Après, je n'ai pas eu assez d'énergie pour ça. J'ai enclenché le répondeur et je me suis couché. Et puis je me suis réveillé et j'ai eu ton message...

— Et tu m'as attendue ? Si j'avais su !

— Je ne voulais pas que tu saches. Au fait, j'ai vu Carl à l'appartement, ou c'était une vision ?

— C'était bien lui. On avait pris une pizza et il m'a raccompagnée.

— Bonne chose. Il t'attend ?

— Oui.

— Bien, il va pouvoir te ramener.

— Entendu.

Elle se leva, voulut lui donner un baiser sur le front. Mais il avait déjà détourné la tête et fermé les yeux.

Une fois chez elle avec Carl, elle lui expliqua ce qui s'était produit.

— Il a tu qu'il était malade pendant plusieurs semaines ? s'exclama-t-il. Mais il est dingue !

— Non, il n'est pas dingue. Il voulait seulement être avec moi pendant les vacances. Je trouve ça drôlement gentil de sa part.

— Moi aussi. Débile mais super, dit Carl.

Puis, sagement, il se tut.

Cette nuit-là, elle ne dormit pas. Elle se remémorait le visage de Jake, lui disant : « Ne rentre pas trop tard. » Ce n'était pas un ordre, mais une prière. Et elle ne l'avait pas compris. « Ah, je fais une jolie infirmière ! » pensa-t-elle, honteuse et désespérée.

Le lendemain, elle quitta ses cours le plus tôt qu'elle put et se hâta au chevet de Jake. Elle avait tant de choses à lui dire !

Il avait meilleure mine et elle sut que les antibiotiques avaient commencé à faire effet. Il le lui confirma, d'ailleurs.

— Tu me connais, conclut-il. Comme le phénix, je renais toujours de mes cendres !

— Ne te vante pas trop. Le Dr Ainsley a dit que c'était limite.

— OK, OK, j'ai voulu faire le bravache et j'en paie le prix. Désolé de t'avoir causé du souci.

— Tu n'es pas un souci. Ces dernières semaines étaient super, et j'étais enchantée que tu sois là...

— Ravi de t'avoir rendu service. Je deviens plutôt bon pour les séances de préparation à la naissance, tu ne trouves pas ?

Elle constata, comme elle l'avait redouté, qu'il avait choisi d'adopter une attitude légère, affichant son humour comme un masque. Ainsi, il la tenait à distance.

Avant qu'elle quitte l'hôpital, le Dr Ainsley lui précisa que l'infection avait empêché Jake de reprendre des forces et de digérer convenablement, ce qui expliquait sa maigreur persistante.

— Je vais le garder une semaine ou deux, dit-il. Quand il rentrera, il aura fait des pas de géant. Et vous, comment vous en tirez-vous ? A part cet incident, comment ça se passe ? Il n'est pas trop pénible ?

— Non, il a été adorable, dit-elle. Ces dernières semaines surtout.

— Ça ira encore mieux quand il reviendra.

Mais Kelly en doutait. La période écoulée avait représenté une bienheureuse parenthèse, un temps de complicité hélas révolu.

Elle sut qu'elle avait vu juste lorsque Jake revint, plus en forme qu'elle ne l'avait jamais vu depuis sa blessure par balle.

Il reprenait ses forces, à présent, et tandis que le temps filait, trop vite selon elle, elle voyait peu à peu reparaître l'ancien Jake Lindley.

Il semblait en avoir lui aussi conscience. Ils n'avaient plus ces longues conversations complices qu'elle en était venue à apprécier tant et, de nouveau, il reportait son attention vers l'extérieur — ce qui était bon signe. Il se montrait amical, gentil, coopératif. Mais on aurait dit qu'ils n'avaient jamais eu de passé commun.

Il allait, d'un jour à l'autre, reprendre sa vie brillante, et retourner auprès d'Olympia. Et lorsque ce moment viendrait, elle l'accepterait sans amertume, heureuse d'avoir pu partager avec lui cette période d'entente rare, à laquelle elle n'aurait jamais espéré avoir droit.

10

Chaque jour, Kelly se sentait plus assurée dans sa nouvelle vie, plus en accord avec elle-même. La jeune femme hésitante qui était suspendue aux faits et gestes de Jake Lindley avait bel et bien disparu, remplacée par une femme sûre de sa maturité, qui assumait ses décisions, si douloureuses fussent-elles.

Aussi, quand elle sentit que le moment où Jake allait la quitter était imminent, elle résolut de prendre les devants.

— Il serait temps que tu fasses un effort envers Olympia, non ? lui dit-elle un jour.

— Que veux-tu dire par là ?

— Voyons, Jake ! Tu m'as assez répété qu'elle est de ceux qui « font avancer le monde ». Tu devrais peut-être te décider à avancer avec elle.

Furieux, il lui décocha un regard meurtrier.

— Tu me crois capable de coucher avec une femme pour faire progresser ma carrière ?

— Ce n'est pas ce que j'ai dit, mais je te conseille tout de même de rester dans ses petits papiers.

— En gros, tu essaies de me dire que si je couche avec elle, ça t'est égal.

Elle aurait voulu lui hurler : « Bien sûr que non, espèce d'idiot ! Je t'aime à la folie, et quand tu partiras, j'aurai l'impression que ma vie s'effondre pour la seconde fois. Pourquoi ne le vois-tu pas ? »

Mais justement, son aveuglement lui disait ce qu'elle désirait savoir : en refusant de reconnaître les sentiments qu'elle éprouvait pour lui, il se protégeait. Elle lui faciliterait donc les choses, réservant le désespoir et les pleurs pour le moment où elle se retrouverait seule, après son départ.

— Nous avons déjà discuté de ça, n'y revenons pas, dit-elle avec un détachement feint. Je te demande seulement de ne pas l'amener ici pendant que je rédige mon mémoire sur les pyramides.

— Oh, bon sang ! Tu me rends fou !

Il paraissait bel et bien furieux et, dans un accès de colère, il téléphona à Olympia, lui faisant miroiter un dîner aux chandelles. En un rien de temps, il eut pris rendez-vous avec elle pour le lendemain soir, et Kelly n'eut plus qu'à se dire qu'elle l'avait bien cherché.

Comme elle ne pouvait faire marche arrière, elle joua à outrance son rôle d'« Anne de Clèves », l'aidant à se préparer avant le rendez-vous.

— Pas cette cravate-là, protesta-t-elle. Elle est horrible.

— C'est toi qui me l'as offerte.

— Ah ? Je devais être furieuse contre toi. Oui, cette autre est mieux.

— Un cadeau d'Olympia.

— Elle a du goût. Et elle sera flattée que tu la mettes. Mmm... ton eau de toilette sent divinement bon ! C'est elle qui te l'a offerte aussi ?

— Non, je l'ai achetée ce matin.

— Eh bien, elle est géniale. Ça va la rendre folle. Bon, tu as bien tout ce qu'il te faut ? Argent, carte de crédit ?

— Kelly, arrête !

— Tu n'as pas oublié ton stylo ?

— Non.

— Tes chaussettes sont assorties ?

— Oui.

— Tu as un caleçon propre ?

— *Pardon ?*

— Pour le cas où tu aurais un problème et où on devrait t'emmener à l'hôpital, fit-elle innocemment.

Il leva les yeux au ciel et ils échangèrent un sourire complice.

— Bon, vas-y, reprit-elle. Et amuse-toi bien !

— Merci, c'est mon intention. Toi, ça va ?

— Je suis en pleine forme. Tu vas rentrer très tard, je suppose ? enchaîna Kelly.

— Peut-être pas du tout.

— Super.

Elle éprouvait une sensation presque triomphante en lui donnant ainsi le change. Mais c'était un triomphe amer et, lorsqu'il fut parti, elle s'assit dans un coin et médita lugubrement.

Jake avait choisi un restaurant luxueux, commandé le vin le plus cher, les mets les plus goûteux. Il avait soigneusement préparé cette soirée, car c'était celle de sa libération.

De quoi allait-il être libéré ? Il n'aurait su le dire. Pas de Kelly, puisqu'elle niait qu'il y eût entre eux le moindre lien...

La conduite de la jeune femme l'avait agacé prodigieusement. Il trouvait insultant, en un sens, qu'elle ait voulu le jeter dans les bras d'Olympia.

Il s'était gardé de lui confier ses pensées, bien sûr. Pas question de lui laisser marquer un point, de faire la moindre concession à cette femme exaspérante entre toutes !

Il se retrouvait donc attablé face à Olympia, et pratiquement condamné à passer la nuit avec elle. Car enfin, que s'imaginait Kelly, en l'asticotant comme elle l'avait fait ?

Souriante face à lui, Olympia se pencha pour lui prendre la main, lui offrant une vue plongeante sur son décolleté. Jake admettait qu'elle était sensationnelle. Sa robe de soie noire mettait en valeur ses seins superbes, et ses cheveux ondoyaient autour de son ravissant visage chaque fois qu'elle riait.

— J'ai toujours su que ça arriverait, lui murmura-t-elle.

Elle avait la même mine gourmande que ce fameux soir, à Paris, où il s'était mis en tête de la séduire. Il n'avait pas oublié sa propre et intense tentation ; au restaurant, au pied de la tour Eiffel, il avait eu envie de la déshabiller sauvagement et de lui faire l'amour devant tout le monde.

Mais elle l'avait emmené dans sa chambre. Etrangement, dès qu'il s'était trouvé seul face à elle, son excitation était retombée.

Parce que l'image de Kelly s'était imposée à lui, tout à coup. Il avait revu son regard empli d'amour, et il n'avait pas eu le cœur de la tromper.

Ce soir, cependant, il en irait différemment, elle ne lui gâcherait pas cette soirée, songea-t-il, contemplant Olympia.

— Tant de choses se sont interposées entre nous, souffla-t-elle. Mais nous étions destinés à surmonter les obstacles, tu ne crois pas ?

— Il me semble, oui. Je n'ai pas eu les idées claires, pendant un bon moment...

— Je te comprends. Tu as dû ressentir un tel choc. Et puis ça a dû te rendre fou de ne plus pouvoir travailler.

— C'est vrai, concéda-t-il.

Il ajouta avec autodérision :

— Mais je suis devenu très fort pour passer l'aspirateur.

— J'en suis sûre... Rassure-toi, le cauchemar est presque fini.

— Quel cauchemar ?

— Te retrouver coincé avec cette petite Kelly qui doit te harceler tout le temps.

— La petite Kelly, comme tu l'appelles, est trop occupée par ses études pour se soucier de moi, assura-t-il.

— C'est ce qu'elle te laisse croire. Tu sais bien ce qu'elle veut, en réalité. Te récupérer.

— Sûrement pas. Elle ne voulait pas m'accueillir, au début.

— Oh, voyons, chéri ! C'est de la comédie.

— Plus vraie que nature, alors. Elle ne tient qu'à son diplôme et à son bébé. Moi, elle me tolère, c'est tout.

— Elle t'abuse. En réalité, ce qui compte, c'est que tu sois là, près d'elle, comme elle le désire.

Jake observa Olympia avec curiosité, en se demandant comment elle pouvait se tromper à ce point sur un autre être humain.

— Ce n'est pas ça du tout, dit-il. Kelly a changé, elle est différente, elle...

— Mon cher Jake, intervint Olympia, laissons là Kelly. C'est toi qui m'intéresses, ce soir. Je suis sûre qu'elle est gentille et se montre bonne infirmière, mais quoi qu'elle prétende, elle est encore amoureuse de toi. Si elle savait que tu es avec moi ce soir, elle serait malade de jalousie.

Jake éprouva quelque embarras. Pouvait-on dire à une femme qu'on passait la soirée avec elle sur l'insistance, presque sur l'ordre, d'une autre ? Certes pas ! Se réfugiant dans un silence prudent, il déclara :

— Tu as raison, ne parlons pas d'elle.

— En tout cas, elle doit être ravie d'avoir une soirée bien à elle. Ce doit être fatigant pour elle de s'occuper de toi dans son état. Je parie qu'elle est tranquillement allongée sur son lit et qu'elle se repose.

« Probablement, pensa Jake. Ce que j'aimerais bien savoir, c'est où se trouve Carl. » Il se ressaisit et versa du champagne à Olympia.

— Tu es superbe, ce soir.

Elle accepta le compliment en déesse sûre de ses attributs, et lui serra la main. Jake éprouva une sensation de malaise, qu'il attribua à son manque de pratique, en matière de séduction. Il répondit à la pression de main d'Olympia, et la regarda dans les yeux en s'efforçant de songer à la nuit qui l'attendait. Mais il lui trouva un regard vide et froid.

Ce fut avec une sensation de distance, comme s'il se déplaçait dans un rêve, qu'il quitta le restaurant avec elle et monta dans le taxi qu'elle avait hélé. Il s'efforça de se ressaisir. Puisqu'il avait pris une décision, autant aller jusqu'au bout avec résolution, pensa-t-il en serrant sa compagne contre lui. Comme elle lui effleurait la joue d'un baiser mutin, il songea : « Que ses lèvres sont froides ! »

Olympia habitait un élégant appartement dans un des quartiers les plus chic. L'endroit était à l'image de sa propriétaire : aucune faute de goût dans le décor, harmonieux à souhait.

— Ton cœur bat si fort, murmura-t-elle alors qu'il l'embrassait avec une sorte de fureur, sur le seuil, pour masquer son absence de sensations.

Mais, quelle que fût la comédie qu'il jouât, il n'éprouvait pas de désir pour elle. Il avait seulement des sueurs froides à la pensée de battre en retraite une fois de plus...

— Je veux que cette soirée soit inoubliable, lui souffla-t-elle.

Elle se dévêtit sous ses yeux, se dépouillant de sa robe tandis qu'il guettait vainement en lui quelque manifestation d'excitation. Mais il ne sentit rien, même lorsqu'elle lui ôta sa chemise et son veston avec une lenteur qui se voulait ensorcelante.

Guidé par elle, il dégrafa machinalement son soutien-gorge et sentit entre ses doigts les seins ronds d'Olympia.

S'il continuait dans cette voie, il n'y aurait pas de retour possible vers Kelly... Pas de retour...

Soudain, il se sentit vaciller, et se raccrocha au mur comme il put, en se demandant où il était et ce qu'il faisait là, avec cette femme...

— Jake ? Est-ce que ça va ? lui demandait Olympia.

Mais non, rien n'allait. Le monde tournoyait devant lui, le happant dans un univers de ténèbres. Tout ce qui l'entourait, cette femme, ce qu'il avait failli faire... Cela lui semblait à la fois horrible et futile.

Olympia l'avait saisi par les épaules et le secouait pour le ramener à lui, mais il tremblait violemment, et sentait à présent que si son cœur battait si fort, c'était de peur, de rejet, de désespoir.

Il s'était mis à respirer de façon saccadée, oppressante, sans pouvoir reprendre son souffle. Il étouffait. Une force aveugle semblait l'aspirer, le happer dans la folie. Et il n'avait plus la force de lutter contre elle. A quoi bon, puisque l'univers n'était que peur et malheur ?

— Jake ! Que t'arrive-t-il ?

Elle le secouait de plus en plus fort, cherchant à le ramener au réel.

— Tu veux que j'appelle un médecin ?

— Non, parvint-il à dire. Pas de médecin.

Il savait qui il voulait près de lui, qui il lui fallait, mais il lui fallut accomplir un effort surhumain pour décrocher le téléphone et appeler à lui le seul être humain qui pût l'aider.

« Oh, mon Dieu, pensa-t-il, faites qu'elle soit là ! J'ai besoin d'elle... Je vous en prie... »

Et il éprouva un soulagement si intense en entendant la voix de Kelly qu'il crut s'évanouir.

— Kelly? dit-il dans un coassement rauque qui rendait sa voix méconnaissable.

— Qui est-ce?

— Moi... Jake...

— Qu'est-ce qu'il y a? Tu es malade?

— Je ne sais pas, hoqueta-t-il. Je suis chez Olympia... S'il te plaît, viens... Je t'en prie, je veux rentrer à la maison et je ne peux pas...

De nouveau, il hoquetait.

— J'arrive, dit-elle aussitôt. Explique-moi au moins ce qui se passe, Jake.

— Je ne sais pas, lâcha-t-il dans un souffle. Viens, viens vite.

Il laissa tomber le récepteur et s'adossa au mur, tremblant de tous ses membres.

Olympia, qui avait suivi la conversation d'un air scandalisé, s'approcha de lui, sourcils froncés.

— Mais qu'est-ce qui t'a pris?

— Désolé, il faut que je rentre, je ne vais pas bien...

— Je te comprends, dit-elle avec inquiétude. Tu as fait un effort prématuré... Il faut que tu retournes à l'hôpital, ajouta-t-elle avec fermeté.

— Non... pas l'hôpital... Kelly...

Elle l'aida à s'asseoir sur le canapé, où il s'effondra presque, et le délaissa un instant, ramassant ses vêtements et se retirant dans sa chambre, d'où elle passa un coup de téléphone.

Jake considéra un objet sur le sol, sans comprendre. Puis il s'aperçut que c'était sa chemise et, se demandant ce qu'elle faisait là, il parvint à l'enfiler sans trop savoir comment. Epuisé par cet effort, il fixa le mur, comptant les sujets du motif pour éviter de penser au monstre effrayant qui semblait tapi dans son esprit, comme prêt à bondir hors de sa cage.

Un, deux, trois... Allait-elle arriver? Quatre, cinq... Oh, mon Dieu, pourvu qu'elle soit là très vite! Huit, neuf, douze... Il avait perdu le compte...

Il ferma les yeux, cherchant à fuir le regard scrutateur et curieux d'Olympia, revenue dans le salon. Une seule personne était autorisée à lire dans son cœur et dans son âme, mais elle n'était pas là. Elle avait promis de venir, alors, où était-elle ? Le monstre grandissait en lui, et avec lui sa peur. Si elle ne venait pas...

La sonnerie de l'entrée l'arracha à son angoisse. Kelly, enfin ! Il allait s'en sortir.

Mais ce n'était pas Kelly. C'étaient deux hommes en gris.

— Qu'as-tu fait ? Où est Kelly ?

— Chéri, tu as besoin d'aide. D'une aide professionnelle.

— Qui êtes-vous ? demanda-t-il, paniqué, aux deux hommes qui se trouvaient devant lui. D'où venez-vous ?

— De Forest Glades. Une maison de repos top niveau. Allons, suivez-nous gentiment, tout va bien se passer.

— Allez au diable ! Maison de repos... je sais ce que ça veut dire.

Il se leva au prix d'un effort inouï et énonça des mots qui le frappèrent par leur étrangeté, leur timbre désincarné. Mais ils avaient tout de même quelque sens.

— Je rentre chez moi avec ma femme. Elle sera là dans un instant.

Les deux hommes dévisagèrent Olympia, qui émit un rire gêné.

— Chéri, tu n'as pas de femme. Tu es divorcé.

Elle ajouta d'un ton lourd d'inquiétude :

— Tu t'en souviens, tout de même ?

— Je n'ai rien oublié. Divorce ou pas, Kelly est ma femme, et le restera toujours.

Les hommes le dévisagèrent, puis adressèrent un regard à Olympia. Jake surprit leur manège, mais cela lui était égal. Il s'efforçait seulement de paraître normal jusqu'à l'arrivée de Kelly. Il se sentait dériver, mais si elle arrivait bientôt... elle saurait quoi faire... elle était forte...

— Excusez-moi, énonça une voix sur le seuil.

Dans l'embrasure de la porte que les hommes avaient laissée ouverte, Kelly était là, souriante, apparemment à l'aise.

— Jake chéri, dit-elle en venant vers lui, je suis venue aussi vite que j'ai pu. Tu es prêt ?

— Oui, dit-il d'une voix rauque.

— Excusez-moi, mademoi... madame, dit l'un des infirmiers. Vous êtes bien la femme de ce monsieur ?

— Oui, il vous l'a dit, non ? répliqua Kelly d'un air naïf.

Ainsi, elle avait entendu, pensa Jake. Il avait l'impression d'assister à tout cela de très loin, mais il voyait que Kelly contrôlait la situation.

Le second infirmier, un jeune homme de toute évidence très puritain, parut scandalisé en voyant que Kelly était enceinte.

— Navré de vous le dire, m'dame, mais nous avons trouvé votre mari avec cette... dame.

De façon déconcertante, Kelly réagit par un éclat de rire.

— Décidément, vous n'avez pas encore renoncé, Olympia ? Vous avez cru bon de tenter votre chance de nouveau en profitant de mon état. Mais j'ai l'impression que ça n'a pas marché, n'est-ce pas ? Eh bien, bonne chance pour la prochaine fois !

— Ça... ça vous est égal ? balbutia l'infirmier.

— Pourquoi me soucierais-je d'elle ? Elle ne menace en rien mon mariage. Désolée, Olympia, mais la vérité est la vérité, si douloureuse soit-elle.

— Je vous conseille de partir, grommela Olympia, mâchoires serrées.

— Avec le plus grand plaisir ! répliqua Kelly, passant son bras sous celui de Jake. Navrée qu'on vous ait dérangés pour rien, messieurs. Tu viens, chéri ?

— Une minute, coupa aigrement Olympia.

Elle s'éclipsa dans sa chambre, et en revint avec les boutons de manchettes de Jake.

— N'oubliez pas ceci.

— Merci, dit Kelly en les fourrant dans sa poche.

Puis, la regardant en face, elle murmura doucement :

— Pauvre Olympia.

Le regard meurtrier que cette dernière lui lança devait rester gravé à jamais dans son esprit comme l'un des instants les plus jubilatoires de son existence.

11

Jake ne sut trop comment il se retrouva sur la banquette arrière d'un taxi, dans les bras de Kelly. Elle le tenait serré contre elle, le berçant de mots réconfortants, cherchant à apaiser une souffrance qu'elle ne comprenait pas.

Lorsqu'ils furent enfin à la maison, là aussi, elle s'efforça de l'envelopper dans un cocon protecteur.

— Tu trembles, dit-elle.

— Je n'arrive pas à m'en empêcher, répondit-il en claquant des dents.

— Je vais mettre le chauffage.

— Ça n'a rien à voir avec la température.

— Jake, peux-tu me dire ce qui s'est passé ?

— Je ne sais pas, murmura-t-il d'une voix rauque. Soudain, tout m'a paru très noir et très sombre, le monde était un océan de peur et de désespoir. Et puis j'ai pensé à toi, et j'ai su que si tu arrivais jusqu'à moi je serais à l'abri. Serre-moi fort ! Serre-moi fort, je t'en prie.

— Oui, chéri, oui..., dit-elle sans réfléchir. Je suis là...

Elle était passablement choquée, elle aussi. Les événements avaient pris un tour qui la laissait perplexe. Elle avait envoyé Jake vers Olympia en se persuadant que c'était pour le mieux, et avait vu se dérouler dans son esprit, avec une précision lancinante, toutes les étapes de cette soirée romantique... Et soudain, alors que son tourment était à son comble, Jake lui avait téléphoné pour lui demander de venir le chercher, implorant son aide.

A présent, face à la souffrance qui l'agitait, elle se demandait quelles terreurs inconnues avaient bien pu l'envahir, précisément à cette occasion... Elle ne cherchait pas à le faire parler, elle sentait qu'il n'y était pas prêt. Il lui suffisait de le savoir dans ses bras, de savoir qu'il avait besoin d'elle, comme jamais auparavant...

Il l'avait appelée sa femme, comme si leur mariage n'avait jamais été rompu. Et il avait proclamé que le bébé était le sien comme s'il avait toujours su, au fond de son cœur, la vérité. Mais il n'avait prononcé ces mots que devant des tiers, et peut-être s'agissait-il des propos désespérés d'un homme désespéré. Tant qu'il ne lui aurait pas répété ces paroles en tête à tête, elle ne serait sûre de rien.

De son côté, elle l'avait appelé « chéri », et elle admettait que c'était le reflet de ce qu'elle ressentait. Jamais elle n'avait cessé d'aimer Jake, et, bien qu'elle l'eût nié, elle avait souhaité, presque à son insu, retrouver en elle cet amour intact. La vulnérabilité de Jake lui brisait le cœur ; tant qu'il aurait besoin d'elle, quoi qu'il advînt, elle serait là.

— Tu es glacé, dit-elle enfin, tu devrais être au lit.

Il parut incapable d'accomplir le moindre effort, mais se laissa mener dans la chambre. Elle fut saisie de le voir si pâle.

— Reste avec moi, murmura-t-il. Je ne veux pas être seul. Kelly, je t'en prie...

— Bien sûr. Laisse-moi juste le temps de me préparer, je reviens tout de suite.

Quand elle le rejoignit, en tenue de nuit, il la guettait sur le seuil, avec une expression qui l'émut jusqu'au plus profond d'elle-même. Et lorsqu'ils furent côte à côte sous les draps, il lui raconta sa soirée, sans rien dissimuler.

— Je voulais coucher avec elle, mais je n'ai pas pu. Je n'ai pas pu. Je ne ressentais rien. Rien. Comme la dernière fois.

— La dernière fois ?

— A Paris. Je ne t'ai jamais menti à ce sujet, Kelly. J'ai battu en retraite à la dernière minute. On aurait dit que tu étais là, avec moi, et que tu m'interdisais de détruire notre amour. Mais tu n'as pas voulu me croire, après.

— J'aurais dû. Je te crois maintenant, murmura-t-elle. Mais en ce temps-là, je ne te connaissais pas aussi bien qu'aujourd'hui.

Là-dessus, il demeura silencieux, et elle respecta son silence. Enfin, il reprit :

— J'ai eu l'impression de tomber dans l'abîme de l'enfer, comme si tous mes démons étaient lâchés. Je ne sais pas quoi faire. Mais ça va aller, je pense.

Il avait dit cela en tremblant, et elle décida fermement :

— Tu as besoin d'un médecin. Ne discute pas. C'est un ordre.

Il parvint à émettre un faible rire.

— Oui, chérie.

Elle sourit dans le noir, mais elle avait le cœur serré, car elle savait qu'il venait d'entrer dans la période sombre dont le Dr Ainsley lui avait parlé.

Le généraliste qu'elle appela, le lendemain, se montra pragmatique. Il donna à Jake des antidépresseurs connus pour leur efficacité. Ce que confirma d'ailleurs à Kelly l'un de ses camarades étudiants, qui faisait médecine. Mais elle sentait que Jake avait besoin d'autre chose, en plus du traitement. Elle avait l'impression confuse que ce quelque chose ne pouvait venir que d'elle. Pour l'instant, elle ne pouvait qu'attendre et espérer que, le moment venu, elle saurait lui apporter ce dont il avait besoin.

Jake n'avait jamais connu de dépression. Il en découvrait maintenant les ravages. Les médicaments n'oblitéraient que partiellement ses angoisses, le plongeant dans une souffrance diffuse. Le jour, il dormait la plupart du temps ; et la nuit, il était hanté de cauchemars. Sa vie passée lui semblait vide, son avenir plus vide encore.

Le moindre effort physique l'épuisait, il ne comprenait rien à ce qui lui arrivait. Des voix résonnaient parfois dans sa tête. Kelly lui disait qu'il se remettrait bien vite, qu'il était fort, que le Dr Ainsley avait prédit cette situation... Mais rien n'y faisait.

Fort ? Il se demandait s'il l'avait réellement été un jour, ou si cela n'avait pas été une illusion. En réalité, il avait le sentiment que sa force d'autrefois lui venait de l'amour de Kelly. Avec elle, il pouvait conquérir le monde. Sans elle, il n'était rien.

Dans sa traversée du trou noir, elle était la seule présence dont il eût conscience. Elle s'était réinstallée avec lui dans la chambre, partageant ses nuits. Quand il s'éveillait d'un rêve tourmenté, elle était toujours là, veillant sur lui avec un regard anxieux. Elle prit plusieurs jours d'arrêt, sous des prétextes fallacieux, et il comprit qu'elle avait peur de le laisser seul.

Cette constatation le fit sombrer plus avant dans les ténèbres. Car il voyait se rééditer leur passé : de nouveau, elle se sacrifiait, et il ne voulait pas de cela.

Il s'évertua à lui mentir, à lui jouer la comédie, à prétendre qu'il allait mieux. Et il parvint, au prix de peines infinies, à la renvoyer à ses études. Mais dès qu'elle eut le dos tourné, il eut un malaise, et les démons se déchaînèrent de nouveau.

Avec le temps, cependant, il eut l'impression que le brouillard qui l'avait happé se levait un peu, même si le monde lui semblait toujours lointain, très lointain. Il réalisait confusément qu'il devait agir, s'occuper de certaines choses... Mais c'était vague — et qu'aurait-il pu faire, de toute façon ?

Une nuit, il s'éveilla en sursaut. Voyant filtrer un rai de lumière sous la porte, il se contraignit à se lever et trouva Kelly sur le canapé, front plissé, en train de lire un livre. Quelque chose, dans sa silhouette, le frappa.

— Tu vas avoir un bébé, souffla-t-il.

Elle sursauta, alarmée.

— Ne t'inquiète pas, je ne suis pas fou, lui dit-il en se laissant attirer auprès d'elle. Je savais que tu étais enceinte, n'est-ce pas ?

— Oui, dit-elle avec douceur.

— Je m'en souviens bien, maintenant... Mais... pourquoi es-tu assise ici toute seule ? Pourquoi ? demanda-t-il avec une sorte de véhémence. Pourquoi est-ce toujours toi qui veilles sur les autres ? Ton mari aurait dû te protéger, mais nous savons ce qu'il vaut, n'est-ce pas ?

— Ne dis pas cela. Je crois que personne ne le connaît vraiment, murmura-t-elle gentiment.

— C'est un nul. Il t'a toujours fait défaut. Et il te laisse tomber une fois de plus.

— Que veux-tu dire ?

— Je vais te montrer.

Il se traîna dans la chambre et en revint, rapportant un papier qu'il lui logea dans la main. C'était un relevé bancaire, indiquant que ses moyens financiers se réduisaient comme une peau de chagrin.

— Un nul et un imbécile, dit Jake, l'air sombre. Il n'a jamais fait d'économies quand tout allait bien. Il a dépensé tout son argent, pour profiter de la vie.

— Sa femme aussi en a profité, lui rappela Kelly. Elle a eu des tas de cadeaux…

— Qu'elle ne désirait pas vraiment. Après ma blessure, l'assurance m'a versé une indemnité et c'est grâce à ça que nous avons vécu jusqu'ici. Je pensais reprendre le travail rapidement parce que j'étais « Jake Lindley », celui qui surmonte tout. Mais regarde-moi. Je suis pitoyable.

Kelly regarda le relevé bancaire et une résolution se forma dans son esprit. Soudain, elle mit les mains sur les épaules de Jake et plongea ses yeux dans les siens. Elle s'apprêtait à prendre un grand risque, et elle avait peur.

Elle s'était trompée une fois, lourdement, en envoyant Jake vers Olympia. Si elle se trompait encore, elle le mènerait sans doute au désastre. Mais si elle manquait du courage nécessaire pour oser s'exprimer, Jake resterait peut-être à jamais enlisé dans son désarroi et son angoisse.

— Tu veux que je te dise ? fit-elle. Il est temps que tu te remettes au boulot.

Il la dévisagea.

— Et tu crois qu'on va m'en donner, dans l'état où je suis ?

— Tu ne vas mendier de travail auprès de personne. Tu vas le créer toi-même. Tu le peux. Ce livre dont tu m'as parlé cent fois, c'est le moment de t'y mettre. Dieu sait que le matériau ne te manque pas ! Tous ces endroits où tu es allé, ces reportages que tu as faits, ce que tu as vécu… Et ces coups de feu reçus…

Si tu le rédiges rapidement, tant que c'est encore d'actualité, ce livre se vendra, et bien. Tu as des loisirs, utilise-les à écrire.

Dans le silence qui suivit, elle vit poindre enfin quelque intérêt dans le regard de Jake.

— Tu... tu crois vraiment que j'en suis capable ?

— Jake Lindley peut tout.

— Non..., non, fit-il, secouant la tête d'un air agité. « Jake Lindley » n'a rien à voir dans tout ça, je ne suis même pas sûr qu'il refasse surface. C'est « Jake », tout simplement.

— Pour moi, dit-elle, comprenant aussitôt, tu as toujours été Jake. Je n'attachais pas tellement d'importance à « Jake Lindley ».

— Un livre... c'est un travail de longue haleine... et maintenant, je ne suis actif que par à-coups...

— Eh bien, remets-toi à ton ancien rythme, retrouve tes idées bien arrêtées, ta vision aiguë des choses. C'est toujours en toi, Jake, ça ne t'a jamais quitté.

Elle l'avait saisi par les mains, le regardant avec élan et elle lui rappela, de façon poignante, la jeune fille de dix-sept ans qui avait eu tellement foi en lui. Ce fut la force de ce souvenir qui le poussa à dire :

— Je le ferai, si tu m'en crois capable... même si j'ai l'impression d'avoir du coton dans la cervelle.

— Tu n'es pas obligé de rédiger tout de suite. Tu peux commencer par faire quelques recherches, et écrire une présentation. Et puis tu vendras ton projet à un éditeur.

— Tu as déjà tout combiné, hein ? fit-il avec admiration. Dans un moment, tu vas me demander une commission en tant qu'agent !

— Et comment !

Il faillit se mettre à rire, et elle crut qu'elle avait ranimé l'ancien Jake. Mais il changea de tête, de nouveau abattu.

— Kelly, c'est insensé. Je ne peux pas me lancer dans une telle entreprise dans l'état où je suis.

— Tu prends les choses par le mauvais bout, soutint-elle fermement tandis qu'il la regardait d'un air d'attente. Il ne faut pas envisager ça comme un marathon. Demande-toi seulement par quoi commencer. Ensuite, tu auras le temps de songer à la seconde étape.

Elle l'observait, guettant sa décision, et il lutta pour s'éclaircir les idées, pour entrevoir une première piste à saisir...

— Mes notes, dit-il enfin. Il faut que je les relise. Et puis il y a mes enregistrements... tout ce qui concerne ces dernières années... J'ai besoin de me rafraîchir la mémoire...

— Bien. Où as-tu laissé tout ça ?

— Chez moi. Il faut que j'y aille...

— Nous irons ensemble.

Il était tôt, le lendemain, lorsqu'ils se rendirent à l'appartement de Jake en taxi. Mais, au moment d'entrer, Kelly eut un scrupule, une hésitation. Elle n'avait pas oublié qu'il avait refusé une fois de la laisser venir prendre ses affaires. Cependant, Jake la rassura : Olympia n'avait jamais mis les pieds dans les lieux. C'était une aide-soignante qui s'était chargée de lui apporter ses affaires à l'hôpital.

Sur place, Kelly comprit pourquoi. Cet endroit n'était pas un foyer, un chez-soi, mais une boîte sans âme. Rien, ici, n'exprimait la personnalité de l'homme qui y vivait, et si Jake l'avait tenue à l'écart de son appartement, c'est parce qu'il révélait trop bien ce qu'il était devenu lorsqu'elle était sortie de sa vie. Elle vit qu'il guettait sa réaction, comme s'il se demandait si elle allait capter cela, et elle lui serra la main d'un air compréhensif, en souriant.

Pendant qu'il rassemblait ses notes, elle considéra ce qui l'environnait. Tout était nu, sans ornement. Soudain, cela lui fut intolérable, et elle se mit à fouiller fébrilement dans les meubles, quêtant quelque trace, quelque objet susceptible de lui révéler enfin quelque chose de la vie intérieure de Jake.

Et elle le découvrit, au fond d'un tiroir de sa chambre. S'y trouvaient réunies leurs photos de mariage, et d'autres... Qu'était devenu le jeune dieu qu'elle voyait là ? Et comment n'avait-elle pas remarqué, alors, l'expression avec laquelle il la considérait sur les photographies... cet air d'adoration passionnée ? Sans doute parce qu'elle n'avait pas eu, de son côté, d'autre horizon que l'intensité de son propre amour pour lui…

Elle continua à passer en revue ces clichés inconnus d'elle, pris à son insu au fil des ans — des clichés réussis, expressifs, et dont elle était le centre. Une photographie, plus vibrante encore que les autres, était sertie dans un cadre. Kelly renversait la tête devant l'objectif, rieuse, l'image même du bonheur.

Elle eut l'impression de tout connaître de lui, après cette découverte. Mais elle se trompait. Car elle dénicha encore, au fond du tiroir, une paire de petits chaussons d'enfant dont l'un était plus grand que l'autre. Elle les considéra longtemps, songeant à celui qui les avait conservés, et dont les sentiments étaient bien plus profonds qu'elle ne l'avait cru. Lorsqu'elle dénicha aussi, tout au fond, un éléphant en peluche à la trompe tordue, elle se rappela les propos qu'il lui avait tenus dans le parc, et sut pourquoi il avait eu des souvenirs si précis.

Il avait gardé ces objets pendant des années, en mémoire de l'enfant qu'ils avaient perdu et du deuil qu'il ressentait, sans parvenir à s'en ouvrir à quiconque. Alors, Kelly pencha la tête et se mit à pleurer.

Elle sentit derrière elle la présence de Jake, qui venait de s'asseoir sur le lit. Il l'entoura de ses bras.

— Ne pleure pas, lui dit-il. Tu pourras quand même le donner à ton bébé. Ça lui sera égal qu'il ait la trompe tordue.

— Ce n'est pas pour ça que je pleure… Nous avions quelque chose de si fort… et nous l'avons perdu…

Il l'attira contre elle et elle se laissa aller à sangloter, et ce fut lui, cette fois, qui la consola.

— Je ne sais pas ce que tu aimerais que je dise, murmura-t-il. Je ne l'ai jamais su. Peut-être étions-nous destinés à perdre ce que nous avions. Nous étions si jeunes, et j'étais un maladroit… Je crânais beaucoup, alors. Quand tu es tombée enceinte, j'étais si content, si soulagé. Ça me donnait l'occasion de te lier à moi. Ce n'était pas très joli de ma part, comme attitude, mais je n'ai jamais brillé par mon élégance sentimentale… Tu étais ce qui m'était arrivé de mieux en ce monde, je m'y suis cramponné.

— Je… Tu m'aimais, alors ?

— Je n'ai jamais aimé que toi. Je n'aimerai jamais que toi. Tout ce que je désirais, c'était que tu m'aimes aussi, et je n'ai jamais réussi à croire tout à fait que tu me rendais mon amour.

— Mais, Jake, s'écria-t-elle avec étonnement, je t'adorais ! Tu as bien dû t'en rendre compte. Tu étais mon héros.

— Ça, je le sais, dit-il à voix basse. Mais c'est différent... C'était effrayant. J'attendais avec anxiété le moment où tu t'apercevrais que le colosse avait des pieds d'argile, et où tu me laisserais tomber. Cela a fini par arriver, mais je ne peux pas t'en vouloir. Nous avons passé huit ans ensemble, c'est plus que je n'en avais espéré.

D'abord, elle fut trop secouée pour parler.

— Ce n'était pas du tout comme ça..., murmura-t-elle enfin. C'est moi qui n'existais que dans ton ombre. J'avais toujours peur de t'ennuyer mortellement... Tu as accompli tant de choses.

— Parce que tu croyais en moi, c'est tout. Avant que je te connaisse, personne n'avait jamais eu d'admiration pour moi. Quand on parlait de moi, les gens lâchaient : « Oh, lui ! »

— Mais c'est faux...

— C'est la vérité, simplement tu ne t'en es jamais rendu compte. Tu m'as amené à te voir à travers tes yeux, comme si j'avais vraiment les qualités que tu me prêtais. Et quand... quand nous avons rompu, tu m'as de nouveau contraint à réaliser comment tu me voyais : j'étais celui qui avait tout pris, sans rien rendre, jamais. C'est pour ça que j'ai accepté le divorce. Pour te débarrasser de moi.

Il eut un étrange petit rire, et ajouta :

— Mais malgré tout, j'étais persuadé de pouvoir te récupérer. Je n'aurais jamais cru que tu te jetterais aussitôt dans les bras d'un autre.

— Je ne l'ai pas fait, Jake, il faut me croire.

— Et Carl?

— Que vient-il faire ici ? Jake, ce n'est pas le père de mon enfant.

Jake se figea, scrutant son visage.

— C'est vrai ?

— On ne peut plus vrai. Jake, tu sais qui est le père du bébé. Tu l'as toujours su, en réalité.

Il secoua la tête, en homme perdu.

— Je ne sais plus rien du tout. C'est fini pour moi. Tout ce que j'avais, tout ce que j'étais… ça n'existe plus.

— C'est faux. Tu m'as, tu as notre enfant, et tu as toujours le même talent.

Il sursauta légèrement, posa la main sur son ventre, tout doucement, et chuchota :

— Notre enfant ? Le nôtre ?

— Le tien, souligna-t-elle avec douceur.

Elle aurait aimé voir son expression, mais il gardait la tête baissée. Peu à peu, il glissa à terre, le visage posé contre son ventre, et elle sentit, en posant ses mains sur ses épaules, qu'il tremblait. Elle garda le silence, parce que les mots, quels qu'ils fussent, auraient été malvenus. L'enlaçant de son mieux, elle le laissa pleurer.

Contre toute attente, son instinct lui soufflait qu'il pleurait de joie. Qu'il se raccrochait à tout ce qui pouvait le sauver de la perdition, et qu'elle lui avait donné une raison d'espérer.

— Redis-le-moi, dit-il enfin. Dis-moi que c'est mon enfant.

— Chéri, de qui veux-tu qu'il soit ? Bien sûr que c'est ton fils.

— Mais je croyais…

— Il n'y a jamais eu que toi. Si j'ai divorcé, c'est que je croyais t'avoir perdu. Quand je t'ai vu à la soirée, j'ai voulu t'éblouir, par fierté. Mais la vérité, c'est que je t'aimais et que je ne voulais pas le reconnaître. Alors, après, comment aurais-je pu te dire ce que cette nuit avait signifié pour moi ?

— Peux-tu me le dire maintenant ?

— Je t'aime, Jake. Je t'ai toujours aimé et je t'aimerai toujours. Cet enfant est le tien, et je veux que tu sois toujours là, toi, son père.

— Dans l'état où je suis, je ne suis pas une affaire.

— Arrête de parler de toi comme ça, déclara-t-elle farouchement. Tu m'appartiens, et je ne te lâcherai plus. Tu vas quitter cet appartement. Je te ramène à la maison.

Pour toute réponse, il l'enlaça et murmura :

— C'est dans tes bras que je suis chez moi.

12

Pendant quelque temps, ils s'occupèrent de questions matérielles. Jake vendit son appartement sans difficulté, et décida de placer l'argent en vue d'acheter une maison convenable.

— Nous manquerons d'espace, ici, lorsque nous serons trois, dit-il.

Kelly acquiesça, lui laissant le soin de s'interroger sur leur avenir. Pour le moment, il lui suffisait qu'ils soient de nouveau réunis. Jake, lui, voyait s'ouvrir devant lui plusieurs chemins possibles, dont il ignorait où ils menaient. Mais cette incertitude ne le troublait pas, puisque Kelly était là et qu'il avait en elle une confiance absolue.

Un jour, elle lui dit :

— Tu vas mieux, n'est-ce pas ?

— Oui, à quoi le vois-tu ?

— Tu as cessé de parler mécaniquement, comme un robot. Les médicaments qu'on t'a donnés t'ont fait du bien.

— Ce ne sont pas les médicaments, c'est toi, assura-t-il.

Mais, en effet, il sortait du tunnel et parvenait à organiser son travail un peu mieux. Il finit par rédiger enfin un synopsis de son livre.

— Nous allons le confier à une agence littéraire, déclara Kelly. Carl a un très bon agent, paraît-il. A moins que tu ne...

— Par l'intermédiaire de Carl, c'est très bien, s'empressa d'acquiescer Jake. Je le trouve plutôt sympathique, au fond.

Il obtint une avance financière assez importante qui le

rasséréna, et il put continuer à travailler avec l'esprit plus libre. Cependant, il savait que son avenir de journaliste risquait d'être compromis. C'était Olympia qui lui avait fourni la plupart de ses reportages, et cette source était sûrement tarie, désormais. Après ce qui s'était passé entre eux, elle avait sans doute plutôt envie de se venger !

Il l'avait rejetée et humiliée. Sous l'effet de la maladie, bien sûr. Cependant, Olympia n'était pas femme à le comprendre.

Quoi qu'il en fût, il ne s'en inquiétait guère. C'était sa vie avec Kelly, dans cet appartement, qui seule lui importait.

— Ton livre sera prêt dans les délais ? s'inquiéta-t-elle un jour.

— Je fais de mon mieux.

— Si tu as besoin d'aide pour le dactylographier, je...

— Non ! Occupe-toi de ton propre travail.

— Mais...

— J'ai dit non ! Ça ne va pas recommencer comme avant !

— C'est bon, c'est bon, céda-t-elle précipitamment. Ne prends donc pas les choses au tragique.

— J'essaie, affirma-t-il en lui pressant la main.

— Dépêche-toi de finir quand même, parce que Olympia va te solliciter.

— Sûrement pas ! Elle n'est pas du genre indulgent.

— Mais elle est ambitieuse. Son taux d'écoute chute, depuis que tu n'es plus là.

— Comment le sais-tu ? demanda-t-il d'un air interdit.

— Un des profs en communication de la fac est assez au fait de ce qui se passe, parce qu'il travaille pour sa boîte de production. Ils ont tenté de trouver quelqu'un d'aussi populaire que toi, sans succès. Les gens ne cessent de demander quand tu reviendras. Tu as tous les atouts dans ta manche.

Kelly avait déclaré cela sans s'émouvoir. Désormais, elle était paisible, heureuse d'être avec l'homme qu'elle aimait, de voir sa grossesse approcher sûrement de son terme. Le reste lui était égal.

Jake ne la crut qu'à demi, au sujet d'Olympia. Pourtant, celle-ci lui téléphona une semaine plus tard, aussi aimable que si rien ne s'était jamais passé entre eux.

— Tu es d'attaque pour reprendre le boulot ? s'enquit-elle.

— En pleine forme.

— J'ai un job qui pourrait t'intéresser.

C'était un reportage d'importance qui le remettrait en selle aussitôt. Kelly avait vu juste : il pouvait redevenir « Jake Lindley le pourfendeur des hypocrites, l'investigateur hors pair, le héros ».

— Intéressant, murmura-t-il d'une voix neutre qui aurait dû mettre la puce à l'oreille d'Olympia.

— Très bien. Il faut que tu partes la semaine pro...

— Minute, je n'ai pas encore dit oui. Nous avons des choses personnelles à éclaircir.

— Je suis surprise que tu veuilles en parler.

— Moi, en revanche, je ne suis pas surpris que tu veuilles l'éviter. Il me semble que tu as quelques explications à me fournir à propos de Forest Glades. Ça m'écœure que tu aies voulu m'enfermer dans un asile psychiatrique pour m'empêcher de rejoindre Kelly. Mais tu pensais peut-être agir pour mon bien...

— Mais tu étais en plein délire ! explosa-t-elle. Tu avais besoin d'aide et j'ai fait ce qu'il fallait.

— Eh bien, ce n'était pas le genre de secours dont j'avais besoin.

— Et moi, là-dedans, qu'est-ce que je deviens ? Tu m'as humiliée devant ces hommes.

— Ça ne se serait pas produit si tu ne les avais pas appelés, et par pur dépit, en plus.

— Ecoute, continua Olympia avec une certaine nervosité, car l'absence de Jake pesait lourdement sur le taux d'audience de sa chaîne, si j'ai commis une erreur ce soir-là, je le regrette.

— Trop tard. De toute façon, il est hors de question que je parte la semaine prochaine, ni celle d'après. Le bébé va bientôt naître et je veux être auprès de Kelly.

Submergée par la colère, Olympia perdit toute mesure :

— Et les gens sont censés attendre indéfiniment que tu aies retrouvé assez de punch viril pour travailler ?

— Du *punch viril* ? répéta-t-il allongeant les mots à dessein.

Elle battit aussitôt en retraite, la voix piteuse.

— Je ne voulais pas dire ça...

— Peu importe, lui répliqua-t-il. Ma conception de la virilité a changé, et j'en ai pris conscience grâce à toi. Je ne veux pas de ce travail, Olympia. Ni maintenant ni jamais. Je veux être là pour Kelly et pour mon fils. Les tours du monde, c'est terminé. Pendant des années, je n'ai pensé qu'à ma carrière, aux dépens de ma femme. Je ne veux plus de cette vie-là.

— Tu sais ce qu'on va dire ? demanda méchamment Olympia. Que tu te dégonfles.

— Je m'en moque.

— Ta carrière sera fichue.

— J'en commencerai une autre. On s'intéresse toujours à moi, et de toute façon, le jeu en vaut la chandelle.

— Es-tu fou ? Tu finiras comme chroniqueur jardinier.

— J'adore le jardinage, répliqua Jake, qui n'avait jamais semé une graine de sa vie. Adieu, Olympia.

Il raccrocha, et médita un moment en silence. Quand il releva les yeux, il vit Kelly sur le seuil, souriante.

— Tu as entendu ?

— Oui. Tu as refusé un reportage pour assister à la naissance du bébé.

— Pour être avec toi quand il naîtra et après, rectifia-t-il en l'aidant à s'installer sur le canapé. Pour moi, c'est ce qu'il y a de plus important au monde. Que nous soyons ensemble tous les trois. Epouse-moi, Kelly.

— Pardon ?

Jake se laissa tomber à genoux devant elle.

— Je veux t'épouser, dit-il avec ferveur. Je l'ai toujours voulu. Tu es mon amour, ma beauté... et aussi...

— Oui ? murmura Kelly, n'osant en croire ses oreilles.

— Le point d'ancrage de mon existence. J'ai mis du temps à m'en apercevoir, mais tu es mon roc, mon élément protecteur. Tu l'as toujours été. Quand tu as voulu divorcer, j'ai cru, dans mon arrogance, que tu n'irais jamais jusqu'au bout. Je pensais que tu finirais par admettre que tu ne pouvais pas te passer de moi. Je n'ai pas voulu m'avouer la vérité : c'est moi qui avais besoin de toi.

Il poursuivit :

— Quand je suis arrivé à la soirée, j'avais l'intention d'arrêter la procédure. Je voulais te dire : « C'est bon, décide ce que tu voudras, j'obéirai pourvu qu'on reste mariés. » Mais je me suis trompé dans les dates, et j'ai découvert que le divorce était déjà prononcé. J'étais en état de choc. Et puis tu avais changé, je ne te reconnaissais pas. Je commençais à saisir que je n'avais rien compris. J'étais comme un marin perdu en mer, sans boussole... Ce n'était pas seulement mon amour que j'avais perdu, c'était aussi ma meilleure amie. J'étais face au plus grand désastre de mon existence et, au lieu de me soutenir, elle se tenait au loin, sur l'autre rive.

— Je regrette que tu ne me l'aies pas dit alors, murmura-t-elle.

— Je l'aurais peut-être fait, si j'avais eu affaire à Kelly. Mais elle avait envoyé une certaine Carlotta à sa place. Et cette Carlotta... Seigneur !

— Elle n'avait pas l'air de te déplaire, pourtant, observa tendrement Kelly.

— Elle m'a offert la nuit la plus explosive de mon existence. Je... j'espère... que nous nous rencontrerons de nouveau, avoua Jake après une hésitation. Que nous ferons plus ample connaissance. Mais elle m'a fait une peur bleue, cette nuit-là. J'ai mesuré tout ce qui avait pu te manquer, tout ce qui ne pouvait que t'éloigner de ton ancienne vie. J'ai vu tous ces hommes qui te désiraient, et qui auraient sans doute su t'apprécier mieux que je ne l'avais fait. Le lendemain de cette soirée incroyable, j'espérais que tu allais me dire que tout était bien entre nous, que tout était restauré. Mais tout ce que tu m'as sorti, c'est que c'était une bonne façon de conclure notre divorce. Et moi qui avais failli te supplier de me reprendre !

— Si seulement j'avais su... ! Et pourtant...

— Et pourtant, enchaîna Jake, devinant aussitôt sa pensée, ce n'était pas le bon moment. Ni pour toi ni pour moi. Nous avions tout un chemin à parcourir, nous avions besoin de nous retrouver. Je t'aime. Je veux t'épouser, et pour la vie.

— Moi aussi, c'est ce que je veux, murmura Kelly, lui caressant le visage.

— Alors, faisons-le tout de suite.

— Chéri, on ne peut pas...

— Si, on peut obtenir une licence spéciale. Je... je veux

t'épouser avant la naissance du petit. Ne me demande pas pourquoi, c'est irrationnel. Kelly, je t'en prie, épouse-moi. A l'église. Je me charge de tout.

— Très bien, dit-elle, séduite et bouleversée par son emportement.

Et elle le laissa faire jouer ses anciens contacts.

Le révérend Francis Dayton, vieux pasteur depuis longtemps à la retraite, accepta de les marier dès qu'ils auraient la licence, et leur assura d'un air bienveillant qu'il n'aurait aucune difficulté à « emprunter » une église. Il plut tout de suite à Kelly. Il avait le regard brillant, en dépit de son grand âge, et semblait vivre la chose comme une aventure.

Ce fut Carl qui se vit confier le rôle de garçon d'honneur de la mariée. Marianne, sa première demoiselle d'honneur, se chargea de la faire belle. Elle réalisa une superbe cape de velours bleu qui, une fois boutonnée sur le devant de la robe, effaça avec une élégance inattendue les rondeurs de Kelly. Puis elle tressa des fleurs dans ses cheveux, qui avaient un peu repoussé, et la maquilla légèrement. Mais rien n'aurait pu donner plus d'éclat à Kelly que le rayonnement du bonheur.

Le mariage eut lieu dans une intimité agréable, dans une petite chapelle exquise. D'abord, Kelly se sentit un peu maladroite, gênée par sa taille épaissie. Mais elle vit le regard d'adoration que Jake levait sur elle, lorsqu'elle le rejoignit à l'autel, et elle sut que tout était bien.

Ce fut comme dans un rêve qu'elle l'entendit répondre, pâle mais déterminé, qu'il la prenait pour femme.

Cependant, lorsque le prêtre lui posa la question rituelle à elle, il y eut un silence. Ils se tournèrent tous vers elle, étonnés d'abord, puis inquiets de la voir se crisper de douleur.

— Navrée, murmura-t-elle avec peine. Je crois que... le moment... n'est pas très bien choisi... Les contractions...

Carl avait déjà compris.

— Ma voiture est dehors, dit-il. Ce sera plus rapide que d'appeler une ambulance.

— Notre mariage..., murmura Kelly, se cramponnant à Jake.

— Je m'en charge, dit le révérend. Quel hôpital ?

Stupéfaits, ils le lui dirent. Il décampa aussitôt, soulevant sa soutane et leur lançant :

— Je parie que j'y serai avant vous !

Un instant plus tard, ils étaient réunis dans la voiture de Carl. Jake, à l'arrière, entourait Kelly de son bras, en disant avec inquiétude :

— Je n'aurais pas dû t'imposer cette cérémonie. C'était trop pour toi.

— Non, c'était une idée adorable, soutint-elle. J'y tenais aussi.

Carl démarra, roulant le plus vite possible. Ils ne tardèrent pourtant pas à être dépassés par un motard, qui leur fit signe au passage.

— Qui était-ce ? s'enquit Marianne, sidérée.

— Le révérend, murmura Kelly, qui haletait. Oh, chéri, ajouta-t-elle en se cramponnant à Jake, nous avons toujours dit que nous étions fous, mais il faut croire que c'est contagieux.

— Kelly ! Ne me dis pas que tout ça t'amuse ! grommela Jake.

— Mais si. C'est drôle... c'est gai... c'est ce qu'il y a de plus merveilleux !

A l'hôpital, tout était déjà prêt pour les accueillir, le révérend Dayton ayant averti de leur arrivée. Et pendant que les infirmières apprêtaient tout dans la salle de travail, le vieux pasteur passa à l'action.

— Vite, hoqueta Kelly, qui tenait à parachever la cérémonie avant de mettre son enfant au monde.

Ce qui fut fait, comme dans un rêve.

A travers ses spasmes de douleur, Kelly sentait se répandre en elle une joie infinie. Elle remercia d'un signe l'homme d'église qui venait de les unir et qui, lui répondant d'un geste amical et gai, entraînait Carl et Marianne avec lui hors de la pièce.

Kelly serra la main de son mari. Ils étaient unis, à présent, jusqu'à ce que la mort les sépare. Mais elle avait le sentiment qu'ils étaient surtout rapprochés par la vie. Il y avait exactement neuf mois, jour pour jour, que leur divorce avait été prononcé.

Et leur fils leur faisait savoir, de façon pressante, qu'il voulait faire son entrée dans le monde.

— Je suis si contente que nous nous soyons mariés d'abord. Après, ça n'aurait pas été tout à fait pareil, murmura-t-elle à Jake.

Il l'embrassa sur le front. Il était trop ému, trop bouleversé pour parler.

Ce fut la naissance à laquelle Kelly avait tant aspiré. Jake était auprès d'elle, partageant l'événement. Contrairement à la plupart des premiers-nés, leur fils ne fut pas long à venir au monde, et elle put très vite le tenir dans ses bras.

— Il est comme toi, expéditif, pressé d'arriver, dit-elle à Jake.

— Il va falloir que je lui apprenne à prendre son temps, sinon, il risque de manquer des choses, comme son père, commenta-t-il tendrement.

— Il ne t'écoutera pas, puisque c'est ton fils.

— Mon fils..., murmura Jake avec émerveillement. Est-ce vraiment possible ?

— Tout est possible, mon amour. Sinon, nous ne nous serions jamais retrouvés de nouveau.

Le lendemain, le révérend Francis Dayton vint en visite, pour faire signer à Kelly les derniers papiers, et l'amuser par son récit haut en couleur de son arrivée à moto, la veille, à l'hôpital — où il avait surpris tout son monde en hurlant :

— Où est la maternité ?

Il conclut, hilare :

— Ils m'ont pris pour un Hell's Angel. Je ne m'étais pas autant amusé depuis des années. C'est vrai que vous allez appeler ce petit bonhomme Francis ? Eh bien, eh bien ! C'est un beau cadeau que vous me faites. Bon, je vous laisse, à présent. Voici votre mari.

Jake réservait une surprise à Kelly. Il débarquait les mains pleines de livres.

— Tu dois finir de préparer tes examens, déclara-t-il.

— Maintenant ? Aurais-tu oublié ce qui a eu lieu hier ?

Il s'assit près d'elle, sur le lit.

— Je ne l'oublierai jamais, aussi longtemps que je vivrai.

Mais, chérie, le bébé ne suffira pas à combler ton existence, j'en suis sûr. Tu désires achever tes études. Tu n'en as peut-être pas conscience en ce moment, parce que tu es heureuse d'être mère...

— Oh, oui ! Eperdument ! murmura-t-elle.

— Mais tu ne dois pas gâcher ce que tu as entrepris. Après, il serait trop tard. Si tu n'obtiens pas ce diplôme, tu le regretteras toute ta vie, crois-moi.

— Jake, c'est merveilleux que tu comprennes tout ça. Mais que veux-tu que je fasse d'autre ?

— Engager quelqu'un pour veiller sur Francis.

— Ça, jamais. Je ne veux pas confier notre enfant à un étranger. Et puis, nous n'en avons pas les moyens.

— La personne que j'ai en vue n'est pas inconnue. Elle n'est pas chère non plus. En fait, elle fera ça gratuitement.

Ils se dévisagèrent.

— Mais..., souffla enfin Kelly, est-ce que tu t'y connais en bébés ?

— Autant que toi, répliqua-t-il. Côté théorique, ça va. Mais sur le plan pratique... tout reste à faire.

— Et tu veux tout de même t'occuper du petit ?

— Evidemment. Jake Lindley triomphe de tout. Hier, il sauvait le monde. Aujourd'hui, il change des couches. Ça oui, c'est un défi !

— Tu vas changer des couches, toi ?

— Parfaitement. Ce sera dur, je sais, j'aurai sûrement des revers. Mais je vaincrai !

Kelly se mit à rire, attendrie.

— Oh, chéri, il n'y a pas que le bébé.

— Je sais. Je veillerai sur Francis, et je m'occuperai aussi du ménage.

Elle le regarda avec étonnement. Il était sincère, il parlait sérieusement ! Elle commençait à comprendre enfin de quoi Jake était fait, de quelle pâte. Il sortait de l'épreuve plus fort et plus sage qu'avant. Et tout dévoué à elle ainsi qu'il l'avait toujours été — même si elle n'avait pas su le voir.

— C'est merveilleux, assura-t-elle. Tout de même... je n'arrive pas très bien à t'imaginer en homme au foyer.

— Moi non plus, admit-il avec un sourire. Mais ce n'est que provisoire. Nous trouverons une maison, et nous engagerons une aide, ensuite, pour que tu puisses continuer à suivre les cours. Cela dit, je ferai ma part, quoi qu'il arrive. C'est mon fils, et je tiens à ce que nous l'élevions ensemble. Quand nous aurons trouvé nos marques, je me mettrai à mon second livre.

— Mais ça risque de prendre une éternité. Il faut que tu trouves tout de suite une idée.

— C'est déjà fait ! répliqua-t-il. Je te livre le titre : *Jake Lindley, mari à la maison*. Tu veux que je te dise ? Ça sent déjà son best-seller.

Il se pencha vers le berceau et souleva son fils entre ses bras avec une aisance toute naturelle.

— N'est-ce pas, fiston ? Hein, on se comprend, tous les deux ?

— Mais, Jake...

— N'écoute pas ta mère, fiston. Elle n'y connaît rien. Nous allons écrire ce bouquin ensemble. Tu me fourniras la matière, je mettrai ça en mots. Quand je manquerai d'inspiration, tu n'auras qu'à me souffler. On fera une équipe formidable. Pour te remercier, je te donnerai Dolph ! Ce seront tes royalties.

— Escroc ! protesta en riant Kelly. C'est lui qui fera le boulot le plus dur !

Jake lui décocha un large sourire. C'était la première fois depuis des semaines et des semaines qu'elle lui voyait l'air véritablement amusé. Enfin, les mauvais jours s'éloignaient. Ils pouvaient envisager l'avenir avec confiance, maintenant. La route s'étirait devant eux, encore inexplorée, mais inondée de lumière.

CHRISTINE RIMMER

Un cadeau inespéré

BIENTÔT MAMAN

Traduction française de
ANDRÉE JARDAT

HARLEQUIN

Titre original :
HAVING TANNER BRAVO'S BABY

Ce roman a déjà été publié en 2020.

1

Immobile derrière la fenêtre de sa petite cuisine, Crystal Sherry jetait des coups d'œil inquiets sur le parking de la résidence.

Elle était enceinte de deux mois et ce soir même, au cours d'un dîner, elle allait annoncer la nouvelle au père de l'enfant.

La salade était déjà dans le réfrigérateur et les lasagnes maintenues au chaud dans le four.

Crystal baissa les yeux sur les tranches de pain qu'elle venait de couper. Elle prit un couteau et commença à étendre dessus une fine couche de beurre à l'ail tout en consultant régulièrement la grosse horloge murale, un trésor vintage enlevé lors d'une vente aux enchères et qui la faisait sourire dès qu'elle la regardait.

Mais ce soir-là, elle n'était pas d'humeur joyeuse. Ce soir-là, il lui en faudrait plus pour retrouver le sourire.

18 : 05. Plus que vingt-cinq minutes.

Elle aurait payé cher pour ne pas avoir à faire une chose pareille mais repousser l'entretien ne ferait que rendre les choses encore plus difficiles.

Elle était enceinte de Tanner Bravo. Seigneur ! Comment avait-elle pu en arriver là ?

La réponse était simple et tenait en un mot : alchimie.

L'alchimie qui avait opéré entre eux au premier regard et dont ils ne pouvaient se défaire malgré leurs bonnes résolutions. A chaque rendez-vous, ils se juraient que c'était la dernière fois et puis…

Et puis… ils renonçaient. Encore. Et encore.

Elle avait constaté, au fil des rencontres et avec une certaine mélancolie, qu'ils n'étaient liés que par le sexe. Elle savait bien que Tanner la voyait comme une femme instable, même s'il n'avait jamais utilisé ce terme devant elle. Pour ménager sa susceptibilité il préférait la qualifier d'excentrique. Tout ça parce qu'elle avait tout plaqué pour venir s'installer à Sacramento.

« Mieux vaut être excentrique, s'entendit-elle grommeler, que sérieuse et rasoir. »

« Ou trop prévisible », ajouta-t-elle encore en saupoudrant les tartines de paprika.

Comme lui.

Elle n'aurait jamais dû coucher avec lui. Ni une fois, ni deux. Ni trois ni quatre.

Elle reposa le flacon de paprika, regarda de nouveau par la fenêtre.

Le désir violent qu'il lui inspirait l'avait rendue totalement imprudente. Et maintenant, le résultat c'est qu'elle attendait un bébé. Un bébé qu'elle allait garder, bien sûr ! Cette idée avait beau la terrifier, elle ne pouvait tout simplement pas refuser cette grossesse. C'était comme un cadeau venu du ciel. Surtout après le drame qu'elle avait vécu lorsqu'elle était adolescente.

La question ne se posait donc pas : elle aurait cet enfant.

A deux reprises, au cours de la semaine écoulée, elle avait tenté d'aborder le sujet avec Tanner. A deux reprises, ils avaient passé leur temps à faire l'amour. Comme d'habitude. Ensuite, sa faiblesse l'avait tellement dégoûtée qu'elle ne s'était pas senti le courage de lui parler.

Et à vrai dire, elle ne s'en sentait pas plus le courage ce soir. Plus d'une fois au cours de la journée elle s'était dirigée vers le téléphone, prête à l'appeler pour annuler leur rendez-vous. Surtout aux alentours de 14 heures, juste après qu'elle eut donné sa démission. Car il fallait manquer passablement de jugeote pour annoncer à quelqu'un, et dans la foulée, qu'on se retrouvait du même coup enceinte et au chômage !

Sourcils froncés, elle lança un nouveau coup d'œil au-dehors et vit avec surprise le visage anguleux et buriné de sa voisine surgir à la fenêtre.

— Nigel, articula cette dernière d'une voix angoissée. Tu n'aurais pas vu Nigel ?

— Oh mon Dieu ! Il est sorti ? s'enquit Crystal avec une pointe de compassion.

Doris opina d'un signe de tête navré. Son gros persan gris était un chat d'intérieur et, en tant que tel, n'aurait jamais dû s'aventurer au-dehors.

Trois mètres à peine séparaient l'évier de la porte d'entrée que Crystal ouvrit grand sur Doris.

— Quand s'est-il échappé ?

La vieille dame porta ses doigts noueux à sa poitrine.

— Si au moins je le savais ! Je suis sortie faire des courses et lorsque je suis rentrée...

Elle secoua la tête, faisant danser ses maigres boucles blanches sur ses épaules.

— Il doit être terrorisé. C'est un chat d'intérieur, il n'a pas l'habitude de sortir. D'habitude, dès que j'ouvre la porte il part se cacher dans un coin. J'ai cherché partout, il n'est pas dans la maison, il a juste... disparu.

Crystal posa les mains sur les épaules osseuses de Doris.

— Arrête, Doris. Ne sois pas aussi pessimiste, il ne peut pas être bien loin.

— J'aimerais tant que tu aies raison, murmura la vieille dame.

— Allons, dit Crystal d'une voix ferme, nous allons le retrouver, tu vas voir. Retournons chez toi, nous allons fouiller ton appartement ensemble.

Elle fit pivoter Doris et la poussa gentiment en direction de la porte.

Tanner Bravo remonta les vitres de sa Mustang, coupa le moteur et resta quelques instants, mains sur le volant, à contempler la façade en stuc blanc de la résidence où vivait Crystal.

Elle l'avait invité à dîner. Et il se demandait bien pourquoi.

Comme ils étaient toujours sur le point de mettre un terme à la relation purement physique qu'ils entretenaient, ils ne prévoyaient jamais de rendez-vous galant ni de dîner romantique en tête à tête.

Ils se croisaient toujours, et sans aucune arrière-pensée, au cours de réunions familiales, comme le gala de danse de fin d'année de sa nièce ou le sacro-saint dîner du dimanche soir chez sa sœur Kelly ou encore...

Au moins une fois par semaine, ils se retrouvaient donc dans la même pièce, parmi les membres de la famille de Tanner.

Ils feignaient alors une indifférence mutuelle qu'ils étaient loin de ressentir. Et même lorsque le moment de se quitter était venu, chacun cherchait à se convaincre qu'il n'avait nullement l'intention de se retrouver une fois de plus dans le même lit. Ils prenaient donc congé de leurs hôtes et repartaient dans leur voiture respective.

Et puis, l'un d'eux craquait et appelait l'autre qui, le souffle court, répondait oui.

Ils se retrouvaient alors chez l'un ou chez l'autre, c'était selon, pour vivre une folle nuit de passion.

D'ailleurs, cette seule pensée le submergea d'un désir incontrôlable.

A quoi rimait donc cette invitation à dîner ? se demanda-t-il une fois de plus. Ce n'était pas dans leurs habitudes, il devait forcément s'être produit un événement inhabituel.

Son attention fut soudain attirée par un sifflement strident qui provenait de l'immeuble.

Tanner sortit de la voiture, vaguement inquiet.

Bip, Bip, Bip.

La sonnerie, semblable à celle des détecteurs de fumée, venait de l'appartement de Crystal.

Il se rua dans l'allée qui menait à la porte d'entrée, le cœur battant plus fort à mesure que le bruit devenait plus assourdissant.

— Crystal ! hurla-t-il en tambourinant à la porte de la jeune femme.

Pas de réponse. Juste une fumée grise qui s'échappait de la porte laissée entrouverte. Et, toujours, cette sonnerie stridente.

bip bip bip.

— Crystal ! Crystal ! s'époumona-t-il.

Aucune réponse.

Il l'imaginait déjà, gisant inanimée sur le sol. La panique s'empara de lui, les battements de son cœur redoublèrent d'intensité.

— Crystal !

Toujours rien.

Il se couvrit alors le visage de son T-shirt puis, rampant sur le sol afin d'éviter les volutes asphyxiantes, se mit à la recherche du corps.

2

Nigel restait introuvable.

Crystal et Doris, au bord de la crise d'hystérie, avaient pourtant passé l'appartement au peigne fin.

Six fois.

Six fois, inlassablement, elles avaient fouillé le moindre recoin.

Elles avaient ensuite cherché dans le parking, sous chaque voiture stationnée là. Passé en revue chacune des haies de séparation des allées, scruté les espaces verts, battu les buissons en fleurs qui protégeaient la piscine des regards indiscrets, soulevé chaque branche des saules pleureurs.

Rien. Aucune trace d'un chat persan gris et crème.

Elles avaient fini par renoncer et avaient regagné l'appartement de Doris. Celle-ci, joignant ses doigts maigres, s'était mise à gémir avant que des larmes de désespoir ne coulent sur ses joues fripées.

— Mon pauvre, pauvre bébé ! Où es-tu ? Oh, Crystal ! Il ne pourra pas survivre dehors ! Il s'imagine être le roi du monde mais je le connais, ce n'est qu'un gros chat suffisant, tout juste capable de miauler pour réclamer sa pitance.

— Il va bien, Doris, répéta Crystal pour la centième fois. Je ne sais pas pourquoi mais je le sens.

— Tu es un amour, mais je…

Doris s'interrompit net. Les deux femmes venaient d'entendre le « *miaou* » grincheux et rauque, reconnaissable entre tous. Elles se tournèrent à l'unisson vers la porte restée ouverte. Nigel était assis sur le seuil et les contemplait d'un air dédaigneux tandis que de sa queue touffue il balayait nonchalamment le carrelage.

— Nigel ! s'écria Doris en s'élançant vers lui, ivre de joie.

Elle le prit contre sa poitrine et le serra presque à l'étouffer.

— Où étais-tu, vilain chat ? Tu m'as fait une peur bleue !

En guise de réponse, l'animal émit un grognement sinistre mais il se prêta néanmoins de bonne grâce aux caresses de sa maîtresse.

En même temps qu'elle câlinait Nigel, elle essuyait du dos de la main des larmes qui, à présent, étaient de soulagement. Elle adressa à Crystal un regard plein de reconnaissance.

— Merci, Crystal. Mille fois merci.

Crystal éclata d'un rire joyeux.

— Je n'y suis pour rien, Doris. En fait, Nigel s'est retrouvé tout seul.

— C'est vrai, c'est vrai, mais tu es venue quand j'ai eu besoin de toi. Tu ne peux pas imaginer le réconfort que tu m'as apporté.

— Tu aurais fait la même chose pour moi, Doris.

— Ah, ça, tu peux en être sûre ! déclara Doris avec fougue. Tu peux me demander n'importe quoi !

Elle plongea les mains dans la fourrure épaisse du chat, lui tirant des miaulements d'aise.

— Où étais-tu donc, sale bête ? répéta-t-elle sur un ton faussement réprobateur. Je suppose que nous ne le saurons jamais, n'est-ce pas ?

La crise enfin passée, Crystal consulta la pendulette qui se trouvait sur la petite table bancale. 18 : 45.

— Oh, non, marmonna-t-elle. Tanner...

Il devait probablement l'attendre devant sa porte, se demandant où diable elle avait pu aller.

— Pardon ? dit Doris en fronçant les sourcils.

Crystal lui adressa un sourire d'excuse.

— Ce n'est rien. J'ai invité quelqu'un à dîner, il faut que j'y aille.

— Quelqu'un ? répéta Doris d'une voix qui, soudain, trahissait une vive curiosité. Un homme ? Tu veux dire que tu as rendez-vous ?

— Heu... pas exactement, éluda Crystal.

Serrant toujours son chat contre elle, Doris entraîna son amie vers la porte.

— Comment ça, « pas exactement » ?

— Eh bien, oui, il s'agit bien d'un homme, mais ce n'est pas un rendez-vous amoureux.

— Mmm… Cela fait deux mois maintenant que tu es ici, il serait grand temps que tu rencontres quelqu'un.

Crystal répondit par un son guttural, sorte de grognement inaudible.

— Passe une bonne soirée, lui dit Doris, et merci encore.

— Heureuse d'avoir pu t'aider, lui répondit Crystal en franchissant le seuil.

Mais quelle était donc cette odeur de fumée ?

— Les lasagnes ! cria-t-elle en se ruant dans le couloir.

— Si tu as besoin de moi…, piaula Doris.

— Merci !

Crystal sentit un courant d'air frais l'envelopper. Sa porte, ainsi que la fenêtre de sa cuisine étaient grandes ouvertes.

— Tanner ? appela-t-elle en pénétrant chez elle prudemment.

— Ici, lui répondit la voix de Tanner.

Il était appuyé contre le comptoir, les bras négligemment croisés sur la poitrine. La porte du four était ouverte et les lasagnes posées sur la cuisinière, calcinées.

— Zut ! grommela la jeune femme.

— Je suis arrivé à temps, semble-t-il.

— Désolée, je…

— J'ai entendu l'alarme, senti la fumée. Je t'ai appelée mais comme tu ne répondais pas, je suis entré et j'ai ouvert les fenêtres, mais je ne t'ai pas trouvée.

Elle reconnaissait bien là le cheminement de pensée implacable de Tanner Bravo, détective privé.

— J'imagine que tu as cru qu'on m'avait enlevée pendant que mes lasagnes cuisaient tranquillement dans le four.

— On peut le voir comme ça, en effet.

— Je suis vraiment, vraiment navrée, Tanner.

Comment ne pas l'être, en effet, lorsqu'on se retrouvait enceinte, sans emploi, avec juste un peu plus de quatre cents dollars en poche et que, de plus, on se payait le luxe d'inquiéter ses proches ?

Que pouvait-il y avoir de pire ?

Elle trouva la réponse dans le regard noir et interrogatif que Tanner gardait rivé sur elle : elle allait devoir lui annoncer la nouvelle.

— Le chat de la voisine avait disparu, commença-t-elle à expliquer. Il fallait que je l'aide à le trouver.

Toujours silencieux, il décroisa les bras et s'appuya des mains contre le comptoir.

— La prochaine fois, pense à éteindre le four.

— Bonne idée.

— Et ce chat ? Vous l'avez retrouvé ?

— Oui. Enfin, plus ou moins. Non, à vrai dire, c'est lui qui nous a trouvées.

— Ah, répondit laconiquement Tanner, signifiant par là qu'il ne comprenait pas très bien mais que, de toute façon, il s'en fichait éperdument.

Un silence pesant s'installa entre eux durant lequel ils se dévisagèrent. Et comme chaque fois, la magie opéra : elle imagina ses mains sur sa peau nue, sa bouche chaude et sensuelle sur la sienne, le contact de ses joues ombrées de barbe sur la peau fine de son visage. Et puis... et puis son sexe si délicieusement tendu lorsqu'il la pénétrait, leurs deux corps se mouvant en cadence.

Le regard brûlant qu'il dardait sur elle lui fit comprendre que les mêmes pensées érotiques lui traversaient l'esprit.

Une onde de désir la parcourut tout entière. Son corps réclamait celui de Tanner.

Quelques mètres à peine les séparaient qu'il suffirait de combler pour que leurs lèvres se joignent, que leurs corps s'imbriquent.

Mais cette fois, elle n'en fit rien. Elle s'éclaircit la gorge, détourna les yeux.

— Crystal...

Il avait presque murmuré son nom, d'une voix étonnamment douce.

— Quoi ? demanda-t-elle d'un ton qui lui parut puéril et tout en gardant les yeux obstinément baissés.

— Regarde-moi, Crystal.

La jeune femme poussa un profond soupir puis s'exécuta.

— Qu'y a-t-il ? la pressa Tanner.

« Je suis enceinte et le bébé est de toi », se répéta-t-elle intérieurement.

— Je… heu…, fut tout ce qu'elle parvint à articuler.

Tanner attendit patiemment la suite. Mais, devant son silence obstiné, il haussa les épaules et se passa la main dans les cheveux. Ce geste désinvolte suffit à donner à Crystal l'envie de le toucher, d'approcher ses lèvres des siennes.

Elle inspira de nouveau profondément, cherchant à reprendre ses esprits. Ce soir, ils ne feraient pas l'amour.

Ce fut lui qui, le premier, rompit le silence.

— J'ai mis le ventilateur en marche et ouvert toutes les fenêtres, indiqua-t-il en faisant un geste vague de la main en direction de la baie vitrée du salon ouvrant sur la pelouse bordée de saules pleureurs.

— La fumée devrait être complètement dissipée d'ici à quelques minutes.

Il s'interrompit, esquissa un sourire qui fit chavirer le cœur de Crystal.

— Tu as une très jolie vue d'ici, ajouta-t-il pour meubler le silence persistant.

Son malaise s'amplifia. Elle voyait bien que Tanner, qui ne parlait *jamais* pour ne rien dire, Tanner qui, depuis le premier jour de leur rencontre, s'appliquait à ne manifester qu'indifférence, Tanner, donc, déployait là des trésors de patience pour l'amener à se confier.

Il semblait avoir compris qu'elle avait un secret à livrer. De nature plutôt tourmentée, il devait probablement s'imaginer qu'elle avait commis un meurtre ou qu'elle se mourait d'une maladie incurable.

« Ne t'inquiète pas, ce n'est heureusement rien d'aussi dramatique », brûlait-t-elle de lui dire.

Mais alors, il exigerait d'en savoir plus.

Ainsi mise au pied du mur elle devrait lui confier qu'elle était enceinte. De lui. Facile à dire, non ?

N'était-ce pas la raison pour laquelle elle l'avait invité à dîner ?

Les mots, pourtant, ne sortaient pas.

Elle vit Tanner s'approcher d'elle à pas mesurés, comme s'il craignait de l'effaroucher, puis poser sur ses épaules des mains qu'il voulait rassurantes.

Ce simple contact la fit fondre, et elle dut se faire violence pour ne pas céder au désir.

— Oh ! Tanner...

Il comprit aussitôt que l'heure était grave.

— C'est sérieux, n'est-ce pas ? *Vraiment* sérieux ?

— Eh bien, je..., chercha-t-elle à éluder.

— Ce n'est pas dans tes habitudes de m'inviter à dîner, la coupa Tanner. Nous n'avons jamais eu besoin de tels... prétextes.

— Je sais.

Ce n'était pas juste ! Il savait se montrer si compréhensif, si gentil !

— Alors que se passe-t-il ? la pressa-t-il. Allez, tu peux tout me dire. Et si je peux t'aider, je le ferai, tu peux compter sur moi.

« Tu peux compter sur moi ». Elle n'en doutait pas. Tanner était comme ça. Souvent ombrageux, secret. Suspicieux aussi, par nature et par professionnalisme. Mais fiable dans les moments cruciaux. Bref, le genre d'homme à assumer ses responsabilités.

« Il faut que tu lui dises ». Pourquoi était-ce si difficile ? Elle ouvrit la bouche, prête à se lancer.

— J'ai donné ma démission aujourd'hui, s'entendit-elle dire.

Les mots étaient sortis sans qu'elle les contrôle, se substituant naturellement à ceux qu'elle s'était préparée à prononcer.

Il laissa retomber ses bras le long de son corps.

— C'est donc ça ? Tu as quitté ton emploi ?

— Eh bien...

Elle baissa les yeux puis les releva sur lui.

— C'est assez effrayant.

— Tu as besoin d'argent ?

Piquée au vif, elle redressa fièrement la tête.

— Moi ? Absolument pas ! Ce n'est pas la première fois que je démissionne ! Et je vais très vite retrouver un emploi, comme chaque fois.

— Pourtant, c'est bien pour cela que tu m'as invité à dîner, n'est-ce pas ? Pour m'annoncer que tu avais quitté ton poste ?

— Pas exactement. Enfin... si. J'ai démissionné. Aujourd'hui. Cet après-midi.

Il fourragea dans son épaisse tignasse noire. Crystal regarda, fascinée, les muscles saillants rouler sous sa peau et elle s'imagina la mordiller.

— D'accord, dit patiemment Tanner. Tu veux bien m'en dire un peu plus ?

— Sur ?

— Sur la raison qui t'a poussée à démissionner, par exemple.

— Ce serait trop long.

— J'ai tout mon temps.

Il fallut quelques secondes à Crystal pour rassembler tout son courage.

— Une bière ? proposa-t-elle.

— Va pour une bière, accepta-t-il en la dévisageant comme si, soudain, il doutait de ses capacités mentales.

Elle lui indiqua le salon d'un geste de la main.

— Va t'asseoir, je te l'apporte tout de suite. Il faut encore que je fasse chauffer le pain.

Son regard se posa sur le plat de lasagnes carbonisées.

— De toute façon il ne nous reste plus que ça à manger, grommela-t-elle entre ses dents.

De nouveau, il scruta son visage, à la recherche d'un indice.

— Très bien, je t'attends, acquiesça-t-il en allant prendre place sur le futon qui tenait lieu de canapé.

Quelques minutes plus tard, elle le rejoignait. Il prit la bière qu'elle lui tendait et la posa sur la table basse sans en boire une gorgée.

— Je t'écoute. Vas-tu enfin m'expliquer pourquoi tu as présenté ta démission ?

— Des cacahuètes ? proposa-t-elle, retardant encore le moment de parler.

— Non merci, répondit posément Tanner.

— Bien, dit-elle en reposant le bol. C'est comme ça, voilà

tout ! Kelly te l'a peut-être déjà dit, je déteste mon boss. Enfin... je veux dire mon *ex*-patron.

— Si j'ai bonne mémoire, tu travaillais dans un cabinet d'avocats, chez Bandley et Schinker, c'est cela ?

— Exact.

— Ils ont une sacrée bonne réputation !

— Le travail, ça allait, c'est mon chef que je ne pouvais pas voir ! En fait, j'ai pris le premier poste qui s'est présenté lorsque je suis arrivée ici.

— Je m'en souviens, en effet.

— Dès le début, j'ai détesté ce boulot ! A vrai dire, je crois que je ne suis pas faite pour passer ma vie dans un cabinet, eût-il bonne réputation ou pas. J'ai accepté en me disant que ce serait provisoire, que j'allais trouver autre chose.

— Je vois. Parle-moi un peu de ton patron.

— Que veux-tu savoir ? Il est grand, blond, mâchoire volontaire, pas mal si l'on ne tient pas compte de sa personnalité. Marié. Et sournois avec ça. Il n'arrêtait pas de balader ses sales mains sur moi, d'une manière qu'il pensait être discrète. Jusqu'à présent. Car aujourd'hui, il a dépassé les bornes, il a essayé de m'embrasser. Alors je lui ai dit que je démissionnais. Voilà. Pas très original, n'est-ce pas ?

Le visage de Tanner ne laissait paraître aucune émotion.

— Comment s'appelle-t-il ?

Le ton lisse qu'il avait employé en disait plus long que de grands discours enflammés.

— Pas de ça, Tanner, le prévint-elle. Je te connais et je sais que tu te sens responsable de moi. J'en suis d'ailleurs très touchée mais, dans ce cas précis, considère que je peux très bien me débrouiller toute seule.

— Il a tenté de t'embrasser, cela s'appelle du harcèlement. Le moins que tu puisses faire est de porter plainte contre ce salaud.

— Ecoute, Tanner...

— Quoi ?

— Eh bien, si je t'ai raconté tout ça, c'est parce que... Non, en fait, je ne sais pas pourquoi. Je sais juste que je n'ai pas besoin de ton aide. J'ai fait ce que j'avais à faire, j'ai démissionné. Voilà, c'est fini, n'en parlons plus. Suis-je assez claire ?

— Tout à fait.

Sa voix était toujours égale, son visage toujours aussi impassible. Bon sang ! Mais qu'est-ce qui lui avait pris de lui déballer toute cette histoire ? Elle aurait mieux fait de se taire ! Incroyable ce que les gens peuvent inventer pour cacher ce qu'ils ont à dire !

— Je veux ta parole, Tanner, reprit-elle avec gravité. Vraiment. Je ne veux pas que tu essaies de me venger, ni que tu le suives à la trace, ni que tu fasses quoi que ce soit. A part m'écouter, comme tu l'as toujours fait. C'est tout ce que j'attends de toi. Que tu m'écoutes.

— Foutaises !

— Pas du tout. C'est une demande typiquement féminine. Les femmes apprécient beaucoup d'avoir un ami qui sache les écouter. Crois-moi, c'est très important.

Il s'empara de sa canette et en vida la moitié d'un trait. Fascinée, elle regardait sa pomme d'Adam aller et venir. Puis il se renversa dans son siège, lui jetant un regard qu'elle imaginait être celui d'un animal sur le point de fondre sur sa proie.

— N'essaie pas de me la jouer à la Clint Eastwood, d'accord ? Ce que je veux partager avec toi ne regarde que moi, tu comprends ? Et fais-moi signe si tu m'entends.

Elle compta jusqu'à dix avant qu'il ne hoche la tête à contrecœur.

— Je ne plaisante pas, Tanner, insista-t-elle. Promets-moi de rester en dehors de tout ça. De te tenir à l'écart de mon boss.

— Je n'aime pas ça du tout. Ce salaud a franchi les limites. Il mérite que quelqu'un lui donne une bonne leçon.

— Peut-être. Mais je ne veux pas que ce *quelqu'un* soit toi. Parce que cela ne te regarde pas. Maintenant, donne-moi ta parole que tu ne chercheras pas à enquêter sur lui ni à le contacter, que tu ne l'approcheras pas, que tu ne feras *rien*.

Juste au moment où elle pensait qu'elle avait perdu la partie elle l'entendit dire :

— Très bien. Si c'est vraiment ce que tu veux.

— C'est *vraiment* ce que je veux.

— Dans ce cas, grommela-t-il, tu as ma parole.

La sonnerie stridente du minuteur de la cuisinière se fit soudain entendre.

— Le pain, expliqua-t-elle d'un ton enjoué. Nous pouvons passer à table.

Crystal coupa les lasagnes, juste pour voir si elle pouvait en tirer quelque chose. Mais non. Heureusement, il leur restait la salade et du pain. Beaucoup de pain.

Elle demanda à Tanner de choisir entre du vin et une autre bière. Il choisit la bière.

— Et toi, tu ne bois pas ? s'étonna Tanner.

L'occasion était belle. Il fallait la saisir. Expliquer à Tanner que, non, les femmes enceintes ne buvaient pas d'alcool.

Mais une fois encore, le courage lui manqua.

— Non.

Et ce fut tout.

Tanner ne la regarda pas bizarrement, ne chercha pas à savoir si elle lui cachait quelque chose. Il repoussa juste sa chaise et déplia sa serviette qu'il étala sur ses genoux.

Puis ils dînèrent. En quelques minutes.

Il l'aida à débarrasser la table. Elle mettait la dernière assiette dans le lave-vaisselle lorsqu'il vint se placer derrière elle.

Sa respiration s'altéra, et elle sentit un délicieux frisson la parcourir.

— Du café ? s'enquit-elle d'un ton qu'elle voulait dégagé.

— Non merci.

Il lui enserra la taille de ses grandes mains.

Aussitôt, elle laissa échapper un petit soupir qu'elle jugea stupide.

— Nous n'avons pas encore mangé les cookies, protesta-t-elle mollement, attentive au sexe dur de Tanner, tout contre ses reins.

Elle se sentit fondre.

— Je me fiche des cookies, lui murmura-t-il en effleurant son cou de ses lèvres.

Ses lèvres si douces, si sensuelles.

Elle ne put réprimer un soupir d'aise tandis que les mains de

Tanner dessinaient lentement les courbes de ses hanches. Entre ses bras, elle se transformait toujours en poupée de chiffon.

Alchimie. Comment appeler autrement ce désir violent qui la submergeait sitôt que Tanner l'effleurait de ses doigts, de sa bouche, de son corps ?

C'était si bon !

— Tanner, lui susurra-t-elle en retour.

Au lieu de le repousser, elle l'attira un peu plus vers elle.

Elle plongea les doigts dans sa chevelure épaisse et soyeuse.

— Tanner...

En réponse, il effleura son cou du bout de la langue puis se mit à mordiller la trace humide qu'il venait d'imprimer sur sa peau diaphane.

Elle ne pouvait plus contenir la passion qui la submergeait. Elle se frotta contre lui, contre son sexe tendu sous la toile de son pantalon.

Elle allait céder. Une fois encore.

Elle laissa échapper une petite plainte, mélange de volupté et de frustration.

C'était la troisième fois qu'elle prenait la décision de lui parler. Ne disait-on pas d'ailleurs que la troisième fois était la bonne ? Ce soir, pourtant, elle s'était crue fermement déterminée à lui parler, envers et contre tout. Et voilà qu'elle se retrouvait vibrant de désir entre ses bras, offerte à ses caresses, et ses bonnes résolutions une nouvelle fois réduites à néant.

— Oh, mon Dieu, murmura-t-elle.

— Ta peau, ton odeur. Tu me rends fou, Crystal, lui murmura-t-il d'une voix grave et chaude. Tu le sais, n'est-ce pas ?

— Oui, Tanner, je sais. Je suis désolée.

Il émit un petit rire rauque, proche d'un grognement.

— Désolée, hein ?

— Je ressens la même chose que toi, Tanner.

De nouveau, elle sentit les mains de Tanner se promener sur ses épaules puis la forcer à se retourner. Instantanément, elle se lova un peu plus contre lui et lui offrit ses lèvres, incapable de lui résister.

Il émanait de lui un curieux mélange d'odeur de fumée et de

virilité dont elle se grisait délicieusement. Un parfum charnel qui l'aimantait malgré elle, lui faisant perdre la raison.

Une odeur dont elle ne parvenait pas à se lasser et qui, en même temps, la submergeait de honte. Elle avait juré. Elle s'était fait la promesse solennelle que cette nuit serait différente des autres.

Et pourtant, elle en était au même point. Comment avait-elle été assez folle pour croire qu'il en irait autrement ?

Lorsque, de nouveau, il l'embrassa, les dernières réminiscences d'un monde réel s'estompèrent pour se dissiper tout à fait. L'obligation qu'elle s'était faite de révéler à Tanner qu'il allait être père se dissipa pour céder la place à un tourbillon de volupté qui l'emportait bien loin des rivages du quotidien.

Tanner embrassait si merveilleusement bien ! Elle retrouvait toujours les mêmes sensations depuis le premier baiser, depuis cette soirée de mars où ils avaient assisté au gala de danse de DeDe, la nièce de Tanner.

Cette nuit-là, ils étaient allés chez lui.

Ensuite, ils avaient longuement discuté, s'accordant à dire que ce qu'ils venaient de vivre était inévitable, qu'ils avaient juste obéi à leurs sens et que cela ne se reproduirait plus.

Non, elle ne se lasserait jamais des baisers de Tanner. Il était même vain et présomptueux de vouloir essayer de l'envisager.

Pourtant, lorsqu'il écarta légèrement la tête, elle eut la force d'ouvrir les yeux.

— Tanner ?

Il baissa sur elle un regard brûlant de désir et se mit à dessiner des cercles imaginaires dans le creux de ses reins.

— Lorsque je te caresse, je ne peux plus m'arrêter, confessa-t-elle. Je ressens toujours la même chose, depuis le jour où nous nous sommes rencontrés. C'était le jour où Candy est mort, tu te rappelles ?

Candy, adorable bâtard, était le chien de la nièce de Tanner.

— Oui, je m'en souviens. J'étais si triste ! DeDe, elle, était inconsolable ! Et puis, tu es arrivée. J'ai eu envie de toi à la seconde où je t'ai vue. Je m'en voulais terriblement ! Enfin… du fait que ma nièce venait de perdre son chien adoré et que moi, je ne pensais qu'à poser mes mains sur toi. Sur chaque parcelle de ton corps.

Il laissa échapper un petit ricanement sardonique.

— Je me méfiais de toi, tu semblais surgie de nulle part.

— Je sais.

— Malgré cela, je brûlais de te toucher, de te faire l'amour.

— J'éprouvais exactement la même chose.

Tout en parlant, elle avait fait glisser sa main le long du bras musculeux de Tanner. Sa peau était chaude et aussi douce que de la soie. Elle réprima avec peine un soupir chargé de désir.

— Mais ce soir, quelque chose te préoccupe, je me trompe ?

Elle s'éclaircit la gorge, cherchant à dissiper cette boule d'angoisse qui lui nouait la gorge.

— Je me trompe ? insista Tanner. Il ne s'agit pas que de ce pauvre type à qui tu m'empêches d'aller donner une bonne correction !

Le cœur de Crystal, qui quelques minutes plus tôt battait au rythme des émotions que lui inspiraient les baisers de Tanner, se mit à tambouriner dans sa poitrine.

Elle allait le faire. Elle allait lui parler. Maintenant.

Il le fallait.

— Qu'y a-t-il, Crystal ? l'encouragea Tanner d'une voix infiniment douce. Dis-moi.

Alors, avant même d'en avoir conscience, elle ouvrait la bouche et prononçait les mots trop longtemps refoulés.

— Je suis enceinte.

3

Un bébé.

Tanner plongea dans le regard de la jeune femme. Il lui avait toujours trouvé un visage d'ange. Et rien n'était plus vrai qu'à cet instant précis où quelques mèches rebelles balayaient ses joues joliment rosies. Il leva la main pour les écarter et les repousser derrière son oreille.

Elle l'agrippa violemment par le poignet et le regarda droit dans les yeux.

— Il est de toi, précisa-t-elle en relevant fièrement le menton. Il est de toi et je vais le garder.

Il attendit qu'elle laisse retomber sa main et, imperturbable, se mit à dégager son visage.

— O.K.

Les yeux pailletés d'or de Crystal lancèrent des éclairs de colère.

— O.K. ? C'est tout ! Juste O.K. ?

— Crystal…

Il voulait la réconforter, la rassurer, lui dire qu'il serait là et qu'elle pouvait compter sur lui. Mais elle ne lui laissa pas le temps de s'exprimer.

— D'accord, quoi ? Que cet enfant est bien le tien, ou d'accord, je peux le garder ?

— Eh bien… je…

— Alors ?

— Les deux, Crystal. Les deux.

— Les deux, l'entendit-il murmurer comme pour elle-même.

Il la sentait méfiante tout d'un coup, sur la défensive.

— Absolument.

Un silence pesant s'installa entre eux.

— Je... je suis désolée, s'excusa-t-elle d'une voix tremblante. Je ne sais pas pourquoi je te fais une telle scène.

Il haussa les épaules.

— Ne t'inquiète pas pour ça, je comprends.

— C'est juste... c'est juste que cela fait trois semaines que j'essaie de te le dire et que je n'y parvenais pas. Et puis là, tout d'un coup, j'y suis arrivée, je l'ai dit et je me sens comme libérée.

Elle s'interrompit et le contempla, semblant peser les mots qu'elle s'apprêtait à prononcer.

— Ce doit être difficile à accepter, finit-elle par dire. Aussi, je comprendrais parfaitement que tu exiges un test de paternité.

— Non.

— Tu veux dire que tu me crois sur parole ?

— Oui.

Parce qu'il connaissait Crystal, il savait que le bébé était de lui. Elle pouvait quelquefois se montrer irresponsable, impulsive. Comme aujourd'hui, où elle avait quitté son emploi alors qu'il ne devait rester sur son compte que quelques centaines de dollars, il était prêt à le parier. Elle était discrète aussi, ne parlait jamais de sa famille ni de la vie qu'elle menait avant de rencontrer Mitch Valentine, le beau-frère de Tanner, avec qui elle était devenue amie à Los Angeles.

Il la savait secrète, mais pas menteuse. Si elle affirmait que l'enfant était de lui, c'est qu'il était de lui.

Un enfant. *Son* enfant.

C'était tout simplement incroyable !

— Nous devrions nous asseoir et en discuter un peu, tu ne crois pas ? proposa-t-elle.

— Tout à fait, répondit Tanner en allant reprendre sa place sur le futon.

Car, à l'exception des deux chaises dépareillées qui encadraient la table basse, il n'y avait dans la pièce aucun autre siège où s'asseoir. Crystal lui avait assuré posséder un vrai mobilier qu'elle avait laissé derrière elle, dans le studio qu'elle sous-louait depuis six mois maintenant.

Elle l'imita, prenant néanmoins soin de se tenir à l'autre extrémité du canapé. Le jour commençait à décliner, des ombres fluides se mouvaient sur les murs. Elle alluma la lampe qu'elle avait empruntée à sa sœur puis se laissa aller contre le dossier moelleux, une main négligemment posée sur son ventre encore plat.

— Je... heu... Je ne sais pas vraiment par où commencer.

Il avait aussi du mal à rassembler ses esprits. Une question pourtant lui vint à l'esprit.

— Qui d'autre est au courant ?

Il pouvait se permettre une telle indiscrétion. Sa sœur, Kelly, était la meilleure amie de Crystal et ce, depuis le jour où Crystal avait frappé à la porte de la jeune femme, à la recherche de Mitch, qu'elle considérait comme le frère qu'elle n'avait jamais eu. Si elle avait fait ses malles pour le suivre c'était parce qu'elle était persuadée qu'il avait besoin d'elle. Elle aurait donc pu informer de sa grossesse Kelly, ou Mitch, ou les deux, bien avant de l'en informer, lui, Tanner.

Jusque-là, Crystal avait gardé les yeux rivés sur l'écran de son petit téléviseur flanqué de part et d'autre d'étagères sur lesquelles trônaient des livres aux sujets aussi disparates que la science des tarots, le feng shui ou la médecine douce.

Pourtant, la question de Tanner lui fit lever les yeux au ciel.

— Personne. Il n'y a que toi.

Pour une raison qui lui restait inconnue, il éprouva une vive satisfaction.

— O.K.

Cette fois, elle coinça elle-même une mèche de ses cheveux derrière son oreille.

— Tu ne sais pas dire autre chose ?

— Tout cela est si nouveau, se défendit-il. Considère que je ne trouve pas les mots.

L'irritation de la jeune femme retomba aussi vite qu'elle était montée.

— Puisque tu en parles, il faudra bien que, tôt ou tard, nous leur annoncions la nouvelle.

Depuis le premier jour de leur liaison, ils s'étaient entendus pour ne parler à personne de ce qui se passait entre eux. Simple cohérence puisque chaque fois était censée être la dernière. Et puisque Crystal avait tenu sa grossesse secrète, personne ne pouvait soupçonner leur liaison.

Il aurait été trop compliqué de tenter de leur faire comprendre qu'ils ne voulaient pas sortir ensemble, qu'ils n'avaient rien en commun, qu'ils ne souhaitaient pas démarrer une histoire qui ne les mènerait nulle part, mais qu'ils avaient juste envie l'un de l'autre chaque fois qu'ils se rencontraient.

— Nous devrions peut-être attendre qu'ils rentrent de voyage, suggéra Tanner.

— Oui. Je pense que je vais aussi retarder le moment de leur dire que j'ai quitté mon emploi. Cela ne ferait que les inquiéter et gâcher leur voyage de noces.

Kelly et Mitch, récemment mariés, partaient le lendemain pour deux semaines dans une île paradisiaque en plein océan Indien.

Il était prévu que Crystal s'installe chez eux afin de s'occuper de leur fille DeDe, la nièce de Tanner. Ce dernier, que son travail poussait souvent à quitter Sacramento plusieurs jours d'affilée, était supposé venir aider Crystal chaque fois que son emploi du temps le lui permettrait.

— C'est curieux, commenta-t-elle en contemplant de nouveau l'écran noir, depuis deux semaines je ne pensais qu'à la façon dont j'allais te l'annoncer et maintenant que je l'ai fait, je me sens... comment dire ? Comme hébétée. Je ne sais plus quoi faire.

Sur le point de dire encore une fois « O.K. », il se reprit à temps.

— Tout va bien.

Elle esquissa un pâle sourire.

— J'aurais mieux fait de me taire. Nous aurions fait l'amour, comme d'habitude, au lieu de nous tenir sur ce canapé, muets comme des carpes.

Un silence pesant retomba entre eux. Il entendit la jeune femme soupirer tandis qu'il cherchait désespérément quelque chose d'intelligent à dire.

Pour lui, la famille passait avant tout. Et voilà qu'aujourd'hui, cette femme portait son enfant. Cette femme avec qui il n'avait pas prévu de faire sa vie. Certes, il avait déjà envisagé la possibilité de se marier un jour, mais certainement pas avec Crystal qui était tout le contraire de la femme idéale qu'il imaginait fiable, stable et organisée.

A plus de trente ans pourtant, il n'avait pas encore trouvé la perle rare. En dépit du fait que, au fil des ans et des aventures, il avait déjà rencontré des femmes correspondant au profil qu'il recherchait. Pourtant, chaque fois, il avait rompu, cherchant à se convaincre qu'il s'ennuyait ferme auprès de ces conquêtes sans cesse renouvelées.

Pour la première fois, il osait s'avouer qu'avec Crystal il ne s'ennuyait jamais. Mais elle, c'était différent, elle faisait plus ou moins partie de la famille. En outre, elle était la seule à occuper ses pensées depuis ce jour où elle avait débarqué en ville dans sa vieille guimbarde poussiéreuse, deux mois et demi plus tôt.

De toute façon, la question ne se posait plus, il fallait penser à ce bébé qui allait naître. Oui, il voulait le reconnaître et lui donner son nom. Quel homme ne souhaiterait pas un tel bonheur ? Mais plus que tout, plus que ce nom qu'il voulait perpétuer, il souhaitait que cet enfant grandisse au sein d'une vraie famille, chance que lui-même n'avait pas connue.

— Je suis contente de t'avoir parlé, affirma Crystal dans un soupir. Il fallait bien que tu saches, non ?

Il ne pouvait détacher son regard de la jeune femme. Même en jean et T-shirt il lui trouvait l'air d'une princesse. Il adorait ses traits délicats, son teint de pêche, le foisonnement de ses boucles épaisses dans lesquelles il aimait à enfouir son visage lorsqu'ils faisaient l'amour.

— Il y a autre chose que je voudrais que tu saches, Tanner, ajouta-t-elle. Je te connais et…

— Vraiment ? la coupa Tanner en joignant ses sourcils broussailleux.

— Oui, je sais qu'au fond tu es quelqu'un de très conformiste.

Il comprit tout de suite qu'il n'allait pas aimer ce qui allait suivre.

— Et alors ?

Elle posa sa main sur son bras, cherchant sans doute à adoucir ce qu'elle s'apprêtait à dire.

— Je voudrais que tu saches que le mariage n'est pas prévu au programme.

S'attendait-il à cela ? Probablement. Il dégagea doucement son bras.

— Il y aurait donc un programme ?

— C'est juste une façon de parler. Je voulais dire par là que je n'ai pas l'intention de me marier. Pour l'instant, je veux juste que nous fassions de notre mieux pour offrir une belle vie à ce bébé. Ensuite, nous verrons comment notre relation évolue.

« Evoluer » ? Elle avait bien dit « évoluer » ? C'était donc qu'elle y avait réfléchi et qu'elle n'écartait pas l'éventualité qu'ils vivent un jour ensemble. Elle avait donc tout prévu, selon *ses* plans. Il fit un effort considérable pour cacher derrière un visage impassible la vive irritation qui venait de l'envahir.

Allons, il ne fallait pas dramatiser ! Le plus important était que Crystal l'avait mis au courant. Ils auraient tout le temps par la suite de revenir sur la question du mariage. Il usa donc du même ton neutre qu'il avait employé depuis le début de leur discussion pour lâcher un laconique :

— Très bien.

— Parfait, lui retourna Crystal en lui adressant un sourire éblouissant qui, manifestement, scellait leur avenir de parents célibataires.

Il ravala sa déception. Crystal et lui avaient beau être aussi différents qu'on pouvait l'être, le mariage était tout de même une institution sacrée qui méritait un minimum de considération.

Lorsque Crystal arriva le lendemain à 10 heures, elle remarqua la limousine noire garée devant la maison de Kelly. Mitch, à la tête de plusieurs entreprises florissantes implantées à Dallas et Los Angeles, l'avait probablement louée pour effectuer le trajet jusqu'à l'aéroport.

La voiture de Tanner était là aussi, parquée dans l'allée. Rien d'étonnant à cela, songea Crystal. Probablement avait-il envie d'être présent pour souhaiter un bon voyage aux jeunes mariés.

Crystal se gara près de la Mustang. Tanner s'était vraiment montré à la hauteur la veille au soir. Si gentil, si doux, si conciliant. Agréable aussi.

« Agréable ». Ce mot amena un sourire sur ses lèvres. Il collait si peu au charme ravageur et incroyablement sexy de Tanner ! Eh bien, il fallait croire qu'elle s'était trompée !

Elle sortit de sa voiture et remonta l'allée qui menait à la maison, appréciant la douce caresse du soleil sur son dos, admirant au passage les rosiers en fleur. C'était une belle journée de mai qui la transportait de bonheur. Elle avait le sentiment que sa vie commençait à prendre forme. D'accord, elle n'avait plus de travail mais elle allait en trouver, elle n'en doutait pas. Et puis maintenant, Tanner savait.

Les choses pourraient être pires, non ?

La porte s'ouvrit sur le visage contrarié de Kelly.

— Enfin, te voilà ! s'exclama-t-elle, sourcils froncés.

— Qu'y a-t-il ? s'enquit Crystal en pénétrant dans le hall.

— C'est DeDe.

Deirdre était la fille de Mitch, fruit de la liaison qu'ils avaient entretenue à l'époque où ils fréquentaient la même université. Lorsque Kelly avait quitté la ville pour aller vivre avec son frère, Mitch avait mis un terme à leur relation avant de disparaître. C'est alors que la jeune fille avait découvert qu'elle était enceinte.

Dix ans s'étaient écoulés avant qu'elle ne retrouve Mitch. Aujourd'hui, elle était l'épouse de cet homme qu'elle n'avait jamais cessé d'aimer, Mitch avait la famille dont il avait toujours rêvé et DeDe le père qui lui avait tant manqué. Tout devrait donc être parfait.

— Elle qui a toujours été si facile, si docile ! se lamenta Kelly. Je ne comprends pas pourquoi mais depuis quelque temps…

— Où est-elle ?

— Dans sa chambre. Mitch est avec elle, il essaie de la calmer. Elle a décrété d'un coup qu'elle ne voulait pas que nous partions.

Kelly s'interrompit pour indiquer la cuisine d'un geste vague de la main.

— Tanner est là.

Sa voix avait retrouvé sa tendresse naturelle, comme chaque fois qu'elle prononçait le nom de son frère. Elle avait bien senti comme un malaise entre les deux hommes au retour de Mitch mais ils n'en avaient jamais parlé et aujourd'hui tout paraissait être rentré dans l'ordre.

— Laisse-nous une minute, nous allons tenter de la raisonner avant notre départ.

— Courage.

— Merci, je crois que je vais en avoir besoin, dit Kelly en s'engageant dans l'escalier.

Crystal traversa le salon pour se diriger vers la cuisine, déposant au passage son sac à main sur le banc disposé près de la large baie vitrée. Tanner était assis à table, une tasse de café fumant entre les mains.

— Bonjour, dit-il de sa belle voix grave et chaude qui, comme à l'accoutumée, la fit frissonner de désir.

— Salut, lui retourna-t-elle en tirant une chaise à elle.

— Il y a du café, indiqua Tanner avant d'ajouter, sourcils froncés, à moins que tu aies décidé de t'en passer désormais ?

— En effet, mais de toute façon je n'en ai jamais vraiment raffolé. Je prendrai un thé, un peu plus tard.

Elle brûlait de passer une main dans les cheveux encore humides de Tanner, de caresser ses joues rasées de près. Elle s'en garda bien, Kelly ou Mitch pouvant faire irruption à tout moment. Inutile de brûler les étapes, il serait bien temps de leur révéler la nature de leur relation à leur retour.

Leur relation. Elle retint un petit sourire. Avec le bébé qui s'annonçait et le fait que Tanner semblait bien accepter la situation, elle pouvait parfaitement se permettre d'appeler ainsi ce lien qui les unissait. Même si celui-ci n'était pas synonyme d'amour éternel, ni de mariage, ni de rien d'autre, d'ailleurs. Ils étaient juste liés par cet enfant à venir et allaient faire en sorte de devenir de bons parents. Voilà qui était le plus important.

Elle réalisa que cette perspective la réjouissait. Oui, l'idée de penser que Tanner et elle allaient dépasser le simple stade d'amants occasionnels lui plaisait beaucoup.

— Que se passe-t-il avec DeDe ? s'enquit-elle.

— Rien de grave. Elle joue la comédie.

— Crois-tu que nous pourrions faire quelque chose ? Je détesterais voir Kelly et Mitch reporter leur voyage.

— Que veux-tu que nous fassions ?

Elle réfléchit quelques secondes puis haussa les épaules.

— Bonne question.

— Ne t'inquiète pas. Ils partiront quand même. C'est en tout cas ce qu'ils disaient il y a encore quelques minutes.

Le bruit d'une porte qu'on ouvrait interrompit leur conversation.

— Viens Kell, disait Mitch. Nous devons y aller maintenant.

Des pleurs succédèrent à l'appel. Ceux de DeDe.

— Papa ! Comment pouvez-vous me faire ça ? Vous allez partir et me laisser toute seule !

— Arrête, intima Kelly d'une voix implacable. Arrête tout de suite.

— Mais...

— Ça suffit. Ton père et moi partons en voyage de noces et tes caprices n'y changeront rien.

Crystal entendit DeDe marmonner quelque chose qu'elle ne comprit pas.

— Essuie tes larmes, mouche-toi et viens nous dire au revoir, reprit Kelly avec la même fermeté. Tout de suite.

Un bruit de pas dans l'entrée, puis Kelly et Mitch firent leur apparition dans le salon. Une vive contrariété se lisait sur leurs visages qui ne reflétaient pas le bonheur qu'auraient normalement dû inspirer quinze jours de vacances en amoureux sur une île paradisiaque.

Crystal se leva et alla serrer ses amis contre elle. D'abord Kelly, puis Mitch.

— Ne t'inquiète pas pour DeDe, assura-t-elle à ce dernier. Vous n'aurez pas plus tôt tourné le coin de la rue qu'elle sera calmée. J'en suis sûre.

Elle vit un voile sombre passer dans les yeux de Mitch.

— Je l'espère. Parce que de toute façon, nous partons, nous sommes déjà partis, même ! La limousine nous attend.

Il prit la main de Crystal et y glissa discrètement un chèque.

— C'est beaucoup trop ! protesta Crystal après avoir lu le montant qui y était inscrit. Les courses sont…

— Crys, intervint Kelly, nous voulons partir l'esprit tranquille et mieux vaut trop que pas assez.

— Tout à fait, approuva Mitch. Accepte cet argent. Pour une fois.

Mitch essayait toujours de la faire bénéficier de ses largesses, comme le ferait un grand frère, et ne comprenait pas ses réticences. Après tout, lui était riche et elle avait toujours du mal à joindre les deux bouts.

— Merci, dit Crystal qui avait compris que le moment était mal choisi pour en discuter.

— Ne vous inquiétez pas, ajouta Tanner, nous prendrons bien soin de DeDe. Tout ira bien.

« Nous » ? songea Crystal. C'était à elle qu'on avait demandé de s'occuper de DeDe. Tanner était censé ne venir que rarement. Elle lui adressa un regard interrogateur auquel il acquiesça d'un hochement de tête.

Un autre bruit de pas. Cette fois c'était DeDe, talonnée de près par Cisco, un petit chien marron au poil hirsute que Mitch était allé chercher dans un refuge après la mort de Candy. Une fois dans le salon, l'animal s'assit et se mit à haleter bruyamment, exprimant ainsi un vif contentement.

DeDe affichait une mine triste qu'accentuaient son nez rouge et ses yeux gonflés d'avoir trop pleuré. Elle portait un justaucorps rose assorti de collants de la même couleur.

— Au revoir, lâcha-t-elle d'un ton morose en tendant la joue.

Mitch et Kelly échangèrent un regard chargé de culpabilité mais aucun des deux ne flancha. Ils étreignirent leur fille, l'assurant de leur amour.

DeDe affichait à présent le masque tragique d'une héroïne de l'Antiquité vouée à un destin cruel.

Kelly se détourna pour pointer du doigt le calendrier qu'elle avait établi des nombreuses activités de DeDe. Aimanté sur le Frigidaire, elle avait pris soin de l'accompagner de toute une liste de numéros de téléphone.

— Il se peut que nos portables ne puissent être en service là-bas, mais nous aurons une ligne fixe dans notre chambre et vous pourrez toujours laisser un message à la réception, ils sauront bien où nous trouver. Donc, quoi qu'il en soit, nous serons joignables. A tout moment.

— Nous nous occupons de tout, dit Tanner en se levant. Ne vous inquiétez pas.

Encore ce « nous », ne put s'empêcher de relever Crystal.

Kelly serra son frère contre elle.

— Je veux juste être certaine que je n'ai rien oublié. Vous avez bien les clés, tous les deux...

— Ça va aller, promit Crystal.

La petite troupe se dirigea vers la porte, suivie d'une DeDe boudeuse traînant le pas mais qui, pour rien au monde, n'aurait laissé ses parents partir sans un dernier au revoir. Cisco, frétillant, fermait la marche.

Tous quatre attendirent sur le trottoir que la limousine ait fait demi-tour. DeDe regagna la maison la première et fila directement dans sa chambre, son fidèle toutou sur les talons.

Crystal s'apprêtait à imiter la petite fille lorsque Tanner l'en empêcha d'une main posée sur son poignet.

— N'y va pas tout de suite, lui conseilla-t-il à voix basse. Laisse-lui le temps de se calmer.

Il avait raison. Elle dégagea son poignet, regrettant aussitôt le contact doux et chaud des doigts de Tanner sur sa peau.

— De toute façon, elle doit partir dans peu de temps, reprit-il. Elle a un cours de je ne sais quoi.

Crystal alla vérifier le calendrier dans la cuisine. Exact. DeDe avait un cours à 11 heures et devait ensuite passer l'après-midi chez une amie.

Tanner passa la tête par la porte.

— Alors ? J'avais raison ?

— Oui, reconnut volontiers la jeune femme.

DeDe, le pas traînant, fit son apparition, un sac à dos mauve sur l'épaule.

— Je dois y aller, annonça-t-elle avec hauteur. J'ai mon cours de danse à 11 heures. C'est Mme Lu qui vient me chercher et après elle me ramène chez elle.

Mia, la fille de Mme Lu, était dans la même classe que DeDe.

Toutes deux fréquentaient également le même cours de danse et étaient devenues les meilleures amies du monde.

— Je serai rentrée à 4 heures. Enfin... si ça vous va.

— 4 heures, pas de problème, assura Crystal en lui adressant un sourire qui se voulait encourageant.

DeDe renifla avant de laisser échapper un profond soupir.

— O.K. Salut.

— A plus tard, dit Tanner à son tour.

— Cisco, tu restes là, intima DeDe à son chien.

L'animal émit une petite plainte puis s'assit docilement en regardant sa jeune maîtresse disparaître dans l'entrée.

D'un accord tacite, Crystal et Tanner se dirigèrent vers la baie vitrée pour s'assurer que la fillette montait bien dans le van blanc de Mme Lu, stationné devant la maison.

— Sacrée gamine, ronchonna Tanner. Elle qui était si raisonnable jusqu'à présent !

Il poussa gentiment Crystal du coude.

— Tu pourrais peut-être prononcer des incantations pour essayer de la faire changer, plaisanta-t-il.

— Très drôle.

— Ou alors lui faire un massage de pierres brûlantes...

Crystal lui lança un regard dédaigneux.

— Combien de fois devrais-je t'expliquer que la progression est une démarche personnelle ? Il faut que ce soit elle qui veuille changer. C'est là la clé de la réussite.

— Houlà !

— Tu peux bien te moquer de moi, au fond, tu sais que j'ai raison.

En guise de réponse, il passa un bras autour des épaules de la jeune femme. Elle ne chercha pas à lui échapper, savourant ce moment de pure... camaraderie.

— Même bébé, elle était adorable, reprit Tanner. Toujours joyeuse, ne pleurant que rarement. Alors quand je vois la façon dont elle se conduit en ce moment, je paierais cher pour revenir en arrière. Je serais même prêt à changer ses couches sales et à lui donner son biberon toutes les quatre heures.

Crystal réalisa qu'à l'époque où elle avait eu DeDe, Kelly vivait

Elle le contempla, refusant encore de voir où il voulait en venir.

— « Une occasion formidable », dis-tu.

— Oui.

— Et de quoi, je te prie ?

— De vivre ensemble.

Crystal, qui ne voulait toujours pas comprendre, avança prudemment :

— Mais… pourquoi devrions-nous vivre ensemble ?

— Allons, Crys ! Tu sais pertinemment que c'est une bonne idée.

— Pas du tout ! se récria-t-elle. Je ne veux pas ! Il n'y a aucune raison pour que nous partagions cette maison.

— Si, il y en a une.

— Non.

— Considère cette expérience comme un essai. Pour voir comment nous nous entendons, si nous nous supporterions vingt-quatre heures sur vingt-quatre. Au cas où.

— Au cas où quoi ? insista-t-elle, bien qu'au fond, elle connaisse déjà la réponse.

— Eh bien, au cas où nous déciderions de nous marier.

4

Tanner rêvait de l'enlacer et de l'embrasser. A la seconde où elle était entrée dans la cuisine, bien avant le départ de Mitch et de Kelly.

Mais à en juger par la vive contrariété qu'elle avait manifestée depuis qu'il avait prononcé le mot « mariage », il jugea inopportune toute forme de rapprochement.

— Tanner, lui dit-elle d'une voix infiniment douce, je pensais avoir été claire. Il n'est pas question de mariage entre nous.

Il lui adressa un regard songeur.

— Ouais, tu as été claire.

Il vit les joues de la jeune femme s'empourprer légèrement, son pouls palpiter au creux de sa gorge. Un sentiment d'intense frustration s'empara de lui.

— Et il me semble que nous étions d'accord. Souviens-toi, tu as même dit « O.K. »

— « O.K. », cela veut tout dire et rien dire, Crystal. Par exemple, « O.K., je t'entends, » signifie que je l'ai fait, je t'ai entendu. Mais cela ne veut par dire pour autant que je suis d'accord.

Elle croisa les bras sur sa poitrine et le contempla d'un air buté.

— Je ne vais pas t'épouser, Tanner. C'est comme ça, un point c'est tout. Et mieux vaut que tu t'habitues très vite à cette idée.

Il aurait pu s'agacer de cette farouche détermination mais il n'en montra rien. Il savait que la moindre manifestation de colère ne ferait qu'exacerber un peu plus son envie de lui résister.

— Peux-tu m'expliquer ce que tu trouves de si rédhibitoire au mariage ? demanda-t-il d'un ton parfaitement lisse.

— Mais rien ! répondit-elle trop vivement. Enfin… en principe.

— Tu n'as rien contre le mariage, « en principe », c'est bien ça ?

— C'est bien ce que j'ai dit. Essaie de me comprendre, Tanner. Je veux dire que le mariage est très bien en tant qu'institution. J'ai beaucoup d'admiration pour les couples qui s'aiment et veulent construire leur vie ensemble. Mais toi et moi ne sommes pas faits pour cette vie-là. Du moins… pas ensemble.

— Pourquoi ne pas tenter le coup ? Nous pourrions nous surprendre, qui sait ?

— J'en doute, rétorqua-t-elle en étouffant un soupir.

— Hé ! Ne sois pas si rigide.

Il la vit se figer instantanément.

— Je ne suis pas rigide ! protesta-t-elle.

Touchée ! Tanner réprima un sourire. En visant son point faible, il l'avait amenée à réagir, exactement comme il le voulait.

— Si, tu l'es, insista-t-il doucement. Et cela ne te ressemble pas. Tu pourrais… je ne sais pas… nous donner une chance. Une espèce de coup d'essai.

Crystal lui coula un regard de biais.

— C'est à moi que tu dis cela ?

— Oui je sais, c'est fou, n'est-ce pas ?

— Et puis, que veux-tu dire par « nous donner une chance » ? Ce n'est pas la conception que j'ai du mariage, figure-toi. Pour moi ce n'est pas une loterie, ni un jeu de hasard. Si je me marie un jour c'est parce que je serai sûre de ma décision. Je ne me marierai certainement pas à la légère, comprends-tu ?

Patiemment, il tenta de s'expliquer de nouveau :

— J'aimerais que tu mûrisses cette idée ; que tu prennes le temps d'y réfléchir, voilà tout.

Lorsqu'il vit son regard se perdre dans le vide, il sut qu'il avait fait un grand pas en avant.

— Je ne… hier soir, tu ne paraissais même pas pouvoir envisager cette éventualité, répliqua-t-elle.

Il s'approcha d'elle, prit l'une des mains qu'elle tenait soigneusement cachée contre elle et la serra entre les siennes.

— Ne sois pas injuste, Crystal. Toi, tu sais depuis des semaines, tu as eu le temps de te faire à cette idée et de réfléchir à ce que tu voulais faire.

Enfin, elle planta son regard dans celui de Tanner. Un regard empreint d'hésitation, ce qui était plutôt une bonne, une excellente chose, même.

— Tu as raison, concéda-t-elle. Bien sûr, toi aussi, tu as besoin de temps.

— Allez, viens. Viens ici.

Il l'attira vers le canapé, la força à s'asseoir à côté de lui. Puis il dit des mots qu'elle-même aurait pu prononcer.

— Je souhaite juste que... que tu t'ouvres à d'autres possibilités.

— Mais je suis ouverte, riposta-t-elle après s'être éclairci la voix. C'est juste que je ne veux pas me mar...

— Chut, lui murmura Tanner en effleurant ses lèvres d'un baiser. Ecoute...

— Quoi ?

— J'ai passé quelques coups de fil et demandé à des collègues de faire à ma place les déplacements que j'avais prévus. Ce qui veut dire que je peux rester ici et t'aider à t'occuper de DeDe.

— Ce n'est pas la peine.

Il laissa passer un long moment de silence avant de demander :

— De quoi as-tu si peur, Crystal ?

— De rien, assura-t-elle en pinçant les lèvres.

— Si. Tu as peur du mariage. Et tu as peur de moi.

— Non, non, pas du tout ! C'est justement parce que je respecte trop ce sacrement que je ne veux pas me marier. Enfin... tant que je n'aurai pas trouvé l'homme qui me convient.

— Et cet homme, ce n'est pas moi, n'est-ce pas ? s'enquit-il d'une voix où perçait une certaine déception.

— En effet, rétorqua Crystal en le défiant du regard. Et tu le sais très bien puisque à chacune de nos rencontres nous étions d'accord sur le fait que nous n'étions liés que par le sexe, et que cela ne nous mènerait à rien. C'est pourquoi, d'ailleurs, nous décidions à chacune de nos rencontres de mettre un terme à notre liaison.

— Pourtant, nous ne l'avons pas fait.

— Ce n'est pas la question.

— Exact.

Il marqua une pause, pesant chacun des mots qu'il allait prononcer.

— Mais la situation a changé. Tu es enceinte.

— J'en suis consciente.

— Parfait. Tu dois donc comprendre que nos engagements passés ne sont plus à l'ordre du jour. Finis. Terminés. Et j'estime qu'il est de notre responsabilité de vérifier si nous sommes capables de vivre ensemble.

L'espace de quelques secondes, elle garda le silence. Lorsqu'elle parla, ce fut pour concéder du bout des lèvres :

— Je… je vois. Je comprends tout à fait ton point de vue. On ne sait jamais, en effet. Tout est possible et il ne nous faut écarter aucune éventualité.

— Très bien, dit Tanner en se levant. Marché conclu. Je reste.

Elle le contempla, une adorable moue incrédule sur le visage.

— Comment cela « marché conclu » ?

— Ne venons-nous pas de tomber d'accord sur le fait que nous ne devons pas laisser passer cette opportunité d'essayer de vivre ensemble ?

— Je ne me souviens pas d'avoir dit cela. Enfin, pas en des termes aussi précis.

— Allez, Crystal, cesse d'esquiver.

— Je…

Elle s'interrompit, cherchant ses mots.

— De toute façon, je ne vois pas comment je pourrais t'empêcher de t'installer ici si tu en as envie.

— En effet, tu ne le peux pas et c'est bien mon intention.

— Mais…

— Oui ?

— Afin que les choses soient très claires, je prends la chambre d'amis et il est hors de question que nous partagions le même lit. DeDe n'a pas besoin de ça en ce moment, elle est assez perturbée.

Zut ! songea-t-il. Lui qui se réjouissait de passer toutes ses nuits en compagnie de Crystal ! Mais elle avait raison, ce serait un choc supplémentaire pour DeDe si elle apprenait par hasard la nature de leur relation.

Mais pour l'heure, elle était absente de la maison et très occupée, entre ses différents cours et ses petites amies. En outre, il y aurait bien des nuits où elle dormirait chez l'une ou l'autre, leur laissant ainsi le champ libre.

Il était désireux de se montrer agréable et conciliant, deux qualités que, pourtant, il était loin de posséder.

— Ce ne serait pas la première fois que je dormirai sur le lit d'appoint, dans le bureau de Kelly.

Il vit au froncement de sourcils de la jeune femme qu'elle culpabilisait de prendre le meilleur couchage.

— Tu pourrais t'installer dans la chambre de Mitch et de Kelly...

— Ne t'inquiète pas, le clic-clac fera parfaitement l'affaire. Où en étions-nous ? ajouta-t-il d'un ton faussement désinvolte. Ah, oui ! Nos bagages.

Crystal lui lança un regard suspicieux avant de s'avouer vaincue. Elle poussa un dernier soupir et le suivit à l'extérieur.

Une fois revenus dans la maison, il alla déposer ses affaires dans le bureau, songeant avec satisfaction qu'il n'avait pas été si difficile de convaincre Crystal. Il disposait de quinze jours pour tenter de briser les réticences qui l'empêchaient d'envisager de se marier avec lui. Et ils avaient même DeDe pour se faire la main et apprendre le dur métier de parents. Avec un peu de chance, et compte tenu du fait que ses parents étaient loin d'elle, peut-être même allait-elle redevenir l'adorable fillette qu'il avait toujours connue. Oui, les miracles existaient !

Mais peu importait, le principal étant qu'il était parvenu au but qu'il s'était fixé : partager le même toit que Crystal. Il espéra en secret que la deuxième phase de son plan serait aussi facile que la première.

Des coups discrets frappés à sa porte.

— C'est ouvert.

— Je vais faire des courses chez Raley, annonça Crystal en passant la tête par la porte.

— Super. Je viens avec toi.

L'espace d'une seconde il crut qu'elle allait repousser sa proposition.

— Bien sûr, si tu veux, finit-elle par dire.

— C'est moi qui conduis.

Il manigançait quelque chose. Crystal le devinait. Quelque chose qui allait bien au-delà du simple mariage de complaisance qu'il avait évoqué. Elle l'avait lu dans son regard lorsqu'il avait sauté sur l'occasion de la conduire chez l'épicier du coin.

— C'est par là, indiqua-t-elle en pointant du doigt une rue qui obliquait à gauche alors que Tanner avait emprunté celle de droite.

— Je sais où se trouve Raley, soutint Tanner sans, néanmoins, effectuer de demi-tour.

— Dans ce cas, pourquoi prends-tu la direction opposée ?

Il tourna la tête vers elle, ce qui fit refléter le soleil sur les verres sombres de ses lunettes.

— Je veux d'abord te montrer quelque chose.

— Quoi ?

— Mon bureau, répondit-il en reportant son attention sur la route.

— Pourquoi ?

— Attends, tu verras.

Elle songea un instant à lui faire remarquer à quel point, et contrairement à ce qu'il lui avait soutenu un peu plus tôt, elle pouvait faire preuve de souplesse. Non, elle ne se marierait pas juste parce qu'ils allaient avoir un enfant. Car oui, elle était certaine qu'ils n'étaient pas faits pour s'entendre. Néanmoins, elle se montrait prête à tenter l'expérience de la vie à deux, juste parce qu'il le voulait.

Lui, en revanche, venait de prouver une fois de plus qu'il n'agissait qu'en fonction de ses désirs, sans se préoccuper le moins du monde de son avis, à elle.

Mais elle voulait bien se montrer conciliante. Après tout, rien ne la pressait, elle pouvait se payer le luxe d'un détour même si c'était la preuve flagrante qu'elle se laissait manipuler.

En outre, elle n'avait pas l'intention, en lui refusant ce petit plaisir, de lui donner l'occasion de la traiter une fois de plus de psychorigide. Elle baissa donc la vitre et, profitant de la douceur de l'air sur son visage, ne dit plus un mot durant tout le trajet qui les menait à Rancho Cordova où Tanner avait son bureau.

Au bout d'une demi-heure, Tanner gara sa voiture sur le parking arrière d'un bâtiment rectangulaire de deux étages. Il coupa le contact et retira ses lunettes de soleil.

— Prête ? s'enquit-il d'une voix vibrant d'excitation.

Crystal faillit sourire. L'impatience de Tanner avait quelque chose de touchant.

— Je te suis, répondit-elle.

Ils empruntèrent une porte qui donnait sur l'arrière du bâtiment puis s'engagèrent dans un escalier étroit. Une fois sur le palier du premier étage ils suivirent un couloir bordé de bureaux portant la plaque d'avocats ou d'hommes d'affaires dont la simple mention du nom ne donnait aucune indication quant aux affaires en question.

Ils s'arrêtèrent devant une porte sur laquelle figurait « Dark Horse Investigations » et dessous, le nom de Tanner. Celui-ci déverrouilla la porte et fit signe à Crystal de le suivre à l'intérieur.

Elle pénétra dans ce qu'elle qualifia de salle d'accueil et où se trouvait un bureau sur lequel Tanner avait placé un téléphone et une fontaine à eau. L'unique fenêtre, à gauche de la table, était pourvue de stores marron qui laissaient voir le bâtiment d'en face. Marron également la moquette bon marché qui recouvrait le sol ainsi que le canapé, la table basse et les deux chaises près de la porte.

Une autre porte, portant le nom de Tanner, se trouvait derrière le bureau.

— Je parie que ton bureau se trouve là ? dit Crystal en pointant le mur d'un hochement de menton.

Tanner se laissa tomber sur le canapé.

— Gagné. Tu veux jeter un coup d'œil ?

— C'est toi qui décides.

— Vas-y.

Elle traversa donc la pièce et ouvrit la porte. Sur le bureau, un autre téléphone mais également un ordinateur, deux chaises identiques à celles d'à côté, le même store minable isolant une fenêtre qui, celle-là, donnait sur la rue. Deux grands meubles de rangements en fer achevaient l'ameublement sommaire de la pièce. Elle s'approcha de documents encadrés attestant de la fonction de détective privé de Tanner Bravo dans les Etats de Californie, du Nevada, de l'Oregon, de Washington, d'Arizona et du Texas.

Crystal retourna dans la salle d'attente et referma la porte derrière elle.

— Plutôt déprimant, commenta-t-elle.

— Pourquoi ? Tu n'aimes pas le marron ?

— Je suis étonnée que tu aies des clients avec un bureau pareil.

— Lorsque tu viens dans ce genre d'endroit ce n'est généralement pas pour le décor. Et puis, à vrai dire, je viens rarement ici, j'ai une boîte vocale en service vingt-quatre heures sur vingt-quatre. Je prends mes messages et donne rendez-vous à mes clients... ailleurs. Dans un Starbucks ou dans leurs propres bureaux. N'importe où, en fait.

Le téléphone se mit à sonner sans que Tanner ne se lève pour aller décrocher.

— Tu ne réponds pas ? demanda Crystal.

Il attendit que le silence se fasse.

— Mon interlocuteur va bien laisser un message.

Comme pour confirmer ses dires, son téléphone portable émit deux petites notes, signal qu'un message venait d'être enregistré. Elle le regarda vérifier son écran puis replacer son cellulaire dans son étui.

— Tu vas peut-être me trouver idiote mais dis-moi, pourquoi un bureau si tu n'en as pas besoin ?

Tanner haussa négligemment les épaules.

— Disons que c'est plus... professionnel. Enfin, j'imagine. Un bureau. Et une assistante. Quelqu'un qui prendrait les appels pendant les heures de bureau, qui serait là pour recevoir les clients, noter les rendez-vous, tenir les comptes. Tout ça, quoi.

Il marqua une pause, lui coula un regard de biais.

— J'ai déjà eu des assistantes mais ça n'a jamais marché. Moi, chez son grand frère et n'avait pas encore terminé ses études. L'idée que Tanner avait vu naître DeDe la rassurait infiniment. Il devait certainement avoir plus d'expérience qu'elle en la matière.

— Il faut juste que DeDe s'habitue aux changements que des retrouvailles avec son père ont forcément provoqués. Un peu de patience, elle va mûrir.

— J'espère qu'il ne lui faudra pas trop de temps, maugréa de nouveau Tanner. Elle a presque dix ans, tout de même ! Elle sera adolescente en moins de temps qu'il n'en faut pour le dire.

Les pensées de Crystal dérivèrent vers le bébé qu'elle portait.

— C'est difficile d'élever un enfant, n'est-ce pas ?

— Sacrément difficile, même, lâcha Tanner avant qu'un large sourire ne vienne fleurir sur ses lèvres. Il n'y a que les fous pour accepter d'avoir des enfants de nos jours.

Elle se mit à rire de bon cœur.

— Fou. D'accord.

— Complètement fous. Comme nous.

Ils échangèrent un long regard complice. Curieux, songea-t-elle, d'imaginer que Tanner et elle étaient désormais liés pour la vie.

— Eh bien, je crois qu'il est temps que nous sortions nos affaires et que nous commencions à nous installer, suggéra Tanner en relâchant la jeune femme pour se diriger vers la porte.

Nos affaires ? Avait-elle bien entendu ? Le sentiment de bien-être qu'elle venait d'éprouver s'évanouit aussitôt pour céder la place à la suspicion. Tanner était en train de manigancer quelque chose.

— Hé ! Attends une minute !

Tanner se retourna vers elle.

— Oui ?

— Tu as bien dit *nos* affaires ?

— Exact.

Il lui présentait un visage candide qu'elle ne prit pas au sérieux : Tanner Bravo ne pouvait pas être candide ! La sonnette d'alarme se fit plus forte.

— J'y ai réfléchi toute la nuit, après t'avoir quittée, et j'en ai conclu que c'était là une occasion formidable que nous ne pouvions laisser passer.

j'avais l'habitude de bosser en solo et elles me cassaient les pieds toute la journée avec leurs questions insignifiantes. En dépit de cela, j'ai décidé d'essayer encore, cette fois avec quelqu'un qui aurait l'esprit d'initiative, quelqu'un qui serait indépendant.

— Tu veux dire quelqu'un comme moi, traduisit Crystal qui voyait parfaitement où Tanner voulait en venir.

— Exact. Il me faudrait quelqu'un comme toi.

— Je n'arrive pas à le croire ! Tu proposes de m'engager ?

— Absolument.

— Mais dis-moi, tu débordes de projets aujourd'hui !

Il lui adressa un regard de braise.

— C'est le propre de l'homme d'élaborer des projets lorsqu'il sait qu'il va être père.

Elle s'adossa contre la porte.

— C'est une plaisanterie, Tanner. Tu ne peux pas croire sérieusement que, toi et moi, nous pouvons travailler ensemble.

— Je parle sérieusement, au contraire. Je t'imagine très bien dans ce rôle et pour finir tu as besoin d'un boulot.

— Mais je ne peux pas travailler avec toi !

— Pourquoi pas ?

— Eh bien, parce que nous allons avoir un enfant.

— Justement, raison de plus.

— Non.

— Si.

— Tanner, ce qui importe c'est que nous nous entendions bien pour élever le bébé ensemble.

— C'est le cas, non ?

— Ce que je veux dire, c'est qu'il n'est pas nécessaire de rajouter du stress entre nous, pas maintenant.

— Tu penses que travailler ensemble serait source de stress ?

— C'est possible.

— Mais tu n'en es pas sûre. Et tu ne pourras pas le savoir tant que tu n'auras pas essayé. En outre, tu as besoin d'un travail. Je serai un bon patron. Juste. Raisonnable. Et tu auras toute latitude pour gérer ton travail comme tu l'entends.

Crystal le considéra en silence, se demandant s'il existait sur terre un homme aussi exaspérant que lui. Au même moment elle éprouva pour lui une vive tendresse. Elle était touchée par les efforts qu'il déployait pour tenter de la sortir de l'impasse où elle se trouvait. Mais travailler pour lui n'était définitivement pas une bonne idée. Ils risquaient même de vivre un enfer.

Elle tenta de nouveau de lui faire entendre raison.

— Tanner, voyons, tu n'as nul besoin d'une assistante.

— Bien sûr que si !

— Si c'était le cas, tu en aurais déjà une.

— Si tu acceptes, j'en aurai une. Allez, Crystal, que dois-je faire pour te convaincre ?

— Je t'en prie, répliqua-t-elle, à bout d'arguments.

Elle se dirigea vers le bureau et tira à elle le fauteuil pivotant. Nota la poussière qui le recouvrait et la chassa du plat de la main.

— Travailler *et* vivre ensemble ? Mais nous allons devenir fous !

— Nous ne vivrons ensemble que deux semaines, riposta-t-il d'une voix moins enjouée. En fait, ce n'est même pas comme si nous vivions ensemble puisque nous ne partageons pas le même lit.

— Mais si, nous vivons bien ensemble puisque nous partageons le même toit.

Il fit un geste vague de la main.

— D'accord, nous vivons ensemble. Mais qui te dit que nous deviendrions fous ?

— C'est *moi* qui le dis. Nous sommes tombés d'accord sur le fait que nous n'avions pas grand-chose en commun.

Il secoua la tête.

— Mmm. Nous en reparlerons une fois à la maison. Ce sur quoi nous étions d'accord n'est plus d'actualité. Et puis, imagine un peu, peut-être nous sommes-nous trompés depuis le début. Peut-être avons-nous juste peur de saisir cette opportunité. Et peut-être, pour le bien de ce bébé à venir, devrions-nous nous montrer plus courageux.

Elle n'aurait jamais pensé que Tanner se révélerait aussi obstiné. Elle en avait la migraine.

— Stop, implora-t-elle en posant sa tête entre ses mains en coupe. S'il te plaît.

Tanner passa outre.

— Qui sait ? Ce pourrait être une révélation pour toi.

Elle émit un petit grognement dubitatif.

— Une révélation…

Elle se raidit dans sa chaise et balaya du regard l'affreuse pièce marron.

— Tu penses peut-être prendre l'avantage, en m'embauchant ?

D'un mouvement leste, il bondit sur ses pieds.

— Peut-être.

Il s'approcha lentement. Un frisson familier parcourut le corps de Crystal. C'était toujours la même chose lorsqu'il s'approchait d'elle ainsi. Il baissa sur elle un regard plein d'espoir.

— Tu pourrais au moins essayer, insista-t-il. Tant que tu t'occuperais de DeDe les horaires seraient flexibles. Tu pourrais démarrer dès qu'elle serait à l'école. Disons, six cents dollars par semaine pour commencer. Ensuite, si le boulot te plaît et que tu décides de continuer après le retour de Kelly et de Mitch, je pourrais t'embaucher à plein temps et aller jusqu'à sept cents dollars par semaine.

C'était plus que ce qu'elle gagnait au cabinet d'avocats. Beaucoup plus.

— Tu apprendras sur le tas. A ton rythme. Comme je te l'ai déjà dit, ce travail n'exige aucune expérience particulière et de plus, j'ai besoin de quelqu'un qui sache prendre des initiatives.

Cela paraissait impossible, pourtant elle devait bien admettre qu'elle était terriblement tentée. Tanner avait deviné sans doute qu'elle aimerait créer sa propre structure, être maître à bord sans avoir de comptes à rendre à quiconque.

Mais non. Vraiment. Elle ne pouvait accepter.

— Tanner, tu te débrouilles parfaitement bien tout seul.

— Si je souhaitais casser la routine ?

— Tu l'adores cette routine.

— Qu'en sais-tu ?

— Eh bien, je pensais…

— O.K., O.K., c'est vrai que les choses me conviennent comme elles sont. Mais elles pourraient être améliorées. Accepte ma proposition. Aide-moi.

— Sept cents dollars par semaine… Tu pourrais vraiment me payer cette somme ?

Il lui adressa un regard dépité. Empreint de patience aussi.

— Tu serais surprise si tu savais de combien d'argent je dispose. Tu vois, beaucoup de travail et peu de charges ont leurs avantages.

— Justement. Pourquoi en rajouter ? En outre, en renonçant à ton bail tu économiserais le prix d'un loyer.

Il étendit une jambe sur le coin du bureau et croisa ses mains sur ses genoux.

— Tu sais depuis combien de temps j'ai ce bureau ?

— Je déteste qu'on réponde à une question par une autre question.

— Patience. J'y viens. Je loue ce bureau depuis cinq ans et c'est vrai que j'ai souvent pensé à le laisser sans jamais me résoudre à le faire. Maintenant, je sais pourquoi.

Elle secoua la tête.

— Depuis que je t'ai annoncé ma grossesse, tu débordes de grandes idées. Je dois dire que cela me fait un peu peur.

— Avoue. Tu adores, dit-il avec un sourire complice.

— Je reconnais que ta proposition est alléchante. Mais combien de temps cela durera-t-il ?

Il se pencha vers elle et planta dans les siens ses yeux de velours.

— Toute la vie.

— Arrête, tu vas finir par me faire vraiment peur.

Il se pencha un peu plus. Elle sut qu'il allait l'embrasser. Elle le réclamait de tout son corps, de tout son être. Son pouls s'accéléra, ses joues s'enflammèrent.

Les lèvres de Tanner se posèrent sur les siennes, douces, légères. Tentatrices.

— Dis oui. Accepte ma proposition, murmura-t-il contre sa bouche.

Il la prit par les épaules, se leva tout en l'entraînant contre lui. Elle se laissa faire sans résister. Ne chercha même pas à s'écarter de lui.

Un nouveau baiser. Lent. Sensuel. Profond.

Avide, elle se plaqua étroitement contre lui. C'était si bon ! Elle lui rendit son baiser. Passionnément.

Lorsque, au bout d'un long moment, il releva la tête, elle lui adressa un regard voilé de désir.

— Où en étions-nous déjà ?

— Tu venais d'accepter de travailler pour moi.

Elle éclata de rire, le repoussa.

— Tu es vraiment impossible !

— Dis-moi oui.

Elle faillit céder.

Incroyable ! Tanner l'avait presque convaincue. Pourtant, elle préférait se faire prier encore un peu.

— Je vais prendre le temps d'y réfléchir, finit-elle par dire.

Une lueur victorieuse se mit à briller dans les yeux de Tanner.

— Comme tu veux. Prends tout ton temps.

Une fois revenus de chez Raley, Tanner avait aidé Crystal à ranger les courses puis avait quitté la maison.

— Des contrats à revoir, je serai rentré vers 6 heures, avait-il dit avant de s'éclipser.

Le thermomètre placé sur le rebord de la fenêtre affichait 30°. Crystal alla enfiler un maillot, prit un roman et se rendit à la piscine. Elle fit quelques brasses puis alla s'installer à l'ombre d'un érable, avec Cisco pour compagnie.

Elle avait dû s'assoupir car le bruit de la baie vitrée glissant sur son rail attira brutalement son attention. Elle leva la tête pour voir qui était là.

C'était DeDe. Cisco l'accueillit en poussant de petits gémissements puis courut à sa rencontre en agitant joyeusement sa queue ébouriffée.

— Ton cours s'est bien passé ? s'enquit Crystal en s'asseyant.

DeDe ouvrit la baie en grand, laissant le passage à son chien.

— Ça va, répondit l'adolescente d'une voix morose.

Crystal lui adressa un sourire rayonnant et répliqua d'un ton enjoué :

— Pourquoi ne viendrais-tu pas te baigner ?

DeDe ne daigna pas répondre au sourire de Crystal.

— Non. Je vais dans ma chambre.

Puis elle referma la porte sans un mot.

Crystal hésita à aller lui parler avant de décider de lui laisser le champ libre jusqu'à l'heure du dîner. Il serait bien temps d'aviser à ce moment-là. Peut-être allait-elle réussir là où Kelly et Mitch avaient échoué.

Le doute, de nouveau, l'assaillit. Et si elle laissait plutôt à DeDe le soin de régler le problème toute seule, à sa façon ? Du moins jusqu'au retour de ses parents.

Elle passa la main sur son ventre, priant en silence pour que son enfant ne devienne jamais aussi désagréable, ni boudeur ni capricieux.

Cinq minutes plus tard, la porte s'ouvrait de nouveau. L'adolescente et son chien apparurent. DeDe avait finalement passé un maillot, ses tongs ornées de marguerites claquaient sur le béton à mesure qu'elle approchait.

Elle se laissa tomber dans un profond soupir au pied de la chaise longue qu'occupait Crystal. Cisco chercha la main de sa maîtresse qui se mit à le caresser distraitement. Tous deux affichaient une mine triste.

Crystal tenta un rapprochement amical.

— Tu t'es bien amusée avec Mia ? demanda-t-elle en souriant.

— Oui, c'était bien, répondit DeDe d'un ton égal. Devon, Linsday, Alicia et Sarah Lynn sont venues aussi. On a mangé des sandwichs au beurre de cacahuète et on a regardé *Hannah Montana* à la télé. Après, on a joué aux Barbies.

— J'imagine que c'était super. Je suis contente que tu aies changé d'avis, ajouta-t-elle en désignant le maillot de DeDe d'un hochement de tête. C'est tellement agréable de rester dehors par un temps pareil !

L'adolescente émit un petit grognement inaudible avant de relever enfin le menton.

— J'aime bien notre jardin. Mes amies aussi, d'ailleurs. L'an dernier, on a fait deux fêtes autour de la piscine.

— Je parie que c'était génial.

— Oui, tout le monde l'a reconnu d'ailleurs. J'aime bien ma

maison aussi. Et toi, tu l'aimes bien aussi, Crystal ? ajouta-t-elle en posant sur la jeune femme ses grands yeux noisette.

Crystal pressentit ce qui allait suivre.

— Je l'adore.

— Alors tu pourrais l'acheter à papa et maman, et moi je vivrais ici avec toi.

Lentement, Crystal secoua la tête.

— C'est impossible. Tu le sais bien.

— Je déteste la nouvelle maison !

— Oh, trésor...

— C'est vrai ! Je la déteste !

La nouvelle maison de la famille Valentine, une luxueuse demeure de plus de mille mètres carrés située dans un domaine privé de Elk Grove, était en construction.

Une piscine était prévue, ainsi qu'un spa, un court de tennis et un studio privé où DeDe pourrait répéter ses cours de danse, une salle de cinéma, une cuisine magnifique et une chambre qui occupait toute une aile de la maison. Et, elle en oubliait sûrement.

Alors qu'il installait ses nouveaux bureaux à Sacramento, Mitch avait insisté pour abriter sa famille dans cette énorme maison ultramoderne qu'il pouvait aisément s'offrir. Kelly avait accueilli la décision de son mari avec excitation et passait le plus clair de son temps à rencontrer architectes et entrepreneurs afin d'en faire la maison de ses rêves.

DeDe était la seule que ce changement rendait malheureuse.

— Mais pourquoi doit-on déménager ? pleurnicha-t-elle. Je ne veux pas, moi !

Les larmes se mirent à couler sur ses joues encore rebondies de l'enfance.

— DeDe, ecoute-moi. Ça ne sert à rien de...

— Je vis *ici*, la coupa DeDe en sanglotant de plus belle. J'ai toujours vécu ici, et maintenant que papa est revenu je dois déménager et laisser toutes mes amies et aller dans une nouvelle école, une école privée, tellement plus chic que ma vieille école ! Voilà, maintenant qu'*il* est là, ma vie doit changer, tout va être différent et... parfois, je le déteste !

— Oh, DeDe, non...

— Si, je le déteste !

DeDe bondit sur ses pieds dans un nouveau sanglot.

— Parfois, je voudrais qu'il ne soit jamais revenu. Je sais que c'est moche de penser ça mais je m'en fiche ! Papa est revenu et toute ma vie s'écroule !

5

Tanner appela à 17 h 45.

— Je crains d'en avoir encore pour un moment, dit-il. Je ne serai pas là pour dîner.

— Dommage ! Moi qui ai fait brûler le repas tout spécialement pour toi !

Le rire franc de Tanner réchauffa le cœur de Crystal.

— Je regrette encore plus, plaisanta-t-il.

— Merci d'avoir appelé.

— Normal. Tout va bien ?

— DeDe a éclaté en sanglots en disant qu'elle détestait Mitch mais sinon oui, tout va bien. Elle est allée s'enfermer dans sa chambre et n'en est toujours pas ressortie.

Crystal entendit Tanner jurer à voix basse.

— Tu veux que je rentre ? Je peux...

— Non, ça va. Vraiment. Tout est calme, ici maintenant.

— Tu es sûre que tu vas pouvoir gérer ça toute seule ?

— Certaine.

— Je serai de retour vers 20 heures.

— Très bien.

Elle raccrocha avec le sentiment d'être soutenue. Tanner semblait prendre très au sérieux leur mise à l'essai, trouvant le temps de l'appeler pour la prévenir de son retard, puis se montrant prêt à accourir sitôt qu'elle avait un problème.

Elle se surprit à siffloter tandis qu'elle ouvrait le tiroir dans lequel se trouvaient les couverts.

Elle le referma aussitôt. Mettre le couvert était une tâche qui incombait à Deirdre. Même si la tentation était forte de laisser l'adolescente ruminer dans sa chambre tout son soul.

Mais le dîner était un moment important de la journée et s'assurer que DeDe accomplissait régulièrement ce qu'on lui demandait l'était tout autant. Ses caprices et ses crises d'hystérie n'allaient pas, en plus, être récompensés en la laissant se dérober à ses responsabilités !

Crystal traversa donc la salle à manger d'un pas ferme pour aller retrouver DeDe. Sa porte, fermée bien sûr, était décorée de marguerites peintes et de portraits de ses stars préférées. Il y avait aussi un drapeau portant le nom de son école et un autocollant surmonté d'une tête de mort sur lequel le mot « PRIVÉ » se détachait en lettres capitales. Ces décorations dignes d'une préadolescente de neuf ans amenèrent un sourire indulgent sur les lèvres de Crystal.

Elle frappa quelques coups discrets à la porte.

Silence total. Elle frappa de nouveau.

— Quoi ? demanda enfin la voix hargneuse de DeDe.

Crystal ouvrit la porte et balaya la pièce du regard. Les murs, violets, étaient recouverts de posters de pop stars et de photos des plus grandes ballerines du moment. DeDe, qui avait changé son maillot contre une robe bleue assortie de leggings, était assise en tailleur sur son lit et feuilletait un magazine tout en écoutant de la musique, les écouteurs de son iPod vissés sur les oreilles. Elle leva les yeux sur Crystal pour répéter avec irritation :

— Quoi ?

Crystal attendit patiemment qu'elle ait retiré ses écouteurs.

— *Quoi* ? demanda DeDe pour la troisième fois.

— As-tu la moindre idée de la façon dont tu me parles ?

DeDe commença par la défier du regard puis se radoucit d'un coup.

— Désolée. Je sais que tu n'y es pour rien.

Crystal déserta le seuil pour pénétrer dans la chambre. Elle poussa une pile de magazines qui se trouvaient sur le lit et s'assit à côté de DeDe.

— Les propos que tu as tenus au sujet de ton père…, commença-t-elle.

— Je sais, je sais, la coupa l'adolescente. Je n'aurais pas dû. En plus, je ne le pensais pas, j'adore papa.

— Je n'en doute pas.

— C'est juste que je… que je suis tellement en colère contre lui ! C'est lui qui était parti et puis, il revient et tout doit être comme il le décide, *lui*.

Crystal se devait de rétablir la vérité.

— Il ne serait jamais parti s'il avait su que ta maman était enceinte. La situation était un peu particulière. Il a quitté la ville, a changé de nom parce qu'il voulait démarrer une nouvelle vie et c'est pour cette raison que ta maman n'a pas pu le retrouver.

— Je sais tout ça. Lui et maman m'ont tout raconté. Mais quand même. Lorsqu'il est revenu je lui ai dit que je ne voulais pas partir vivre ailleurs. Il était d'accord, il m'a promis que nous resterions ici.

— Il a tenu sa promesse. Il possède des maisons au Texas et à Los Angeles et pourtant il vit avec vous, à Sacramento.

— Ce n'est pas ce que je veux dire. Moi, ce que je veux c'est rester dans *ma* maison. Je ne veux pas m'éloigner de mes amies, de mon école. Il le sait bien !

Crystal n'avait aucune idée de la tournure à donner à cette discussion. C'était à DeDe et à ses parents de trouver une solution à ce problème. Pas à elle.

— Ecoute, dit-elle en passant une main dans les cheveux soyeux de la gamine. Pour le moment, tu es là, dans ta maison.

DeDe ne repoussa pas ce geste de tendresse. Elle plissa juste le nez dans une moue boudeuse.

— Mmm, concéda-t-elle. Crystal, tu es trop cool, tu me fais penser à une princesse.

— Merci.

— Mais parfois, tu dis des trucs bizarres.

Crystal se mordit la lèvre pour ne pas rire.

— Qu'y a-t-il de si bizarre à te dire que pour le moment tu es encore chez toi ?

— Parce que c'est évident, tu n'as pas besoin de me le dire.

— C'est juste pour te le rappeler.

L'adolescente haussa les épaules et leva les yeux au ciel.

— Comme si je pouvais oublier !

Cette fois, Crystal éclata de rire.

— Ecoute-moi bien, jeune fille.

— D'accord.

— Pendant que tu te morfonds sur quelque chose qui n'arrivera que dans plusieurs mois, tu ne profites pas à fond du temps qu'il te reste à passer ici, voilà ce que je voulais dire.

— Mais je ne peux pas ! Je n'arrête pas de penser que bientôt je vais devoir partir d'ici.

— Oui, tu vas devoir déménager. Mais pour le moment tu vis dans cette maison que tu aimes tant. Tu vas à l'école où tu es toujours allée, tu fréquentes les mêmes amies, tu vas à tes cours de danse, tu joues aux Barbies et tu regardes tes émissions préférées sur Disney Channel. Je me trompe ?

DeDe semblait écouter attentivement maintenant. Une ride s'était creusée entre ses sourcils, elle avait posé ses coudes sur ses genoux.

— Non, et alors ?

— Et alors, tu profites encore de tout ce que tu aimes. Et plus tard, lorsque tu auras déménagé, tout ce qui faisait ta vie ici sera terminé. A jamais. Lorsque tu regarderas en arrière, quel souvenir préfèreras-tu garder ? Celui d'une gamine boudeuse faisant subir ses caprices à tout le monde ou celui d'une période de bonheur intense ?

La question resta quelques secondes en suspens.

— Eh bien, je..., finit par dire DeDe.

— Tu quoi... ?

— O.K., concéda DeDe du bout des lèvres. Je vais essayer d'être moins désagréable.

Crystal résista à l'envie de citer Yoda, le fameux maître jedi de la Guerre des Etoiles : « Fais ou ne fais pas, il n'y a pas de juste milieu. »

Mais elle se ravisa, consciente que la petite avait subi suffisamment de leçons de morale pour la journée.

— Très bien, alors lave-toi les mains et va mettre le couvert.

DeDe resta silencieuse tout au long du repas mais ne manifesta pas la moindre hostilité. Elle débarrassa le couvert et chargea le lave-vaisselle sans attendre qu'on le lui demande. Elle proposa ensuite à Crystal une partie de Super Mario que la jeune femme s'empressa d'accepter. Dix minutes plus tard, elles riaient comme des folles, liées par une complicité retrouvée.

Il n'était pas tout à fait 20 heures lorsque Tanner fit son apparition.

— Oncle Tanner ! s'exclama DeDe, rouge d'excitation. Viens jouer avec nous.

Tanner lui adressa un sourire affectueux.

— Dans une minute, dit-il en lançant à Crystal un regard qui lui donna envie d'être avec lui dans le même lit.

— Il reste quelque chose à manger ?

— Dans le réfrigérateur. Mais il va falloir le faire réchauffer.

— Je m'en occupe.

Il expédia son repas en quelques minutes et alla rejoindre Crystal et DeDe. De nouveau, Crystal se sentit fondre de tendresse. Elle tenta de lui cacher les étoiles qu'elle avait au fond des yeux à l'idée qu'ils pourraient former une vraie famille. Pourquoi pas, après tout ?

Pour la première fois de sa vie, elle s'exhorta à garder les pieds sur terre et à regarder les choses en face. Depuis presque deux mois, Tanner et elle s'accordaient à dire qu'ils n'étaient pas faits l'un pour l'autre. Et voilà qu'en l'espace d'une journée, non seulement ils partageaient le même toit, mais elle avait accepté de travailler pour lui. Tout allait vite, trop vite, même pour une femme comme elle qui avait l'habitude de saisir les opportunités ainsi qu'elles se présentaient.

A 21 h 30, et DeDe une fois couchée, elle se dirigea tout droit vers sa chambre. Elle referma la porte derrière elle, espérant que Tanner ne viendrait pas la rejoindre pour la prier de passer la nuit avec lui.

Ils avaient passé plus de la moitié de cette première journée ensemble. C'était déjà assez. C'était trop.

Car Tanner était trop attirant, trop sexy, trop sûr de lui, trop... tout. Il fallait qu'elle garde ses distances sans quoi Dieu sait ce qui pourrait arriver. Elle finirait peut-être par tout accepter, ou du moins par céder à la tentation de faire l'amour avec lui. Et le sexe ne paraissait pas vraiment approprié dans la situation actuelle. En partie à cause de la présence de DeDe, en partie parce qu'elle perdait complètement la raison lorsqu'elle faisait l'amour avec Tanner. Elle était devenue esclave de son propre plaisir.

Ce qu'elle trouvait indigne d'elle.

Elle allait donc mettre cette nuit solitaire à profit pour se reposer et réfléchir.

La chambre qu'elle occupait était un lieu propice à la réflexion. A son retour, Mitch l'avait occupée quelque temps, avant que Kelly ne lui pardonne. Le lit « king size » était plus que confortable, un écran plat de grande dimension lui faisait face. Comble du luxe, elle était dotée d'une salle de bains particulière.

Crystal prit une longue douche puis enfila le T-shirt informe qui lui servait de chemise de nuit et sur lequel était écrit en grosses lettres rouges : Paix. Amour. Chocolat.

Du chocolat. Mumm ! Elle avait acheté une boîte de ses chocolats préférés à l'épicerie. Chaque papier d'emballage délivrait un message. On connaissait son avenir en même temps qu'on se régalait d'un délicieux chocolat fondant et onctueux. Crystal en raffolait.

Trop bête qu'elle ait laissé la boîte dans le placard de la cuisine !

Ou du thé. Oui, une tasse de thé serait la bienvenue. Avec un peu de ce miel délicieux qu'elle avait acheté à la coopérative de produits biologiques cet après-midi même.

Crystal secoua fermement la tête. Allons ! Elle allait être mère ! Il était temps qu'elle résiste à toutes les envies qui lui passaient par la tête.

Toutes. Chocolat. Thé. Et sexe avec Tanner.

Elle s'assit sur son lit, adopta la position du lotus et tenta de faire le vide dans son esprit. Elle inspira plusieurs fois profondément.

En vain. Sans cesse, son esprit dérivait vers les mêmes envies. Chocolat, thé, sexe. Ainsi qu'à sa façon de se terrer dans sa chambre. Car oui, elle se cachait de Tanner.

Quelle sorte de maturité était-ce là ?

Elle enfila une robe de chambre par-dessus son T-shirt, ouvrit la porte et passa la tête dans le couloir. Silence total. La chambre de DeDe était fermée, celle de Mitch et Kelly, au bout du couloir, ouverte mais plongée dans l'obscurité. En revanche, elle ne pouvait voir la porte du bureau qui servait de chambre à Tanner. Mais tout paraissait calme. Il avait dû sortir ou dormait déjà.

Quelle idiote elle avait été de vouloir l'éviter ! Manifestement, ce n'était pas nécessaire. Elle pouvait aller chercher ses chocolats et son thé sans courir le moindre risque puis retourner dans sa chambre et se planter devant un bon vieux mélodrame.

Elle longea à pas feutrés le couloir et la salle à manger puis une fois dans la cuisine alluma le plafonnier et mit de l'eau à chauffer.

Fredonnant tout bas, elle alla chercher la boîte de chocolats dans un des placards de la buanderie. Elle allait refermer la porte lorsqu'elle vit une silhouette massive se découper dans l'entrée.

Elle émit un petit cri ridicule, semblable au couinement d'une souris, et lâcha la boîte avant de réaliser qu'il s'agissait de Tanner.

Elle poussa un soupir de soulagement et se baissa pour ramasser les chocolats épars.

— Juste pour information, lui dit-elle, tu m'as fait une peur bleue.

— Désolé, mais je pensais que tu allais rester enfermée dans ta chambre toute la nuit.

Il appuya sur l'interrupteur, inondant la pièce d'une lumière crue qui la fit cligner des yeux.

— J'y avais pensé, répliqua-t-elle avec hauteur mais j'ai trouvé que c'était indigne de moi.

— Parfait.

Elle serra la boîte de chocolats contre sa poitrine.

— Si je comprends bien, tu es resté tapi dans le noir à attendre le moment propice de me tendre une embuscade ?

Il débouta la jeune femme d'un regard.

— Tu dramatises.

— Pas du tout !

Il répondit par un haussement d'épaules.

— Quel coup bas minable, lança-t-elle d'une voix dédaigneuse.

— Efficace, en tout cas.

Tanner soutint sans ciller le regard furieux de Crystal qui, découragée, laissa tomber ses airs prétendument supérieurs et inspira de nouveau profondément.

— Eh bien, je suis là. Tu es content de toi ?

Elle fit un pas en avant mais Tanner, qui l'empêchait de passer, ne bougea pas.

— Excuse-moi, bougonna-t-elle.

Tanner s'effaça enfin pour lui laisser le passage. Elle éteignit la lumière au passage et alla poser la boîte de chocolats sur la table.

— J'étais en train de me préparer du thé. Tu en veux ?

— Non, merci. Je ne suis pas fana. Mais une bière, volontiers.

Il alla se servir lui-même dans le réfrigérateur et s'assit à table tandis qu'elle prenait dans une boîte métallique un sachet de thé qu'elle plongea dans une tasse.

Tanner restait silencieux mais elle pouvait sentir son regard brûlant sur elle.

Elle se retourna mais resta prudemment appuyée contre le plan de travail.

— J'espère que tu ne comptes pas remettre ta proposition sur le tapis. Cela fait à peine quelques heures que nous en avons parlé et je n'ai pas encore pris ma décision.

— Non, je t'ai dit de prendre ton temps.

D'un coup sec, il décapsula sa canette de bière.

— Viens t'asseoir.

— J'attends que l'eau bouille.

Elle trouva l'argument ridicule mais elle se sentait plus en sécurité en restant à quelques mètres de lui.

— Qu'as-tu à me regarder ainsi ?

Il reposa sa bière et la considéra un instant, le visage assombri.

— J'ai envie d'en savoir plus sur toi.

Une boule se forma dans la gorge de Crystal et son cœur se mit à battre plus fort, ce qu'elle trouva parfaitement irrationnel.

— Que veux-tu savoir exactement ?

— Tout.

Elle porta une main à sa gorge, dans un geste purement défensif. Puis, réalisant qu'elle trahissait son trouble, s'empressa de la laisser retomber.

— Tu portes mon enfant et je ne sais pratiquement rien de

toi. J'aimerais que tu me parles... de tes parents, de l'endroit où tu as grandi, enfin je ne sais pas, moi...

Elle réfléchit à ce qu'elle pourrait dire. Mais rien ne lui venait à l'esprit. Et Tanner qui était assis là, à la regarder, à attendre.

La veille encore elle avait la certitude qu'elle serait une mère célibataire, et était bien loin d'imaginer que Tanner Bravo se montrerait si déterminé à la faire changer d'avis. Il semblait si désireux de l'épouser, de former une famille, et pas seulement parce que c'était *la* chose à faire. Il paraissait sincèrement convaincu que c'était ce qu'il y avait de mieux pour eux trois et qu'ils allaient réussir.

Cette idée la terrifiait. Autant qu'elle l'avait rassurée et lui avait réchauffé le cœur.

Oui, elle était terrorisée par l'éventualité d'un échec. Et par celle d'un impossible espoir.

La voix grave de Tanner rompit le silence.

— Ton enfance, Crys. Tu ne m'en as jamais parlé.

A cet instant précis, un changement se produisit en elle. Elle se sentait responsable de leur avenir. Et si l'opportunité d'être heureux ensemble se présentait, ce qu'elle se surprit à espérer de tout son cœur, elle lui devait la vérité. Elle devait lui déballer tout ce dont elle détestait parler.

Elle planta son regard dans celui de Tanner et se lança.

— Tu as raison. Je n'en parle jamais. Sans doute parce que ce n'est pas une période très heureuse de ma vie.

Tanner but une gorgée puis reposa sa bouteille.

— Je comprends tout à fait, c'est la même chose pour moi.

Kelly lui avait un peu parlé de l'enfance difficile qu'elle et son frère avaient vécue.

— Eh bien... tu peux te confier à moi si tu veux.

— Tu es sûr que tu veux vraiment entendre ce que j'ai à dire ?

— Absolument ! Et puis, c'est le bon moment.

Mais Crystal ne se laissa pas prendre à la ruse.

— Allons, l'encouragea-t-il d'une voix infiniment douce. Ne te dégonfle pas.

Elle était au pied du mur. Elle avait beau chercher, elle ne trouvait aucune échappatoire. Alors, elle lui répondit honnêtement, laissant les vieilles blessures se rouvrir.

— Peut-être est-ce que je me mens à moi-même mais… j'aime à croire que je me suis reconstruite. Que je ne suis plus la même personne. J'ai changé de nom, de vie.

— Comme Mitch, n'est-ce pas ?

— Oui. D'une certaine manière c'est la raison qui est à l'origine de notre amitié. Nous nous comprenions, lui et moi. Nous avions fait le choix de nous éloigner de situations aussi impossibles que douloureuses.

— Donc, Mitch sait sur toi des choses que tu m'as cachées ?

Etait-ce de la jalousie qu'elle vit passer dans son regard ? Mitch et Tanner semblaient avoir réglé leurs différends mais il y avait eu une grave animosité entre eux dans le passé, Mitch reprochant à Tanner de lui avoir « volé » Kelly lorsque celle-ci avait choisi de suivre son frère nouvellement retrouvé. Tanner, lui, avait trouvé Mitch parfaitement minable d'avoir imposé à Kelly un choix qu'elle n'avait pas à faire.

— Il ne connaît pas tous les détails. Il sait juste que j'ai laissé mon passé derrière moi et que j'ai changé de nom, comme lui.

— Tu ne t'appelles donc pas Crystal ?

— Si !

Elle avait répondu avec une véhémence qui laissait supposer qu'elle était sur la défensive.

— Ne crois surtout pas le contraire, ajouta-t-elle avec irritation.

— J'ai touché un point sensible ?

La colère la déserta d'un coup. Elle répondit d'une voix égale.

— Crystal Sherry est mon nom légal et ce, depuis mes dix-huit ans. Mais ce n'est pas le nom que l'on m'a donné à ma naissance.

— Comment t'appelais-tu avant ?

— Seigneur ! Il fallait que tu le demandes !

— Allez ! l'incita Tanner. Il ne peut pas être si terrible, tout de même !

— Je le déteste, c'est tout ! Je l'ai toujours détesté !

— Dis-moi.

— Martha, grommela Crystal entre ses dents. Martha Cunningham.

Son nom, du moins celui qui le fut un jour, lui parut totalement étranger.

— Martha, répéta doucement Tanner.

Elle le fusilla du regard.

— Ne t'avise jamais à prononcer ce nom devant moi, gronda-t-elle d'une voix sourde. Et inutile de me dire que des tas de jolies femmes s'appellent ainsi. Ce n'est pas leur faire offense, mais pour moi Martha Cunningham résonne comme le nom d'une héroïne de sitcom des années cinquante. Par ailleurs, lorsque j'étais Martha, ma vie était un vrai désastre ! Jure-moi que tu ne m'appelleras jamais ainsi, même pas pour plaisanter !

Tanner leva la main droite.

— Je le jure, dit-il avec gravité.

Elle se mordit la lèvre, opina d'un hochement de tête.

— Merci.

— De rien. Continue. Ton enfance, tes parents, je veux tout savoir.

Lorsqu'elle commença, elle avait conscience qu'un pas important allait être franchi.

— Je suis enfant unique et mes parents, surtout mon père, étaient très sévères. A la maison, on ne riait jamais. Mes parents étaient chrétiens, mais des chrétiens pour qui pardon et rédemption étaient de vains mots. Ils étaient froids, indifférents, portaient sur tout un jugement tranché et définitif. Avares aussi. Je ne portais que des vêtements d'occasion alors qu'ils auraient pu m'acheter des vêtements neufs.

Un petit rire sardonique vint ponctuer son récit.

— C'est sans doute pour cette raison que je mets un point d'honneur à vivre le moment présent et sans me préoccuper de questions d'argent.

— Tu étais sans cesse en conflit avec eux ? s'enquit Tanner.

— Pas toujours. Quand j'étais petite, je voulais tellement les satisfaire ! Mais rien n'était jamais assez bien. Puis, au fil des années, j'ai commencé à me révolter. Je suis entrée dans un cycle infernal. J'ai commencé à avoir des problèmes. Avec la drogue. Avec les gens que je fréquentais. Avec...

Sa voix s'étrangla. Elle ne se sentait pas prête à poursuivre.

Tanner posa la question qu'elle redoutait :

— Avec ?

Elle fixa la porte de la buanderie, garda un silence obstiné.

— J'ai quitté la maison à l'âge de dix-sept ans, finit-elle par dire. J'ai fui, plutôt, après une dernière dispute avec mon père. Il disait qu'il en avait assez de moi, assez d'essayer de me comprendre. Alors, je suis partie. Je ne suis jamais revenue.

— Où étais-tu à cette époque-là ?

— Tu veux savoir le nom de la ville ?

Elle attendit que Tanner opine pour répondre.

— Ici, en Californie. A Roseville, exactement.

— A moins de soixante-dix kilomètres d'ici, précisa Tanner en haussant les sourcils.

— Tout juste.

— Donc, lorsque tu es allée à Sacramento…

— … ce n'était pas juste parce que je pensais que Mitch avait besoin de moi, même si c'est en grande partie pour cela. Cela fait huit ans maintenant que j'ai quitté mes parents, jurant que je ne les reverrais jamais. Mais, depuis l'année dernière…

— Tu as envie d'arranger les choses ?

Crystal émit un son plaintif, secoua la tête.

— Pas question ! dit-elle trop vivement. A moins qu'ils aient changé, ajouta-t-elle d'une voix radoucie. Je veux… je ne sais pas. Si seulement…

Le sifflement aigu de la bouilloire l'interrompit. Elle en éprouva un vif soulagement. Verser l'eau dans sa tasse, apporter celle-ci sur la table, sucrer son thé d'une cuillerée de miel. Elle tenait enfin une bonne excuse de détourner les yeux du regard entendu que Tanner gardait rivé sur elle.

Il attendit qu'elle soit assise pour lui demander :

— Tu disais… ?

Crystal entoura la tasse de ses deux mains, trouvant réconfortant le contact de la porcelaine chaude sur ses doigts.

— Je… je me prépare à une rencontre, j'essaie de trouver le courage de les contacter.

Tanner tendit la main, lui caressa le bras. Devait-elle y voir un geste d'amitié ? D'encouragement ?

— Et toi ? s'enquit-elle en esquissant un pauvre sourire. Comment s'est passée ton enfance ?

L'espace de quelques secondes il la considéra en silence. Puis, à son tour, il se lança.

— Je suis né ici, à Sacramento. Ma mère, Lia Wells, travaillait comme serveuse et femme de chambre dans un hôtel. Mon père était Blake Bravo. Je suppose que tu as entendu parler de lui.

Tout le monde connaissait l'histoire de cet homme, devenu une légende. Malheureusement, dans le mauvais sens du terme. Il était connu pour avoir kidnappé son propre neveu et demandé une rançon faramineuse. C'était juste après avoir écopé d'une lourde peine pour meurtre. Il s'était alors fait passer pour mort et avait vécu trente ans en cavale sans jamais se faire prendre et en faisant un enfant à chacune des maîtresses qu'il avait.

— Ma mère était fière de proclamer qu'il l'avait épousée mais c'est ce qu'ont prétendu toutes les autres. Lorsqu'elle a été enceinte, Blake l'a quittée. De retour quelques années plus tard, il a remis ça et ma mère s'est retrouvée enceinte de Kelly. De nouveau, il l'a quittée. Lorsque ma mère nous a placés, séparément, dans un foyer, Kelly avait quelques mois à peine et moi quatre ans. Nous ignorions alors que nous avions des demi-frères et sœurs. Puis elle a eu Hayley, qui vit aujourd'hui avec son mari et leur enfant à Seattle. Elle a agi de même avec elle. L'a abandonnée sans jamais lui parler de Kelly et de moi, comme elle ne nous avait jamais parlé d'elle. Notre mère ne voulait pas que nous soyons adoptés, que nous appartenions à une autre famille, mais elle n'a jamais pris ses responsabilités.

Un frisson parcourut Crystal. Au travers du récit de Tanner, elle revivait son propre passé, ses propres traumatismes. Des choix qu'elle avait été obligée de faire. Des choix qu'elle méprisait encore à ce jour.

— Détestes-tu ta mère ? s'entendit-elle lui demander.

— Elle est morte, éluda Tanner.

Crystal aurait dû laisser tomber. Mais elle voulait savoir.

— Je sais qu'elle est morte. Mais la détestes-tu ?

Tanner prit le temps de réfléchir.

— Non, finit-il par dire. Elle était faible. Et paumée. Je crois que je l'ai haïe lorsque j'étais petit et qu'elle m'a abandonné. Mais plus aujourd'hui.

— Aurais-tu préféré qu'elle renonce complètement à ses droits afin que vous puissiez être adoptés ?

— Je ne sais pas. Je ne peux pas répondre à une telle question. Ce n'est pas arrivé mais je crois que si j'avais été élevé dans une famille aimante j'aurais été un garçon plus docile. Et je n'aurais sans doute jamais retrouvé mes sœurs.

— Je ne crois pas. Tu les aurais retrouvées d'une façon ou d'une autre.

Tanner, sourcils froncés, considéra la jeune femme.

— Tu le crois vraiment ?

— J'en suis sûre. Mais continue, s'il te plaît.

Tanner émit un ricanement désabusé.

— Tu plaisantes ! Tu n'en as pas assez de ces histoires sordides ?

— Continue, je te dis.

Tanner s'exécuta.

— J'ai donc grandi dans un foyer. Je détestais cet endroit, presque autant que je détestais ma mère. Je détestais vivre en communauté, je détestais les familles d'accueil qui tentaient de prendre soin de moi. Je me comportais mal et ce n'est rien de le dire. Mon père m'avait complètement abandonné et ma mère aussi mais sans vouloir tout à fait lâcher prise. Une fois mon bac en poche j'ai intégré l'armée pendant deux ans. Ensuite je me suis installé à Fresno où j'ai suivi des cours à l'université payés par l'armée et commencé à travailler pour un agent privé. Un an plus tard, j'ai appris, en harcelant ma mère, que j'avais une sœur.

— Kelly m'a dit que tu l'avais toujours su. Que tu te souvenais d'elle, que tu te souvenais d'un bébé placé aussi dans un foyer alors que tu n'avais que quatre ans.

— C'est exact. Je regrette de ne pas avoir eu d'indices concernant Hayley avant l'année dernière, juste avant la mort de Lia.

Tanner, qui jusque-là semblait regarder dans le vide, planta son regard dans celui de Crystal.

— Tu disais que Kelly t'avait déjà parlé de tout ça ?

— Elle m'a raconté la façon dont tu l'as retrouvée, oui. Et m'a parlé aussi un peu de votre mère. Et de Blake. Mais je tenais à savoir comment, toi, tu as vécu tous ces drames. Et si tu en étais encore affecté.

La curiosité de la jeune femme semblait beaucoup amuser Tanner. Leurs regards se croisèrent, frémissant d'attentes, d'excitation. Se pouvait-il que le simple fait de s'être mutuellement livrés des pans de leurs vies leur ai fait franchir une frontière jusque-là infranchissable ?

Elle savait bien qu'il ne s'agissait que d'une discussion. Mais ils avaient abordé des sujets importants, des sujets que des gens ayant une relation se devaient d'aborder.

Tanner lui prit la main. Comme à l'accoutumée, le corps de la jeune femme répondit à ce contact. Un délicieux frisson lui parcourut le creux des reins.

— Viens là, lui intima Tanner d'une voix rauque.

Elle brûlait de se soumettre. Elle brûlait de se laisser entraîner où il voudrait. C'était toujours ainsi que les choses se passaient entre eux.

— Ce n'est pas raisonnable, Tanner, s'entendit-elle dire sans toutefois retirer sa main.

En réponse, il l'attira à lui, la forçant à se lever et à l'amener exactement où il voulait, en l'occurrence sur ses genoux. Il enfouit son visage dans son cou, se grisant de son odeur.

— Je n'y crois pas ! Je suis assise sur tes genoux !

— Pourtant, c'est bien réel, lui murmura Tanner en effleurant sa gorge de ses lèvres.

— Tanner ! Si DeDe se lève...

— Elle ne se lèvera pas. Tu sens si bon, Crystal.

Il émit une sorte de grognement heureux, sexy. Elle sentit la force de son désir pour elle. Elle se trémoussa un peu, juste pour exacerber encore un peu son excitation. Tanner se mit alors à mordiller puis à lécher le lobe velouté de son oreille, lui tirant de petits gémissements de plaisir.

— J'adore le goût de ta peau.

— Tu dis toujours ça.

— Parce que c'est la vérité.

Elle se pencha alors vers lui et prit sa bouche dans un long baiser passionné. Elle se blottit ensuite contre lui, posant sa tête contre son épaule.

— Je n'arrive pas à croire que je t'ai raconté tout ça ce soir. Je n'ai jamais parlé de cette période de ma vie. A personne.

— A moi, si, commenta Tanner, une pointe de fierté dans la voix.

Sa robe de chambre s'était ouverte, dévoilant ses jambes nues. Tanner se mit à les caresser puis s'aventura plus haut pour s'attarder sur la douce toison dissimulant son sexe déjà humide. Elle poussa un long gémissement de plaisir, écarta un peu plus les cuisses, s'offrant sans fausse pudeur à plus de plaisir encore. Lorsqu'il introduisit un doigt en elle, elle était déjà prête pour lui.

Une petite voix lui soufflait qu'elle n'était pas censée succomber, qu'elle s'était fait la promesse de ne pas coucher avec lui tant qu'ils seraient sous ce toit. Quelle femme était-elle donc pour céder ainsi dès la première nuit ? Pour risquer de se faire surprendre par DeDe ?

Comme en réponse, un bruit de porte qui s'ouvrait lui parvint. Tanner avait dû l'entendre aussi car tous deux s'écartèrent brusquement en même temps l'un de l'autre.

— Tu as entendu ? demanda-t-il à voix basse.

Elle se leva d'un bond pour regagner sa chaise tandis que Tanner tentait de dissimuler l'évidence de son désir.

Des pas feutrés approchaient. Elle était en train de rassembler les pans ouverts de sa robe de chambre lorsque la silhouette de DeDe se découpa sur le seuil.

— Qu'est-ce que vous faites ici ? miaula-t-elle d'un ton suspicieux.

Ils la trouvèrent attendrissante, encore tout engourdie de sommeil, la marque des draps imprimés sur sa peau de pêche, dans son pyjama d'enfant.

Tanner leva dans sa direction la bouteille de Bud à moitié vide.

— J'avais envie d'une bière.

— Et moi d'un thé, renchérit Crystal en désignant sa tasse.

Le regard perçant de l'adolescente alla de l'un à l'autre.

— Dans le noir ?

Crystal s'apprêtait à riposter qu'ils n'étaient pas dans le noir, que le néon de la hotte diffusait une source de lumière suffisante bien que faible, que… Elle réalisa d'un coup qu'elle donnerait l'impression de se justifier. D'être coupable. Coupable de péché originel.

Tanner, lui, ne s'embarrassa pas de ce genre de détails.

— Retourne te coucher, il est tard, lui intima-t-il simplement.

Mais au lieu d'obéir, DeDe se campa fermement sur ses jambes écartées et croisa les bras sur sa poitrine plate.

— Allez, dites-le que vous sortez ensemble.

6

Crystal se serait giflée. Elle s'était laissé aller sans protester, ne se trouvait aucune excuse à ce qu'ils venaient de faire. La pensée des doigts de Tanner dans son sexe au moment où DeDe arrivait la remplissait de honte et de regrets. Comble de malchance, cette dernière ne manquait pas de perspicacité ! « Dites-le que vous sortez ensemble ». Qu'étaient-ils censés répondre à cela ?

Tanner lui épargna l'humiliation d'une réponse. Il alla droit au but.

— Non, « nous ne sortons pas ensemble ».

Crystal réprima un sourire. Après tout, il disait vrai. Ils étaient amants. Allaient être parents. Et pourtant, ils ne sortaient pas vraiment ensemble, ne s'étaient jamais donné rendez-vous, comme le font tous les amoureux du monde.

Tout cela allait être difficile à expliquer à une gamine de neuf ans lorsque sa grossesse deviendrait évidente. Dieu merci, la tâche en reviendrait à Kelly, pas à elle.

— Vous êtes sûrs ? insista DeDe qui n'était pas franchement convaincue.

— Absolument, répliqua sèchement Tanner. Et maintenant, retourne te coucher.

DeDe rejeta derrière ses épaules ses cheveux tout emmêlés.

— Je me posais la question, c'est tout. Parce qu'on ne me dit jamais rien dans cette maison. Je suis juste une enfant qui doit faire ce que les adultes lui demandent même si c'est bête, injuste et que ce n'est pas ce que papa m'a promis.

— Au lit, répéta Tanner. Tout de suite.

— Et si j'ai besoin d'aller dans la salle de bains ou aux toilettes ? s'entêta la gamine.

Le regard de Tanner suffit à la faire plier.

— O.K., j'y vais.

Puis elle disparut comme elle était apparue. Ils entendirent une porte se fermer bruyamment puis des bruits de chasse d'eau et enfin des pas indiquant qu'elle regagnait enfin sa chambre.

Tanner prit le temps de finir sa bière.

— Habile, n'est-ce pas, cette façon qu'elle a de claquer sa porte sans la claquer vraiment ? dit-il comme pour lui-même.

— Toutes ces émotions ! Cela mérite un chocolat, décida Crystal qui tenta, en vain, de déchirer le sachet.

Tanner le lui prit des mains et l'ouvrit sans peine.

— Je croyais que tu évitais le sucre en ce moment, pointa-t-il en le lui rendant.

— Equilibre, riposta Crystal. Tout est question d'équilibre. Et de modération.

— Waouh ! salua Tanner en levant sa bouteille dans la direction de la jeune femme.

Crystal prit un chocolat, le libéra de son papier d'emballage. Le message disait : « Autorisez-vous quelques bêtises ». Parfait. Elle porta le bonbon à sa bouche, se délecta de la crème onctueuse qui coula dans sa gorge.

— Mmm, je pourrais en manger des tonnes !

— Pour le coup, ce ne serait pas très équilibré.

— Exact. Et nous n'aurions pas dû nous embrasser comme nous l'avons fait, là, dans cette cuisine où elle aurait pu débouler à tout moment. Non, nous n'aurions pas dû nous embrasser, et nous... enfin, tu vois ce que je veux dire.

— Tout à fait d'accord, approuva Tanner en esquissant un sourire en coin. Que proposes-tu ? Ma chambre ou la tienne ? La tienne, plutôt, le lit est plus grand.

— N'y pense pas, Tanner. Et ne prends pas cet air suffisant, ce n'est pas drôle. Pas drôle du tout !

— Je n'ai pas un air suffisant.

— Quand je pense qu'elle aurait pu nous surprendre en

pleine action, si j'ose dire ! Je suis sérieuse, Tanner ! Nous devons vraiment nous surveiller !

— Tu as raison, acquiesça Tanner d'un ton faussement solennel.

Le jour suivant était un dimanche. Tanner en profita pour traîner un peu au lit. Crystal et DeDe prirent leur petit déjeuner ensemble. Une fois la table débarrassée, Crystal alla vérifier l'emploi du temps sur le réfrigérateur.

— C'est l'heure des devoirs, annonça-t-elle en se retournant vers la petite.

— Je les ai déjà faits, assura DeDe en haussant les épaules. Hier soir.

Crystal fut tentée de la croire puis se ressaisit. Les instructions étaient claires.

— Vas-y, DeDe. Va faire tes devoirs.

— Mais je te dis que j'ai tout fini, râla DeDe. Hier soir, après le dîner.

Crystal pointa du doigt une ligne du calendrier.

— Qu'y a-t-il écrit, *là* ?

DeDe regarda le plafond, les murs, bref, partout sauf là où Crystal lui indiquait.

— Quoi ? demanda-t-elle avec une pointe d'insolence.

Crystal tapota la feuille de son doigt replié.

— Viens ici.

DeDe afficha un air de patience contrite.

— Pas la peine de me crier dessus.

— Viens ici, répéta Crystal qui, elle, commençait à perdre patience. Lis.

— D'accord, d'accord. « devoirs après le petit déjeuner ».

— Donc, et corrige-moi si je me trompe, il s'agit bien du petit déjeuner que nous venons de prendre. Et maintenant, c'est bien *après* le petit déjeuner. Donc, file dans ta chambre finir tes devoirs.

— Ça va, je ne suis pas débile, feignit de s'offusquer DeDe.

— Tu dois faire tes devoirs aujourd'hui après le petit déjeuner, c'est-à-dire tout de suite, répéta Crystal d'une voix dangereusement calme.

— Mais ce calendrier, c'est une espèce de pense-bête, tu comprends, protesta encore la fillette. Du moment que je les ai faits, peu importe *quand* je les ai faits.

Crystal aurait payé cher pour que Tanner se lève et vienne les rejoindre. Elle avait sacrément besoin d'être soutenue et Tanner savait très bien comment s'y prendre avec sa nièce. D'ailleurs, comment ferait-il ? songea-t-elle. Il prononcerait un mot. Un seul.

— Devoirs, énonça-t-elle en tentant d'imiter le ton autoritaire de Tanner. Maintenant.

— Mais je...

— Maintenant.

Elle vit alors la fille de Kelly courber l'échine, rentrer le menton et laisser échapper un profond soupir avant de quitter la pièce.

Crystal, soulagée, s'affala sur une chaise, regrettant de ne pas se trouver à des milliers de lieues de DeDe Valentine, l'espèce de petit monstre capricieux bien loin de l'adorable fillette qu'elle avait connue.

C'est ce moment que choisit Tanner pour apparaître, en survêtement et T-shirt informe. Il se mit à bâiller, s'étira, puis s'appuya négligemment contre le chambranle de la porte, les bras croisés sur son torse merveilleusement musclé.

— Quelqu'un a laissé entrer un éléphant dans cette maison ? dit-il d'une voix pâteuse.

Crystal lui adressa un regard empli de lassitude.

— C'est juste ta nièce que j'ai priée d'aller faire ses devoirs.

La réponse inspira à Tanner un nouveau bâillement.

— Dire qu'elle était si mignonne !

— C'est exactement ce que j'étais en train de me dire.

Il se dirigea vers elle et lui releva le menton, la forçant à plonger dans son regard. Crystal résista à l'envie de relever le bas de son T-shirt, d'effleurer sa peau douce de ses lèvres. Elle chassa vivement cette pensée de son esprit, se rappelant que DeDe pouvait surgir à tout moment. Elle lui prit la main, la serra tendrement avant de la repousser.

— Je suis libre aujourd'hui, annonça-t-il sans paraître offusqué. Et toi ?

Crystal éclata de rire.

— Aussi libre que mes obligations me le permettent, c'est-à-dire enfermée dans la même maison qu'une enfant aussi aimable qu'une porte de prison.

Tanner se dirigea vers le comptoir et prit, dans un placard au-dessus, du café en grains qu'il déversa dans la machine électrique.

— Nous pouvons passer un moment à la piscine, aller à Land Park, jouer au Frisbee, faire faire un peu d'exercice à Cisco.

Le chien, qui était couché dans un coin de la pièce, dressa l'oreille dès qu'il entendit mentionner son nom. Il se recoucha au bruit infernal que fit la machine que Tanner avait mise en route. Lorsqu'il cessa, Crystal réalisa que le téléphone sonnait. Elle se leva pour aller répondre depuis le téléphone sans fil qui se trouvait près du vaisselier. Elle entendit DeDe, qui avait décroché d'un autre poste, grommeler un « Allô ? » hostile. Comment se débrouillait-elle pour faire passer tant de hargne dans ce simple mot ?

— Bonjour, chérie, répondit Kelly.

Crystal raccrocha doucement, jugeant opportun de laisser DeDe parler un peu avec sa mère.

Tanner lui lança un regard interrogateur.

— C'est Kelly. DeDe avait déjà décroché.

Tanner versa le café moulu dans le réservoir prévu à cet effet, en remplit un autre d'eau et remit la machine en marche.

— Tu veux des œufs ? demanda-t-il à Crystal.

Crystal lui fit signe que non, les œufs lui donnant la nausée depuis quelque temps.

— Merci mais j'ai déjà mangé.

Elle regarda Tanner sortir œufs, bacon et toasts, puis mettre le bacon à rissoler sur la plaque de cuisson. Une agréable odeur de café emplissait l'air et elle trouva apaisant de se retrouver là dans cette cuisine un dimanche matin, à traînasser en compagnie du père de son enfant.

Elle sursauta au beuglement de DeDe qui hurlait depuis l'entrée.

— Crystal, téléphone ! C'est maman !

Crystal décrocha de nouveau.

— Allô ?

Elle entendit un déclic, signe que DeDe venait de libérer la ligne.

— Salut, répondit Kelly. Tout va bien ?

— Super, s'entendit répondre Crystal d'une voix ferme.

— DeDe ne vous a pas encore rendus fous ?

— Non, non. Tout se passe à merveille.

Elle croisa le regard de Tanner qui lui adressa un clin d'œil complice.

— Ton frère s'est installé là, finalement. Il me donne un coup de main.

— Parfait, commenta Kelly d'un ton neutre laissant supposer que ce qui pouvait se passer entre son amie et son frère ne la regardait pas. Je sais que ma fille est particulièrement pénible en ce moment, mais elle adore son oncle Tanner et je suppose que tu dois être bien contente qu'il soit là pour t'aider.

— Oui… j'apprécie beaucoup sa présence.

Elle adressa à Tanner un sourire de connivence auquel il répondit par un salut de la spatule avec laquelle il était en train de séparer ses tranches de bacon.

— Vous êtes déjà tout bronzés et reposés ? s'enquit-elle d'une voix enjouée.

Elle entendit Kelly éclater de rire à l'autre bout du monde.

— Laisse-nous un peu de temps ! Nous venons juste d'arriver !

Elle se lança alors dans la description détaillée de la suite luxueuse qu'ils occupaient, puis des plages de sable blanc paradisiaques qu'ils pouvaient admirer depuis leur terrasse. Là-bas, c'était la nuit, poursuivait-elle et ils allaient se rendre à un buffet en plein air, sous les étoiles, et savourer la cuisine locale et danser jusqu'à l'aube.

— Je suis verte de jalousie, mentit Crystal. Profitez-en bien.

— Nous en avons bien l'intention. Mitch t'embrasse.

— Moi aussi. Dis-lui de bien te gâter.

— Il ne rate pas une occasion de le faire.

— Parfait.

— N'hésite pas à punir ma fille si elle le mérite, recommanda Kelly avec fermeté. Ni à nous appeler. Sérieusement. S'il y a quoi que ce soit…

— Je ferai ce qu'il faut. Promis. Tu veux parler à ton frère ? demanda-t-elle en interrogeant celui-ci du regard.

— Dis-lui que je l'aime.

Crystal raccrocha, humant avec envie l'odeur de bacon qui s'échappait de la poêle.

— Ta sœur t'aime, rapporta-t-elle. Et je crois que je vais goûter un peu de ce bacon.

— Je croyais que tu détestais manger du porc.

— Je n'ai jamais dit ça ! Ce n'est pas ma viande préférée, voilà tout ! De nombreuses religions la trouvent impure et je trouve cela très respectable.

— Tant mieux ! Il y en aura plus pour moi.

Crystal éclata de rire.

— S'il te plaît, Tanner, dit-elle sur un ton faussement implorant, puis-je avoir un peu de ton bacon ?

— Et des cornichons ?

— Oh oui ! Et puis, de la crème glacée aussi.

Deux heures plus tard, DeDe était toujours enfermée dans sa chambre. Assise en tailleur sur son lit, ses écouteurs sur les oreilles, elle feuilletait un magazine tout en s'empiffrant de friandises.

Crystal l'interrompit et demanda à vérifier ses devoirs.

— S'il te plaît, ronchonna DeDe, je vais les faire. Bientôt.

— Tu as commencé ?

— Je te l'ai dit. Je vais les faire.

— Tu veux dire que tu n'as pas encore commencé, c'est bien ça ?

— Crystal, je...

Crystal tendit sa main ouverte.

— iPod, magazine, bonbons, énuméra-t-elle sur un ton qui n'entendait pas être discuté. S'il te plaît.

— Mais, Crystal, je...

— Et téléphone. Tout de suite.

DeDe s'exécuta avec force grognements.

— Et maintenant ?

— Maintenant, tu fais tes devoirs. La bonne nouvelle, c'est

que tu disposes de tout le temps que tu veux parce que tu es privée de sortie pour le restant de la journée.

— Quoi ? se récria DeDe, suffoquant d'indignation. Tu n'as pas le droit !

— Si, justement.

— Mais... je dois aller chez Lindsay. Nous avons prévu de...

— Non. Tu ne feras rien avec Lindsay parce que tu vas rester dans ta chambre.

Sur ces mots, Crystal sortit et referma la porte derrière elle. Elle s'attendait, avec une certaine anxiété, à ce que DeDe déboule derrière elle, ivre de rage, tempêtant, hurlant, frappant du pied. Mais, contre toute attente, après un dernier hurlement outragé, le silence retomba, bienfaiteur.

Son soulagement fut de courte durée. Elle sentit soudain son estomac se révulser, une vague nauséeuse s'abattre sur elle. Elle plaqua les affaires de DeDe contre sa poitrine et s'appliqua à inspirer profondément.

En vain.

Une main sur la bouche, elle se précipita dans sa chambre, jeta tout son fourbi sur son lit et se rua dans le cabinet de toilette où elle n'eut que le temps de se pencher au-dessus du lavabo.

Le malaise dura plusieurs minutes durant lesquelles elle resta agrippée au rebord en porcelaine, pantelante. Lorsque, enfin, la crise fut passée, elle entendit la voix de Tanner derrière elle.

— Que fais-tu ?

— Devine, grogna-t-elle.

— Tu ne te sens pas bien ?

Sans se retourner, Crystal fit un geste vague de la main.

— Ferme la porte, veux-tu ? DeDe...

Tanner s'exécuta en silence.

— Je peux t'aider ? s'enquit-il gentiment.

Crystal se redressa avec difficulté et se laissa aller contre lui. C'était si bon de pouvoir compter sur son aide !

— Merci. Ça va aller maintenant, affirma-t-elle en retournant au lavabo se rincer la bouche.

Mais le goût persistait, tenace, aigre. Elle empoigna sa brosse à dents et y étala du dentifrice.

Tanner attendit patiemment qu'elle ait terminé puis lui ouvrit les bras. De nouveau, Crystal se blottit contre lui, savourant le bonheur de se laisser aller contre sa poitrine forte et rassurante. C'était si bon de se sentir aimée et protégée !

— Tu te sens mieux ? demanda-t-il en lui caressant les cheveux.

— Oui, murmura-t-elle le nez dans son T-shirt. Quand je pense que j'ai passé quinze jours à me torturer l'esprit pour savoir comment j'allais t'annoncer la nouvelle, que j'ai perdu mon boulot, que j'ai *enfin* réussi à te mettre au courant. Tout cela, sans la moindre nausée. Il fallait une DeDe Valentine pour me rendre malade !

Tanner ricana et déposa un baiser tendre sur le haut de son crâne.

— Haut les cœurs ! Tu te débrouilles très bien.

Crystal releva la tête et croisa son regard.

— Peut-être, mais je ne tiendrai pas le coup treize jours de plus.

— Je peux prendre le relais.

— Merci.

Elle reposa la tête dans le creux de son épaule, reprit :

— Mais c'est devenu un point d'honneur. Je crois que c'est entre elle et moi que cela doit se jouer.

La voix grave de Tanner roula au creux de son oreille.

— Elle te teste. Lorsqu'elle comprendra que tu ne lui céderas pas, elle se détendra.

— Oh, Tanner ! J'espère que tu as raison.

7

DeDe resta consignée dans sa chambre toute la journée, n'apparaissant qu'à l'heure des repas qu'elle prit dans un silence de plomb.

Au cours du dîner, Tanner lui demanda si elle avait fait ses devoirs.

— Je les ai faits, il y a des heures, affirma-t-elle. Puis, se tournant vers Crystal : tu peux me rendre mon téléphone et mon iPod, maintenant ?

Crystal réfléchit un instant. Elle ne voulait rien tant qu'une trêve et un peu de bonne volonté entre elles. Mais elle se rappela les paroles de Tanner. DeDe la testait. Testait son autorité. Elle devait réussir ce passage obligé sans quoi la situation ne ferait qu'empirer.

— Nous verrons lorsque tu auras débarrassé la table et que j'aurai vérifié ton travail.

— Génial.

Crystal serra les dents, feignant d'ignorer le ton sarcastique de l'adolescente. Il ne s'agissait pas de la braquer un peu plus.

Le repas terminé, DeDe fit ce que Crystal lui avait demandé. Après avoir constaté, avec soulagement, que les devoirs avaient été faits, la jeune femme rendit ses affaires à DeDe.

— Merci, articula DeDe d'un ton où perçait encore un vif ressentiment. Demain, j'aurai le droit de sortir ? ajouta-t-elle, les yeux pétillant d'espoir.

Crystal lui adressa un sourire chaleureux.

— Oui. C'est ce qui était prévu.

— D'accord.

L'enfant retourna dans sa chambre et referma la porte doucement.

Tanner attendait dans la cuisine que DeDe soit couchée. Il n'eut pas à attendre longtemps. Crystal revint au bout de quelques minutes, vêtue de la même tenue que la veille.

Elle ne parut pas surprise de le trouver là.

— Une bière ?

Tanner refusa d'un signe de tête.

— Pas ce soir, merci.

Crystal mit de l'eau à chauffer puis s'assit à côté de Tanner. Elle posa un coude sur la table et mit son menton dans sa main.

— Tu as l'air bien sérieux.

Il brûlait de l'embrasser. A en devenir fou. Au lieu de cela, il se laissa aller contre le dossier de sa chaise pour fuir la tentation de la toucher.

— Tu te sens mieux ? éluda-t-il.

— Si la question est : vas-tu vomir ton repas sur moi ? Je te rassure, la réponse est non. Tu peux te détendre.

— Bien, dit-il d'une voix qui lui parut bourrue.

Elle l'avait ensorcelé. Depuis le premier jour. Il avait bien cherché à se persuader que leur relation était purement physique mais maintenant, avec le bébé qui allait venir...

Il éprouvait un besoin irrépressible de prendre soin d'elle, de la vouloir à l'abri. De lui faire une place dans sa vie. Une place permanente.

Tout ce qui, jusque-là, lui avait fichu une trouille bleue.

Elle était semblable à un papillon, si belle, si légère, mais comme eux, voletant çà et là sans se poser vraiment. La femme fiable et solide qu'il avait imaginée comme épouse était bien loin de celle-là ! Il en avait conscience.

Mais il ne pouvait plus faire marche arrière. Crystal allait devenir la mère de son enfant et cela les liait pour la vie. Il voulait juste lui faire prendre conscience de cette réalité. Pour cela, il lui faudrait faire preuve de patience, la laisser venir à lui, décider elle-même de ce qu'il voulait lui faire faire.

— Tanner...

— Oui ?

Comme lui, elle s'était renfoncée sur sa chaise, se tenant le plus loin possible de lui.

— Tu as l'air si grave ce soir ! Quelque chose ne va pas ?

Il haussa les épaules, feignant une désinvolture qu'il était loin de ressentir.

— Pas du tout.

Crystal s'éclaircit nerveusement la gorge.

— Tant mieux.

— DeDe s'est mieux comportée ce soir, n'est-ce pas ?

Les yeux noisette de la jeune femme se mirent à pétiller de fierté.

— Oui. J'ose même dire que j'ai fait des progrès.

— C'est vrai, tu t'es bien débrouillée.

— Nous allons peut-être enfin connaître la paix ! dit-elle avec une pointe de sarcasme avant d'aller chercher d'un pas léger son mug préféré.

Elle prit la boîte en aluminium qui contenait le thé, en sortit un sachet rond puis extirpa du placard une cuillère et le pot de miel.

Tanner la regardait faire, songeant au travail qu'il lui avait proposé, à la demande en mariage qu'il entendait bien finir par lui faire accepter, et peu importait le temps qu'il lui faudrait. A sa famille.

« Sa famille, les Cunningham, qui vivait à Roseville. »

Elle ne lui avait pas tout dit. Au fil du temps, et s'il faisait preuve de patience, peut-être lui révélerait-elle ce profond secret qu'elle avait gardé pour elle la nuit précédente.

Mais peut-être aussi ne lui livrerait-elle pas le pire, la raison qui l'avait poussée à fuir, à changer de nom, à ne jamais revenir. Jusqu'à maintenant.

Enfin, pas tout à fait, si l'on tenait compte du fait qu'elle se trouvait à Sacramento, et qu'il lui faudrait effectuer la cinquantaine de kilomètres qui la séparait de ses parents si elle voulait les revoir.

Quelque chose clochait, il le savait. Aussi odieux qu'aient pu être ses parents, ils avaient au moins le mérite d'avoir été présents, de lui avoir offert un toit, d'avoir fait de leur mieux pour leur fille. C'était sacrément mieux que ce à quoi lui et ses sœurs avaient eu droit !

Comme la veille, la bouilloire se mit à siffler, interrompant le fil de ses pensées. Il regarda Crystal verser l'eau bouillante dans sa tasse.

Depuis le jour où elle avait débarqué dans cette ville il n'avait eu de cesse de vouloir fouiller dans son passé. Il avait renoncé, obéissant à Kelly qui lui avait tiré la promesse de ne pas fourrer son nez dans la vie privée de sa meilleure amie.

Mais aujourd'hui, les choses étaient différentes. Il allait être père et il était de son devoir de donner à son enfant tout ce dont il avait été cruellement privé. Faire la lumière sur un pan secret de la vie de Crystal ne pourrait que l'aider à mieux la comprendre et, de ce fait, à leur donner toutes les chances de former une vraie famille.

Crystal prit sa tasse et vint s'asseoir à côté de lui.

— Tu m'observes, pointa-t-elle en lui coulant un regard en biais.

— Désolé, s'excusa Tanner en détournant le regard.

— Dis-moi ce qui te préoccupe, Tanner. S'il te plaît. Ce suspense me tue, ajouta-t-elle en souriant.

Elle avait parlé d'un ton léger, un brin taquin, qui laissait penser à Tanner qu'ils avaient parcouru pas mal de chemin depuis ces dernières vingt-quatre heures.

Il se détendit un peu. Rome ne s'était pas faite en un jour, après tout.

— Tu as été malade aujourd'hui…

Les sourcils de la jeune femme se froncèrent, exprimant une vive sollicitude.

— Oh, Tanner, non, ne me dis pas que tu t'inquiètes !

Elle lança un regard en direction de la porte pour s'assurer que DeDe ne traînait pas dans les parages et expliqua à voix basse :

— Ces nausées sont tout à fait normales à ce stade de la grossesse.

— Je sais. Kelly a vécu ça quand elle était enceinte. Les trois premiers mois, elle ne pouvait rien avaler avant midi, à part des biscuits apéritif et de l'eau.

— Et ensuite, elle dévorait n'importe quoi ! Je me trompe ?

— Non.

— Tu vois, tu n'as aucune raison de t'inquiéter.

— Peut-être, mais je pensais à quelque chose...

— Je crains le pire.

— Je suis sérieux. Il faudrait que tu voies un médecin.

Crystal se redressa sur sa chaise.

— Justement je dois en voir un, mardi. J'ai fait faire des analyses et je dois aller chercher les résultats.

— Bénéficies-tu d'une assurance maladie ?

— Oui. En outre, j'ai une bonne mutuelle dont je vais étendre la garantie jusqu'à ce que je trouve autre chose. Le problème est là, en fait. Accepteront-ils de prendre en charge les frais d'une grossesse antérieure à la signature d'un nouveau contrat ?

— Quoi qu'il en soit, je suis là pour t'aider.

— Je sais, dit Crystal d'une voix infiniment douce.

La tendresse de sa voix, de son regard, le fit fondre. Il emprisonna son poignet de sa grande main rassurante. Il sentait naître en lui un besoin primaire de la protéger.

— A quelle heure ? s'enquit-il à brûle-pourpoint.

— Je... de quoi parles-tu ?

En réponse, il prit sa main et pressa ses lèvres sur la peau fine de son poignet, là où un réseau de petites veines bleues palpitaient à la surface.

— Ton rendez-vous avec le médecin. A quelle heure est-il prévu ?

Crystal porta sa main contre sa poitrine, comme si le baiser de Tanner y avait imprimé une brûlure.

— Heu... 10 h 30.

— Laisse-moi t'accompagner.

— Ce n'est pas la peine, Tanner. Je t'assure.

— Je *veux* t'accompagner.

— Tanner...

— Dis oui. S'il te plaît.

Crystal réfléchit un instant, finit par céder.

La journée du lundi s'écoula, miraculeusement calme.

DeDe n'avait pas fait un seul caprice.

Elle était allée à l'école puis à son cours de danse, était rentrée à la maison, avait fait ses devoirs, pris son bain, mis le couvert, dîné, et était allée se coucher sans manifester la moindre hostilité à l'égard de Crystal.

Tanner travaillant ce soir-là, la jeune femme s'était retirée dans sa chambre pour boire sa sacro-sainte tasse de thé. Confortablement allongée dans son lit, elle regardait d'un œil distrait les images qui défilaient sur l'écran de son téléviseur tout en parcourant aussi distraitement la rubrique « offres d'emplois » d'un quotidien.

Elle repensa aux nombreuses recherches qu'elle avait effectuées ce jour-là. Elle avait passé plusieurs coups de fil puis avait mis la journée à profit pour aller s'inscrire dans deux agences d'emplois intérimaires.

Elle avait réussi à décrocher un rendez-vous pour la semaine suivante, dans un cabinet d'avocats qui venait d'ouvrir et recherchait une assistante. La perspective de répondre au téléphone et de taper des courriers toute la journée n'était pas follement excitante mais elle n'avait pas vraiment le choix.

A ce point de sa réflexion elle avait dû s'assoupir car elle sursauta violemment aux coups discrets que l'on frappait à sa porte.

Elle se redressa contre ses oreillers et lança d'une voix pâteuse :

— Oui ?

Tanner passa la tête par la porte, remarqua tout de suite ses cheveux emmêlés, ses paupières lourdes de sommeil.

— Désolé. J'ai vu de la lumière et j'ai entendu la télé, dit-il, s'apprêtant à s'éclipser.

— Attends !

Elle avait parlé sans prendre le temps de réaliser le danger qu'elle courait à l'inviter ainsi à pénétrer dans sa chambre au beau milieu de la nuit. Mais quel mal y avait-il à passer juste quelques minutes avec lui ?

Il ne se fit pas prier. Il entra et alla sagement s'asseoir à côté d'elle, au bord du lit. Les pages du journal bruissèrent sous son poids.

— Ces petites annonces ont l'air de t'intéresser, la taquina-t-il.

— Mmm.

— Oublie ça, Crystal. Viens travailler pour moi.

— Je jetais juste un coup d'œil sur le marché du travail.

— Mauvaise idée. Et, parfaitement inutile.

Comme toujours, elle le trouva terriblement attirant. Il émanait de lui une odeur subtile d'air frais nocturne qui la fit frissonner.

— Tu as passé la soirée, planqué dans des buissons, à filer un mari infidèle ? demanda-t-elle en souriant.

— Top secret, éluda-t-il.

— J'imagine.

— Tu as raison, admit-il en haussant les épaules. J'étais bien planqué dans des buissons en train de prendre des photos extrêmement compromettantes. Comment as-tu deviné ?

— Tu sens le géranium. Et l'herbe fraîche.

Il prit la télécommande, la pointa en direction de l'écran.

— Tu regardais la télé ?

Il attendit qu'elle lui fasse signe que non pour presser le bouton « arrêt. »

— DeDe a passé toute la soirée sans faire une crise ?

— Oui, répondit Crystal qui ne pouvait détacher le regard des lèvres sensuelles de Tanner. Elle brûlait de sentir leur contact sur les siennes.

Lorsqu'il parla, sa voix avait des intonations rauques et merveilleusement intimes.

— Tu ne devrais pas me regarder comme ça. A moins de me demander d'aller verrouiller ta porte, de me déshabiller...

Elle se déroba en fermant les yeux.

— Tu as raison. Je ne devrais pas. Je suis désolée...

Elle sentit la bouche de Tanner effleurer la sienne. Dans un geste machinal, sa main se leva pour se poser sur sa nuque puissante.

Tanner s'écarta le premier. Elle ouvrit les yeux à contrecœur.

— Tu vois cette chaise, dans l'angle ? lui dit-elle.

Il y jeta un coup d'œil par-dessus son épaule.

— Elle est trop loin.

— Va t'asseoir, le pria Crystal. S'il te plaît.

— Tu es sûre ?

— Certaine.

Elle le regarda se lever, brûlant de le retenir. Puis s'installer confortablement et étendre devant lui ses longues jambes.

— Bon. Et maintenant ?

— Nous pouvons reprendre notre discussion normalement.

— Très bien.

Il marqua une pause, semblant réfléchir intensément à ce qu'il allait dire.

— Puisque tu persistes à consulter les petites annonces malgré le fait que je t'ai proposé un travail, dois-je comprendre que tu vas refuser ma proposition ?

Une vague de tendresse la submergea. Il était si beau, si sexy, si... gentil.

Oui, il était vraiment adorable avec elle. Elle savait que, quoi qu'il arrive, il serait à ses côtés. Et aux côtés de leur enfant.

Jusque-là, elle avait toujours agi par impulsion, fonçant tête baissée sans vraiment réfléchir. Mais à présent qu'il y avait Tanner Bravo dans sa vie...

Chaque jour qui passait la confortait un peu plus dans la certitude qu'elle n'aurait pu choisir un meilleur père pour son bébé.

— Continue à me regarder de cette façon, la menaça Tanner, et je te jure que je me retrouve dans ce lit en moins de temps qu'il n'en faut pour le dire.

Impassible, elle plia le journal en deux, puis encore en deux, et le mit à l'écart.

— Compte tenu de ce que le marché du travail a à m'offrir, je crois que je vais accepter ta proposition.

Les yeux sombres de Tanner virèrent au noir.

— Marché conclu. Je t'engage.

La matinée du lendemain se passa sans incident. DeDe se montra aimable et enjouée. Crystal nourrissait le secret espoir que DeDe la diablesse avait disparu à jamais pour céder la place à l'adorable Deirdre.

Tanner attendit que la petite fille soit partie pour l'école pour entraîner Crystal dans sa chambre. Là, il lui donna un trousseau de clés et une feuille de papier, à l'en-tête de sa société, sur laquelle figuraient les quatre chiffres d'un code secret.

— Ce bureau est désormais ton royaume, lui annonça-t-il d'une voix faussement solennelle. Tu te rappelles comment t'y rendre ?

Elle lui adressa un sourire éblouissant.

— Comment pourrais-je oublier ?

Il lui tendit ensuite un chèque de mille deux cents dollars qu'elle s'empressa de refuser.

— Il n'y a aucune raison pour que tu me fasses une telle avance, protesta-t-elle en croisant les bras sur sa poitrine.

— Si, il y en a une, insista Tanner. Tu as besoin de cet argent. Par ailleurs, c'est de l'argent bien placé, je sais que tu vas faire du bon travail.

— Mais je...

— Pas de « mais » qui tienne. Prends ce chèque.

Pourquoi pas ? songea-t-elle. Après tout, il avait raison, elle allait faire du bon boulot. Et qu'il la paie maintenant ou plus tard, le montant serait le même. Elle tendit la main vers le chèque.

— C'est bien la première fois que je tombe sur une femme aussi intègre en matière d'argent, l'entendit-elle marmonner.

— Est-ce un reproche ? demanda-t-elle en glissant le bout de papier dans une poche.

Elle irait le déposer à la banque cet après-midi même.

— Non, c'est juste que tu as tellement l'habitude de prendre la vie comme elle vient...

— ... que je prends l'argent de la même façon ? termina-t-elle en riant.

— Pourquoi pas, après tout ?

— Trop dangereux de refuser, expliqua-t-elle. Et puis, je n'aime pas avoir des dettes. Elles empêchent les bons sentiments et l'énergie positive.

Elle le vit consulter sa montre, dotée d'un large bracelet en cuir noir et de toutes sortes de boutons compliqués.

— Encore deux heures avant le rendez-vous chez le médecin.

— Cela me laisse le temps de passer au bureau et de prendre des mesures pour les rideaux.

— Parce que tu comptes mettre des rideaux ? marmonna Tanner.

— Détends-toi. Je vais choisir quelque chose de très masculin, je te le promets. Et puis il nous faut aussi quelques coussins dans une autre couleur que ce marron affreux. Ah ! et aussi une plante verte, un ficus, peut-être.

— Un ficus..., répéta Tanner qui secoua la tête, consterné.

— Je prendrai ce qu'il y a de moins cher, tu verras. Et puis, ne t'inquiète pas, j'ai bien compris que la décoration n'était pas l'essence même de ce boulot.

— Parfait.

— J'aurai besoin d'un ordinateur aussi.

— Tu pourras utiliser celui du bureau. J'ai un portable à la maison.

— Très bien. J'en profiterai aussi pour voir s'il ne vaut pas mieux changer les meubles de rangements de place.

— Et tu comptes faire tout cela en l'espace de deux heures ? la taquina Tanner.

— Non, mais je peux déjà commencer. Et lorsque tu pourras me consacrer un peu de temps, j'aimerais que tu me montres ta comptabilité et les programmes que tu utilises. Il faut absolument que je sois opérationnelle d'ici à la fin de la semaine, tu comprends ?

— J'en suis fatigué d'avance.

La remarque de Tanner la fit sourire.

— Veux-tu que nous nous retrouvions au bureau à 10 heures ? Nous nous rendrons chez le gynécologue ensemble.

— Je n'ai rien d'important avant cet après-midi. Je pourrais t'accompagner au bureau. Comme cela, si tu as des questions à me poser tu m'auras sous la main.

— Bonne idée. Mais je vais quand même prendre ma voiture. Je te suis.

Elle se dirigeait vers la porte d'un pas ferme, impatiente de commencer cette nouvelle vie qui s'offrait à elle, lorsque Tanner l'agrippa par le bras, l'empêchant d'aller plus loin.

— Attends un peu...

Il l'attira à lui, la serra contre son cœur.

Elle sentit son pouls s'accélérer, ses jambes faiblir délicieusement sous elle. Elle plongea dans le regard sombre de Tanner.

— Allons-y, nous n'avons pas de temps à perdre.

En réponse, Tanner posa ses lèvres sur celles de la jeune femme.

— Tanner, je suis sérieuse, dit-elle en le repoussant gentiment. Nous devons y aller.

Une fois au bureau, ils prirent les mesures pour les rideaux, changèrent l'ordinateur de place, passèrent commande d'une fontaine à eau. Puis Tanner utilisa le temps qu'il leur restait à lui montrer une partie de sa comptabilité.

C'est ainsi qu'elle apprit qu'il avait bâti sa société au fil des ans et s'était fait connaître uniquement par le bouche-à-oreille. A ce jour, son affaire tournait si bien qu'il ne parvenait plus à faire face à une clientèle toujours croissante. Il faisait donc régulièrement appel à un détective indépendant avec qui il sous-traitait certains de ses contrats.

Elle émit un sifflement admiratif.

— Je suis drôlement impressionnée ! Tu dois avoir un joli bas de laine, dis-moi !

— Je ne peux le nier. Mais déposer le bilan n'a jamais fait partie de mes projets.

— Ce n'est pas bien de te moquer de la mère de ton enfant, feignit-elle de s'offusquer.

— Je ne me moque pas, je te taquine juste un peu, lui dit-il de cette voix grave qui l'envoûtait.

En plongeant de nouveau dans son regard, elle eut conscience d'une sorte de déclic, de quelque chose de nouveau qui se produisait en elle.

Elle était amoureuse de lui.

Amoureuse de Tanner.

Elle venait de réaliser que ce qu'elle ressentait pour lui allait bien au-delà d'une simple attirance physique, bien au-delà du fait qu'elle portait son enfant.

Que lui arrivait-il donc ? Elle avait toujours cru, en toute honnêteté, qu'elle n'était pas faite pour ce genre de vie bien rangée. Elle chérissait tant sa liberté et son indépendance !

Mais les choses avaient changé. Elle était enceinte. Allait avoir cet enfant. Peut-être était-ce naturel de vouloir, tout à coup, envisager la possibilité de changer de vie ?

Passer sa vie avec Tanner.

Quelle serait la prochaine étape ?

L'amour.

La réponse lui était venue spontanément. Evidente. Etait-ce possible ? Vraiment ?

Tanner et elle s'étaient pourtant montrés si prudents jusque-là, se gardant bien de prononcer des mots qui, s'ils l'avaient été, auraient signifié un engagement que manifestement ni elle ni lui ne souhaitaient. Il ne lui avait jamais dit qu'il l'aimait, même après avoir évoqué l'idée d'un mariage entre eux.

Elle aimait Tanner.

Seigneur ! Elle allait avoir son enfant. Et maintenant...

8

Au cabinet du Dr Louise Daniel, Tanner resta patiemment assis à côté de Crystal tandis que celle-ci remplissait des pages d'un dossier médical sans fin. Comme toujours lorsqu'elle devait remplir un questionnaire de santé, un sentiment de culpabilité l'étreignit.

L'histoire se répétait, ou plutôt, l'histoire de cette pauvre Martha Cunningham. Elle ne dirait la vérité au Dr Daniel que si cela s'avérait nécessaire, que si la santé de son enfant était en jeu.

Elle remplit donc cette partie du questionnaire d'une main ferme. Elle coula un regard en biais à l'homme splendide qui se trouvait à ses côtés. Occupé à feuilleter un vieil exemplaire du Times, il ne voyait pas son regard posé sur lui.

Elle l'aimait.

De nouveau, les mots s'imposaient à elle.

Mais l'amour impliquait la confiance. Si les choses se déroulaient comme Tanner et elle l'avaient prévu, elle devrait lui raconter la fin de cette triste histoire. Cette pensée lui révulsa l'estomac. Les vieilles douleurs réapparurent, vivaces, les questions restées sans réponses affluant comme les eaux vives d'un torrent.

Elle tenta de refouler cette vague de tristesse qui venait de la submerger en reportant toute son attention sur la fin de son formulaire.

— Après l'examen, tu dois t'entretenir avec ton médecin, n'est-ce pas ? s'enquit Tanner après qu'une infirmière eut appelé la jeune femme.

— Je crois. Pourquoi ? Tu veux te joindre à nous ?

— Oui.

— Je demanderai que l'on vienne te chercher, promit Crystal qui ressentit une pointe douloureuse au creux du ventre.

Elle ne se sentait pas la force de lui révéler cette partie sordide de sa vie. Pas encore. Elle devrait bien pourtant. Le médecin allait reconnaître les signes.

— A quelle heure aura lieu l'entretien ? s'entendit-elle demander d'une voix blanche.

— Juste après l'examen, répondit l'infirmière.

— Le père de mon enfant m'a accompagnée. Il s'appelle Tanner Bravo. Il souhaite y assister.

— Pas de problème. Nous l'enverrons chercher.

Voilà. Tanner allait savoir ce que le médecin aurait à dire.

Une fois la visite effectuée, le Dr Daniel consulta la fiche de Crystal.

— Première grossesse..., lut-elle à haute voix.

Elle garda le silence. Elle resta assise sur la table d'examen, redoutant la question qui n'allait pas manquer de suivre.

Et qui, pourtant, ne vint pas.

La main douce que le médecin venait de poser sur son épaule la tira de ses pensées.

— Allez vous rhabiller. Nous nous retrouvons dans mon bureau.

Tanner la rejoignit dans la petite pièce accueillante. Tous deux prirent place dans des sièges qui faisaient face à un bureau en merisier. Les murs étaient recouverts de photos de parents exhibant fièrement de beaux bébés joufflus, probablement mis au monde par le Dr Daniel.

Tanner lui prit la main.

— Tout va bien ?

— Super, souffla-t-elle, le cœur soudain léger.

Si seulement elle avait rencontré un homme comme lui, avant !

Mais cela n'avait pas été le cas. Loin de là !

— Tu as l'air... préoccupée, insista Tanner. Tu es sûre que tout va bien ?

Elle porta la main de Tanner à ses lèvres et embrassa son poignet recouvert de poils doux.

— Oui, ne t'inquiète pas.

Le Dr Daniel fit soudain irruption dans la pièce, serrant contre elle une pile de papiers. Elle se présenta à Tanner puis alla s'asseoir derrière son bureau.

— Eh bien, c'est officiel, annonça-t-elle en adressant à Crystal un sourire rayonnant. Vous êtes enceinte de trois semaines. Tout est parfait, vous devriez accoucher le 14 décembre.

« Un Sagittaire », songea-t-elle.

Diplomate, spirituel, honnête, optimiste...

Un sourire satisfait vint fleurir sur ses lèvres. Bien sûr, il suffirait de quelques jours de retard sur la date prévue pour qu'il naisse sous le signe du Capricorne. Pas mal non plus : courageux, gentil, attentionné.

Mais peu lui importait. Son enfant serait le plus beau du monde. Elle l'aimerait. Elle lui apprendrait à aimer la vie.

Elle revint sur terre, écoutant d'une oreille distraite les recommandations habituelles d'une gynécologue à ses patientes : suivre un régime équilibré composé de fruits et légumes frais, dormir beaucoup, faire peu d'exercice. Elle lui confirma que ses nausées matinales étaient normales, de même que son envie fréquente d'uriner et ses seins douloureusement tendus. Elle conclut en lui assurant que les résultats sanguins qu'elle avait reçus étaient parfaits et qu'elle la reverrait dans un mois.

— L'un de vous a-t-il des questions à me poser ? demanda-t-elle en tendant à Crystal l'ordonnance sur laquelle elle avait prescrit une liste de vitamines.

— Non, du moment que vous nous assurez que Crystal et le bébé se portent bien, avança Tanner.

— C'est exactement ce que je vous ai dit, insista le Dr Daniel.

Puis, se tournant vers Crystal, elle ajouta :

— Suivez bien mes recommandations, évitez toute source de stress et vous verrez, le 14 décembre vous donnerez naissance à un beau bébé en parfaite santé.

Dix minutes plus tard, ils reprenaient le chemin du bureau. Crystal éprouvait un vif soulagement à l'idée que sa grossesse se passait bien mais aussi que si le Dr Daniel avait découvert la vérité, elle n'avait pas jugé nécessaire d'en faire mention.

Parfait. Cela lui laissait le temps, jusqu'au prochain rendez-vous, de révéler à Tanner la partie la plus difficile de son histoire et qu'elle n'avait jamais confiée à personne.

Ils s'arrêtèrent pour prendre des sandwichs qu'ils mangèrent au bureau puis Tanner partit à un rendez-vous tandis qu'elle allait déposer son chèque à la banque. Elle se rendit ensuite dans un magasin de décoration pour acheter des coussins et du tissu.

La mère d'Alicia Dean récupérant DeDe en même temps que sa fille pour les emmener à leur cours de claquettes, elle était libre jusqu'à 17 heures. Elle en profita pour se rendre dans une pépinière acheter des plantes qu'elle plaça dans l'espace consacré à l'accueil.

Le temps de passer chez Raley faire quelques courses et elle était de retour à la maison à 16 h 45. Elle réfléchissait au menu du soir lorsque le téléphone sonna.

— Allô ? dit-elle après avoir décroché le téléphone sans fil.

— Bonjour. Etes-vous Crystal ? s'enquit une voix où perçait de la nervosité ou peut-être de la crainte, Crystal n'aurait su le dire. C'est bien vous qui vous occupez de DeDe durant l'absence de ses parents ?

— Tout à fait.

— Je suis Betty Carroll.

Ce nom lui était familier. Elle alla vérifier sur la liste des numéros de téléphone laissée par Kelly.

— Ah oui ! La maman de Lindsay. Bien sûr. C'est vous qui devez ramener DeDe à la maison aujourd'hui.

Elle entendit Betty Carroll s'éclaircir la gorge à l'autre bout du fil.

— C'est cela. Crystal, il y a un problème.

Crystal sentit sa bouche devenir sèche.

— Qu'y a-t-il ?

— Eh bien, toutes les filles que je dois ramener sont là, prêtes à partir. Sauf Deirdre. Les filles ont cherché partout, au studio, dans la rue. Elles ne l'ont trouvée nulle part. Personne ne sait où elle est. Elle a juste disparu.

9

Les jambes flageolantes, Crystal parvint, tant bien que mal, à aller s'asseoir dans un fauteuil.

Cisco, semblant avoir compris la détresse de la jeune femme, se leva de l'endroit où il se trouvait pour aller s'asseoir à côté d'elle. Elle lui tapota distraitement la tête, cherchant à rassembler ses esprits.

DeDe avait disparu.

C'était impossible.

Elle mit toute son énergie à chasser les pensées horribles qui lui traversaient l'esprit et à tenter de poser les bonnes questions à la mère pétrie d'angoisse qui attendait à l'autre bout du fil.

— Les filles ont-elles vérifié dans les vestiaires ? DeDe n'attend-elle pas tout simplement dans la voiture ? demanda-t-elle d'une voix qu'elle voulait assurée.

— Nous avons cherché dans les moindres recoins. *Partout*, je vous dis.

— Qu'a dit la dame qui assure l'accueil ?

— Qu'elle n'avait vu personne sortir.

— Et le professeur de claquettes ?

— Même chose. Elle ne l'a pas revue depuis qu'elle a quitté le cours.

Une vague de panique submergea Crystal.

— Et les filles ? insista Crystal. Ont-elles senti quelque chose d'anormal dans le comportement de DeDe ?

Un silence, puis :

— Je ne sais pas, je ne leur ai pas posé la question. Je vais leur parler.

— Merci. Pouvez-vous rester au studio encore quinze minutes ? Le temps que j'arrive.

— Bien sûr, je ne bouge pas d'ici.

— Notez mon numéro au cas où DeDe réapparaîtrait.

Crystal raccrocha, attrapa son sac à main, son portable et se rua vers la porte d'entrée. Elle était en train de composer le numéro de Tanner lorsqu'elle vit la Mustang noire remonter l'allée qui menait à la maison. Il s'arrêta à la hauteur de sa voiture, baissa sa vitre.

— Qu'y a-t-il ? Tu es blanche comme un linge, dit-il, en notant la pâleur extrême de la jeune femme.

— Dieu merci, te voilà !

— C'est le bébé ?

— Non, non il va bien. Tanner nous devons partir, vite !

— Où ? demanda Tanner que l'angoisse manifeste de Crystal ne rassurait pas. Tu te sens mal ?

— Non, ce n'est pas le bébé, répéta-t-elle en sortant de sa voiture pour aller prendre place dans celle de Tanner.

— Crystal, je t'en prie, qu'y a-t-il ?

— C'est DeDe, répondit-elle en bouclant sa ceinture de sécurité. La maman de Lindsay est venue au studio la récupérer pour la ramener à la maison mais elle a disparu. Personne ne l'a revue depuis la fin du cours.

Elle lui donna les maigres informations qu'elle avait durant le trajet qui les menait au studio.

Une jeune femme brune entourée de quatre gamines apeurées attendait dans l'entrée lorsque Tanner et Crystal y pénétrèrent.

— Crystal ? s'enquit Betty sitôt qu'elle vit la jeune femme.

— Oui. Et voici Tanner, l'oncle de DeDe.

Betty le salua d'un signe de tête.

— Elle n'a donné aucun signe de vie, les informa-t-elle avant d'appeler l'une des petites qui répondait au nom de Devon Marie.

Celle-ci s'approcha timidement des trois adultes.

— Je suis désolée. Tellement désolée ! Mais je ne pensais pas...

Betty posa une main rassurante sur l'épaule frêle de la gamine.

— Marie, voici l'oncle de DeDe, Tanner, et Crystal.

— Je les connais, dit la petite. Bonjour, ajouta-t-elle sans parvenir à sourire.

— Tu dois leur dire ce que tu m'as confié, la pressa Betty.

Des larmes se mirent à couler sur les joues de l'enfant.

— Je ne voulais pas la blesser, commença-t-elle en hoquetant. Je voulais juste...

— Devon Marie, dis-nous juste ce qui s'est passé, l'encouragea Tanner avec douceur.

— Je... d'accord.

— Vas-y, l'encouragea à son tour Crystal. S'il te plaît.

— C'était juste après le cours, commença la petite. On allait dans les vestiaires pour récupérer nos affaires et changer de chaussures. Je parlais de notre nouvelle piscine et j'ai dit qu'elle serait terminée le 4 juillet et que j'aimerais bien donner une fête ce jour-là. C'est là que DeDe a dit qu'elle avait l'intention d'en faire une à la même date et qu'il fallait que je change mes plans.

Devon Marie s'interrompit pour renifler et essuyer du revers de la main les larmes qui coulaient toujours sur ses joues rebondies.

Betty lui tendit un mouchoir que la fillette roula en boule avant d'essuyer ses joues.

— Continue, ma chérie. Tout va bien.

— Je... j'ai voulu faire enrager DeDe alors je lui ai dit : « de toute façon tu auras déménagé le 4 juillet alors qu'est-ce que ça peut te faire ? » DeDe n'a rien dit mais elle est devenue toute rouge et elle est partie aux toilettes en claquant la porte. Je voulais la rejoindre pour aller m'excuser...

Elle s'interrompit de nouveau pour jeter un coup d'œil par-dessus son épaule, en direction de ses petites camarades.

Mia Lu, une petite Asiatique toute menue aux cheveux raides comme des baguettes de tambour, prit la parole à sa place.

— Elle voulait *vraiment* y aller mais je lui ai dit d'attendre un peu, que peut-être dans quelques minutes DeDe serait moins en colère.

Devon Marie étouffa un nouveau sanglot et poursuivit :

— Nous sommes parties l'attendre dans les vestiaires. C'est ma faute ! J'aurais dû aller la retrouver et m'excuser...

— Allons, trésor, ne pleure pas, lui dit Betty.

Crystal, à son tour, tenta de la calmer.

— C'est normal que des copines se disputent, lui expliqua-t-elle. Ne t'inquiète pas, nous allons la retrouver.

Mon Dieu, implora-t-elle en silence, faites que nous la retrouvions.

— Et vous aurez tout le temps de vous réconcilier. D'accord ?

Devon Marie opina d'un hochement de tête qui fit danser ses boucles brunes.

— D'accord.

— Que pouvons-nous faire ? s'enquit Betty.

— Ramenez les petites chez elles, répondit Tanner.

— Nous vous appellerons dès qu'il y aura du nouveau, promit Crystal.

Une fois Betty et les filles parties, Tanner alla parler à la secrétaire qui lui apprit qu'il existait une issue de secours qui sonnait si on l'empruntait. Elle se souvint d'avoir quitté le bureau de réception un court instant, juste au moment où le cours venait de s'achever et qu'il n'était pas exclu que DeDe ait pu passer sans qu'elle la voie.

— Nous allons jeter un coup d'œil, décréta Tanner en entraînant Crystal à sa suite.

Ensemble, ils marchèrent sur les pas de DeDe, inspectant le rez-de-chaussée puis l'étage où se trouvaient les salles de cours. Ils ouvrirent toutes les portes, donnèrent une description précise de la petite fille à toutes les personnes qu'ils croisèrent, leur demandant s'ils l'avaient vue au cours des quarante-cinq minutes qui venaient de s'écouler.

Personne n'avait remarqué de petite fille correspondant à ce signalement.

Tanner chargea ensuite Crystal de vérifier les toilettes mais elle n'y trouva rien laissant supposer le passage de DeDe. Dans les vestiaires, en revanche, elle trouva ses affaires de classe et ses chaussures de ville rangées dans son casier.

— Où qu'elle soit, dit Tanner après qu'elle l'eut rejoint, elle y est en chaussures de claquettes.

— Ce qui signifie qu'on devrait l'entendre marcher, en déduisit la jeune femme.

— A mon avis, elle a quitté le studio.

— Pourquoi ?

— Mon instinct. Pas terrible, j'en conviens, mais elle était furieuse après son amie. Elle a dû quitter les lieux sur le coup de la colère, sans même penser à prendre ses affaires.

L'anxiété révulsa l'estomac de Crystal. Elle avait bien besoin de ça ! Elle pressa une main sur son ventre, tenta de refouler la nausée qui montait en elle.

— Nous devrions prévenir Kelly et Mitch...

Tanner lui passa un bras autour des épaules.

— Pas encore. Nous allons d'abord nous assurer qu'elle n'a pas voulu regagner la maison à pied.

— Mais, Tanner, nous l'aurions vue !

— Il y a plusieurs façons de se rendre chez elle.

— Alors, dépêchons-nous ! dit Crystal.

— Inutile de nous précipiter. A pied, elle en a pour un bon bout de temps et puis, elle a sa propre clé, n'est-ce pas ?

Crystal laissa son numéro de portable à la réceptionniste qui lui promit de l'appeler si DeDe réapparaissait ou si quelqu'un avait des renseignements la concernant.

Durant vingt minutes, ils sillonnèrent au ralenti toutes les rues se trouvant aux alentours de l'Académie de Danse de Mme Arletty. A deux reprises, Crystal composa le numéro de la maison. Mais, à deux reprises, le téléphone sonna dans le vide.

Le cœur battant la chamade, les crises de nausées se rapprochant, elle priait en silence. *Je vous en prie, Mon Dieu, faites qu'il ne lui soit rien arrivé. Faites que nous la retrouvions saine et sauve.*

En vain. Ils ne virent nulle part trace d'une fillette en colère, martelant le sol de ses chaussures de danse.

Lorsque Tanner tourna la tête vers elle, elle lut sur son visage assombri les pensées qui lui traversaient l'esprit.

— Nous ne la retrouverons pas, n'est-ce pas ? lui demanda-t-elle d'une voix emplie d'angoisse.

Il répondit d'un signe de tête.

— Nous rentrons. Nous aviserons une fois là-bas.

Aviser ? Voulait-il dire par là appeler la police ? Prévenir Mitch et Kelly ? Oh, Seigneur ! Où était-elle ? « *Mon Dieu, je vous en prie, faites qu'il ne lui soit rien arrivé...* »

Elle tenta de refouler la boule d'angoisse qui s'était formée dans sa gorge.

— Oui, rentrons, articula-t-elle péniblement.

Tanner tourna une première fois à droite, puis à gauche, et se retrouva sur le trajet habituel, entre la maison de Kelly et l'école de danse. Le soleil commençait à décliner, le trafic était dense, rien n'indiquait que ce jour n'était pas comme les autres.

DeDe allait se retrouver seule dans la nuit. Peut-être allait-elle devoir affronter la foudre, les éclairs, des pluies torrentielles. Le temps était si instable au printemps !

Crystal regardait droit devant elle, s'appliquant à respirer profondément dans le but de ne pas avoir à demander à Tanner de s'arrêter. Ce n'était pas le moment d'être malade ! DeDe avait besoin d'eux, il fallait qu'ils la retrouvent.

Elle ferma les yeux, inspira un peu plus fort, se remit à prier. *Je vous en prie, faites qu'elle soit à la maison. Je vous en supplie !*

Lorsqu'elle rouvrit les yeux, sa prière était exaucée. C'était bien DeDe qui, à une centaine de mètres devant eux, en tenue de danse vert électrique et chaussures violette, marchait d'un pas vif sur le trottoir.

— Tanner ! C'est elle, là ! cria-t-elle en pointant la petite du doigt.

Tanner lança un juron et dans une manœuvre risquée gagna la voie de droite. En quelques secondes il était arrivé à la hauteur de DeDe. Crystal baissa sa vitre.

DeDe, nez au vent et lèvres pincées, ses chaussures cliquetant sur le trottoir, leur lança un regard nerveux. Lorsqu'elle vit qu'il s'agissait de Crystal et de Tanner, elle s'arrêta net et porta une main à sa bouche.

Puis elle fondit en larmes.

10

Crystal venait à peine de sortir de la voiture que la petite fille s'abattait contre elle, sanglotant de plus belle.

L'émotion les empêchait toutes deux de parler.

DeDe libérait son petit cœur mis à mal tandis que Crystal la serrait fort contre elle, submergée par un mélange intense de joie et de soulagement.

La crise de larmes de DeDe cessa aussi brutalement qu'elle avait commencé.

— J'ai laissé mes affaires, je suis partie, expliqua-t-elle sommairement.

Crystal désigna la banquette arrière d'un geste de la main.

— Ne t'inquiète pas pour tes affaires, nous les avons prises, dit-elle en rabattant son dossier pour laisser passer DeDe.

Puis, sans un mot, elle lui tendit un mouchoir en papier et boucla sa ceinture de sécurité.

Tanner se fraya habilement un passage dans le flux dense de la circulation.

Durant le trajet, Crystal passa un coup de fil à Betty puis à la réceptionniste, pour les rassurer.

Une fois à la maison, DeDe fila directement dans sa chambre.

Tanner et Crystal restèrent un moment immobiles dans l'entrée. Ils écoutèrent la porte se refermer, puis les griffes de

Cisco cliqueter sur le parquet tandis qu'il allait gémir devant la chambre de sa maîtresse. La porte s'ouvrit.

Puis le silence retomba.

Crystal alla se blottir contre Tanner qui l'enveloppa d'un bras protecteur. Elle laissa aller sa tête contre lui.

— C'est comme si je venais de vivre une terrible explosion, dit-elle.

— Oui, acquiesça Tanner en posant un baiser sur ses cheveux soyeux. Mes oreilles en bourdonnent encore.

— Et moi, j'ai les jambes en coton.

— Viens, lui intima-t-il doucement en la guidant vers sa chambre.

Elle poussa un soupir de soulagement et se laissa gracieusement tomber sur le lit.

— Et maintenant, que faisons-nous ? Crois-tu que nous devrions aller lui parler ?

Il approuva d'un hochement de tête.

— Pauvre petite...

Ensemble, ils se rendirent jusqu'à la chambre de DeDe.

— DeDe ? appela doucement Crystal.

La porte s'ouvrit instantanément sur le visage rougi de la fillette.

— S'il vous plaît. Est-ce que vous pouvez me laisser toute seule ?

— Trésor, plaida Crystal, nous devons parler de tout cela.

— C'était très dangereux de partir sur la route toute seule, comme ça, renchérit Tanner. Il aurait pu t'arriver n'importe quoi et tu nous as fichu une peur bleue ! Tu n'imagines même pas à quel point nous nous sommes inquiétés !

— S'il vous plaît, implora la petite fille d'une voix tremblante. Vous pouvez me laisser seule juste quelques minutes ?

— Non, répondit sèchement Tanner. Nous ne pouvons pas.

Des larmes se mirent à rouler sur les joues de DeDe mais elle ouvrit grand sa porte afin de laisser passer les adultes. Tanner alla se poster près de la fenêtre tandis que Crystal s'asseyait sur le lit. DeDe se laissa tomber à côté d'elle, tout en gardant ses distances.

— Je suis désolée, commença-t-elle. Je n'aurais pas dû. Mais j'étais tellement en colère et je...

Elle s'interrompit, semblant à court d'arguments.

— Nous devons prévenir tes parents, déclara Crystal. Il est très probable qu'ils vont écourter leur voyage pour rentrer à la maison.

DeDe laissa échapper un petit cri de détresse.

— Je ne veux pas gâcher leurs vacances. Vraiment ! J'ai été horrible avec eux avant leur départ et je m'en veux beaucoup. Je m'en veux pour tout, mais je... oh, je ne sais pas ! Je ne sais plus !

Elle releva sa petite frimousse ruisselant de larmes. Tanner alla chercher des mouchoirs en papier dans la boîte qui se trouvait sur la coiffeuse et les lui tendit. Elle se tamponna les yeux puis se moucha.

— Devon Marie vous a raconté pourquoi j'étais en colère ?

Crystal fit oui de la tête puis lui rapporta ce que la petite leur avait dit.

— C'est vraiment ainsi que les choses se sont passées ?

— Oui.

Puis secouant la tête, elle ajouta :

— Je... j'ai *toujours* fait une fête le 4 juillet et maintenant elle veut en faire une aussi. Et... et de toute façon, on aura peut-être déménagé...

Crystal était émue par le désespoir de la fillette et elle tendit la main dans sa direction.

— S'il vous plaît, répéta DeDe en feignant d'ignorer le geste de tendresse de la jeune femme, je peux rester seule maintenant ?

Crystal et Tanner se consultèrent du regard. Il répondit par un haussement d'épaules.

— Nous sommes là, répondit Crystal. Si tu as besoin de nous...

Ne sachant trop où aller, ils se rendirent dans la cuisine et s'assirent à table.

Crystal pressa ses doigts sur ses tempes douloureuses.

— Quelle heure est-il dans l'île paradisiaque où se trouvent Mitch et Kelly ? s'enquit-elle.

— 5 heures du matin, répondit Tanner après avoir consulté sa montre.

— Ils vont être assez bouleversés par cette nouvelle, ce n'est peut-être pas la peine de la leur annoncer à l'aube et alors qu'il est fort probable qu'ils dorment encore.

— Tu as raison, ça peut attendre quelques heures. Attendons qu'ils soient levés.

— Tu es sûr ?

— Oui. A moins que DeDe n'exprime le besoin de leur parler, il n'y a plus d'urgence.

— D'accord. Nous appellerons avant qu'elle n'aille se coucher.

Il croisa les doigts sur la table puis laissa échapper un petit rire sarcastique.

— Quoi ? voulut savoir Crystal.

— Quand je pense que j'ai eu la brillante idée de vouloir nous mettre à l'épreuve. Je voulais savoir ce que cela ferait de vivre comme un couple marié, avec un enfant à charge. Comment nous nous débrouillerions dans nos rôles de parents de substitution.

— Eh bien, nous ne nous débrouillons pas si mal, non ?

— Super ! répondit-il en levant le pouce, signe qu'il ne croyait pas un mot de ce qu'il disait.

— C'est difficile, certes, mais comme pour la plupart des parents, j'imagine.

Elle songea alors à son propre père ce que, pourtant, elle s'efforçait de ne jamais faire. Dickson Cunningham avait été un père terriblement sévère, rigide même, n'autorisant à sa fille aucune compromission. Elle avait fini par se persuader qu'elle le haïssait. Et qu'il la haïssait en retour.

Aujourd'hui, avec le recul et la maturité, elle ne pouvait s'empêcher de penser que l'adolescente rebelle et égoïste qu'elle était alors avait dû le décevoir. Et qu'il avait dû souffrir et s'inquiéter pour elle.

Tanner tendit la main vers elle et lui caressa la joue.

— Crystal ? Tu es toujours là ?

— J'étais en train de penser à mon père. Je le détestais. De toutes mes forces. Je voyais seulement qu'il ne me comprenait pas, qu'il voulait que je devienne quelqu'un que je ne serai jamais. Et comment il...

Elle laissa sa phrase en suspens.

— Oui ? dit Tanner qui souhaitait l'encourager à poursuivre.

Elle repensa à la promesse qu'elle s'était faite ce matin même dans le cabinet du Dr Daniel. Elle devait à Tanner la vérité. Toute la vérité. Le moment semblait venu de tenir sa promesse.

— Comment ton père… ? insista Tanner.

— Comment il me criait après sans arrêt.

— Et…

— C'est tout.

— Crystal, nous savons tous les deux que ce n'est pas tout.

En plongeant dans le regard sombre de Tanner, elle comprit qu'il savait qu'elle lui cachait quelque chose. Elle n'en fut pas surprise. C'était son métier, après tout. Il était payé pour percer le secret des gens, pour courir après des vérités.

Dommage qu'il ait à sonder *sa* vérité.

Elle finit par hausser négligemment les épaules.

— C'est exact. Il y a autre chose. Mais je ne me sens pas prête à t'en parler maintenant.

— Si je peux faire quelque chose…

Crystal posa un doigt sur ses lèvres, l'empêchant de poursuivre.

— Je sais. Et je t'en remercie. Mais pour l'heure nous avons déjà bien assez de soucis avec DeDe.

Le regard de Tanner se perdit au loin puis revint se poser sur Crystal.

— Tu as raison, décréta-t-il.

— Et jusqu'au coup de fil que nous passerons à Mitch et Kelly, je propose que nous suivions la routine habituelle. Dîner, devoirs.

— Cela me paraît raisonnable.

— Dois-tu ressortir pour ton travail ce soir ? s'enquit-elle.

— Oui, je dois finaliser quelques affaires en cours mais j'aimerais être là lorsque tu les appelleras.

— J'apprécierais que tu sois à mes côtés.

— J'y vais, annonça Tanner en se levant. Je serai de retour vers 20 heures.

Crystal s'affaira à la préparation du dîner puis alla chercher DeDe dans sa chambre.

— Comment te sens-tu ? lui demanda-t-elle gentiment.

— Ça va.

— Tu veux bien aller mettre le couvert ?

— Bien sûr.

Crystal sortit. Elle entendit DeDe et Cisco lui emboîter immédiatement le pas.

— Oncle Tanner sera là ? s'enquit DeDe lorsqu'elles furent dans la cuisine.

— Non, il a dû retourner travailler. Mets le couvert juste pour nous deux.

La petite s'exécuta docilement. Elle plaça deux sets sur la table, mit les assiettes dessus, plia en triangle deux serviettes en papier qu'elle coinça sous les fourchettes.

— Tu prendras du lait ? demanda-t-elle en sortant les verres.

— Oui, merci.

Elles s'assirent, déplièrent leurs serviettes sur leurs genoux.

— Crystal ? dit DeDe en prenant le saladier que lui tendait la jeune femme.

— Mmm ?

— Est-ce que je vais être privée de sortie ?

— A ton avis, crois-tu que tu le mérites ?

La gamine plissa le nez, semblant réfléchir intensément au problème.

— Je suppose que oui, lâcha-t-elle enfin. Combien de temps ?

— Je pense que c'est à tes parents de décider.

— Quand vas-tu leur téléphoner ?

— Avant que tu ailles te coucher.

— Tu crois qu'ils vont rentrer ?

— Le souhaites-tu ?

DeDe se mordit nerveusement les lèvres.

— Je... non. Non, je ne veux pas, ce ne serait pas juste.

— Trésor, honnêtement, je ne sais pas ce qu'ils vont décider. Je ne peux pas parler à leur place.

— Je sais...

— Allons, n'y pense plus. Sers-toi.

DeDe prit de la salade, quelques morceaux de poulet kebab et une cuillerée de riz. Elle allait porter sa fourchette à sa bouche, lorsqu'elle se ravisa :

— J'étais tellement furieuse après Devon Marie, commença-t-elle.

Je me suis cachée dans les toilettes et j'ai attendu en me disant que si elle me trouvait je lui dirais que je la déteste.

— Tu la détestes vraiment ? Tu détestes ton amie ?

— Elle a dit...

— Je sais ce qu'elle a dit, la coupa Crystal. Mais tu ne réponds pas à ma question. Détestes-tu ton amie ?

— Non, non, bien sûr. J'ai fait semblant. J'étais tellement en colère !

— Tout comme tu as dit à ton père que tu le détestais. Parce que tu étais furieuse.

DeDe lui lança un regard méfiant.

— Oui, et alors ?

— Que penses-tu de tout cela ?

L'enfant baissa les yeux sur le contenu de son assiette. Elle paraissait malheureuse.

— Ce n'est pas bien, admit-elle d'une petite voix.

— Il y a un vieux proverbe qui dit : « On ne peut ignorer la cloche qui sonne. » Sais-tu ce que cela veut dire ?

— Non, avoua DeDe qui gardait les yeux toujours obstinément baissés sur son assiette.

— Une cloche sonne, expliqua Crystal. Tu ne peux faire en sorte qu'elle n'ait jamais sonné, n'est-ce pas ? Eh bien c'est exactement pareil lorsqu'on dit quelque chose dans le but de blesser quelqu'un. On ne le pensait pas vraiment mais on l'a dit, on ne peut pas l'effacer.

— Comme lorsque je dis : « je te déteste » ?

— Exactement. Lorsqu'on dit à quelqu'un qu'on le déteste, il se souviendra toujours qu'on le lui a dit. On ne peut pas revenir dessus. Le seul moyen de le lui faire oublier c'est de lui assurer qu'on ne pensait pas ce qu'on disait et qu'on l'aime. Encore et encore.

— Mais je n'ai pas dit à Devon Marie que je la détestais ! Je me suis juste enfuie.

— Ce n'est pas une excuse. Tu t'es enfuie alors que tu devais rentrer à la maison avec Mme Carroll. Nous avons tous eu peur que quelque chose de terrible ne t'arrive. Cette pauvre Devon Marie pleurait comme une madeleine, elle se sentait responsable de ta disparition. Elle s'inquiétait vraiment pour toi. Crois-moi, aujourd'hui tu as fait sonner la cloche très fort.

Une larme roula sur la joue de DeDe.

— Crystal ?

— Oui ?

— On peut manger maintenant ?

— Absolument, dit Crystal en prenant sa fourchette.

Une fois le dîner achevé, DeDe s'apprêta à regagner sa chambre. Crystal qui estimait qu'elle avait passé assez de temps toute seule la retint.

— Tu veux bien rester un peu avec moi ? Pour me tenir compagnie.

— Mais je...

— DeDe, veux-tu appeler tes parents maintenant ?

— Non ! se récria la fillette qui, manifestement, redoutait leur réaction. Tu as dit que nous le ferions avant d'aller me coucher. Ce n'est pas encore l'heure.

— C'est exact mais, quelquefois, il vaut mieux se débarrasser rapidement des choses difficiles.

DeDe marqua son désaccord en se mordant les lèvres.

— Non, je préfère le faire avant d'aller me coucher. Tu veux bien, dis ? implora-t-elle d'une voix tremblante.

— D'accord, mais à une condition. Je veux que tu cesses de te cacher dans ta chambre. Va chercher un livre et viens avec moi dans le salon. Si tu préfères, nous pouvons juste regarder la télévision.

DeDe accepta sans même chercher à imposer Disney Channel, sa chaîne préférée.

Elles avaient vu la moitié d'un magazine d'actualités lorsque le téléphone sonna. C'était Tanner.

— J'ai un impératif de dernière minute. Je vais faire de mon mieux pour l'expédier très vite mais j'aurai environ une heure de retard.

— Nous n'appellerons pas Mitch et Kelly avant 21 h 30. J'aimerais vraiment que tu sois là lorsque nous le ferons.

— Tu peux compter sur moi. Comment DeDe se sent-elle ?

— Bien. Elle est là, avec moi. Nous regardons l'émission de Keith Olbermann.

— Parfait. J'allais justement te dire de ne pas la laisser se morfondre toute seule dans sa chambre.

Crystal coula un regard en biais à la fillette, sagement assise à côté d'elle.

— Tu veux lui parler ?

— Bien sûr.

— C'est Tanner, dit Crystal en passant le récepteur à DeDe.

Elle l'entendit répondre à son oncle par monosyllabes mais le ton était agréable, bien loin du ton hargneux sur lequel elle s'exprimait depuis plusieurs jours.

— Je t'aime aussi, dit-elle en rendant le téléphone à Crystal.

— Elle a l'air un peu mieux, tu ne trouves pas ? s'enquit Tanner.

— C'est aussi mon avis.

— Tu es certaine que je peux te laisser encore un peu seule avec elle ?

— Ne t'inquiète pas. Mais fais aussi vite que tu peux.

— Tu sais que tu peux compter sur moi.

En raccrochant, elle se félicita de la façon dont les choses se passaient entre eux, de la facilité avec laquelle elle acceptait de pouvoir compter sur lui, elle qui, jusque-là, n'avait jamais compté que sur elle-même.

« L'amour, songea-t-elle en souriant. Penser à l'autre avec tendresse, s'intéresser à ses problèmes, lui faire une totale confiance. Etait-ce cela l'amour ? »

Le bar de l'hôtel était calme à cette heure de la soirée. Tanner choisit une table en angle, d'où il pouvait surveiller l'entrée, et commanda un soda. Il le sirota lentement tout en fixant la porte.

Une femme apparut. Blonde. La cinquantaine. Vêtue d'un tailleur-pantalon marron assorti à ses chaussures. Elle regarda nerveusement autour d'elle, le bar, les tables...

Lorsque leurs regards se croisèrent, il lui fit un signe de la main.

Elle hocha la tête, parut se composer une attitude, puis se dirigea vers lui d'un pas ferme.

— Tanner ?

Il remarqua ses yeux noisette, les mêmes que ceux de Crystal mais sans la petite flamme qui pétillait dans le regard de cette dernière.

— Madame Cunningham, la salua Tanner en se levant, merci d'être venue.

11

Ann Cunningham commanda un soda au gingembre. Qu'elle ne toucha pas.

Elle demanda des nouvelles de sa fille d'une voix douce, empreinte de tristesse et de résignation.

— Elle va bien ?

— Oui. Très bien, même.

— Elle n'a pas de problèmes de... de drogue ?

— Aucun, répondit fermement Tanner qui avait du mal à imaginer la jeune femme en junkie. Elle qu'il n'avait jamais vue boire qu'un verre de vin par-ci par-là.

Il regarda la femme qui lui faisait face pousser un soupir de soulagement.

— Je m'inquiétais tant à ce sujet ! Vous savez, elle se droguait lorsqu'elle était adolescente. Ça... plus tout le reste...

— Tout le reste ?

Le regard d'Ann se fit méfiant.

— Oui, dit-elle.

Et ce fut tout. L'expression affichée indiquant clairement qu'elle n'était pas venue ici pour aborder des sujets qui ne concernaient pas un étranger.

Il n'insista pas. Il allait devoir jouer serré s'il voulait en apprendre plus sur Crystal. Il avait convaincu cette femme d'accepter ce rendez-vous en lui laissant entendre que Crystal l'avait embauché. Mais si elle découvrait qu'il avait menti, nul doute qu'elle n'hésiterait pas à repartir sur-le-champ !

— En ce qui concerne la drogue, soyez tranquille. Je peux vous affirmer qu'elle n'en prend plus.

— Vous disiez qu'elle veut nous voir ?

— C'est en tout cas ce que j'ai cru comprendre.

Ann lui jeta un regard perçant.

— Vous *croyez* ?

— Elle l'envisage.

— Mais elle vous a bien envoyé me parler, n'est-ce pas ?

Il émit un petit grognement que la mère de Crystal prit pour un assentiment.

— Je ne sais pas..., dit-elle.

— Pourquoi ?

— Mon mari est malade. Il s'est tellement inquiété pour elle ! Lorsqu'elle a quitté la maison, il était presque soulagé, disant que c'était peut-être mieux ainsi.

« Soulagé de perdre sa fille ? » songea Tanner pour qui un tel comportement était une aberration.

Il était profondément déçu car s'il ne savait au juste ce qu'il avait attendu de ce rendez-vous, il ne pensait pas se heurter à une telle indifférence ! Quelle mère n'aurait pas été heureuse de pouvoir retrouver sa fille après tant d'années ?

Il revit Crystal, son sourire rayonnant, la petite lueur de gaieté au fond de ses yeux, son esprit vif et incisif, sa bonne humeur permanente. Il n'arrivait pas à l'imaginer avec une mère comme celle-ci, triste souris grise et compassée.

Il vit la souris grise se raidir un peu plus. Ses yeux noisette avaient viré au sombre et le fixaient avec froideur.

— Vous vous comportez de façon étrange, Tanner. Mais je viens de comprendre pourquoi. C'est au sujet de l'enfant, n'est-ce pas ?

— L'enfant..., répéta Tanner d'une voix lisse. Quel enfant ?

— Je le savais ! exulta-t-elle d'une voix aigre. Avec Martha, il s'agit toujours de l'enfant.

L'enfant. Comment cette femme était-elle au courant ? Vraiment, il ne voyait pas. Il ne lui en avait pas parlé et Crystal n'avait pas encore repris contact avec elle.

— L'enfant..., répéta-t-il encore et ne sachant trop quoi dire.

Serrant son sac à main contre elle, Ann Cunningham se leva.

— Dites à ma fille ce que mon mari et moi lui avons toujours dit : renoncer à l'enfant était ce qu'elle avait de mieux à faire. Elle n'avait que seize ans, elle était beaucoup trop jeune pour devenir mère. Et puis, elle avait tant de problèmes ! Nous lui avons trouvé un foyer, dans une bonne famille chrétienne et avons personnellement veillé à ce qu'il s'agisse d'une adoption fermée. Dites-lui qu'elle n'a pas le droit de bouleverser la vie de cette petite et de sa famille adoptive et qu'elle ne nous soutirera aucun renseignement à ce sujet. Je prierai pour elle, pour qu'elle accepte enfin d'aller de l'avant.

Durant le trajet du retour, Tanner tenta de faire le point sur ce qu'il venait d'apprendre.

Qu'avait dit cette femme déjà ? « Martha n'a pas le droit de bouleverser la vie de *cette petite* et de sa famille adoptive. »

Crystal avait donc donné naissance à une petite fille. Qui avait été adoptée. « Adoption fermée », avait dit Ann. Ce qui signifiait que la mère ignorait tout de la famille adoptive et que celle-ci ignorait tout de la mère de l'enfant, à l'exception d'un dossier médical nécessaire au développement du bébé.

A présent qu'il avait rencontré la mère de Crystal, Tanner n'avait aucun mal à se représenter la façon dont les choses s'étaient déroulées.

Crystal, encore elle-même une enfant, avait dû se détacher brutalement de son bébé et se résigner à ne plus jamais entendre parler de lui.

Cette pensée le bouleversa. Il appuya sur l'accélérateur, pressé de retrouver la jeune femme, de l'assister dans la nouvelle épreuve qui l'attendait.

Un intense sentiment de culpabilité l'envahit. Il aurait dû attendre. Attendre qu'elle soit prête. Lui laisser le temps d'aborder elle-même le sujet, à sa façon.

« Elle ne nous soutirera aucun renseignement », avait encore ajouté Ann Cunningham.

Il existait d'autres moyens de retrouver la trace d'un enfant adopté. Et il connaissait ces moyens.

Car maintenant qu'il savait, il avait envie d'aller plus loin.

Tanner poussa la porte de la maison peu après 21 heures.

— Tanner ! Je suis si contente que tu sois là, lui dit Crystal, venue l'accueillir.

— Tout va bien ? DeDe… ?

— Elle est un peu nerveuse, mais ça va. Elle vient juste de sortir de sa douche. Je l'ai entendue entrer dans sa chambre il y a quelques minutes. J'ai pensé que l'un de nous pourrait expliquer la situation à Kelly et Mitch pendant que l'autre resterait avec DeDe en attendant que ses parents veuillent lui parler.

— Bonne idée. Veux-tu que ce soit moi qui les appelle ?

Crystal refusa d'un signe de tête.

— Je préfère m'en occuper. C'est moi qui en suis officiellement responsable.

Il posa une main sur l'épaule de la jeune femme pour lui prouver son soutien.

— Comme tu voudras.

— Eh bien, j'y vais. Tu peux aller retrouver DeDe.

— Tout va bien se passer.

Kelly répondit au téléphone d'une voix encore tout engourdie de sommeil.

— Crystal… Bonjour.

— Je t'ai réveillée, je suis désolée.

— Nous ne dormons pas, nous paressons un peu au lit. Nous en profitons, à la maison nous nous levons chaque matin à 7 heures.

Crystal entendit Mitch murmurer quelque chose à l'oreille de sa femme.

— Mitch t'embrasse, rapporta Kelly en riant.

— Moi aussi. Heu… Kelly, je…

Seigneur ! Comment trouver le ton juste ?

— Qu'y a-t-il ? demanda Kelly, les sens soudain en alerte. DeDe ? Il est arrivé quelque chose…

— Kelly, tout va bien, la rassura Crystal. Elle est dans sa chambre, en sécurité.

— Qu'y a-t-il alors ?

— Aujourd'hui, elle s'est enfuie après son cours de danse.

— Enfuie ? Mais pourquoi ?

— Elle était furieuse après l'une de ses amies et a décidé, sur un coup de tête, de rentrer seule à la maison.

— Vous l'avez retrouvée ? Elle va bien, tu en es sûre ?

— Nous l'avons retrouvée et elle va bien, je te le promets.

De nouveau, la voix de Mitch, mais inquiète cette fois et demandant ce qui se passait.

— Une minute, dit Kelly.

Crystal entendit leurs voix étouffées à l'autre bout du fil.

— C'est trop grave, trancha Kelly. Nous rentrons.

— Si vous pensez que c'est mieux...

— Qu'en penses-tu, *toi* ? demanda Kelly dans un soupir.

— Ce n'est pas à moi de vous dire ce que vous devez faire, feignit de protester Crystal.

— Crys, bon sang ! Tu étais là, pas nous ! Alors dis-moi ce que tu en penses.

— Kell...

— Vas-y. Je t'écoute.

Crystal prit le temps de peser ses mots avant de répondre.

— Eh bien... à mon avis, il y a deux façons d'envisager les choses. Soit vous considérez qu'elle a besoin de vous et vous sautez dans le premier avion, soit vous estimez qu'elle peut tirer profit de cette malheureuse expérience toute seule. Ce que je peux vous assurer c'est qu'elle se sentirait affreusement coupable de vous voir écourter votre lune de miel.

— Comment est-elle ? Je veux dire, comment prend-elle la chose ?

— Elle pleurait comme un bébé lorsque nous l'avons retrouvée. Et depuis elle est très calme. Triste aussi. Et plus réfléchie.

— Tu penses donc que nous ne devrions pas écourter nos vacances.

— C'est effectivement ce que je ferais si j'étais à votre place.

— Quelquefois, je déteste être mère ! fulmina Kelly.

Crystal posa une main protectrice sur son ventre. Elle pensa avec une profonde tristesse à son autre enfant. A la petite fille qu'elle avait eue huit ans auparavant et qui avait un an de moins que DeDe. Etait-elle heureuse dans sa famille d'adoption ? Etait-elle bien traitée ?

— Crys ? Tu es toujours là ?

Crystal se redressa sur sa chaise.

— Je suis là. Je suis d'accord avec toi, ce doit être dur d'être mère.

— Tu ne m'as pas dit. Et toi ? N'es-tu pas fatiguée de t'occuper d'une gamine aussi pénible que DeDe ?

— Non, répondit fermement Crystal. Pas le moins du monde. J'aime ta fille. Elle a des problèmes en ce moment mais elle n'est pas foncièrement méchante. Alors je ne veux surtout pas que vous rentriez à cause de moi. Compris ?

— Compris. Où est Tanner ?

— Avec DeDe, dans sa chambre. Veux-tu que j'aille le chercher ?

Un autre profond soupir, puis :

— Je voudrais d'abord parler à DeDe.

Crystal alla donc apporter le téléphone sans fil à l'adolescente. Celle-ci, blottie entre les bras rassurants de son oncle, se redressa d'un coup à l'arrivée de Crystal. Ses yeux exprimaient toute l'inquiétude et l'anxiété qu'elle ressentait.

— Tes parents veulent te parler, dit Crystal en lui tendant le récepteur.

La gamine le pressa contre son oreille.

— Maman... oh, maman ! dit-elle avant de fondre en larmes.

Tanner et Crystal échangèrent un regard entendu avant de quitter la pièce ensemble et de refermer doucement la porte derrière eux.

Ils allèrent attendre dans la cuisine. Les minutes passaient sans qu'aucun des deux n'éprouve le besoin de rompre le silence. Crystal appréciait juste la présence rassurante de Tanner qui, lui, paraissait nerveux.

Il se leva, alla s'appuyer un instant contre l'évier, alla ouvrir la porte du réfrigérateur puis la referma machinalement sans avoir rien pris dedans.

— Ça va ? s'enquit gentiment Crystal.

— Désolé, s'excusa-t-il en passant une main dans ses cheveux. J'aurais dû rentrer plus tôt.

— Arrête, Tanner. Tout va bien, tu avais du travail.

Elle crut voir passer dans ses yeux un éclair de... de quoi au juste ? De culpabilité ? D'inquiétude ?

— Tanner, tu es sûr que tu te sens bien ? Y a-t-il quelque chose dont tu ne m'aurais pas parlé ?

Il s'approcha d'elle, encadra son visage de ses deux grosses mains carrées. Elle le saisit par les poignets, chercha une réponse dans ses yeux sombres. En vain.

Tanner se pencha et déposa un baiser léger sur ses lèvres.

— Rien, lui assura-t-il dans un souffle. Nous devrions peut-être aller la retrouver.

— Laissons-la. Elle viendra bien nous trouver dès qu'ils auront terminé.

— Tu crois qu'ils vont rentrer ?

Elle se leva et alla poser ses mains sur les épaules de Tanner. Il était tellement tendu, qu'elle sentait des nœuds de tension rouler sous ses doigts.

— Détends-toi, murmura-t-elle en massant doucement ses muscles douloureux.

— Je suis parfaitement détendu.

— Menteur. Tourne-toi.

— Mais je te dis que...

— Allons, tourne-toi.

Tanner s'exécuta, s'abandonnant aux mains expertes de Crystal. Il relâcha sa nuque, laissa échapper un petit grognement de plaisir.

— Tu as des doigts de fée.

— Tout est une question de points énergétiques, lui expliqua-t-elle en exerçant une pression simultanée de chaque côté des vertèbres. Il suffit de rétablir l'équilibre de façon à ce que les points de tension se dissipent. Là... et là..., ajouta-t-elle en appuyant plus fort. Mais qu'as-tu fait ce soir qui a pu te mettre dans un tel état ?

— Ce serait trop long à t'expliquer, répondit-il, en éludant la question.

Ils entendirent soudain la porte de la chambre de DeDe s'ouvrir. Elle le massa une dernière fois du bout des doigts en remontant vers les cervicales puis laissa retomber ses bras le long de son corps.

DeDe pénétra dans la cuisine, le nez rouge et les yeux gonflés de larmes.

Tanner l'attira affectueusement à lui.

— Tout va bien ?

— Oui, dit la petite qui, tout en se blottissant contre son oncle, tendit le téléphone à Crystal.

— Papa et maman veulent te parler.

— Kelly ? dit Crystal en prenant le téléphone.

— DeDe nous a promis de ne plus faire de caprices et de se comporter gentiment. Je la crois.

Crystal coula un regard plein de tendresse en direction de DeDe, toujours blottie contre son oncle.

— Aussi, continua Kelly, Mitch et moi avons décidé de poursuivre notre voyage de noces.

— Très bien.

— Nous sommes convenues qu'elle nous appellera régulièrement, un soir sur deux, juste avant qu'elle n'aille se coucher. Cela devrait nous donner l'occasion de parler de ce qui la tracasse avant qu'il ne soit trop tard et que la situation nous échappe.

— Ce sera aussi l'occasion de vérifier par vous-mêmes qu'elle tient sa promesse.

— Absolument. Elle estime qu'elle mérite une punition. J'imagine qu'elle y voit une façon de se racheter alors, à toi de voir.

— D'accord.

— Tanner est par là ? J'aimerais lui parler aussi.

— Oui, il est juste à côté de moi, je te le passe.

Lorsqu'ils eurent terminé, DeDe s'empara une dernière fois du téléphone pour dire à ses parents qu'elle les aimait. Elle regarda ensuite Crystal et Tanner à tour de rôle puis leur dit d'une voix douce :

— J'aimerais bien que vous veniez tous les deux me dire bonsoir dans mon lit.

Ils se rendirent donc ensemble dans sa chambre puis

attendirent qu'elle soit couchée pour lui souhaiter une bonne nuit en l'embrassant.

— Je vais être très sage maintenant. Je vous le promets.

— Nous le savons, dit Crystal en éteignant la lumière.

Le lendemain matin, Devon Marie téléphona à DeDe qui prit l'appel dans sa chambre.

— J'espère que les choses vont s'arranger entre elles, dit Crystal en repoussant d'un air dégoûté son bol de porridge à moitié plein.

Tanner prit la main de la jeune femme dans la sienne.

— Ne t'inquiète pas. A mon avis, elles ne sont pas près de se disputer de nouveau.

— Tu en es sûr ?

— Certain. Elles se sont fait une telle peur hier que je suis prêt à parier qu'elles vont trouver un compromis.

Comme en réponse, DeDe fit son apparition, un grand sourire aux lèvres.

— Devon et moi nous sommes arrangées, annonça-t-elle gaiement. Si je vis toujours ici le 4 juillet nous organiserons la fête à la maison, si j'ai déménagé, nous la ferons chez elle.

— Très bonne idée, commenta Tanner après avoir avalé une énorme bouchée d'œufs brouillés.

— Et puis, j'ai réfléchi, ajouta-t-elle en sortant une brique de jus d'orange du Frigidaire. Lorsque nous aurons déménagé, non seulement je pourrai toujours rendre visite à mes amies ici, mais en plus je vais m'en faire de nouvelles là-bas.

— Tu as raison, approuva Crystal. Tu vas avoir plein de nouvelles amies.

Tanner acquiesça d'un hochement de tête et but une gorgée de café.

— Devon Marie m'a invitée à passer la nuit chez elle pour une soirée pyjama, samedi soir. Je sais bien que je suis privée de sortie pendant quelque temps. Mais je me demandais... jusqu'à quand ?

— Tu pourrais demander à tes parents lorsque tu les appelleras demain soir, proposa Tanner.

— D'accord, approuva docilement la petite.

Crystal consacra ce mercredi-là et toute la journée du lendemain à finir d'aménager le bureau. Elle piqua l'ourlet des rideaux à la machine à coudre de Kelly et recouvrit d'une jolie housse les coussins ordinaires censés agrémenter le canapé. Le tissu bleu et vert tranchait gaiement sur le marron des murs et donnait à la pièce une note claire plus joyeuse.

Le jeudi soir, lorsque DeDe appela ses parents, il fut convenu que, si elle continuait à avoir une conduite irréprochable, elle pourrait se rendre à la soirée pyjama donnée par Devon.

Le vendredi, Tanner arriva au bureau accompagné d'un colosse qui l'aida à transporter les meubles de rangement dans le bureau principal. Crystal passa le reste de la journée à formater des tableaux sur son ordinateur et lui annonça que le lundi suivant verrait la date officielle de l'ouverture des bureaux.

Ce samedi-là, Tanner quitta la maison à 7 heures. Il devait essayer de retrouver la trace d'un escroc qui s'était enfui avec l'argent des économies de personnes âgées trop crédules. Il ne serait de retour qu'en fin d'après-midi.

DeDe, qui avait un cours de danse à 9 heures, rentra ensuite sagement à la maison, fila directement dans sa chambre pour faire ses devoirs, consultant Crystal à deux reprises sur la fiche de lecture qu'elle devait faire. A midi, elles firent une pause et déjeunèrent de sandwichs au fromage confectionnés par Crystal.

A 15 heures, celle-ci conduisait DeDe chez son amie.

— Je ne vais pas pouvoir appeler mes parents ce soir, rappela solennellement DeDe tandis que Crystal manœuvrait pour garer sa voiture devant la maison de style hacienda des Carroll, mais papa est d'accord pour que je leur téléphone demain soir à la place.

— Comme cela, tu pourras leur raconter ta soirée.

DeDe rayonnait d'une joie de vivre retrouvée. Elle se pencha vers Crystal et lui plaqua un baiser sonore sur la joue.

— Merci, Crystal.

— De rien.

DeDe sortit de la voiture et, son sac de couchage et son sac à dos sur les bras, courut jusqu'à la porte d'entrée. Lorsque Devon lui eut ouvert, elle se retourna et agita la main en direction de Crystal qui répondit à son salut par un petit coup de Klaxon. Puis elle enclencha une vitesse et redémarra.

Ne sachant comment occuper son temps libre, Crystal décida de passer au bureau trier quelques papiers. Cela faisait une heure qu'elle classait des dossiers lorsque Tanner l'appela.

— Je vais avoir du retard sur l'horaire prévu, la prévint-il. Je serai à la maison vers 19 heures. Je suis sur une piste que je voudrais voir aboutir.

Elle promit de l'attendre pour dîner et passa chez elle relever son courrier et arroser ses plantes. Doris, qui l'avait vue arriver, ne tarda pas à aller frapper à sa porte. Crystal lui proposa un verre de thé glacé et lui demanda des nouvelles de Nigel.

— Toujours aussi versatile, lui apprit Doris. Mais il n'a plus disparu depuis la fois où tu m'as aidée à le chercher. Mais dis-moi, comment va ton amoureux ?

Une soudaine bouffée de joie envahit la jeune femme. Oui, Tanner était son amoureux et elle aurait voulu le clamer sur les toits. Que de chemin elle avait parcouru depuis une semaine !

— Oh Doris ! Je n'arrive pas à y croire ! Il est le meilleur des hommes !

Doris agita vers elle une main ridée piquetée de taches brunâtres.

— Alors, ne le laisse pas filer ! Les hommes qui valent le coup ne courent pas les rues de nos jours !

Crystal s'arrêta au supermarché et remplit un chariot de marchandises. Au rayon boucherie, elle choisit deux belles tranches de beefsteak pour le repas du soir. Tanner raffolait de la viande rouge. Elle avait développé depuis le début de sa grossesse un goût immodéré pour les steaks, qu'elle aimait saignants. Comme lorsqu'elle était enceinte de sa fille.

Sa fille…

Le regard de Crystal se perdit dans le vide. Elle pria intérieurement pour que sa fille se porte bien, qu'elle se sente en sécurité dans sa famille adoptive et surtout, pour qu'elle soit heureuse. Elle priait toujours pour que sa petite fille soit heureuse.

Pendant des années, et longtemps après qu'elle eut quitté la maison de son enfance pour vivre sa vie, elle avait tenté d'oublier le bébé qu'on lui avait arraché des bras. Cherché à se raisonner. A se convaincre que son enfant avait été accueilli dans un bon foyer, et qu'elle grandissait heureuse entre deux parents qui la gâtaient et la chérissaient.

Longtemps, elle avait cherché à tirer un trait sur ce pan douloureux de sa vie. A aller de l'avant. Sans se retourner sur le passé.

Depuis qu'elle était revenue en Californie mais surtout depuis qu'elle était enceinte d'un deuxième enfant, ses pensées dérivaient de plus en plus souvent vers sa fille, ses prières devenaient plus fréquentes, plus ferventes. Elle éprouvait un besoin viscéral d'avoir de ses nouvelles.

Régulièrement, elle envisageait d'aller voir ses parents et de leur demander où était sa fille. Car même s'ils avaient toujours farouchement refusé de la renseigner à ce sujet, elle espérait en secret qu'après toutes ces années ils voyaient les choses différemment.

Oui, elle irait les trouver. Bientôt. Elle leur ferait face, leur parlerait, les supplierait même de l'aider à retrouver son enfant.

— Et voilà !

La voix de l'homme en tablier blanc qui lui tendait sa commande par-dessus le comptoir la fit sursauter.

— Oh, merci, balbutia-t-elle en s'emparant du sachet en plastique.

Il fallait qu'elle parle à Tanner. Qu'elle lui apprenne l'existence de sa fille. Peut-être même pourrait-il l'aider à découvrir où elle se trouvait.

Oui. Elle devait lui parler.

Elle *allait* lui parler.
Sans tarder.

Tanner gara sa voiture devant la maison de Kelly à 18 h 58.

Il était à l'heure.

Il avait passé toute la matinée et une bonne partie de l'après-midi à recueillir des informations à propos de l'escroc qui arnaquait des personnes âgées. Il s'était ensuite rendu chez lui et avait fait des recherches sur internet.

Il avait commencé à constituer un dossier sur l'enfant de Crystal. Jusqu'à présent, il n'avait pas trouvé grand-chose, mais en professionnel de la recherche qu'il était, il savait qu'un cas comme celui-ci allait prendre du temps. Il était malgré tout satisfait des quelques pas effectués le menant peu à peu vers le chemin de la vérité.

Maintenant qu'il avait commencé, il irait jusqu'au bout. Il retrouverait cette petite fille et garderait l'information en réserve. Pour le cas où Crystal voudrait savoir. Ce serait un cadeau qu'il lui ferait, une occasion de répondre à la question qu'il se posait.

Comment Crystal prendrait-elle le fait qu'il avait enquêté derrière son dos, creusé un secret qu'elle n'éprouvait pas le besoin de partager avec lui ? Car si elle l'avait voulu, nul doute qu'elle lui aurait demandé son aide.

Il n'avait aucune idée de la réponse, juste une espèce de sombre pressentiment qu'il refoulait et gardait enfoui au plus profond de lui.

Il avait agi d'instinct. Parce qu'il avait deviné que Crystal avait besoin de savoir ce qu'il était advenu de sa fille. Et parce qu'il était dans sa nature de chercher à obtenir des réponses aux questions que les gens se posaient, de gratter la surface pour découvrir les secrets les plus intimes.

C'était sa nature. Et sa malédiction.

Une fois dans la maison, il l'appela.

Pas de réponse.

Il ouvrit toutes les portes.

Personne.

Dans la cuisine, le four était allumé. Crystal y avait mis à cuire des pommes de terre en papillotes. Il trouva dans le Frigidaire les deux tranches de bœuf.

Il avisa dans le salon son sac à main posé sur la console, à côté du téléphone.

Elle était donc bien là, quelque part.

Il fit glisser la baie vitrée qui donnait sur le jardin. Elle était là, allongée sur une chaise longue, à l'ombre d'un érable. Elle portait un chemisier couleur pêche et un short jaune.

Un livre ouvert était posé sur ses cuisses nues.

Elle semblait dormir, paisible. Si belle, si douce !

Prenant garde de ne pas faire de bruit, il se faufila par l'ouverture et s'approcha d'elle.

A travers son sommeil, Crystal entendit Cisco gémir et sa queue balayer le sol en béton. Elle se retourna à demi, prête à replonger dans les limbes de l'inconscience.

Mais elle sentit un souffle chaud contre son cou, des lèvres se poser doucement sur les siennes.

Elle ouvrit les yeux.

— Tanner..., murmura-t-elle dans un soupir heureux.

Elle se poussa un peu, lui libérant une place qu'il s'empressa de prendre.

— J'aurais dû te laisser dormir, s'excusa-t-il.

En guise de réponse, la jeune femme lui passa un bras autour du cou, l'attira à elle.

— Embrasse-moi encore.

Il s'exécuta. La couvrit de baisers. Il embrassait ses joues, ses lèvres, descendait le long de sa gorge, s'attardait dans le creux, là où les pulsations se faisaient plus rapides.

Le corps de Crystal s'enflamma instantanément. Elle le désirait follement. Brûlait de sentir ses mains, sa bouche sur sa peau nue.

Il défit les boutons de son chemisier, suivit des lèvres la courbe de ses seins, dégrafa son soutien-gorge qui libéra la pointe de ses mamelons tendus de désir.

Lorsqu'elle le sentit glisser un bras autour de ses épaules et un autre sous ses genoux, elle ne protesta pas.

— Nous sommes seuls ce soir, chuchota Tanner à son oreille.

— Oui, acquiesça-t-elle à voix basse

Elle pressa ses lèvres contre son cou, se grisa de l'odeur virile qui émanait de lui.

— Si tu as l'intention de refuser, il est encore temps.

En réponse, elle se mit à mordiller la peau qu'elle venait d'embrasser et de lécher.

— J'imagine que c'est oui.

— Oui, Tanner. Je te veux.

12

Tanner la porta jusqu'à sa chambre et referma la porte du pied, laissant Cisco, désemparé, dans le couloir.

— Pauvre Cisco, murmura Crystal en pressant son front contre celui de Tanner.

Des images de leur première rencontre affluèrent. Puis de leur première nuit ensemble, du début de cette histoire que tous deux pensaient éphémère mais à laquelle ils n'avaient jamais eu le courage de mettre un terme.

Au contraire même, la puissance de son désir s'amplifiait de jour en jour. D'heure en heure. De minute en minute.

Tout son corps le réclamait.

— Il va partir, répondit-il dans un souffle avant de la déposer délicatement sur le lit. Et s'il est très sage, il aura droit à un morceau de mon steak.

Crystal plongea ses mains dans la chevelure épaisse de Tanner.

— Comment sais-tu que j'ai acheté de la viande ?

— Je sais tout. N'oublie pas, je suis détective privé. Et pour l'heure, j'ai bien l'intention d'inspecter chaque parcelle de ton corps.

— Tu as mon accord.

— Je sais. Je te connais si bien ! Embrasse-moi.

Elle obéit. Lui offrit ses lèvres. Tanner les prit, et, tout de suite, infiltra sa langue dans sa bouche. Elle laissa échapper un petit gémissement tandis qu'il l'attirait à lui au moment même où elle l'attirait à elle.

Tanner marqua sa résistance en plaquant les deux poignets de la jeune femme sur l'oreiller, de chaque côté de sa tête.

— Ne bouge pas, lui intima-t-il d'une voix rauque de désir.

Il dessinait du bout des doigts sa bouche sensuelle lorsqu'elle happa son pouce pour le sucer.

— Tu me rends fou, susurra-t-il tandis que la langue de Crystal s'enroulait autour de son doigt.

Leurs lèvres se joignirent dans un baiser passionné tandis qu'il finissait de déboutonner son chemisier. Il découvrit son buste étroit, caressa la dentelle de son soutien-gorge, agaça par-dessus le fin tissu le bout de ses tétons durcis.

Il la libéra de cette entrave dérisoire, lui murmura des compliments qu'il mélangeait à des mots érotiques exacerbant leur désir à tous deux. Elle serra les poings et s'arc-bouta vers lui, livrant ses seins aux lèvres avides de Tanner qui se mit à les embrasser, les agacer, les mordiller jusqu'à ce qu'elle lui crie son plaisir.

Ses mains à présent s'aventuraient plus bas, beaucoup plus bas, là où palpitait son désir. Elle se pressa encore un peu plus contre lui, pour aller à la rencontre du plaisir.

Il défit un bouton, fit glisser lentement la fermeture Eclair de son short. Ses doigts se frayèrent un chemin entre la soie de son string et la toison douce de son pubis.

— Oui, Tanner... là..., supplia Crystal dans un souffle.

Les mains expertes de Tanner se glissèrent alors dans l'intimité moite de la jeune femme, prête à l'accueillir.

Il connaissait si bien son corps ! Il savait exactement où et de quelle façon le toucher, le caresser, le flatter.

Tendrement mais fermement, il repoussa une nouvelle fois les mains qui se tendaient vers lui. De nouveau, il les plaqua sur l'oreiller puis continua à la caresser tout en la dévorant de baisers avides.

Elle gémissait contre sa bouche, tandis que des ondes de chaleur la submergeaient par vagues, l'embrasant tout entière.

— Tanner... oui. Oh oui...

Elle murmura son nom. Encore et encore.

Jusqu'à ce qu'une dernière vague de plaisir intense ne la laisse gisante, pantelante, à son côté.

Mais Tanner n'en avait pas fini avec elle.

— Maintenant, je te veux nue, lui dit-il en picorant de baisers son menton, ses joues, ses lèvres.

Crystal se soumit docilement. Elle s'assit, se débarrassa à la hâte de ses vêtements.

— A toi, maintenant, lui intima-t-elle à son tour. Je vais t'aider, ajouta-t-elle en tendant les mains vers lui.

Mais il l'attrapa par les épaules et la força à s'étendre.

— Tu ne bouges pas. J'en ai pour deux secondes.

La bouche sèche, elle le regarda retirer sa chemise, qu'il laissa tomber sur le sol, puis ses chaussures. Il plongea dans son regard tout en défaisant les boutons de son jean.

Elle croisa les mains derrière sa nuque et le contempla, fascinée. Elle admira ses épaules larges, son torse long et musclé sur lequel elle adorait s'abandonner. Et surtout, son sexe dressé, preuve de l'intensité de son désir pour elle.

— Tu es si beau, murmura-t-elle. Le plus bel homme au monde...

Tanner lui sourit. Lentement.

— Certainement moins que toi, assura-t-il en la rejoignant sur le lit. Toi, tu ressembles à une princesse avec tes beaux cheveux blonds. Et tu sais quoi ? Même DeDe le dit.

Il avait enroulé une large mèche de cheveux autour de son poignet et, captivé, la regarda se dérouler lentement.

— Et tu as un visage d'ange.

Crystal battit des cils et lui adressa un sourire embarrassé.

— Tanner...

— Oui ?

— Je ne suis pas un ange, affirma-t-elle.

Tanner se rapprocha un peu plus d'elle.

— Finalement, c'est mieux ainsi...

Cette fois, il ne fit rien pour empêcher ses mains de l'atteindre. Il lui laissa mener la danse, se plia à ses exigences. Répondit à ses baisers enflammés, se soumit à son tour à ses caresses fébriles, à sa bouche avide.

Elle aussi le connaissait parfaitement. Elle aussi savait exactement comment jouer de son corps pour lui donner du plaisir.

— Crys... je ne peux plus attendre, la prévint-il dans un souffle.

— Je sais. C'est si bon... je veux que tu viennes.

Elle redoubla alors de caresses expertes, laissa ses mains aller et venir sur le sexe tendu de Tanner puis le pressa sur son ventre nu lorsqu'elle sentit celui-ci au bord de l'orgasme. Elle-même jouissait du liquide chaud s'écoulant entre ses doigts, de la pulsation battant au creux de sa paume.

Un sourire triomphant aux lèvres, elle le regarda s'écrouler à côté d'elle, ivre d'un plaisir satisfait. Puis elle se mit à fixer le plafond d'un air distrait.

— Contente de toi, n'est-ce pas ?

— Tu connais le proverbe : « ce qui est bon pour l'homme...

— ... vaut pour la femme », termina Tanner en riant. Mais je vais avoir besoin d'un peu de temps pour recouvrer des forces.

— Pas de problème. Je peux attendre.

Tanner roula jusqu'au bord du lit et se leva.

— Ne t'en va pas, lui dit-elle en tentant de le retenir.

— Je reviens tout de suite.

Quelques instants plus tard, il réapparaissait, une serviette de toilette à la main. Il essuya doucement le ventre de Crystal puis s'assit à côté d'elle, sans retirer ses mains.

— Il est toujours plat.

— Plus pour longtemps, lui assura-t-elle en posant sa main sur celle de Tanner.

— Il me tarde tant de voir ton ventre s'arrondir.

Crystal plongea dans le regard sombre de Tanner, brûlant de prononcer les mots qu'elle avait sur le bout de la langue.

« Je t'aime, Tanner. Je t'aime tant. »

Mais elle choisit de les refouler. La situation lui paraissait soudain trop fragile. Trop récente. Et puis, il y avait son passé. Ce lourd secret qu'elle ne lui avait pas encore divulgué. La décision de ses parents de la séparer de son enfant.

Et cet homme, qui l'avait blessée si cruellement.

Il lui apparut soudain nécessaire que Tanner sache tout d'elle, qu'elle n'ait plus aucun secret pour lui. Alors, seulement, elle pourrait lui avouer les sentiments qu'elle lui portait.

Plus tard.

Car cette soirée était dédiée au plaisir. A un plaisir consenti, partagé. Reconnu.

— A quoi penses-tu ? demanda Tanner qui l'observait.

— Je réfléchissais, répondit évasivement la jeune femme.

— A quoi ?

— Eh bien, je me disais que ce soir, pour la première fois depuis que nous sommes amants, nous ne nous sommes pas dit que c'était la dernière fois. Moi, j'appelle cela progresser.

— Si tu le dis..., marmonna Tanner.

— J'en suis sûre, insista Crystal. Et si nous allions dîner ? Les pommes de terre doivent être prêtes maintenant.

Tanner se pencha vers elle et l'embrassa tendrement.

— Habille-toi. Je vais m'occuper du barbecue.

Tanner fit griller les steaks puis les apporta à table où Crystal avait déjà apporté les pommes de terre et une salade.

Lorsqu'il la vit lui sourire, un de ces sourires éblouissants auxquels il ne pouvait résister, il réalisa qu'il avait parfaitement récupéré et qu'il brûlait de l'entraîner de nouveau dans sa chambre.

Ils s'attablèrent néanmoins, partageant leur délicieux repas avec Cisco qui, une fois repu, alla se recroqueviller dans un coin pour une sieste digestive bien méritée.

Crystal tendait la main vers l'assiette de Tanner lorsque celui-ci lui prit le poignet.

— Tanner..., protesta-t-elle d'une voix teintée de reproche.

Pourtant, il lut dans son regard qu'elle l'invitait à aller plus loin.

Il l'attira à lui. L'installa sur ses genoux.

Il repoussa les mèches de cheveux qui tombaient sur son torse et prit ses seins dans ses mains en coupe. Il effleura son cou de ses lèvres jusqu'à ce qu'il l'entende pousser un petit soupir de volupté et repose l'assiette sur la table.

— J'aime mieux ça, dit-il dans un souffle en lui relevant le menton pour plonger dans son regard.

Il brûlait de prendre ses lèvres sensuelles, de la plaquer étroitement contre lui, de lui faire sentir la force de son désir. Et de la pénétrer.

Ils n'avaient pas fait l'amour depuis trop longtemps. Quinze jours s'étaient écoulés depuis qu'elle lui avait annoncé qu'elle était enceinte et ce soir-là il avait été trop sonné pour aller jusqu'au bout.

Cette pensée le fit sourire.

— Quoi ? demanda Crystal.

— Rien. Embrasse-moi.

Il prit avec fébrilité les lèvres qu'elle lui offrait. Sa langue se mit à danser une ronde frénétique autour de la sienne, son souffle se fit court.

Jamais encore il n'avait été aussi sensible à l'odeur d'une femme. Son parfum le rendait fou. Comment cette femme, qui au début semblait ne lui correspondre en rien, lui était-elle soudain devenue indispensable ?

Tout en l'embrassant il caressait ses cuisses. Ses belles cuisses fuselées. Crystal, comprenant le signal, se mit à rire doucement. Elle lui fit face et s'installa sur ses genoux, tout contre lui.

Il la trouvait trop érotique dans cette position. Ses mains se glissèrent sous le short jaune, caressèrent la peau douce et tendre, à l'intérieur des cuisses.

Crystal émit un grognement de plaisir, plaqua plus étroitement son bassin contre le sexe tendu de Tanner. Il appuya un peu plus ses caresses, sentit à travers le tissu la moiteur de son désir pour lui.

Il la voulait nue, là, tout de suite, contre lui.

De nouveau, il l'effeuilla de ses vêtements. Il déboutonna son chemisier, le fit glisser sur ses épaules puis le long de ses bras, le laissa tomber à terre.

Puis il dégrafa son soutien-gorge, du même rose que son string, qui atterrit lui aussi sans ménagement sur le sol.

Ses seins étaient si beaux ! Ronds, pleins, doux, ils réclamaient sa langue. Il en prit un, puis l'autre, agaça de sa bouche les tétons durcis avant de les mordiller du bout des dents jusqu'à ce que Crystal, au bord de l'extase, rejette la tête en arrière en criant son nom.

A présent, il fallait qu'il la débarrasse de son short. Qu'il n'y ait plus aucune barrière à son désir.

Crystal, animée par le même besoin urgent, se leva et tout en ondulant, fit tomber à ses pieds son short et son string. Le regard fixé sur la jeune femme, il défit les boutons de son jean puis le retira en même temps que son caleçon.

Elle s'approcha lentement de lui, s'assit à califourchon sur ses cuisses puissantes, et s'empala à petits coups de reins sur son membre gonflé de désir.

Ivre de volupté, il plongea les mains dans sa chevelure flamboyante, enfouit son visage au creux de son épaule. Crystal livra à sa bouche ardente la peau douce de sa gorge, le pressant en silence de la sucer, de la lécher, de l'embrasser.

Un gémissement rauque lui échappa. Tanner la pressa alors un peu plus contre lui, la forçant à s'enfoncer plus profondément en lui. Crystal se soumit. Totalement. Parfaitement. Comme il l'exigeait.

Tout se mit à tourner autour de lui. Plus rien n'existait que l'intense plaisir que lui donnait Crystal, la douceur de sa peau, de ses seins, de son sexe, les gémissements de plaisir qui accompagnaient les siens.

Ils se mouvaient en cadence, dans une parfaite synchronisation, leurs deux corps en totale harmonie se rejoignant dans la même recherche d'un plaisir absolu.

Se sentant proche de l'orgasme, Crystal laissa échapper un cri semblable à une plainte. Tanner lui appartenait, corps et âme. Elle enserra son sexe plus fort encore puis relâcha son étreinte, lui imposant son rythme.

Elle joua ainsi, encore et encore.

Jusqu'à ce qu'elle sente qu'une vague de plaisir intense déferle sans fin sur lui.

Etroitement plaquée contre lui, elle attendit qu'un dernier soubresaut ne l'emporte loin, bien loin des rivages de la réalité.

Alors, seulement, elle posa ses lèvres sur sa gorge et murmura son nom.

13

Ils dormirent peu cette nuit-là, faisant l'amour inlassablement jusqu'à ce que la fatigue ne les surprenne, se réveillant aux premières lueurs de l'aube pour succomber de nouveau.

Tanner se réveilla le premier. Il lui fallut quelques secondes pour réaliser qu'il se trouvait dans le même lit que Crystal. Elle avait enroulé sa jambe autour de la sienne et sa main, inerte, reposait sur son épaule.

Au comble de l'émotion, il la contempla dans son sommeil, écouta son souffle paisible et régulier.

Il n'osait bouger, de peur de la réveiller. Toute une nuit avec Crystal. Il n'arrivait pas à le croire.

Il se retourna tout doucement afin de mieux l'observer. Elle était si pure, si innocente avec sa longue chevelure blonde étalée sur l'oreiller, telle une auréole. Il l'entendit soupirer, puis murmurer quelque chose qu'il ne comprit pas.

Enfin, elle s'éveilla.

Elle repoussa les couvertures, coinça derrière son oreille des boucles rebelles, ouvrit les yeux.

Elle battit plusieurs fois des cils, bâilla derrière sa main.

— Tu m'observais ?

— Oui.

Elle referma les paupières, poussa un nouveau soupir, bâilla encore une fois.

Il la pensait prête à se rendormir. Mais non.

Elle lui demanda, les yeux toujours fermés :

— Quelle heure est-il ?

Il jeta un coup d'œil sur le réveil de la table de nuit.

— 8 h 45.

Crystal passa un bras sous l'oreiller, cala confortablement sa tête.

— Quoi ? voulut-elle savoir en fronçant les sourcils.

Tanner lissa tendrement ses cheveux, lui caressa la joue, dessina du bout du doigt la courbe délicate de son oreille.

— Que veux-tu dire ?

Elle prit son poignet, pressa ses lèvres au creux de la paume.

— Je connais ce regard, affirma-t-elle. C'est celui que tu as quand tu ne sais pas comment t'y prendre pour m'annoncer quelque chose.

Il décida alors de ne pas tourner autour du pot.

— Lorsque Mitch et Kelly seront rentrés, j'aimerais que tu viennes vivre avec moi.

Crystal le fixa, sidérée.

Elle roula sur elle-même, rejeta les couvertures.

— Une minute, dit-elle en lui lançant un regard par-dessus son épaule.

Puis elle bondit sur ses pieds et traversa la pièce.

Il admira sa silhouette nue tandis qu'elle disparaissait dans la salle de bains.

Puis, il entendit des bruits de chasse d'eau puis de robinet et la vit réapparaître. Toujours nue. Elle n'avait pas daigné enfiler de peignoir ni même se couvrir d'une serviette de toilette.

C'était plutôt bon signe.

Son corps réagit aussitôt à la nudité de la jeune femme. Il tenta de se ressaisir. Ils devaient aborder des sujets importants, ce n'était vraiment pas le moment de penser au sexe.

Il souleva les couvertures, l'invitant à le rejoindre dans le lit. Sans la moindre hésitation, elle se glissa à son côté.

— Vivre avec toi..., murmura-t-elle.

« Oui. Et pour toujours », brûlait-il de lui dire.

Mieux valait y aller progressivement. Comme il l'avait toujours fait.

— C'est bien ce que j'ai dit. Vivre dans *ma* maison, dormir dans *mon* lit. Histoire de vérifier que nous deux c'est possible. Après tout, nous avons l'air de bien nous entendre. Et puis, nous devons bien ça à notre bébé, non ?

Elle s'assit brusquement.

— J'ai une meilleure idée.

Il la regarda fixement, l'air vaguement inquiet.

— Quoi ?

— C'est toi qui viens vivre chez moi !

Ce n'était pas vraiment ce qu'il avait prévu.

— Eh bien...

— Je vois, dit Crystal en plissant son joli nez. Tu ne veux pas dormir sur un futon. Je me trompe ?

— C'est juste que j'aime bien ma maison, argua-t-il. Je la trouve confortable.

— Elle est aussi marron que ne l'était ton bureau avant que je n'y ajoute un peu de couleur.

— Eh bien, il ne tient qu'à toi d'ajouter des couleurs ici aussi. Tu pourras y faire tous les changements que tu voudras. Ça m'est bien égal, pourvu que tu viennes vivre avec moi.

— Combien de temps ?

« Pour toujours », brûlait-il de lui dire.

Mais il préféra se montrer prudent.

— Je ne sais pas. La porte restera ouverte. Tu pourrais même garder ton appartement si tu y tiens. Je paierai le loyer, si cela peut t'aider.

Crystal resserra les couvertures autour d'elle, laissa échapper un long soupir.

— Il est hors de question que tu paies mon loyer à ma place. Je te rappelle que j'ai un travail. Grâce à toi.

Il alla chercher la main de Crystal qu'il avait vue se crisper sur le drap et la prit entre les siennes.

— Prends le temps de réfléchir. Pense que nous venons de passer notre première nuit ensemble, dans le même lit.

Elle dégagea doucement sa main.

— Et alors ? Tu crois qu'il nous faut plus que cela ?

— Plus de sexe, plus souvent ! dit-il sur le mode de la

plaisanterie. Sérieusement, Crystal, je rêve de me réveiller tous les matins à ton côté.

— Oh, Tanner…

Le cœur de Tanner fit un bond dans sa poitrine. Il en était sûr. Le moment était venu. Elle allait lui révéler son secret, lui parler de l'enfant qu'elle avait perdu.

— Oui ? L'encouragea-t-il prudemment.

Mais elle se détourna et il vit son regard se perdre au loin.

— Quoi que ce soit, tu peux me le dire, Crystal. Je peux tout comprendre. Tu le sais.

Mais elle ne semblait toujours pas se résoudre à affronter son regard.

— Je sais, dit-elle en laissant échapper un petit rire triste.

— Crys…

La main de Tanner se posa de nouveau sur la joue de la jeune femme.

— Vas-y.

Enfin, il la vit se tourner vers lui. Mais il lut dans ses yeux que le moment était passé. Elle n'allait pas lui parler. Pas encore.

— Vivre avec toi ? Mmm… à ta place…

— Oui, la coupa-t-il vivement. Je te demande de venir vivre avec moi. S'il te plaît.

Elle tendit la main vers lui. Il la saisit. La serra très fort dans la sienne.

Puis il la prit dans ses bras et pressa ses lèvres sur les siennes, scellant de façon tacite le marché qu'ils venaient de passer.

La semaine s'écoula, paisible.

DeDe était redevenue l'adorable fillette qu'elle était. Elle paraissait plus sérieuse même. Plus mature. Elle passait plus d'une heure chaque soir au téléphone, à rapporter à ses parents les menus détails de sa journée. Elle suivait à la lettre les instructions indiquées sur le calendrier, effectuait de bonne grâce les tâches qu'on lui avait assignées et faisait ses devoirs sans se faire prier.

Crystal, de son côté, se rendait tous les jours, de 9 heures à 15 heures, dans les bureaux de Dark Horse Investigations.

Chaque jour, consciencieusement, elle prenait les appels, fixait les rendez-vous, tenait la comptabilité à jour, laissait en évidence les dossiers qui requéraient la signature de Tanner.

Ce dernier, bien qu'étant habitué à rencontrer ses clients en dehors du bureau, commençait à prendre plaisir à les recevoir là, dans ce cadre accueillant.

Par trois fois, cette même semaine, et parce qu'elle était là alors que Tanner était sur le terrain, elle lui avait eu de nouveaux clients.

Ce jeudi, alors qu'elle s'apprêtait à rentrer, Tanner lui exprima sa reconnaissance, n'hésitant pas à lui signifier qu'elle lui était devenue indispensable.

— Il y a un avantage à endosser ainsi plusieurs casquettes, répliqua-t-elle en riant. Je peux maintenant proposer mes services à une plus large palette d'employeurs. Le métier d'assistante n'a plus aucun secret pour moi.

— Je viens de te le dire : tu m'es très précieuse.

Il lui ouvrit les bras. Parce qu'ils étaient seuls, elle se leva et alla se blottir contre lui.

Le vendredi soir, DeDe était invitée à aller passer la nuit chez Mia Lu. Ce qui signifiait que Tanner et Crystal allaient, eux, passer la nuit ensemble.

Cette fois, ce fut elle qui se réveilla la première le lendemain matin. Tandis qu'elle observait Tanner dans son sommeil, elle réalisa à quel point elle l'aimait davantage de jour en jour. Elle en arrivait même à se demander comment elle avait pu vivre jusque-là sans lui.

Ils travaillaient ensemble. Et ils allaient vivre ensemble. *Vraiment*. De façon permanente. Ils allaient partager le même lit, se réveiller tous les matins dans les bras l'un de l'autre.

Elle éprouva soudain le besoin urgent de lui révéler enfin ce qu'elle lui cachait.

Oui, elle allait lui parler.

Sans plus tarder.

A 16 h 30 cet après midi-là, Mitch et Kelly étaient de retour chez eux. Ils étaient bronzés, heureux et plus détendus que Crystal ne les avait jamais vus.

Après de longues effusions, Tanner et Crystal, qui avaient déjà chargé leur voiture, prirent congé. Kelly les pria de se joindre à eux le lendemain soir pour le traditionnel dîner du dimanche.

— Nous viendrons, lui promit Tanner qui réalisa, trop tard, qu'il avait parlé au nom de Crystal.

Mitch et Kelly s'échangèrent un regard entendu tandis que Tanner tentait de rattraper le coup.

— Enfin... *je* viendrai, rectifia-t-il. Et tu viendras aussi, n'est-ce pas, Crystal ?

La jeune femme réprima le fou rire qu'elle sentait monter en elle.

— A demain, alors, dit-elle. Vers 17 heures, comme d'habitude ?

Ils se précipitèrent dehors avant que des questions indiscrètes ne leur soient posées.

Comme au bon vieux temps, ils prirent chacun leur voiture. Elle ne repéra Tanner dans son rétroviseur qu'une fois arrivée devant chez elle. Il gara sa Mustang à côté de la Camaro et la rejoignit sur le trottoir où elle l'attendait.

— Tu pensais pouvoir m'échapper ? la taquina-t-il.

— Comme si c'était possible !

Elle le prit par la main, l'entraînant à sa suite.

— Viens, je vais récupérer quelques affaires.

— Prends tout ton temps ! Pourvu que tu rentres avec moi ce soir...

— Tu sais bien que je vais venir.

Une fois dans l'appartement, elle alla dans sa chambre et commença à sortir d'un placard des vêtements qu'elle plia sur son lit.

Nonchalamment appuyé contre le chambranle de la porte, Tanner la regardait faire.

— Tu as vu le regard que se sont lancés Mitch et Kelly ? lui demanda-t-il.

— Tu veux dire, lorsque tu as mis les pieds dans le plat ?

Embarrassé, il baissa les yeux sur le bout de ses chaussures.

— Il faudra bien qu'on leur dise...

Elle posa sur le lit la pile de chemisiers qu'elle tenait à la main et s'approcha de lui. Elle plaqua ses deux mains sur son torse, s'émut aux battements de son cœur sous ses paumes ouvertes.

— Je sais. Mais le moment n'était pas bien choisi. Ils venaient juste d'arriver.

— Demain soir, au dîner, alors ?

Elle fit une petite moue avant de répondre.

— Je pencherais plutôt pour une approche plus… comment dire ? Privée. Je pourrais dîner en tête à tête avec Kelly, disons, lundi. Je le lui annoncerai à ce moment-là.

— Dois-je comprendre que c'est moi qui suis chargé de l'annoncer à Mitch ?

— Pourquoi pas ? Ce serait une occasion d'approfondir vos liens.

— Parler à Mitch… j'avoue que l'idée m'effraie un peu.

Elle caressa la joue râpeuse de Tanner.

— Je sais que vous avez connu des problèmes…

— Le mot est faible. Il m'en a voulu à mort, tu veux dire. Et lorsqu'il a disparu de la circulation, laissant Kelly enceinte, c'est moi qui me suis mis à le détester. D'ailleurs lorsqu'elle m'a demandé de me mettre à sa recherche, je reconnais que je n'ai pas fait tout ce qui était en mon pouvoir.

— Peu importe, aujourd'hui Kelly et lui se sont retrouvés et les choses se passent mieux entre vous, n'est-ce pas ?

— Oui, concéda Tanner. Le plus dur est derrière nous, nous essayons d'aller de l'avant.

— C'est pourquoi je pense que ce serait une bonne idée que tu lui annonces toi-même la nouvelle. Je me charge de Kelly et toi, de Mitch.

— Il se montre très protecteur à ton égard. Et s'il voulait jouer les grands frères et m'envoyait sur les roses ?

— Tu plaisantes. Mitch ne ferait jamais une chose pareille ! Il va être très heureux pour nous, tu verras.

Tanner concentra son attention sur une des boucles blondes qu'il s'appliqua à coincer derrière son oreille.

— J'imagine que je n'ai pas le choix ?

— Tout va bien se passer. Ne t'inquiète pas.

Crystal suivit Tanner jusque chez lui. Il l'aida à décharger sa voiture et la précéda dans la maison. Il lui ménagea de la place dans l'un des placards de sa chambre et lui attribua une commode vide.

— Tu as faim ? s'enquit-il ensuite gentiment.

— Je suis affamée, corrigea-t-elle d'un ton qui laissait entendre que ce n'était pas de nourriture dont elle avait envie.

Il plongea dans son regard et lui adressa un sourire enjôleur.

Plus tard, ils sortirent pour se rendre dans un petit café du coin que connaissait Tanner. Ils allèrent ensuite faire quelques courses afin de remplir le Frigidaire resté désespérément vide pendant l'absence de Tanner.

Ils se couchèrent tôt, après s'être fait la promesse de s'endormir sitôt couchés. Mais la nouveauté de la situation les excitait trop. Savoir qu'ils n'allaient plus devoir se lever pour se séparer après l'amour les excitait follement. Ce soir-là, ils firent l'amour lentement, tendrement.

Crystal fut submergée par la force des sentiments qu'elle portait à Tanner. Mais elle préférait n'en rien dire. Pas encore.

Tanner devant travailler ce matin-là, elle fit un saut chez elle pour aller chercher des plats, des poêles et des couverts qu'elle souhaitait avoir chez Tanner. Elle en profita pour passer voir Doris et lui annoncer, autour d'une tasse de thé, qu'elle allait vivre quelque temps chez Tanner.

— Je suis sûre que vous allez être très heureux, tous les deux, prophétisa la vieille dame.

— J'adore ton optimisme, Doris, rétorqua Crystal qui rayonnait d'un bonheur nouveau. Vraiment.

De retour chez Tanner, elle rangea ses ustensiles dans le placard de la cuisine puis se mit à inspecter la peinture marron des murs que Tanner avait voulue assortie à la couleur des canapés en cuir.

Elle allait réfléchir à la façon dont elle pourrait rafraîchir un peu l'ensemble sans se ruiner. Changer la disposition des meubles pourrait également la rendre plus accueillante et plus chaleureuse.

Seul le lit, large et confortable, lui convenait parfaitement.

Mais pour l'heure elle éprouvait le besoin de faire une sieste. Le jardin, plutôt agréable, consistait en une sorte de patio ombragé agrémenté de transats matelassées. Elle s'installa confortablement dans l'une d'elles et somnola jusqu'au retour de Tanner.

Jugeant ridicule de se rendre chez Kelly dans deux voitures séparées, ils partirent ensemble. Ils décidèrent en chemin que si quelqu'un soulevait la question ils diraient simplement la vérité. « Oui, nous sommes venus ensemble. » Point. Il n'y aurait pas d'autre explication.

Mais ni Mitch ni Kelly ne firent le moindre commentaire. Tout au plus Crystal crut-elle les voir s'échanger de drôles de regards, lourds de suspicion.

Ils débarrassèrent la table tous ensemble puis firent une partie de bowling à l'aide d'une console Wii. Crystal était heureuse d'entendre les éclats de rire joyeux de DeDe, signe que le ressentiment qu'elle avait éprouvé à l'égard de son père était du domaine du passé. Elle semblait lui avoir définitivement pardonné les changements imposés à sa petite vie paisible.

Au moment de se séparer, Kelly entraîna son amie à l'écart.

— Nous nous voyons pour déjeuner demain, lui dit-elle d'un ton qui n'entendait pas être discuté. Et n'essaie pas de te défiler. Tu *sais* que nous devons parler.

Crystal la serra contre elle.

— J'aurais dû me douter que tu lirais en moi.

Elles se séparèrent après être convenues d'une heure et du lieu du rendez-vous.

Dès qu'ils furent dans la voiture, Tanner prit la parole :

— Mitch m'a fixé rendez-vous demain, à l'heure du déjeuner.

— Tu veux dire que c'est *lui* qui te l'a proposé ?

— Exactement.

— Tu crois qu'ils se doutent de quelque chose ?

— Ça m'en a tout l'air.

— Nous nous en sommes doutés hier soir, commenta Kelly lorsque Crystal lui eut appris qu'elle et Tanner vivaient désormais ensemble. Mais je me demande bien comment j'ai pu ne pas m'en rendre compte avant.

— Kell, la rabroua gentiment Crystal. Tu as eu tant de choses à gérer ces temps-ci. Tu avais tout simplement la tête ailleurs !

— Quand tout ceci a-t-il commencé entre vous ?

— Oh, à la minute où nous nous sommes rencontrés.

— Seigneur !

— Accroche-toi, la prévint Crystal, car tu n'es pas au bout de tes surprises.

Kelly considéra son amie, bouche ouverte, yeux écarquillés.

— Tu veux dire qu'il y a autre chose ?

— J'ai donné ma démission à Bandley et Schinker et Tanner m'a embauchée comme assistante.

— Tu plaisantes !

— Non. Et puis, je suis enceinte.

Crystal vit son amie se renverser dans son siège et pousser un cri si aigu que les clients des tables voisines la dévisagèrent avec curiosité. Elle mit sa main devant sa bouche, cherchant à se ressaisir.

— Désolée, dit-elle à la ronde.

Puis, se penchant vers Crystal, elle lui demanda à voix basse :

— De combien ?

— Deux mois.

— Je connais mon frère, affirma Kelly. Il va vouloir t'épouser.

— En effet, je pense que cela fait partie de ses projets, acquiesça Crystal sans chercher à se dérober.

— Comment cela, *tu penses* ? Il ne t'a encore rien demandé ?

— Kell ! Je ne lui ai pas laissé l'occasion de le faire. Il a été adorable ! Si gentil, si compréhensif ! Au début, c'est moi qui ne voulais pas entendre parler de mariage. Puis, il m'a spontanément proposé de s'installer chez vous pour ne pas me laisser seule avec DeDe. Et nous mettre à l'épreuve. Voir comment nous nous entendrions si nous vivions sous le même toit. Ensuite, il m'a offert ce job. C'est à votre retour que, tout naturellement, il m'a proposé de vivre avec lui.

— Une seule chose compte, Crystal. L'aimes-tu ?

— Oh, Kell...

— Tu l'aimes. C'est inscrit sur ton visage. Et je crois pouvoir affirmer qu'il t'aime en retour. Il n'aurait pas voulu vivre avec toi si ça n'était pas le cas. Et puis, j'ai bien vu les regards qu'il te lançait, hier soir. Je ne doute pas un instant qu'il veuille t'épouser, laisse-lui faire sa demande.

— Oui. Bientôt...

— Elle vit avec toi, elle travaille pour toi et elle attend ton enfant, résuma Mitch. Alors, épouse-la.

Tanner n'émit aucune objection.

— C'est bien mon intention. Dès que je la sentirai prête.

— Tu le lui as déjà demandé ? voulut savoir Mitch.

Tanner garda le silence. Il mordit dans son sandwich au poulet.

— Quoi ? s'étonna Mitch. Ne me dis pas que tu ne lui as pas demandé ?

Toujours silencieux, Tanner posa le reste de son sandwich dans son assiette et prit sa serviette.

— Elle ne m'en a pas laissé l'occasion, finit-il par dire. Elle m'a annoncé qu'elle était enceinte et l'instant d'après qu'elle ne voulait pas entendre parler de mariage entre nous. Et depuis, je n'ai de cesse de lui montrer les avantages de la vie à deux. Et je crois bien que j'ai marqué des points.

— Eh bien, alors ? Qu'est-ce que tu attends ?

— Tu la connais. Elle paraît toute lisse en surface mais, si on gratte un peu, c'est la fille la plus secrète que j'aie jamais rencontrée. Elle me cache quelque chose, Mitch. Quelque chose qu'elle ne me révélera que si elle le veut bien. Je peux essayer de l'encourager à parler mais certainement pas la forcer, si elle n'en a pas envie.

— Evidemment, concéda Mitch en haussant les épaules. Et alors ?

— Alors... tu sais à quoi je fais allusion, n'est-ce pas ?

Mitch détourna le regard.

— N'est-ce pas ? le pressa Tanner.

— Je peux te dire une chose, se défendit Mitch en regardant Tanner droit dans les yeux. Je me suis comporté en salaud durant une bonne partie de ma vie. Lorsque j'ai rencontré Crystal, il a été tout de suite évident qu'entre nous, ce ne serait pas une histoire de sexe. Je l'ai aimée au premier coup d'œil, sans rien savoir d'elle. Je l'aimais, mais je n'avais pas envie de coucher avec elle.

Tanner se demanda comment une chose pareille était possible. Mais il ressentit un vif soulagement à l'idée que Mitch et Crystal n'avaient pas été amants.

— Un jour, Crystal est venue me trouver pour me dire que j'étais son frère. Pas un frère de sang, non. Mais bien mieux que ça. J'avais beau l'aimer et tenter de me convaincre que j'avais confiance en elle, quelque chose chez cette fille me troublait. Je la trouvais bizarre. Il fallait que je découvre son secret. J'ai mis un détective sur le coup. Il a mis quinze jours à constituer un dossier mais, entre-temps, j'avais réalisé que je me fichais pas mal de savoir qui elle était véritablement. Elle m'avait avoué avoir changé de nom et recommencé sa vie à zéro. J'ai décidé de la croire, de suivre mon instinct. J'ai payé le détective et jeté le dossier à la poubelle.

— Tu veux dire que tu ne l'as pas lu ? demanda Tanner, sceptique.

— C'est exact. Je n'ai pas lu ce fichu dossier. Je ne l'ai jamais regretté. Crystal est la meilleure amie qu'on puisse avoir. Je n'ai jamais rien eu à lui reprocher, elle s'est toujours montrée droite, honnête, et intègre. Quant à ses secrets, j'ai décidé qu'ils n'appartenaient qu'à elle. Cela ne me regarde pas mais si, un jour, elle veut m'en parler, je serai là pour l'écouter. Tanner, tu entends ?

— Oui, oui.

— En conclusion, laisse-lui le droit de te parler à sa façon, et quand elle l'aura décidé. Demande-lui de devenir ta femme et ne pense plus à tout ça.

Le conseil était bon. Dommage qu'il connaisse déjà le secret qu'elle ne s'était pas encore résolue à partager avec lui.

14

Une semaine s'écoula. Puis une autre. Mai céda la place à juin. Les journées se firent plus chaudes, les nuits plus douces.

Tanner était un homme heureux et chaque jour Crystal l'étonnait un peu plus.

Elle s'était révélée une sacrée assistante. La meilleure. Comment cette femme, qu'il avait crue superficielle, pouvait-elle se montrer aussi organisée ?

Grâce à elle, son affaire tournait de mieux en mieux. En l'espace de quelques semaines elle avait réussi l'exploit d'élargir son carnet d'adresses, d'apporter de nouveaux clients et de fidéliser les anciens qui craquaient tous pour elle. Ils rapportaient à Tanner à quel point elle était efficace et comment elle s'occupait d'eux sans compter. Elle possédait le don, rare, de savoir gérer avec délicatesse les cas difficiles et de dissiper les tensions.

Elle agissait à la maison avec la même efficacité. Elle avait changé les meubles de place, ajouté çà et là coussins, rideaux et tableaux qui apportaient une note de gaieté à la couleur morne des murs. Des plantes vertes un peu partout avaient achevé de donner une impression de chaleur et de convivialité.

Il avait eu beau ronchonner, il adorait tous ces changements qui redonnaient vie à sa maison tout en la rendant plus confortable.

Il lui arrivait parfois, la nuit, après avoir fait l'amour avec elle, de rester plongé dans le noir à l'écouter respirer alors qu'elle était endormie. Il se disait alors qu'il ne pourrait plus se passer d'elle. Se remémorait le conseil de Mitch et concédait qu'il avait raison.

Désormais, il se fichait éperdument de ce passé qu'elle semblait décidée à ne pas partager avec lui. Il en savait assez, bien plus qu'il n'aurait dû. Il ne pouvait revenir en arrière, nier ce qu'il avait appris sans son autorisation ; aussi, ce secret resterait à jamais au fond d'un tiroir soigneusement verrouillé à double tour.

Il attendrait juste qu'elle veuille lui parler.

Un jour. Peut-être.

Car pour lui, ce qui importait, c'était la vie qu'il menait avec elle, le bonheur de la retrouver tous les matins, de partager la simplicité d'un petit déjeuner, de la voir lui sourire en reprenant une tranche de bacon.

Ce qui importait, c'était aussi leurs deux corps enchevêtrés, les baisers échangés, les murmures à la faveur de la nuit.

Ce qui importait, enfin, c'était cette maison qui allait devenir le foyer de leur enfant.

Crystal était partout avec lui. Dans sa maison, à son bureau, dans son lit. Et il ne voulait pas que cela cesse un jour.

Il était temps de suivre le conseil de Mitch.

Le deuxième mardi de juin, alors que Crystal était au bureau, il se rendit dans une bijouterie sur K street et acheta une bague. Puis il lui téléphona.

— Dark Horse Investigations, répondit la jeune femme.

— Quitte le bureau un peu plus tôt et va à la maison mettre ta plus jolie robe.

— Qui est à l'appareil ? le taquina Crystal en riant.

— L'homme qui a réservé une table pour 18 h 30 dans le meilleur restaurant de la ville.

— Alors, tu as toute mon attention.

— Je savais bien qu'il me suffirait de prononcer le mot « restaurant » pour devenir tout à coup intéressant.

Il l'entendit pousser un profond soupir à l'autre bout du fil.

— Malheureusement, je ne pourrai pas mettre ma plus jolie robe, déplora-t-elle.

Tanner savait que Crystal faisait allusion aux formes qu'elle avait prises. Lui la trouvait toujours aussi attirante, même un peu plus ronde.

— Peu importe ce que tu mettras. De toute façon, tu es belle. Tu es la plus belle femme que j'aie jamais connue.

La voix de Crystal se fit soudain aussi caressante qu'un baiser.

— Tanner...

— Oui ?

— C'est si gentil de me dire ça.

— Je ne sais pas si c'est gentil, mais c'est ce que je pense.

Au restaurant, on leur attribua une table à l'écart dans une alcôve privée. Ils prirent leur temps pour choisir un menu, tombèrent d'accord sur une entrée, une salade et un plat et partagèrent un fondant au chocolat.

Leur repas achevé, Crystal passa une main sur son ventre rond.

— Je crois qu'à partir de ce soir, je ne pourrais plus rentrer dans *aucune* de mes jolies robes.

— Pas grave. Je t'aime nue aussi.

Tout en parlant, Tanner tripotait l'écrin qu'il avait dans sa poche. Il avait prévu de faire sa demande au moment du dessert. Mais finalement, il jugea préférable d'attendre qu'ils soient à la maison.

Alors qu'ils seraient seuls, dans l'intimité de leur foyer.

Crystal savait ce qui allait suivre. Elle l'avait lu dans le regard sombre de Tanner.

Il était le plus beau des hommes dans sa chemise blanche et son pantalon noir. Elle n'avait jamais été aussi heureuse.

Ni aussi affolée.

Car elle devait parler avant de lui dire oui. Elle devait lui révéler son secret même si la partie qu'elle s'apprêtait à jouer s'annonçait rude.

— Tu es bien silencieuse, souligna-t-il alors qu'ils étaient sur le chemin du retour.

— Je pense à quelque chose.

Son esprit était en ébullition. Pourquoi rendait-elle les choses aussi difficiles ? Pourquoi avoir gardé ce secret aussi profondément enfoui ? Pourquoi, alors qu'elle avait la preuve qu'elle pouvait avoir une totale confiance en l'homme qui se trouvait à ses côtés, ne parvenait-elle toujours pas à partager avec lui cette partie douloureuse de sa vie ?

Mais tandis qu'elle se posait ces questions, son cœur lui donnait les réponses. Au plus profond d'elle-même se trouvait un vide insondable, un espace lié à l'inconnu, fait de douleur et de tristesse. Pour pouvoir survivre à ce vide béant, elle avait fait le choix de partir, de redémarrer une nouvelle vie.

Elle s'était efforcée d'oublier un passé qui resurgissait avec plus de violence encore.

Elle savait, depuis des semaines, que ce moment allait arriver. Voilà, l'heure de la vérité allait sonner. Et elle était terrorisée.

Tanner prit sa main et la porta à ses lèvres. En retour, elle lui adressa un sourire d'une infinie tendresse.

Le trajet fut rapide. Il gara sa voiture à côté de celle de Crystal, pressa le bouton de fermeture automatique du garage puis coupa le moteur.

« J'aime cet homme », songea-t-elle alors que Tanner se tournait vers elle, le regard empli de bonheur. Une vague de gratitude la submergea. Depuis qu'elle avait quitté ses parents, elle avait réussi le pari de se prendre en charge, de vivre une vie qui, bien que solitaire, lui convenait parfaitement. Elle était devenue une femme équilibrée, indépendante, subvenant seule à ses besoins. En deux mots, une célibataire heureuse.

Mais depuis Tanner, et avec le bébé qui allait arriver, elle se sentait beaucoup plus que cela. Elle était une femme sereine et accomplie. Privilégiée.

Tanner l'attira à lui. Comme toujours, son baiser l'électrisa, éveillant instantanément en elle un désir violent.

Il s'écarta, piqua un baiser tendre sur le bout de son nez.

— Entrons, décida-t-il après avoir pris sa veste sur la banquette arrière.

Ils passèrent par le cellier, pénétrèrent dans la cuisine. Un long comptoir carrelé de faïences séparait celle-ci du salon et de la salle à manger.

Elle aimait cet endroit de la maison qu'elle trouvait convivial et chaleureux. Et depuis qu'elle y avait effectué quelques changements, ajouté des pointes de couleurs, changé la disposition des meubles, il était devenu encore plus confortable.

« Ma maison, songea-t-elle avec bonheur. Cette maison est maintenant la mienne. »

Elle n'avait plus qu'à prononcer quelques mots et à retourner en paix vers tout ce qui faisait son bonheur : l'amour qu'elle portait à Tanner et la famille qu'ils allaient fonder. Un bonheur qu'elle voulait éternel.

Tanner restait un peu en retrait, sa veste toujours sur le bras. Elle nota une pointe de nervosité dans la légère ride qui s'était creusée entre ses sourcils, dans ses lèvres légèrement pincées.

Elle se sentit submergée de tendresse. Elle lui adressa un sourire rayonnant et lui tendit la main.

— Veux-tu une tasse de thé… ou bien, autre chose ? proposa Tanner.

— Non merci. Pas maintenant.

Elle se tenait immobile au milieu de la pièce, la main toujours tendue vers lui. Il s'approcha. Posa sa veste sur le dossier d'une chaise et prit la main offerte.

— Je t'aime, Crys, murmura-t-il. Au début, je pensais que tout nous séparait mais je me trompais. Et cela n'a rien à voir avec l'enfant que tu portes. Enfin, pas complètement. Par-dessus tout, c'est toi que j'aime. Toi, et tout ce qui te caractérise : ce rire qui coule en cascade, ta vivacité d'esprit…

— Vraiment ? le taquina-t-elle gentiment pour masquer sa propre émotion.

— Oh, oui. J'aime tout de toi. Tu es belle, tu es intelligente et tout ce que je désire, c'est pouvoir te garder éternellement entre mes bras. Je te veux en permanence à mes côtés, du lever au coucher du soleil, je veux partager ta vie jusqu'à la fin de mes jours.

— Tanner…, murmura la jeune femme en tentant de refouler les larmes qui lui brouillaient la vue.

Elle le vit alors se pencher vers sa veste et sortir d'une des poches une petite boîte carrée en velours rouge. Il l'ouvrit et lui présenta le diamant qui étincelait de mille feux.

— Epouse-moi, Crystal. Accepte de devenir ma femme.

Tout son être tendait à dire oui. Oui, j'accepte. Car il n'y avait rien qu'elle ne désirait plus que de prendre cette bague et d'accepter de passer toute sa vie aux côtés de cet homme qu'elle aimait tant.

Pourtant, elle ne le pouvait pas.

Pas encore.

Pas tant qu'elle n'aurait pas dissipé les ombres du passé.

Elle s'éclaircit la gorge, rassembla tout son courage.

— Tanner...

Tanner la considéra avec stupeur, sonné comme s'il avait reçu un coup à l'estomac.

— Seigneur... ne me dis pas non, Crystal...

Un intense sentiment de culpabilité s'abattit sur elle. C'était sa faute s'il souffrait ainsi. Elle n'aurait pas dû attendre le dernier moment, attendre qu'il lui offre cette magnifique preuve de son amour.

— Je... je n'ai pas dit non, Tanner.

Un éclair de joie passa dans les yeux de ce dernier.

— C'est oui, alors ?

— Je... je dois d'abord te dire quelque chose. Quelque chose que j'aurais dû t'avouer le soir où tu m'as interrogée sur mes parents, sur mon enfance. Sur mon passé. J'ai laissé passer les occasions, refusant de me confier même lorsque tu m'y encourageais. Je repoussais toujours à plus tard, sans jamais trouver le courage de le faire.

— Crys...

— Non. Attends. S'il te plaît. Viens, allons nous asseoir.

Elle le prit par la main et le conduisit vers le canapé.

— Crystal, ce n'est pas nécess..., tenta Tanner alors qu'elle le poussait à s'asseoir tandis qu'elle gardait prudemment ses distances.

— Tanner, *c'est* nécessaire. Il faut absolument que tu saches.

Elle soutenait son regard sans ciller, le suppliant en silence de comprendre.

Il opina, posa l'écrin sur la table basse devant lui.

— Ça m'est égal, Crystal. Crois-moi. Rien de ce que tu pourras dire ne me fera changer d'avis.

— Peut-être. Mais cela fera pour moi une énorme différence. C'est une chose que... que je n'ai jamais dite à personne. Un poids qui me brise le cœur chaque jour que Dieu fait et qui pèsera sur ma conscience jusqu'à la fin de mes jours.

— Tu n'as pas besoin de..., lui enjoignit Tanner en se levant.

Elle l'arrêta d'un geste de la main.

— S'il te plaît, Tanner. Reste ici. Laisse-moi parler. Pour cette fois, n'essaie pas de me protéger. Laisse-moi te dire ce que tu dois savoir.

Il replongea dans les coussins. Attendit.

— Je t'ai dit que, lorsque j'étais adolescente, j'ai connu quelques problèmes, commença-t-elle. J'ai connu la drogue, la boisson aussi, avec une bande de jeunes aussi paumés que moi avec qui je traînais sans arrêt. J'ai été arrêtée deux fois, une fois pour trouble sur la voie publique et l'autre pour vol à l'étalage. J'avais à peine quinze ans.

Tanner secoua la tête, d'un air triste. Il cherchait ses mots.

— Je me fiche de ce qui s'est passé il y a des années. Le principal, c'est que tu t'en sois sortie.

L'indulgence et la compréhension de Tanner lui donnèrent le courage nécessaire pour poursuivre.

— Il y a plus grave. Cette année-là, un garçon est arrivé au lycée en cours d'année. Il s'est installé à côté de moi dans la salle d'études. A la minute où je l'ai vu... je ne sais pas... J'avais déjà flirté avec des garçons mais sans aller plus loin que des baisers et des caresses, soupçonnant sans doute que ce ne serait que source d'ennuis supplémentaires. J'étais sauvage et rebelle mais je ne voulais pas me rendre ridicule en m'entichant d'un garçon.

Elle eut un petit rire dépité avant de reprendre.

— Du moins, c'est ce que je croyais.

Elle s'enveloppa de ses bras et se laissa tomber sur un fauteuil.

— Jusqu'à l'arrivée de ce garçon. Damon. Il venait d'une famille aisée, il était gentil, bien élevé. Toutes les filles étaient folles de lui mais c'était moi qu'il aimait. Alors, toutes mes idées préconçues sur les garçons, l'amour, ont volé en éclats. J'avais changé d'avis, je voulais des baisers au grand jour, des marques de tendresse. Et faire l'amour avec lui. Mais c'était difficile de m'échapper. Mes parents étaient sans arrêt sur mon dos, ils me privaient constamment de sorties. Nous parvenions néanmoins à nous voir en cachette, un mois après nous étions devenus amants. J'étais amoureuse, naïve. Je croyais que notre belle histoire allait durer toujours, que nous allions nous marier, avoir des enfants, vivre dans une belle maison remplie de bonheur. Et puis... et puis je suis tombée enceinte.

Elle marqua une nouvelle pause, riva les yeux sur le bout de parquet qui dépassait entre ses sandales, incapable d'affronter le regard de l'homme qui se trouvait face à elle.

— Crystal, intervint Tanner avec douceur, tu n'as pas à avoir honte.

Elle leva enfin le regard sur lui.

— Je n'ai pas honte, affirma-t-elle d'une voix qu'elle voulait assurée. J'essaie juste de t'expliquer, d'accord ? Il *faut* que tu saches.

— O.K., acquiesça-t-il gentiment.

— Quand il a su, Damon m'a plaquée. Mais avant, il m'a expliqué qu'il n'en avait rien à faire, que ce bébé n'était pas son problème. Il avait trois cents dollars en poche qu'il m'a tendus en disant que c'était tout ce qu'il pouvait faire et que je devrais me faire avorter. Il m'a dit que tout était fini entre nous et m'a mise en garde pour le cas où je lui chercherais des ennuis. C'était ridicule ! Non seulement ce garçon me brisait le cœur mais en plus il s'imaginait que j'allais me vanter d'être enceinte ! Durant les deux semaines qui ont suivi, nous nous sommes ignorés. J'essayais de me persuader que je le détestais mais qu'il allait réaliser son erreur et reviendrait vers moi en rampant, me suppliant de l'épouser et de lui laisser reconnaître notre enfant. Alors seulement, et peut-être, lui pardonnerais-je.

» Une nuit, il est sorti avec des copains. Ils avaient bu et fumé des joints. Leur voiture a percuté la glissière de sécurité de l'autoroute sur laquelle ils roulaient. Ils sont morts tous les trois sur le coup. Je suis restée prostrée dans ma chambre pendant trois jours. Et puis j'ai repris ma vie, de façon mécanique. J'allais à l'école, je rentrais à la maison, je me levais le matin et je recommençais. Mes parents n'ont découvert ma grossesse qu'au sixième mois, quand je ne pouvais plus la leur cacher. Ils ont exigé de connaître le nom du père. J'ai menti, j'ai dit que je ne savais pas. Par provocation, j'ai ajouté que j'avais tellement d'amants que je ne pouvais savoir lequel était à blâmer. C'est à partir de ce moment qu'ils ont commencé à parler d'abandonner le bébé. Avec le recul, je pense que j'étais en pleine dépression nerveuse. A une ou deux reprises, j'ai trouvé le courage de me rebeller, je leur ai dit que je voulais garder mon bébé. Mais *eux* savaient mieux que moi ce qui était juste, ce qu'il convenait de faire. *Eux* savaient ce dont j'avais besoin pour reprendre goût à la vie. »

Elle s'arrêta un instant, pour reprendre son souffle. Tout ce qu'elle avait tenu caché durant toutes ces années, elle voulait maintenant l'exprimer, le dire à Tanner, le père du bébé qu'elle portait.

— Quand mon bébé est né, reprit-elle, ils m'ont fait signer des papiers et m'ont séparée de lui. Je n'arrive toujours pas à croire comment j'ai pu laisser les choses se passer ainsi, comment je les ai laissés décider de ma vie. Un mois après avoir abandonné ma petite fille, j'ai commencé à les harceler, exigeant d'eux qu'ils me disent où elle était, qu'ils m'aident à la retrouver, qu'ils me donnent une chance de leur prouver que je saurais m'en occuper.

De nouveau, le regard de Crystal se perdit dans la contemplation de ses chaussures. Elle eut soudain l'impression qu'elle ne pourrait pas lever les yeux tant qu'elle n'en aurait pas terminé avec ces souvenirs douloureux.

— Ce fut de pire en pire, reprit-elle. La pensée de mon enfant, que l'on m'avait arraché des bras, m'obsédait. Je suppliais mes parents de me dire où elle se trouvait mais ils sont restés intraitables, ils n'ont jamais voulu parler. Je suis même allée trouver les parents de Damon et, jouant sur la corde sensible, je leur ai révélé qu'ils étaient grands-parents, qu'il fallait qu'ils m'aident. Ils m'ont rétorqué qu'ils ne voulaient rien avoir à faire avec moi ou mon bébé. Leur fils aîné m'a montré la porte. Finalement, après une dernière altercation avec mes parents, j'ai claqué la porte et je suis partie. Pour de bon, cette fois.

» La suite, tu la connais… J'ai tenté de me reconstruire. Mon bac en poche, je me suis inscrite en fac, j'ai obtenu un diplôme. Aujourd'hui, je suis en pleine forme, libérée de la drogue, indépendante et seule responsable de mon propre destin. »

Enfin, elle leva les yeux sur Tanner mais les baissa de nouveau, incapable de soutenir son regard.

— Et puis, je t'ai rencontré. Tu es tout ce que je pouvais espérer d'un homme, je suis si heureuse de t'avoir, toi…

Elle passa la main sur son ventre légèrement renflé.

— … et notre bébé. La vie est belle maintenant, n'est-ce pas ?

— Oui, répondit-il tout bas.

— Pourtant, je ne cesse de penser à mon enfant abandonné. Je me demande si elle va bien, si elle est heureuse. J'ai juste *besoin* de savoir si tout va bien, si elle est dans une famille aimante. Je suis plus forte aujourd'hui et je sais que je peux aller de l'avant. Mais pas tant que je ne saurai où elle se trouve et chez qui. Aussi, je pense de plus en plus souvent à aller chez mes parents les supplier de nouveau de me dire ce qu'il est advenu de ma fille.

A l'autre bout de la pièce, Tanner gardait le silence.

Elle se sentit soudain plus légère, libérée d'un poids qui l'empêchait de vivre normalement. Car désormais, elle n'était plus seule à porter ce triste secret.

Elle se leva, adressa à Tanner un large sourire et fit un pas vers lui.

— Voilà, je t'ai tout dit.

— Crystal…, murmura Tanner.

Enfin, elle pouvait le regarder dans les yeux.

— Crystal, je suis désolé…

— Tu… quoi ? balbutia-t-elle, ne comprenant pas du tout où il voulait en venir.

— Je savais. Je savais déjà. Au sujet de ta fille.

Elle le regarda, cherchant à lire dans les yeux de Tanner.

— Tu savais ? Mais comment pouvais-tu… ?

Soudain, la lumière se fit dans son esprit. Soudain, elle comprit ce qu'il avait fait.

— Oh, non…, murmura-t-elle.

Il se leva.

— Crystal, écoute…

Elle secoua la tête. Lentement.

— Tu as… enquêté, n'est-ce pas ? Tu as enquêté sur moi.

— Ecoute…, ne put que répéter Tanner qui osa un pas vers elle.

— N'approche pas, lui intima-t-elle en levant une main devant lui. Reste où tu es et réponds à ma question. Dis-moi que tu n'as pas fait une chose pareille.

— Je ne peux pas.

— Parce que tu l'as fait.

— Crystal, ne me regarde pas comme ça, dit-il d'une voix suppliante. Je ne voulais pas te blesser.

— Je veux juste la vérité. Dis-moi si tu as agi à mon insu. Si tu as découvert des choses que je ne me jugeais pas encore prête à te dire.

— Crystal, je voulais juste t'aider, plaida Tanner en tentant encore un pas en avant.

Mais elle recula vivement, et plaça une chaise entre eux.

— Non, Tanner. Non. Dis-moi la vérité. Maintenant.

Tanner soutint un instant le regard ulcéré de la jeune femme puis rendit les armes.

— D'accord. Oui, j'ai rencontré ta mère. Je sais au sujet de l'enfant que tu as eu. Je…

— Assez.

Le mot résonna dans sa tête. « Assez ». Non, c'était bien pire que cela, c'était trop. Elle avait exigé de lui qu'il avoue mais n'avait pas la force de supporter la vérité. Elle ne voulait pas en entendre plus.

Elle s'entendit parler d'une voix blanche, désincarnée.

— Tu n'avais pas le droit. Tu aurais pu attendre, je te l'aurais dit. D'ailleurs, ne l'ai-je pas fait ? Tu aurais dû me faire confiance, Tanner. Tu aurais dû respecter le droit qui m'appartient d'attendre le bon moment de le faire.

— Je jure que je ne cherchais qu'à t'aider, Crystal.

— M'aider… En trahissant ma confiance ? Comment pensais-tu pouvoir m'aider de cette façon ?

Elle baissa le regard sur ses mains crispées sur le dossier en cuir de la chaise. Toute l'horreur de la situation se matérialisait dans ses ongles plantés là.

Tanner ne portait aucun jugement sur elle. Elle n'en doutait pas. Il ne la blâmait pas d'avoir abandonné son enfant et elle savait, au plus profond d'elle-même, qu'il ne lui ferait jamais de mal, qu'il ferait toujours tout son possible pour elle.

Mais là, il était allé trop loin. Elle ne pouvait supporter l'idée qu'il savait. Depuis combien de temps ? Des jours ? Des semaines ? Il avait découvert un secret qu'il n'appartenait qu'à elle de lui révéler ou pas. Et alors qu'elle cherchait désespérément la force et le courage de lui parler, lui, pendant tout ce temps, savait déjà.

— Je savais que tu me cachais quelque chose, avança Tanner, et que ce secret te rongeait. Alors, j'ai pris l'initiative de contacter ta mère et je l'ai convaincue de nous rencontrer.

— Quand ? parvint à articuler Crystal d'une voix blanche.

— Pardon ?

— Quand as-tu rencontré ma mère ?

— Il y a environ un mois. C'était le soir où DeDe avait fugué.

— Je m'en souviens parfaitement. Un client, m'avais-tu dit. Un client de dernière minute qui t'empêchait d'être à l'heure pour le coup de fil que nous devions passer à Mitch et Kelly. Ce *client*, c'était donc ma mère ?

— Crystal...

— Réponds-moi. Tu m'as menti. Dis-le. Dis-le à haute voix.

— D'accord. Je t'ai menti. Je n'avais pas rendez-vous avec un client ce soir-là, mais avec ta mère. Elle avait d'abord refusé et puis juste au moment où je rentrais à la maison, elle m'a rappelé pour me dire qu'elle acceptait de me rencontrer.

— Et tu étais d'accord. Tu m'as téléphoné pour me mentir, pour me dire que tu n'avais pas fini de travailler. Mais en fait, c'était pour aller parler à ma mère dans mon dos.

— J'ai cru bien faire. Je voulais juste essayer de la faire parler.

Avait-il vraiment prononcé ces mots ?

— « *Bien* faire », Vraiment. Tu penses vraiment ce que tu viens de dire ?

— Oui. J'ai sauté sur l'occasion. Je ne voulais pas lui laisser le temps de revenir sur sa décision. Je lui ai fait croire que je travaillais pour toi. Elle était méfiante, nerveuse, puis elle a fini par se trahir, par mentionner ton enfant. C'est là que j'ai commencé à penser que, peut-être, tu redoutais de savoir. De savoir où se trouvait ta fille, si elle était heureuse... ou pas. Je me suis dit que si je pouvais répondre à toutes tes interrogations...

— Arrête !

Elle plaqua ses mains sur ses oreilles, incapable d'en entendre plus. Elle avait conscience de se comporter de façon puérile mais ne pouvait agir autrement.

— Non, non, non !

Elle se rua sur le comptoir, agrippa son sac à main.

— Je rentre chez moi. Je passerai demain chercher mes affaires.

— Bon sang, Crystal ! Ne fais pas ça ! Ne pars pas !

Mais elle ne l'entendait plus. Elle fit volte-face et se dirigea vers la porte du garage. Elle ignora le désespoir de Tanner qui criait son nom pour tenter de la retenir. Sans un regard en arrière, elle monta dans sa voiture et quitta la maison.

Elle avait l'impression de vivre un cauchemar. Elle conduisait comme un automate, indifférente au flux dense de la circulation et consciente du fait que, dans l'état où elle se trouvait, elle n'aurait pas dû prendre le volant.

Miraculeusement, elle parvint à arriver chez elle sans encombre. Une fois dans son appartement, elle alluma toutes les lumières puis alla se recroqueviller sur son futon.

Comme une enfant.

Comme une pauvre enfant triste.

15

Pour Tanner ce fut la nuit la plus cauchemardesque de toute son existence.

Un peu comme celles vécues dans son enfance quand, immobile dans le lit du dortoir, au foyer, il se demandait quand, et si, sa maman allait venir le chercher et comment allait sa petite sœur, cette sœur dont sa mère persistait à dire qu'elle ignorait ce qu'elle était devenue.

Oui, jusque-là, ces nuits étaient les pires qu'il ait connues.

Jusque-là.

Qui essayait-il de tromper ? C'était *encore* le pire qu'il ait connu.

Lorsque Lia Wells Bravo l'avait abandonné à sa souffrance, il n'était qu'un pauvre petit garçon terrorisé s'inquiétant du sort réservé à sa petite sœur. Un petit garçon innocent, impuissant à changer le cours de sa vie.

Alors qu'aujourd'hui, il était en grande partie responsable du départ de la femme qu'il aimait. Elle avait eu raison de se mettre en colère. Son histoire n'appartenait qu'à elle, il aurait dû faire preuve de patience, respecter son silence. Il avait usurpé ce droit, tout comme les parents de Crystal avaient usurpé le droit de leur fille de vouloir garder son enfant. Il avait agi comme eux, avait choisi pour Crystal, à sa place, en décidant que c'était pour son bien.

Tanner n'était pas du genre à prier. Pourtant, cette nuit-là, il pria avec ferveur. Il implora le ciel pour qu'il n'arrive rien à Crystal. C'était tout ce qu'il voulait, que Crystal et leur bébé aillent bien.

D'accord. Il se mentait. Il voulait plus. Il voulait garder l'espoir que Crystal lui donne une seconde chance. Plus tard. Lorsqu'elle lui aurait pardonné.

Il pria. Encore et encore.

Il était plus de 3 heures du matin lorsque Crystal quitta son canapé. Elle enfila un vieux pyjama et se laissa tomber sur son lit, ivre d'épuisement. Elle sombra dans un profond sommeil sans rêves.

Lorsqu'elle se réveilla, il faisait grand jour. Les rayons du soleil qui filtraient à travers les persiennes la firent cligner des yeux.

Elle frotta ses paupières gonflées par trop de larmes, écarta les mèches qui lui tombaient sur le visage et jeta machinalement un coup d'œil au réveil.

7 : 05.

Quelqu'un frappait à la porte.

« Tanner ! »

La bouffée d'espoir qui l'avait assaillie se dissipa aussitôt pour céder la place à une profonde colère. Il n'avait pas le droit de venir la traquer jusque chez elle alors qu'elle lui avait clairement signifié que tout était fini entre eux !

Elle rejeta les couvertures, enfila hâtivement sa robe de chambre et se précipita sur la porte d'entrée, prête à envoyer Tanner à tous les diables.

C'était Doris.

La violence de Crystal avait fait reculer la vieille dame de quelques pas.

— Crystal... je...

La colère de la jeune femme retomba aussi vite qu'elle était montée.

— Doris. Je suis désolée, je ne savais pas que c'était toi. Nigel a encore fugué ? s'enquit-elle, réellement soucieuse.

Doris répondit d'un signe de tête qui fit danser ses maigres boucles grises.

— Non, il est à la maison. Plus gras que jamais. D'ailleurs, il est en train de prendre son petit déjeuner.

— Tant mieux, dit Crystal en poussant un soupir de soulagement. Mais tu m'as fait peur. Entre, ajouta-t-elle en s'effaçant pour laisser le passage. Je vais voir si j'ai de quoi te faire une tasse de café.

Doris hésita.

— Je voulais juste m'assurer que tu allais bien. Je t'ai entendue rentrer hier soir.

— J'ai claqué la porte un peu trop fort, n'est-ce pas ?

— Non, pas du tout. Finalement, je prendrais bien une tasse de thé, si tu en as.

Crystal ouvrit la porte en grand, invitant sa voisine à entrer.

— Du thé, bien sûr. J'en ai, c'est certain.

Quand l'eau fut chaude elle sortit deux mugs dans lesquels elle plongea deux sachets de thé. Puis elle s'assit à table, invitant Doris à faire de même.

— J'ai failli venir hier soir, lorsque je t'ai entendue, dit la vieille dame en buvant son thé à petites gorgées. J'étais inquiète. Comme tu m'avais prévenue que tu t'installais chez ton amoureux...

— C'est fini, lâcha Crystal d'une voix dure.

— Oh, non ! Que s'est-il passé ?

Doris paraissait si sincèrement bouleversée que Crystal jugea bon de lui donner une explication. Elle commença par rester évasive puis, se laissant peu à peu emporter par son récit, raconta son histoire dans les moindres détails. Elle lui parla de l'enfant qu'elle portait, de celui qu'elle avait dû abandonner huit ans plus tôt.

Comme c'était étrange ! Elle qui avait gardé si longtemps ce secret enfoui au plus profond d'elle-même, elle se surprenait à pouvoir en parler. C'était comme si le fait de s'être épanchée auprès de Tanner avait ouvert des vannes qu'elle ne pouvait plus refermer.

Doris fit preuve de compassion et de compréhension. Mais pas seulement pour Crystal. Après s'être levée pour aller serrer la jeune femme contre son cœur, elle alla se rasseoir et sirota de nouveau son thé. Puis elle reposa pensivement sa tasse.

— Bien sûr, avança-t-elle prudemment, Tanner n'avait pas le droit de fouiller dans ton passé comme il l'a fait. Cependant, je crois qu'il était animé de bonnes intentions. A mon avis, il pensait vraiment qu'il pourrait t'aider.

— C'est ce qu'il m'a dit, rétorqua la jeune femme, et je n'en doute pas. Mais cela ne lui donnait pas pour autant le droit de faire ce qu'il a fait.

— Non. Bien sûr que non.

Doris lui adressa un sourire plein d'affection.

— Mais, ajouta-t-elle, je suis certaine que tu sauras faire le bon choix.

— Il est déjà fait, précisa Crystal d'un ton péremptoire.

— Ne m'as-tu pas dit que tu travaillais pour lui ?

— Oui. Enfin... je *travaillais* pour lui.

— Pourquoi en parles-tu au passé ? Tu as l'intention de démissionner ? Tu ne vas pas aller au bureau aujourd'hui ?

Crystal resta un instant silencieuse. Elle n'avait pas songé à cela. A vrai dire, elle avait plutôt eu l'intention de se remettre au lit, couvertures remontées jusqu'au menton, après le départ de Doris.

— Eh bien... j'ai ma fierté après tout !

— Bien sûr, acquiesça la vieille dame dans un sourire indulgent.

— Je l'ai déjà prouvé en démissionnant de mon dernier poste. Là aussi, j'avais une bonne raison !

— Je m'en souviens. Tu me disais que cet avocat était un malotru.

— C'en était un, tu peux me croire !

— Il avait dépassé les bornes, c'est cela ?

— Oui. Mais plus j'y pense et plus je me dis que ce n'est pas une bonne idée d'en faire une habitude. Quelle qu'en soit la raison.

Doris approuva d'un hochement de tête.

— Tu as parfaitement raison.

— Finalement, je crois que je vais renoncer à passer ma journée au lit.

La dernière chose dont Tanner avait envie ce jour-là était de se rendre au bureau. Cette perspective le rebutait autant que celle de rester à la maison.

Crystal ayant marqué les lieux de sa présence, cela équivalait pour lui à une véritable torture. Tout, jusque dans les rideaux qu'elle avait cousus elle-même, allait lui rappeler la jeune femme.

Mais il n'avait pas le choix. Il avait deux rendez-vous là-bas et risquait de perdre deux affaires s'il ne se montrait pas. Pas question. Car, même si Crystal refusait de lui donner une seconde chance, il restait tout de même le père de son enfant et il avait bien l'intention de veiller à ce que celui-ci ne manque de rien.

Ce qui voulait dire ne laisser passer aucune opportunité de gagner de l'argent.

Arrivé au parking, il repéra tout de suite la Camaro de Crystal, garée à sa place habituelle.

Il n'en croyait pas ses yeux. Se pouvait-il qu'elle soit venue, malgré le différend qui les opposait ?

Il jaillit de la Mustang, grimpa quatre à quatre les deux étages qui menaient à son bureau. Son cœur battait si fort qu'il l'entendait bourdonner à ses oreilles.

La porte était ouverte. Il la poussa. Crystal était bien là, fidèle à son poste.

Elle avait une conversation téléphonique. Il s'approcha, son cœur battant maintenant si fort qu'il supposa que Crystal ne pouvait que l'entendre.

Il l'entendit dire au revoir, la vit raccrocher.

Il se sentait stupide, immobile, les bras ballants, à la regarder frapper quelque chose sur le clavier de son ordinateur. Enfin, après ce qui lui sembla une éternité, elle leva les yeux sur lui. Ou plutôt, dans sa direction.

— Tu tombes bien. Tu as un nouveau rendez-vous dans quinze minutes. Cela te convient-il ?

— C'est parfait. Crystal, je...

Elle ne prit pas la peine de l'écouter.

— Ma démission, dit-elle en lui tendant une feuille de papier.

Sa voix était aussi froide et tranchante qu'une lame de couteau.

— Deux semaines. Il va falloir commencer les entretiens d'embauche.

Il ne savait trop ce qu'il ressentait. Un mélange d'espoir en apprenant qu'elle allait rester encore quinze jours, et de désespoir. Après, il l'aurait perdue à jamais.

— Je ne veux pas de remplaçant, dit-il en tentant de refouler la boule qui lui nouait la gorge. Si tu pars, je recommencerai comme avant. Seul.

Il la vit froncer les sourcils.

— Si tu préfères, je peux...

Il ne la laissa pas finir.

— Quinze jours. Cela me semble honnête.

— Parfait, concéda Crystal tout en détournant le regard.

Il brûlait de lui parler du bébé, de lui dire qu'il avait la ferme intention de revendiquer ses droits de père. Mais il se ravisa. Elle devait bien se douter qu'il ne renoncerait jamais à son enfant. En parler ne ferait que le faire passer un peu plus pour le traître qu'il n'était pas.

— Des messages ? s'enquit-il sur un ton qu'il voulait dégagé.

— Je les ai mis sur ton bureau.

— Bien, dit-il avant de lui tourner le dos.

Crystal le regarda s'éloigner puis refermer la porte derrière lui. « Quinze jours », songea-t-elle avec tristesse. Comment pourrait-elle supporter de ne plus le voir ?

Elle éprouvait une envie folle de se lever, d'ouvrir cette porte qui les séparait et de se jeter dans ses bras. Ses bras si forts, si rassurants. Elle rêvait d'éclater en sanglots, de lui jurer qu'elle l'aimait à la folie en dépit de ce qu'il avait fait. De lui assurer qu'il était l'homme de sa vie et qu'elle l'aimerait toujours.

Pourtant, elle ne fit rien de tout cela. Elle reporta son attention sur son ordinateur et reprit son travail.

Lorsqu'elle retrouva Kelly pour déjeuner, elle lui raconta tout. Kelly lui prêta une oreille attentive, n'émit aucun jugement et ne chercha pas à lui donner de conseils. Lorsqu'elles quittèrent le restaurant elle lui demanda simplement si elle pouvait en parler à Mitch.

— Bien sûr, approuva Crystal en serrant son amie sur son

cœur, si tu éprouves le besoin de lui raconter tout ça, je n'y vois pas d'inconvénients.

Mitch vint lui rendre visite le soir même. Ils passèrent une heure à discuter. Comme à son habitude, Mitch conclut la conversation en proposant de l'aider financièrement.

Elle refusa. Elle allait s'en sortir seule, comme elle l'avait toujours fait.

— Si Tanner et moi avons eu des différends dans le passé, nous n'en avons plus, dit-il en partant. Et je comprends tout à fait les raisons qui l'ont poussé à agir comme il l'a fait.

Elle se mit à rire.

— Vous, les hommes, savez toujours ce qui est mieux pour nous, n'est-ce pas ?

Mitch la prit par les épaules.

— Regarde-toi, lui dit-il. Toutes ces années, tu n'as pu te résoudre à parler de cette petite fille que tu as perdue. Tu as gardé le secret, même auprès des amis qui se soucient de toi. Tanner, lui, s'est mêlé de fouiller dans ton passé et il a trouvé. Il n'avait peut-être pas le droit de le faire mais admets au moins que c'était nécessaire.

— Mitch, protesta la jeune femme, c'est *moi* qui en ai parlé la première. C'est ensuite, qu'il a confessé avoir mené une enquête.

— Il l'a fait pour toi, Crys. Par amour.

— Mitch…

— Tu m'en veux ?

— Non, je ne t'en veux pas. Je t'aime et je sais que tu ne veux que mon bien.

— Mais tu veux que je m'en aille, c'est ça ?

— Oui. Va-t'en.

Le lendemain, Crystal était déjà à son bureau depuis une heure lorsque Tanner arriva. Quand enfin il fit son apparition, elle eut envie de se jeter à son cou et de l'embrasser passionnément. Pour, la seconde d'après, réprimer une furieuse envie de hurler, de tout casser, de l'accuser d'avoir tout gâché avec son prétendu besoin de résoudre tous ses problèmes, sans avoir tenu compte de ce qui lui tenait à cœur, à elle.

Mais au lieu de cela, elle afficha un masque impénétrable et se mit à pianoter frénétiquement sur son clavier.

Tanner s'approcha du bureau, le regard sombre, et lança devant elle une enveloppe en papier kraft.

Elle interrompit son travail pour lui lancer un regard interrogateur.

— Qu'est-ce que c'est ? demanda-t-elle en feignant l'indifférence.

— Le dossier que j'ai fait sur toi. L'enquête que j'ai menée sur toi, ton enfant, ta famille, sans ton autorisation. Tout est là. J'avais tout ça sur mon ordinateur à la maison et avant de l'effacer je l'ai enregistré sur une clé USB puis imprimé pour pouvoir te le donner. Il t'appartient maintenant.

Elle savait qu'elle aurait dû dire quelque chose mais aucun son ne sortit de sa bouche. Ses mains se mirent à trembler. Elle les plongea sous le bureau et s'éclaircit la gorge avant de lâcher un laconique « merci ».

— Tu sais, je ferais n'importe quoi pour toi, répliqua-t-il. N'importe quoi.

Puis il alla s'enfermer dans son bureau.

Cette dernière phrase résonnait sans fin dans la tête de Crystal. Elle était bouleversée, au bord des larmes. Elle fixa l'enveloppe pendant une bonne minute avant de s'en saisir et de la fourrer au fond de son sac.

Une fois chez elle, elle vida sur la table le contenu de l'enveloppe et mit la clé USB de côté.

Elle lut tout le rapport d'un trait.

Lorsqu'elle eut fini, elle resta assise un long moment sans bouger, les yeux fixés sur le mur du fond. Elle ne savait pas quoi faire. Finalement, elle décrocha son téléphone et composa le numéro de ses parents.

Lorsqu'elle raccrocha, elle appela Tanner pour lui demander si elle pouvait prendre sa matinée du lendemain. Il ne lui posa aucune question, répondit juste qu'il n'y avait aucun problème.

— A demain, en début d'après-midi, alors, dit-elle.

— A demain.

Puis il raccrocha.

Elle resta un moment le téléphone en main, regrettant que Tanner ne soit plus en ligne, regrettant qu'il ne soit pas à ses côtés.

Elle n'avait qu'un mot à prononcer et il serait là.

Elle ne le prononcerait pas.

Quelque chose en elle était bloqué.

La maison de ses parents, située dans une impasse, n'avait pas changé. Un peu à l'écart de la rue, un étage, façade grise.

Comme à l'époque où Crystal vivait là, les rideaux étaient tirés. Sa mère disait que le soleil était dangereux. Qu'il abîmait les meubles, fanait les couleurs. Crystal secoua la tête à ce souvenir. Comment le soleil pouvait-il faner les teintes neutres, gris, beige, blanc cassé, que sa mère avait toujours privilégiées ?

Elle gara sa voiture, remonta l'allée à pied. Le panneau indiquant « pas de démarchage à domicile » était toujours sur la porte.

Elle appuya sur le bouton de la sonnette. Et attendit.

Un silence de mort suivit la sonnerie. Puis lui parvint un bruit de pas feutrés.

La porte s'ouvrit sur sa mère. Elle la trouva vieillie. Plus triste aussi.

— Martha, dit-elle dans un souffle.

Crystal se mordit la lèvre. La douleur refoula les larmes qui lui montaient aux yeux.

— Je m'appelle Crystal maintenant.

— Crystal.

Sa bouche tremblait tandis qu'elle répétait ce nom qui lui était inconnu. Elle recula d'un pas et fit signe à sa fille d'entrer.

— Viens. Ton père attend...

Elle tourna le dos à Crystal pour la précéder dans la maison. Crystal lui emboîta le pas. Elles suivirent le long couloir, arrivèrent devant la chambre principale située à l'arrière de la maison. De la porte restée entrouverte Crystal put voir que la pièce, plongée dans la pénombre, n'était éclairée que par une faible lumière tamisée.

Elle resta dans le sillage de sa mère lorsque celle-ci pénétra dans la chambre. Là, en revanche, tout avait changé.

Une infirmière, en blouse bleue et pantalon blanc, sortit de la salle de bains. Elle, au moins, était souriante.

L'immense lit qu'elle avait toujours connu avait été remplacé par un lit médicalisé équipé de poulies permettant au malade de changer de position.

De part et d'autre du lit, des tuyaux à oxygène et un ballon rempli d'un liquide transparent relié au bras du malade. Sur un plateau, tout un alignement de fioles orange et de tubes de comprimés.

Un homme frêle, les joues creusées, les yeux cernés de mauve et le teint blafard gisait au fond du lit.

Il tendit vers Crystal une main décharnée et, d'un filet de voix, demanda :

— Martha ?

La jeune femme ne jugea pas utile de le reprendre.

— Oui.

Elle prit la main osseuse entre les siennes.

— Bonjour, papa.

Le vieillard posa sur sa fille un regard absent et murmura d'une voix éteinte :

— Martha, ma petite fille. Pardonne-moi. Je t'en prie, pardonne-moi.

Au moment de partir, une heure plus tard, Crystal serra sa mère contre elle. Celle-ci glissa un bout de papier dans sa main.

— C'est le nom de l'agence d'adoption, murmura-t-elle.

Mais Crystal le connaissait déjà. Il figurait dans le rapport que lui avait donné Tanner.

— Merci. Appelle-moi si son état empire.

— Oui.

— De toute façon, je reviendrai dans quelques jours.

— Oh oui, ma chérie ! Tu sais, je regrette, je me suis montrée... grossière et rigide avec ce détective que tu as embauché...

— Tu veux parler de Tanner ?

Crystal fut tentée d'expliquer, mais renonça. Peu importait maintenant.

Ann opina.

— Cette nuit-là, j'ai pleuré toutes les larmes de mon corps. Je voulais tellement te revoir ! Mais ma fierté m'empêchait de l'avouer à un homme que je ne connaissais même pas. Je m'en voulais terriblement ! J'avais laissé passer ma chance de faire la paix avec toi, de te revoir un jour. Alors, je suis allée confier mes angoisses à ton père et il a pris ma main. Il a avoué regretter notre intransigeance à ton égard. Lui aussi rêvait de te revoir.

Ann s'interrompit pour essuyer les larmes qui perlaient à ses yeux.

— Excuse-moi, je ne voulais pas pleurer. Je deviens si sensible depuis quelque temps !

Crystal, émue, pressa un peu plus sa mère contre elle.

— Tout va bien, maman. C'est si bon de vous avoir revus. C'est vrai. Je... je t'aime, maman.

Les mots résonnaient de façon étrange mais elle était heureuse de les avoir dits.

— Oh, Martha ! Je t'aime aussi, ma chérie.

« Qui aurait pu prévoir ? » se demandait Crystal en reprenant la route.

Qui aurait pu prévoir que ses parents auraient été si heureux de la revoir ? Elle sentit une larme rouler sur sa joue. Elle aurait pu y aller plus tôt. Elle chassa vivement ces regrets pour ne penser qu'au bonheur de la réconciliation.

Comme elle aurait aimé partager sa joie avec Tanner ! Combien de temps tiendrait-elle ainsi ? Elle n'en avait aucune idée, mais pour le moment, elle se sentait incapable de faire un pas vers lui, de lui pardonner.

Le bureau était vide. Il avait laissé un Post-it sur son ordinateur.

Dois me rendre à Nuevo Laredo. Piste sérieuse pour coincer Eli Dunning. Serai de retour rapidement. Avec lui, j'espère. Vois avec mes rendez-vous. Si problème, demander à Gruber ou Saint de me remplacer.

Dan Gruber et Malvin Saint étaient les associés de Tanner. Eli Dunning, le malfrat qui avait escroqué les vieilles personnes. Tant mieux si Tanner pouvait mettre fin à ses agissements.

Mais pourquoi Nuevo Laredo ? Nuevo Laredo était au Mexique, non ? Et quand Tanner serait-il de retour, exactement ?

Lundi ? Mardi matin, au plus tard. Ce qui faisait quatre ou cinq jours. Il n'y avait pas lieu de s'affoler, elle pourrait se débrouiller seule.

Elle fut tentée de l'appeler, juste pour vérifier si elle pouvait le joindre. Pour s'assurer qu'il allait bien et que tout se passait comme prévu.

Mais elle y renonça.

Depuis qu'elle l'avait quitté, elle ne se sentait plus le droit de l'appeler juste pour entendre le son de sa voix ou lui demander comment il allait.

Elle se rappela alors qu'elle devait aller chez lui récupérer ses affaires et laisser là-bas la clé qu'il lui avait donnée. Elle allait profiter de son absence pour s'occuper de tout cela.

Mais ce soir-là, après son travail, elle ne s'en sentit pas le courage, ni la force. Doris vint la voir et elles passèrent la soirée ensemble.

Le vendredi soir, Kelly l'invita à dîner. Elle répondit avec joie à l'invitation de son amie. Lorsqu'elle arriva, DeDe lui sauta au cou, ravie de la revoir.

— Viens voir, Crystal, dit-elle.

Elle lui prit la main et la conduisit jusqu'à sa chambre pour lui faire écouter la dernière chanson du groupe Ally and Aj.

— Tu vas voir, tu vas adorer. Elle est cent fois mieux que « Potential Break-up Song. »

Pendant le dîner, Mitch voulut savoir ce que Tanner était allé faire au Mexique.

Crystal le fusilla du regard.

— Ainsi, tu étais au courant ?

Mitch leva les deux mains devant son visage, faisant mine de se protéger d'une arme imaginaire.

— Hé, je n'y suis pour rien ! Il a appelé à la maison et l'a dit à Kelly. Cela te pose un problème ?

— Aucun, répondit Crystal qui ajouta d'une voix radoucie : je ne sais pas comment il va, je n'ai pas pu lui parler.

DeDe regarda tour à tour chacun des adultes qui se trouvaient autour de la table.

— Vous êtes fâchés ou quoi ?

— Absolument pas, la rassura Crystal en lui adressant un large sourire.

Le samedi, elle décida d'aller chercher ses affaires chez Tanner.

Mais aussitôt, elle se trouva des dizaines d'excuses pour repousser à plus tard. La première étant que, finalement, elle pouvait bien se passer de tout ce qui se trouvait là-bas.

Elle avait ici, dans son appartement, de quoi se maquiller, se coiffer, cuisiner, même si ses ustensiles préférés étaient chez Tanner. Quant à ses vêtements, elle n'en avait plus besoin compte tenu du fait qu'elle avait pris du poids et ne rentrait plus dedans.

Seuls ses sacs et ses chaussures lui manquaient.

Et puis, avait-elle le droit d'encombrer sa maison de ses affaires ? Ce n'était en tout cas pas très correct.

Au bout de plusieurs heures de tergiversations elle finit par prendre ses clés, son sac, et elle se rendit chez Tanner. Elle actionna le boîtier qui permettait l'ouverture automatique du garage et gara sa voiture à la place qui était la sienne. Lorsqu'elle pénétra dans l'arrière cuisine, l'alarme se mit en route.

Evidemment, elle aurait dû se douter que Tanner ne laisserait pas la maison plusieurs jours sans protection.

Elle composa hâtivement les chiffres du code et le silence retomba sur la maison. Un silence de plomb.

Elle alla dans la cuisine. Tout était propre. Trop propre, comme si personne ne vivait là. Elle ouvrit un placard, considéra un instant ses poêles, ses plats. Le referma.

Dans le salon, elle vit un bol et une cuillère posés sur un

guéridon près du fauteuil où Tanner aimait à s'installer pour regarder la télé. Elle les ramena dans la cuisine et les passa sous l'eau avant de les placer dans le lave-vaisselle.

Et puis, elle resta là, immobile près de l'évier. Des larmes se mirent à ruisseler sur ses joues. Elle pleurait doucement, en silence.

Elle se mit à arpenter la pièce, se demandant comment elle allait pouvoir supporter ça. Comment elle allait pouvoir vivre.

Sans amour.

Sans Tanner.

Elle inspira profondément, se remit en marche. Elle traversa les pièces vides, pénétra dans la chambre qui était aussi propre et en ordre que le reste de la maison.

A l'exception du lit, que Tanner avait négligé de faire.

Les couvertures étaient sens dessus dessous, un oreiller jeté par terre. Crystal s'allongea, enfouit son visage dans l'autre oreiller, inspira profondément l'odeur de Tanner.

Son cœur se remit à saigner.

Elle se leva, se rendit dans le dressing. Toutes ses affaires se trouvaient là : chaussures sagement alignées sur une étagère, jupes et chemisiers sur des cintres. Tout était tel qu'elle l'avait laissé, attendant d'être rapporté.

Ou laissé sur place.

Crystal retourna dans la chambre, s'assit au bord du lit. Et puis, elle envoya ses chaussures valser à l'autre bout de la pièce et se recroquevilla contre l'oreiller, posant la tête là où reposait celle de Tanner. Elle ferma les yeux, poussa un soupir de bien-être.

— « Ma maison, » murmura-t-elle, un sourire aux lèvres, une main protectrice sur la petite vie qui poussait en elle. « Oui, ma maison est ici. »

Tanner quitta Laredo à 1heure du matin ce samedi-là. Il voyageait à bord d'un avion spécial. Eli Dunning se trouvait sur le siège à côté du sien. Ils changèrent d'avion à Dallas. Il avait prévenu la police locale et une fois à l'aéroport international de Sacramento, deux policiers en civil vinrent cueillir Eli.

Il regagna sa Mustang et une fois au volant sortit son téléphone de sa poche pour composer machinalement le numéro de Crystal.

Certaines habitudes étaient difficiles à rompre.

Il reposa son téléphone, mit le contact.

« Si elle avait voulu te parler, elle t'aurait téléphoné », se répétait-il pour la centième fois tandis qu'il effectuait le trajet qui le ramenait chez lui.

Il commençait à envisager le pire. Crystal ne le rappellerait jamais, elle allait effectuer ses quinze jours de préavis et disparaîtrait pour toujours de sa vie.

Du moins jusqu'à la naissance du bébé. Car ensuite, il faudrait bien qu'elle s'habitue à ce qu'il joue son rôle de père.

Il se forçait à se raisonner. Se disait qu'elle l'avait quitté depuis quatre jours à peine et qu'elle avait besoin de temps pour réfléchir. Qu'elle l'aimait comme lui l'aimait. Qu'elle allait lui pardonner.

Quatre jours. Autant dire un siècle.

Lorsqu'il tourna l'angle de la rue, l'angoisse l'étreignit. Il détestait l'idée de devoir affronter cette maison vide. Il en aurait ri s'il ne s'était pas trouvé si pitoyable.

Jamais encore il n'avait ressenti un tel sentiment de solitude.

Le soleil déclinait à l'horizon lorsqu'il arriva devant la porte de son garage. Il actionna le boîtier, vit instantanément la seule chose au monde qu'il ne s'attendait pas à trouver là : la Camaro rouge de Crystal.

Son cœur se mit à battre dans sa poitrine comme un oiseau affolé.

Il rêvait.

C'était impossible.

Crystal était revenue.

•

Crystal se demanda ce qui l'avait réveillée.

Un bruit, qu'elle n'avait pas identifié, l'avait tirée du profond sommeil dans lequel elle était plongée.

Elle émergea lentement, s'étira, puis ouvrit enfin les yeux.

Tanner était assis dans un fauteuil près du lit.

Non, c'était impossible. Elle devait rêver. Son retour n'était prévu que pour le lendemain.

Elle leva la tête, s'appuya sur un coude, cligna plusieurs fois des yeux. Il était toujours là.

— Tanner, dit-elle dans un souffle.

Il se leva, s'approcha d'elle.

— Oh, Tanner..., murmura-t-elle.

Il vint se lover entre les bras qu'elle lui tendait.

Il l'embrassa. Ses baisers lui parurent encore plus doux, plus tendres qu'avant. Il caressa ses cheveux et ce fut au tour de Crystal de retrouver la chaleur rassurante de ses bras. Elle se serra étroitement contre lui, reniflant son odeur, sa chaleur.

— Tu es rentrée à la maison, dit-il en pressant ses lèvres sur le sommet de son crâne.

— Oui, Tanner. Je suis rentrée à la maison.

Il lui releva le menton, cueillit un nouveau baiser sur ses lèvres.

— J'ai eu si peur, confessa-t-il dans un murmure. J'ai cru que tu ne reviendrais jamais, que tu ne pourrais pas me pardonner.

Elle éclata d'un petit rire joyeux tandis qu'elle caressait sa joue ombrée d'une barbe naissante.

— Si j'ai pardonné à mon père, je peux bien te pardonner, à toi.

Les yeux de Tanner s'arrondirent de surprise.

— C'est vrai ? Tu es allée voir tes parents ?

— Oui, et je suis contente de l'avoir fait. Mon père est très malade. J'avais prévu d'y retourner demain. Peut-être... peut-être pourrais-tu m'accompagner ?

— Tu sais bien que je te suivrais partout. Je ferai tout ce que tu voudras, ma chérie.

— Ma mère a tellement changé ! Elle a même reconnu avoir été trop rigide, trop sévère. Tu te rends compte ?

Crystal rit de nouveau tandis que des larmes de joie coulaient sur ses joues.

— Et puis elle m'a donné l'adresse de l'agence qui a placé ma fille. Bien sûr, je ne lui ai pas dit que je l'avais déjà grâce à ton dossier, je l'ai juste remerciée et serrée très fort contre moi.

Tanner embrassa une joue humide de larmes, puis l'autre.

— Tu as bien fait. La famille est ce qu'il y a de plus important au monde. Nous devons faire tout notre possible pour elle.

— Oh, Tanner, tu as tellement raison ! Je le sais maintenant. Je... je n'ai pas aimé ce que tu as fait, mais Mitch m'a ouvert les yeux en me disant que le moment était venu de le faire. Plus j'y pensais, plus j'étais d'accord avec lui. Je sais que tu as fait ça pour moi, par amour et je... eh bien, je veux juste aller de l'avant, avec toi. Si c'est ce que tu veux aussi.

— Oh, Crys ! Comment peux-tu en douter, mon amour ? C'est ce que je désire le plus au monde !

Elle prit le visage de Tanner dans ses mains.

— Je suis si heureuse ! J'attends ici depuis hier, alors que j'étais venue pour récupérer mes affaires. Mais dès que je suis rentrée dans cette maison j'ai compris que c'était chez moi. Et que te quitter serait une pure folie. Un mensonge. Parce que je t'aime de tout mon cœur et que je veux passer le reste de ma vie à tes côtés.

Tanner écarta délicatement les mains de Crystal, et se leva.

— Attends-moi ici.

— Oh, Tanner..., murmura la jeune femme qui se doutait de ce qui allait suivre.

Tanner alla dans le dressing, prit dans un des tiroirs de la commode le petit écrin rouge et revint s'asseoir au bord du lit.

— Je t'aime, dit-il en lui tendant le bijou. Veux-tu être ma femme ?

— Oh, Tanner. Oui, mille fois oui !

Il glissa à son doigt l'anneau, qui lui allait parfaitement. La pierre se mit à étinceler de mille feux.

Crystal leva le visage sur Tanner et lui donna un baiser. Un baiser d'amour et de tendresse.

Elle en était sûre à présent. Elle allait épouser Tanner, ils allaient former une famille. *Leur* famille.

Il lui avait fallu parcourir un long chemin pour laisser derrière elle la jeune fille perdue et devenir la femme aimante et comblée qu'elle était aujourd'hui.

Pour, enfin, connaître un bonheur sans nuage.

Épilogue

Tanner enroula un bras autour des épaules frêles de son épouse.

Crystal prit sa main libre et la posa sur son ventre énorme.

— Tu sens ? lui demanda-t-elle, les yeux brillants.

— Oui. C'est son poing, non ?

— Je dirais plutôt son pied.

Ils marchaient enlacés dans le parc, sous les arbres parés des couleurs flamboyantes de l'automne. Tandis qu'ils approchaient du lieu de rendez-vous, Crystal parut hésiter.

Tanner prit tendrement son visage entre ses mains.

— Tu veux que je t'accompagne ?

Elle secoua la tête.

— Non. Pas cette fois. Tu m'attends ici ?

Elle leva les yeux sur la couverture majestueuse des arbres.

— Sous ce magnifique érable ?

— Je ne bouge pas.

Crystal se dressa sur la pointe des pieds et piqua un baiser sur la joue de son mari.

A contrecœur, il la libéra du doux abri que formaient ses bras et la regarda s'éloigner.

A quelques mètres de là se trouvait un jeune couple qu'accompagnait une jolie petite fille blonde, sensiblement du même âge que DeDe.

Ses parents se penchèrent vers elle et lui murmurèrent quelque chose à l'oreille. Elle eut un hochement de tête et puis, timidement, vint à la rencontre de Crystal. La femme qui lui avait donné la vie.